불로만 밝혀지는 세상

지은이_ 윌리엄 맨체스터 (William Manchester, 1922년~2004년)
미국의 저명한 대중 역사 저술가, 전기 작가, 소설가. 해병대원으로 제2차 세계대전에 참전했고, 매사추세츠 대학교와 미주리 대학교에서 학사·석사 학위를 받았다. 1947년 〈발티모어 선 Baltimore Sun〉지에 입사한 그는 H. L. 멩컨 밑에서 기자로 일했고 그때의 경험을 살려 멩컨의 전기 『Disturber of the Peace: the Life of H. L. Menken』(1951)을 썼다. 2년 뒤에는 그의 첫 소설 『The City of Anger』(1953)를 발표했다. 1955년부터는 웨슬리언 대학교의 상주 작가가 되었다. 이후 그 대학의 역사학 겸임 교수로 재직하며 저술활동을 펼치다 2004년 명예교수로 생을 마쳤다. 윈스턴 처칠 전기와 존 F. 케네디의 전기를 쓴 것으로 특히 유명하다. 50여 년간 대중 역사서, H. L. 멩컨·더글러스 맥아더·록펠러와 같은 인물들의 전기, 소설, 제2차 세계대전에 직접 참전했던 내용을 담은 회고록 등 다양한 책을 썼다. 국내에는 맥아더를 다룬 평전 『아메리칸 시저』가 번역되어 있다.

옮긴이_ 이순호
홍익대학교 영어교육과를 졸업하고 미국 뉴욕주립대학교에서 서양사로 석사 학위를 받았으며 현재 번역을 하고 있다. 옮긴 책으로는 『1453 콘스탄티노플 최후의 날』, 『미국에 대해 알아야 할 모든 것, 미국사』, 『살라미스 해전』, 『인류의 미래사』, 『발칸의 역사』, 『페르시아 전쟁』, 『제국의 최전선』 등이 있다.

불로만 밝혀지는 세상
| 글_윌리엄 맨체스터 | 옮긴이_이순호 | 처음 찍은날_ 2008년 1월 4일 | 처음 펴낸날_ 2008년 1월 10일 | 펴낸곳_ 이론과실천 | 펴낸이_김인미 | 등록 제10-1291호 | 주소 121-856 서울시 마포구 신수동 448-6 한국출판협동조합 내 | 전화 02-714-9800 | 팩시밀리 02-702-6655

A WORLD LIT ONLY BY FIRE
: The Medieval Mind and the Renaissance-Portrait of an Age
Copyright ⓒ 1992 by William Manchester
All rights reserved

Korean translation copyright ⓒ 2006 by THEORY & PRAXIS PUBLISHING
Korean translation rights arranged with DON CONGDON ASSOCIATES, INC.
through EYA(Eric Yang Agency)

이 책의 한국어판 저작권은 EYA(Eric Yang Agency)를 통한 DON CONGDON ASSOCIATES, INC. 사와의 독점계약으로 한국어 판권을 '이론과 실천' 이 소유합니다. 저작권법에 의하여 한국 내에서 보호를 받는 저작물이므로 무단전재와 복제를 금합니다.

978-89-313-6019-6 03900

*값 18,000원
*잘못된 책은 바꾸어 드립니다.

중세 유럽의 풍경

불 로만 밝혀지는 세상

윌리엄 맨체스터 지음 | 이순호 옮김

이론과실천

운동선수, 동료, 학자, 친구인
팀 조이너에게 이 책을 바친다.

총탄이 발사되었지

나에게, 아니면 너에게?

그것이 그의 목숨을 앗아갔다네

그가 내 곁에 넘어지네

마치 내 몸의 일부인 것처럼.

---

*독일의 낭만파 시인 루드비히 울란트
Ludwig Uhland(1787년~1862년)의 『좋은
전우』(1809년)에 나오는 시 구절—역주

* 이 책에 수록된 삽화

1. 지롤라모 사보나롤라. 프라 바르톨로메오 그림. 뉴욕 알리나리-스칼라 예술 자료실 81쪽

2. 16세기의 도시 성벽. 윌리엄 스턴스 데이비스의 『중세 장원의 생활 Life on a Medieval Barony』 (1923년 하퍼스&브라더스 초판 발간, 1951년 윌리엄 스턴스 데이비스에 의해 판권 연장)에 실린 그림을 하퍼스콜린스 출판사 양해하에 실은 것임 87쪽

3. 중세의 시장. 위와 같음 91쪽

4. 중세 귀족의 집안 풍경. 비올레 르 뒤크가 복원함. 윌리엄 스턴스 데이비스의 『중세 장원의 생활』에 실린 그림 92쪽

5. 프랑스의 프랑수아 1세. 장 클루에 그림. 뉴욕 알리나리 예술 자료실 121쪽

6. 교황 율리우스 2세. 라파엘로의 프레스코 〈볼세나의 미사 The Mess of Bolsena〉에 묘사된 것 가운데 일부. 뉴욕 알리나리 예술 자료실 125쪽

7. 보르자 가문의 교황, 알렉산데르 6세. 핀투리키오의 벽화 〈그리스도의 부활 The Resurrection〉에 묘사된 것 가운데 일부 128쪽

8. 줄리아 파르네세. 라파엘로의 〈그리스도의 변용 The Transfiguration〉에 묘사된 것 가운데 일부. 뉴욕 알리나리 예술 자료실 129쪽

9. 루크레치아 보르자. 핀투리키오의 벽화 〈성 카타리나의 논쟁 La Disputa de Santa Caterina〉에 묘사된 것 가운데 일부 133쪽

10. 체사레 보르자. 마르코 팔맷자노 그림. 뉴욕 알리나리 예술 자료실 135쪽

11. 니콜라우스 코페르니쿠스. 작자 미상의 판화. 뉴욕 알리나리 예술 자료실 145쪽

12. 레오나르도 다 빈치의 자화상. 초크화. 뉴욕 알리나리 예술 자료실 148쪽

13. 니콜로 마키아벨리. 작자 미상의 테라코타 흉상. 뉴욕 알리나리 예술 자료실 160쪽

14. 토머스 모어 경. 소(小)한스 홀바인 그림. 뉴욕의 프릭 컬렉션 저작권 소유 172쪽

15. 미켈란젤로가 설계한 성 베드로 대성당의 돔 지붕. 뉴욕 알리나리 예술 자료실 182쪽

16. 데시데리우스 에라스무스. 소(小)한스 홀바인 그림. 뉴욕 알리나리 예술 자료실 193쪽

17. 면죄부 판매. 소(小)한스 홀바인의 목판화. 해리스 브리즈번 재단 기부 1936. (36.77), 뉴욕 메트로폴리탄 박물관 소장 205쪽

18. 1585년 교황 식스투스 5세의 대관식이 열렸던 당시 로마의 성 베드로 대성당 모습. 살라 시스티나 내부의 그림. 뉴욕 그레인저 컬렉션 208쪽

19. 마르틴 루터. 루카스 크라나흐 그림. 뉴욕 알리나리 예술 자료실 213쪽

20. 교황 레오 10세. 라파엘로 그림. 뉴욕 알리나리 예술 자료실 226쪽

21. 카를 5세 신성로마제국 황제(에스파냐의 카를로스 1세). 티치아노 그림. 뉴욕 알리나리 예술 자료실 238쪽

22. 스위스 제네바의 종교개혁 기념상 269쪽

23. 장 칼뱅. 작자 미상의 그림. 뉴욕 알리나리 예술 자료실 292쪽

24. 교황 클레멘스 7세. 세바스티아노 델 피옴보 그림. 뉴욕 알리나리 예술 자료실 297쪽

25. 로마의 산탄젤로 성. 뉴욕 알리나리 예술 자료실 300쪽

26. 가톨릭 개혁을 풍자한 루터주의자들의 그림. 작자 미상의 목판화. 아메리칸 헤리티지 매거진, 아메리칸 헤리티지 픽처 컬렉션 303쪽

27. 잉글랜드 국왕 헨리 8세. 소小한스 홀바인 그림. 뉴욕 알리나리 예술 자료실 310쪽

28. 앤 불린. 작자 미상의 판화. 뉴욕 알리나리 예술 자료실 316쪽

29. 페르디난드 마젤란. 16세기 작자 미상의 그림. 뉴욕 알리나리 예술 자료실 337쪽

30. 1513년 태평양을 발견한 발보아. 19세기 석판화. 뉴욕의 그레인저 컬렉션 363쪽

31. 에스파냐를 출발하는 마젤란의 몰루카 함대. 19세기 목판화. 뉴욕의 그레인저 컬렉션 375쪽

32. 1781년 벨랑의 지도에 표시된 라플라타 강. 378쪽

33. 마젤란의 죽음. 19세기 드로잉. 뉴욕의 그레인저 컬렉션 416쪽

* 이 책에 수록된 지도

1. 1190년경 유럽과 지중해 일대 44쪽

2. 1519년의 유럽 모습 84쪽

3. 16세기의 노정路程 218쪽

4. 지리상의 발견, 항해로 360쪽

5. 마젤란의 세계 일주 항해로 393쪽

차례

주요 연표(서력) 10

머리말 16

I · 중세의 정신 23

II · 중세의 붕괴 61

III · 고독한 영웅 331

참고 문헌과 감사의 말 438

색인 453

주요 연표(서력)

410   서고트 족, 로마 유린

426   아우구스티누스, 『신국 De Civitate Dei』 발간

476   서로마제국 멸망

496   프랑크 왕국의 왕 클로비스, 가톨릭으로 개종

539   브리튼의 아서, 살해됨

800   샤를마뉴, 서로마제국 황제 대관식을 가짐

1001   레이브 에릭손, 북아메리카 해안 도달

1095   십자군 운동 시작, 앞으로 2백 년간 지속됨

1123   제1차 라테란 공의회, 사제의 독신 생활 규정

1215   중세 교황권의 절정

1218~1224 칭기즈 칸 제국, 서방으로 영역 확장

1247   로빈 후드 사망

1296   마르코 폴로, 회고록 구술

1347   흑사병이 유행하기 시작

1381   위클리프, 옥스퍼드에서 추방됨

1400   르네상스의 첫 조짐이 보임

1414   얀 후스, 콘스탄츠 공의회 참석

주요 연표

1433	포르투갈 항해왕 엔리케, 활발한 활동을 벌임
1453	비잔틴제국(동로마제국)의 콘스탄티노플 함락
1455	구텐베르크 성서 인쇄
1475	보르자 추기경의 아들, 체사레 탄생
1477	제프리 초서의 『캔터베리 이야기 The Canterbury Tales』 발간
1480	체사레의 누이, 루크레치아 탄생
1486	바르톨로뮤 디아스, 남아프리카 희망봉 발견
1484	하멜른의 피리 부는 사나이, 독일 어린이 130명 살해
1485	토머스 맬러리, 『아서의 죽음 Le morte d'Arthur』 출간
1487	잉글랜드 성실청, 토르케마다를 종교재판관에 임명
1488	스코틀랜드 국왕 제임스 3세, 포로로 잡혀 살해됨
1490	사보나롤라, 첫 허영의 횃불을 개최
1492	보르자 추기경, 교황 직을 돈으로 사 교황 알렉산데르 6세가 됨
	크리스토퍼 콜럼버스, 바하마 제도 발견
1495	바티칸, 매춘부들과 '밤 줍기 연회' 개최
	나폴리에 매독 창궐
1497	아메리고 베스푸치, 신대륙 탐험
	루크레치아 보르자, 두 오빠 및 아버지와 삼각 근친 관계 형성
	알렉산데르 교황의 아들 후안 살해됨
1498	대大마누치오, 아리스토텔레스 책 다섯 권 출간
	인문주의 개막
	사보나롤라 화형
	루크레치아, 로마의 아들 Infans Romanus 출산

1500 미켈란젤로, 〈성모와 아기 예수 Madonna and Child〉 완성

1501 이 무렵 유럽의 인쇄소는 1천 개를 헤아리게 됨

   알렉산데르 교황, 딸 루크레치아가 낳은 아이의 부권을 인정

1502 알렉산데르 교황, 교황권에 도전하는 모든 책을 불사르라는 명령을 내림

1503 전사 교황, 율리우스 2세 등극

   비텐베르크와 프랑크푸르트안데어오데르에 대학 설립

   레오나르도 다 빈치, 〈모나리자 Mona Lisa〉 완성

1505 이반 3세, 모스크바 대공 사망

1506 성 베드로 대성당의 개축을 위한 초석이 놓여짐

1507 체사레 보르자, 비명횡사함

   마르틴 발트제뮐러, '아메리카' 라는 말을 처음으로 사용

   마르틴 루터, 가톨릭 사제가 됨

1508 토마스 아 캠피스, 『그리스도를 본받아 The Imitation of Christ』를 최초의 영역본으로 출간

1509 헨리 8세, 열여덟 살에 잉글랜드 국왕으로 즉위

   인문주의자 에라스무스, 『우신 예찬 Encomium Moriae』 발간

   에라스무스의 저작물, 로마의 비판자들을 자극

   아메리카에서 노예무역 시작

   요하네스 페퍼코른의 『유대인의 거울 Judenspiegel』, 반유대주의 감정에 불을 지름

1510 레오나르도 다 빈치, 관개용 배수 장치 발견

   잉글랜드 의회의 전직 하원 의장 두 명 참수

   레오나르도 다 빈치, 〈해부도 Anatomy〉 완성

1512 미켈란젤로, 시스티나 대성당 천장화 완성

1513   발보아, 태평양 발견

        폰세 데 레온, 플로리다 도착

        마키아벨리, 체사레 보르자의 영향을 받아 『군주론 Il Principe』 집필

1514   코페르니쿠스, 『천체의 운동을 그 배열로 설명하는 이론에 관한 주해서 De Hypothesibus motuum coelestium a se constitutis commentariolus』로 태양 중심 체계 가설 세움

        에오바누스 헤수스(1488년~1540년. 루터와 종교개혁을 두둔한 독일의 시인 겸 인문주의자―역주), 오비디우스의 「헤로이데스 Heroides」를 모방한 신성모독적인 시 「헤로이데스 Heroides Christianae」 발표

1515   라파엘로, 성 베드로 대성당의 개축을 위한 건축 주임에 임명됨

        잉글랜드의 토머스 울지, 추기경 겸 대법관이 됨

1516   토머스 모어, 『유토피아 Utopia』 발간

        미래의 피투성이 메리(블러드 메리) 탄생

        라파엘로, 〈시스티나 성당의 성모 The Sistine Madonna〉 완성

1517   토머스 울지, 폭동 주동자 60명 처형

        추기경 페트루치 교살

        오스만투르크(셀림 1세), 카이로 유린

        교황 레오 10세, 면죄부 판매

        마르틴 루터, 도미니쿠스 수도회 수도사 테첼의 면죄부 판매 행위에 대한 부당성 지적

        마르틴 루터, 비텐베르크 성 교회 문에 95개조 반박문 게시

1518   마르틴 루터, 카예탄 추기경에 도전

        티치아노의 〈성모 승천 The Assumption〉 완성

1519   마르틴 루터, 요한 에크와 공개 토론

에라스무스, 마르틴 루터에 대한 지지 거부

막시밀리안 신성로마제국 황제 사망

에스파냐의 카를로스 1세, 신성로마제국의 카를 5세 황제(오스트리아 대공 카를 1세)로 선출됨

마젤란, 세계 일주 항해에 돌입

1520 아르헨티나 산 훌리안에서 산 안토니오 호, 마젤란에 대항해서 폭동을 일으킴

마젤란, 남아메리카 최남단의 마젤란 해협 돌파

교황 레오 10세, 마르틴 루터에게 《주여 내쫓으소서 Exsurge Domine》 교서 공포

마르틴 루터, 「독일 민족의 그리스도 교도 귀족들에게 보내는 연설」 발표

교황, 루터를 파문

알레안드로, 에라스무스에 대한 마녀 사냥 시작

칼레 근처 금란 평원에서 잉글랜드의 헨리 8세와 프랑스의 프랑수아 1세가 회담을 가짐

에라스무스, 유럽 최고의 인기 작가가 됨

독일 총포공, 라이플총 발명

스키피오 델 페로, 3차 방정식 해법 발견

1521 보름스 의회 개최. 이후 루터는 도망자가 됨

독일, 루터를 지원하고 나섬

마젤란, 태평양 항해

마젤란, 필리핀에서 사망

1522 세계 일주 항해로 코페르니쿠스의 가설 입증

프로테스탄트, 북유럽을 강타

1523 독일제국 기사 지킹겐, 기사 전쟁에서 트리어 대주교를 공격했으나 제후 측의 공격으로 살해됨

1524 독일 농민 전쟁 발발

1525 잉글랜드의 틴들, 『신약성서』 번역

6백만 길더를 소유한 독일의 대부호 야코프 푸거 2세 사망

1527 제2의 로마 유린. 르네상스의 종말

1528 잉글랜드에 역병 만연

1529 토머스 울지의 몰락으로 토머스 모어가 잉글랜드의 대법관이 됨

1533 헨리 8세, 왕비 캐서린과 이혼하고 훗날의 엘리자베스 1세 여왕을 낳은 앤 불린과 재혼

1534 프랑스 작가 프랑수아 라블레, 『가르강튀아 Gargantua』 발간

루터, 독일어로 성서 번역

1535 토머스 모어 경, 반역죄로 참수됨

1536 이탈리아 극작가 피에트로 아레티노, 포르노 작품 『토론 Ragionamenti』 발간

앤 불린, 간통과 근친상간 죄로 참수됨

틴들, 화형에 처해짐

에라스무스 사망. 그의 저작물의 배포가 금지됨

칼뱅, 『그리스도교 강요 Christianae Religionis Institutio』 발간

머리말

　　　　　　　마침내 책을 끝냈다. 막상 끝내놓고 보니 이만하면 됐다는 흐뭇한 마음이 들면서도 한편으로는 좀 묘한 느낌이 든다. 이 책이 학자로서 변변히 내세울 작품은 아닌 까닭이다. 이 책에 인용된 것은 모두 2차 사료이다. 내용도 새로울 것이 없다. 나는 16세기 초 유럽을 다룬 최근의 연구 성과를 섭렵하지 못했다. 그래서 생각 끝에 그 시대 역사의 권위자에게 내 원고의 검토를 부탁하기로 했다. 마젤란과 관련된 내용은 최근에 마젤란 전기를 낸 티모시 조이너 박사에게 검토를 의뢰했다. 예상했던 대로 많은 오류가 나와 감사한 마음으로 수정했다. 그러나 이 책을 집필하면서 내가 가장 많은 도움을 받은 분은 16세기 유럽사의 권위자인 제임스 보이든 교수이다. 그는 검토를 시작할 무렵만 해도 예일 대학교에 재직하고 있었으나 검토를 끝낼 무렵에는 뉴올리언스의 툴레인 대학교로 자리를 옮겼다. 보이든 교수는 내 원고를 철두철미하게 검토했다. 그렇게 꼼꼼한 분을 보기는 난생 처음이었다. 16세기에 관한 그의 지식은 백과사전만큼이나 방대하고 해박하다. 그러다 보니 원고의 모든 내용을 이 잡듯 뒤지며 내 주의를 환기시켰는데, 그것은 당연한 일이었다. 그렇다고 보이든 교수나 그 밖의 다른 분들이 이 책의 내용에 조금이라도 책임이 있다는 말은 아니다. 사실 보이든 교수는 내가 해석한 일부 내용에 이의를 제기하기도 했으니 결과에 대한 책임은 전적으로 내게만 있는 것이다.

　이 책은 기존 방식과 다르게 씌어졌다는 점에서 조금 색다르다. 작가들은 보통 쓰려고 하는 내용에 웬만큼 정통해 있지 않으면 글로 옮길 생각을 하지 않는다. 구상, 조사, 자료 수집, 이야기의 구성과 같은 복잡한 준비 과정을 거치고 난 다음에야 어떤 방식으로 쓸 것인지 가장 고역스러운 결정을 내리게 되는 것이다. 글을 쓰는 것과 읽는 것은 별개의 문제이다. 작가가 독자들이 나중에 읽는 내용으로 처음부터 이야기를 전개하는 경우는 극히 드물다. 그런데 그것을 나는 이번에 했던 것이고 그러다 보니 책의 모양이 조금 독특해졌다.

　사실 나는 이 책을 예정에 없이 쓰게 되었다. 1989년 늦여름, 나는 윈스턴 처칠 전기의 마지막 권을 집필하고 있던 중에 그만 앓아눕게 되었다. 다행히 이후 몇 달간 병원을 오가며 치료를 받아 어느 정도 건강을 회복했다. 그러나 기력이 쇠하여 처칠과 관련된 방대한 자료를 감당하기에는 힘이 부쳤다. 의사는 내게 그 일을 잠시 접어두고 따뜻한 남쪽 지방에 내려가 한동안 쉴 것을 권했다. 나는 그의 권고를 받아들였다.

　그러나 처칠 전기를 감당할 힘이 없다고 하여 다른 일까지 할 수 없는 것은 아니었다. H. L. 멩컨(1880년~1956년. 미국의 언론인-역주)은 글 쓰는 행위를 젖 주는 어미 소에 비유한 적이 있다. 그것이 아마 모든 작가의 마음일 것이다. 글을 종이에 옮기는 행위는 작가들에게 마음의 안정과 평화를 가져다준다. 게다가 나는 당시 페르디난드 마젤란 전기의 서문을 써달라는 친구의 원고 청탁을 받아놓은 게 있었다. 그 원고는 코네티컷 주의 내 집에 있었다. 그러나 플로리다 주에 머물고 있다고 하여 크게 문제될 것은 없었다. 어차피 나는 마젤란에 대한 글을 쓰려고 한 것이 아니었기 때문이다. 나는 마젤란이 활약한 시기를 전체적으로 조망하는 글, 그러니까 마젤란 시대의 초상을 그려보려고 했다. 그리고 그것은 몇 쪽, 많아야 열 쪽 안팎이면 족할 것이라고 생각했다.

나는 정말 그렇게 생각했다.

※

그러나 그것은 판단 착오였다. 나는 내 이전 작업이 무척 지엽에만 흘렀다는 것을 모르고 있었다. 전에 발간된 17권의 작품은 모두 동시대를 다룬 것이었다. 그런데 이 작품을 쓰는 일은 시계도 경찰도 통신수단도 없는 지금과는 전혀 딴판인 5세기 전의 세상으로 들어가는 행위였다. 그것은 마법과 요술이 횡행하는 시대, 이 미신을 믿는 사람이 저 미신을 믿는 사람을 욕하고 죽이는 시대였다.

그렇기는 하지만 16세기 초가 전적으로 생소한 시대이기만 한 것은 아니었다. 그 시대의 대표적인 인물, 전쟁, 르네상스, 종교개혁, 지리상의 발견 등, 지식인으로서 알 만한 내용은 나도 알고 있었다. 독일에 난립한 수많은 영방국가의 경계를 명확히 구분 짓는 것만 자신이 없었을 뿐 그 시대의 유럽 지도도 꽤 정확하게 그릴 수 있었다. 나에게 부족한 것은 16세기 초의 시대정신이었다. 그 시대의 특징이 내게는 낯설게 느껴졌다. 그 시대로 돌아가 그것을 보고 듣고 느끼고 냄새 맡는 수준에까지는 이르지 못했던 것이다. 또한 그 시대의 사소한 부분까지 천착해본 적이 없었던지라 거미줄이 풀리듯 자연스럽게 생각을 정리하고 각 사건을 유기적으로 연결하여 이해하는 수준에는 이르지 못했다.

그러나 나는 경험으로 그 같은 상황의 연쇄 고리는 반드시 존재한다는 것을 알고 있었다. 그 비슷한 예로 존 F. 케네디 행정부 출범 초기에 일어난 네 가지 사건을 꼽을 수 있다. 1961년 4월 미국은 피그스 만 침공

사건으로 큰 수모를 당했다(그해 4월 17일 미 중앙정보부가 미국에 망명한 쿠바인들로 구성된 반혁명군을 쿠바 남부 피그스 만에 상륙시켜 침공을 개시했으나 쿠바 혁명군의 신속한 대응으로 나흘 만에 끝나고 1,100여 명 이상이 포로로 잡힌 사건—역주). 그 6주 뒤에 열린 빈 미소 정상회담에서 케네디 대통령은 흐루시초프 소련 총리와 격돌했다. 같은 해 8월, 베를린 장벽이 세워졌다. 그리고 12월, 미국은 베트남에 처음으로 지상군을 파견했다. 이 일련의 사건은 언뜻 보면 아무 관련이 없는 것 같다. 그러나 이들은 서로 밀접하게 연관되어 있다. 흐루시초프는 쿠바 침공 사건을 젊은 케네디 대통령이 미숙하여 저지른 실수로 보고 빈 정상회담에서 그의 기를 꺾어놓으려고 했다. 그러고는 케네디의 기가 꺾인 것으로 오인하여 베를린 장벽을 세운 것이다. 그러자 케네디는 보란 듯이 특수 부대원 4백 명을 동남아시아에 파견했다. 측근들에게는 "그동안 미국의 힘을 보여줄 기회가 없었는데 베트남이 최적의 장소인 것 같다."라고 말했다.

그보다 더욱 미묘하고 점진적인 상황의 연쇄 고리는 19세기 사회사에서 찾아볼 수 있다. 1847년 리처드 호(1812년~1886년. 윤전인쇄기를 최초로 실용화하는 데 성공한 미국의 발명가—역주)가 연구에 연구를 거듭한 끝에 '번개처럼 빠른' 윤전인쇄기를 개발했다. 그 기계가 《필라델피아 공공 대장 Philadelphia Public Ledger》 인쇄에 처음 사용된 것을 계기로 값비싼 구식 평반 인쇄기는 쓸모없는 것이 되었다. 호는 거기서 그치지 않고 프랑스가 특허권의 일부를 가진 석판과 활판 인쇄술을 결합, 호 두루마리 양면 인쇄기를 개발했다. 이것은 시간당 18,000장을 동시에 양면 인쇄할 수 있는 기계였다. 이렇게 되자 빠른 인쇄기의 수요를 충족시킬 수 있는 저렴한 가격의 종이가 대량으로 필요해졌다. 그 문제는 1850년대에 독일에서 목재펄프로 신문 용지 만드는 방법이 개발되어 자연스럽게 해결되었다. 그러자 이번에는 대중의 문자 해득률이 문제로 떠올랐다. 그 문제도 W. E. 포스터(1818년~1886년. 영국의 정치가—역주)가 발의한 초등교육법안이 1870년 영국 의회를 통과하고 이어 서유럽과 미국에서도 유사한 교육법이 제정됨으로써 해결되었다. 1858년만 해도 영국 군대 신병들의 문자 해득률은 5퍼센트에 불과했다. 그러던 것이 20세기 초에는 85.4퍼센트로 늘어났고 1880년대에는 무료 도서관 제도가 생겨났다. 그 현상은 계속해서 저널리즘의 폭발, 서구 문명의 변화를 몰고 온 20세기 대중문화의 출현으로 이어졌다.

1500년대 초에 일어난 모든 일도 다른 시대와 마찬가지로 연관성을 가지고 있었다. 다른 점이라면 배경이 좀 더 광범위하고 복잡하다는 것이다. 가톨릭교회는 십자군 운동의 실패, 성직자의 부패, 교황의 방탕한 생활, 수도원 규율의 붕괴로 힘을 잃어가고 있었다. 그런 와중에서도 교황권에 대한 마르틴 루터의 도전은 지지부진 고전을 면치 못했다. 그 상황은 라틴 어를 쓰는 관행을 벗어나 독일어로 호소를 하면서 달라지기 시작했다. 또 그것은 예상치 못한 두 개의 커다란 결과를 가져오기도 했다. 하나는 인쇄술의 발전과 유럽 전역의 문자 해득률 증가로 루터의 주장이 큰 반향을 불러일으켰다는 것이고, 다른 하나는 민족주의의 대두로 민족국가nation-states—즉 이것이 쇠해가는 신성로마제국을 대체하게 된다—가 탄생하여 종교와는 무관하게 독일 국민들이 루터를 지지하게 되었다는 것이다. 그렇게 해서 루터는 역사적인 승리를 거두었다. 잉글랜드에서도 민족주의에 눈뜬 국민이 헨리 8세(1509년~1547년)를 지원하는 쪽으로 힘을 결집하여 독일과 비슷한 결과를 만들었다.

이처럼 각각의 사건이 연관성을 지니고 있는 것이 분명해지자 나는 글쓰기를 멈추고 본격적인 수정 작업에 들어갔다. 때로는 기존 원고를 파기하고 새로 쓰는 일까지 벌어졌다. 그것은 흥미롭기는 해도 책을 쓰는 데 있어서는 비효율적인 방식이었다. 그 과정이 내게는 마치 만화경을 흔드는 것처럼 느껴졌다. 만화경을 흔들 때마다 새로운 모습이 나타났다. 그렇다고 이 책의 내용들이 보편적 타당성을 지니고 있다는 말은 아니다. 다른 작가가 다른 만화경으로 보면 얼마든지 다른 관점이 나올 수 있다. 헨리 오스본 테일러(1856년~1941년. 미국의 역사가—역주)가 그 좋은 예이다. 테일러가 1911년에 두 권으로 된 『중세의 정신 The Mediaeval Mind』을 발간하자 중세의 교회, 허식, 로맨스, '종교적 열정', 그리고 무엇보다 '그리스도의 복음'에 대한 중세적 해석이 뛰어나다는 호평이 줄을 이었다. 테일러는 그 점에 대해 솔직히 이렇게 말했다. "그것은 이 책이 중세적 삶의 야만성이나 중세에 만연했던 저열한 무지와 미신을 중요하게 취급하지 않았기 때문입니다. … 중세의 사조를 논하면서 그런 점들을 크게 고려하지 않았다는 말이지요. 그런 것 때문에 중세의 정신이 유익하고 건설적인 것으로 보이는 것입니다."

만화경을 아무리 열심히 흔들어도 나는 테일러와 같은 모습을 볼 수는 없었다. 그 이유 중 하나는 내 접근법이 그보다 더 가톨릭적이기 때문이다. 테일러는 말했다. "중세인들의 마음을 움직인 생각과 감정을 이해하려면 기독교 신앙의 힘과 중요성을 깨닫는 것이 필요하다. 그것을 깨달아야만 그들의 열망과 이상도 정확히 이해할 수 있다." 나는 테일러의 이 말에 백번 공감한다. 그러나 평신도는 물론 고위 성직자들 사이에서도 팽배한 중세의 야만, 무지, 환상에 대한 철저한 연구 없이 기독교 신앙의 힘과 중요성을 깨달을 수 있는지에 대해서는 의문이 든다. 기독교는 중세의 기독교인들 덕에 살아남은 것이 아니라 그들을 무시하여 살아남은 것이다. 그것을 모르면 중세의 1천 년은 결코 이해할 수 없다.

중세는 전체적으로 조망해야만 큰 그림을 그릴 수 있다. 그렇게 그려진 모습은 때로 경이롭기까지 하다. 이 책의 가장 놀랍고도 중요한 부분은 —코네티컷 주의 내 집에 전기를 두고 온— 마젤란에 대한 재평가이다. 당초 나는 시대가 그를 배출한 것으로 생각했다. 하지만 그렇지 않았다. 시대가 그를 배출한 것이 아니라 그 시대를 이해하는 데 없어서는 안 되는 인물이 바로 마젤란이다. 그는 당대의 실마리를 풀 수 있는 열쇠이고 많은 점에서 그 시대의 이상형이다. 그 결론에 이르게 된 내용을 지금부터 쓰려고 한다.

                                              코네티컷 주, 미들타운에서
                                                          윌리엄 맨체스터

I · 중세의 정신

I. 중세의 정신

　일반적으로 중세의 극성기—400년부터 1000년까지 6백여 년—는 암흑시대로 알려져 있다. 그러나 현대의 역사가들은 암흑시대라는 말을 쓰지 않는다. 한 역사가는 그 이유를 "암흑시대라는 말에 수용하기 힘든 가치판단이 내포되어 있기 때문"이라고 했다. 그러나저러나 암흑시대라는 말을 쓴다고 하여 분개할 중세인은 지금 한 사람도 남아 있지 않다. 암흑시대라는 말에 반드시 모멸감이 담겨 있다고도 볼 수 없다. 그 시대는 희뿌연 안개처럼 선명한 것이 하나도 없다. 지적 생활도 유럽에서 종적을 감추었다. 신성로마제국의 초대 황제를 지낸 중세의 가장 위대한 군주 샤를마뉴조차 문맹이었으니 상황을 대충 짐작할 만하다. 실제로 지식은 샤를마뉴 이후 7세기 동안 이어진 중세에 찬밥 신세를 면치 못했다. 제47대 신성로마제국 황제 지기스문트(재위 1433년~1437년—역주)는 그의 라틴 어 오류를 바로잡아주는 추기경을 보고 아니꼽다는 듯 이렇게 말했다. "짐은 로마의 왕으로 문법을 초월해 있소이다." 중세에 관한 내용들은 대개 우중충한 모습으로 남아 있다. 지금까지 남아 있는 사료들을 조합해볼 때 중세는 끊임없는 전쟁, 부패, 야만, 야릇한 미신, 상상을 초월하는 어리석음이 뒤범벅된 혼란스러운 시대였다.

　유럽은 5세기 로마제국이 멸망한 후부터 줄곧 어수선한 상황에 놓여 있었다. 제국이 멸망한 원인에 대해서도 의견이 분분하다. 혹자는 무감각과 관료적 전제주의를 멸망의 원인으로 꼽고 있지만 알고 보면 멸망으로 이어진 사건의 연쇄 고리는 이미 한 세기 전부터 시작되고 있었다. 로마제국의 국경은 장장 1만 마일(16,000킬로미터)에 이르렀다. 1세기의 군인 역사가 타키투스(56년경~120년경. 『게르마니아』, 『역사』, 『연대기』 등의 저서를 남겼다-역주)가 활동한 시대부터 제국 북방의 요충지—도나우 강으로부터 라인 강으로 이어지는 제국의 북방 경계선—는 언제나 취약한 상태에 놓여 있었다. 그 두 강 너머 울창한 숲에는 게르만 야만족이 들끓고 있었고 몇몇 유순한 민족을 제외하면 그들은 모두 로마제국의 번영을 시기했다. 그들은 수세기 동안 머나먼 강기슭에서 경계를 서고 있던 로마제국 군단들의 위세에 눌려 지냈다.

그러나 이제 로마제국 군단은 그들의 위협이 되지 못했다. 그들보다 한층 사나운 유목민 훈 족이 나타난 것이다. 그들이 배후에서 압박을 가해오자 게르만 족은 놀라 궤멸했다. 어릴 때부터 살생과 잔인함을 훈련받고 농사일은 몰라도 활 쏘는 기술 하나만은 뛰어났던 몽골 평원 출신의 이 가공할 전사들은 전쟁을 사업으로 변모시켰다. 그들에 대해서는 "말 등이 곧 그들 나라"라는 말까지 전해져오고 있을 정도이다. 유럽으로서는 4세기 초 훈 족이 중국의 만리장성에서 임자를 제대로 만난 것이 커다란 불행이었다. 중국에 패한 훈 족은 서쪽으로 방향을 돌려 355년경 러시아를 침범하고 그 17년 뒤에는 볼가 강을 도하했다. 그런 다음 375년 우크라이나의 동고트 족을 습격하여 동고트 왕 에르마나리크를 살해하고 동유럽까지 치고 들어갔다. 훈 족은 현 루마니아와 가까운 드네스트르 강변에서 서고트 족과 일전을 벌여 그들을 쳐부수었다. 이 전쟁에서 살아남은 8만여 명의 서고트 족 생존자들이 도나우 강을 건너 로마제국을 침범해온 것이다. 국경을 방어하고 있던 로마제국의 군 지휘관들은 제국의 동방 황제 발렌스(재위 364년~378년-역주)의 명령으로 서고트 족 도망자들을 무장해제하고 여러 조건을 붙여 그들을 받아들였다. 그런 다음 노예로 삼으려 했으나 일이 뜻대로 되지 않자 378년 아드리아노플에서 제국 군인이 아닌 다른 민족의 용병을 고용하여 그들과 전쟁을 벌였다. 만약 카이사르가 살아 있었다면 이후 벌어진 광경에 통분을 금치 못했을 것이다. 로마 군은 서고트 족을 얕잡아보고 군기가 흐트러진 상태에서 전투를 했다. 타키투스에 이어 로마제국의 역사를 저술한 그리스 인 역사가 암미아누스 마르켈리누스(330년경~395년-역주)에 따르면 이 전투에서 로마는 6세기 전 "칸나이 전투 이래 가장 치욕적인 참패"를 당했다고 한다.

뒤이어 게르만 족과 훈 족이 물밀 듯 밀고 들어오자 로마제국의 도나우 강—라인 강의 국경선은 맥없이 무너져버렸다. 야만족들은 로마제국 내부로 깊숙이 침투해 들어오며 이탈리아 진격을 준비했다. 서기 400년, 야만족 중에서는 비교적 계몽이 되고 열렬한 신앙인이었던 알라리크가 서고트 족과 훈 족 4만 명을 이끌고 줄리안 알프스 산맥(동부 이탈리아와 슬로베니아 사이 알프스 연봉 중의 하나로 율리우스 카이사르의 이름을 딴 명칭-역주) 이남의 로마 노예들을 해방시켰다. 이후 8년간 전쟁이 이어졌다. 그러나 로마 군 기병대는 서고트 족 기병대의 적수가 되지 못했다. 이 전투에서 로마 군은 병력의 3분의 2를 잃었다. 410년 알라리크가 이끄는 서고트 족은 기세 좋게 이탈리아로 쳐들어가 8월 24일 로마를 유린했다.

이렇게 해서 영원의 도시 로마는 8세기 만에 처음으로 적군에게 함락당했다. 이후 사흘 동안 야만족에게 유린된 로마는 형체를 알아볼 수 없을 만큼 처참하게 파괴되었다. 알라리크는 로마 시민들을 구해주려고 했다. 그러나 그도 훈 족이나 로마 노예들을 통제할 방법은 없었다. 그들은 부유한 남자들을 살해했고, 부녀자들을 강간했으며, 귀중한 조각품들을 절단 냈고, 예술품들을 귀금속으로 녹였다. 그러나 그것도 시작에 불과했다. 그로부터 66년 뒤 또 다른 게르만 족 지도자 오도아케르가 서로마제국 최후의 황제 로물루스 아우구스툴루스를 폐위하고 로마제국의 지배자로 등극했다(476년). 한편 군데리크의 반달 족, 클로비스의 프랑크 족, 형제를 죽이고 권력을 잡은 저 가공할 아틸라의 훈 족은 남쪽의 파리까지 갈리아 지역을 침략하고 잠시 뜸을 들인 뒤 에스파냐를 침공했다. 뒤이어 고트 족, 알라니 족, 부르군트 족, 튀링거 족, 프리지아 족, 게피다이 족, 수에비 족, 알레마니 족, 앵글 족, 색슨 족, 주트 족, 롬바르드 족, 헤룰리 족, 콰디 족, 마자르 족이 로마제국의 나머지 문명 지역을 파괴했다. 그리고 나서 정복지로 이주민의 물결이 이어지자 황폐화된 대륙에는 이제 어둠이 서서히 깔리기 시작했다. 이 어둠은 중세인들이 4백여 년간 모진 운명을 감내한 뒤에야 걷히게 된다.

※

암흑시대는 사회 곳곳에서 적나라하게 그 모습을 드러냈다. 먼저 인구가 급감하기 시작했다. 중세의 인구는 흑사병과 그 병의 반복 확산으로 크게 줄어든 뒤에도 기아와 역병으로 계속 감소했다. 살아남은 사람들도 구루병으로 고통을 받았다. 급격한 기후 변화로 폭풍우와 홍수도 잦아졌다. 로마제국의 다른 기반 시설과 마찬가지로 배수로가 파괴되다 보니 중세인들은 그로 인한 피해를 더욱 심하게 받았다. 1500년 무렵 유럽에서 쓸 만한 도로는 1천 년간이나 방치되어 있던 로마 시대의 도로였다는 것만으로도 중세의 상황이 얼마나 열악했는지를 충분히 짐작할 수 있다. 다른 도로들은 완전히 파괴되어 이용이 불가능했다. 항구들도 다를 바 없었다. 유럽의 항구들은 8세기에 상업 활동이 기지개를 켜기 시작할 무렵에야 정상을 되찾았다. 행방불명된 예술품들이 벽돌로 사용된 예도 있었다. 성당을 제외하고는 독일, 잉글랜드, 네덜란드, 스칸디나비아 반도 어느 곳에도 10세기 동안 석조 건물이라 할 만한 것이 세워지지 않았다. 농부들의 기본 농기구는 곡괭이, 쇠스랑, 삽, 갈퀴, 낫이었다. 쇠가 귀해 바퀴 달린 보습은 만들 엄두도 내지 못했다. 남부 유럽의 농부들은 그나마 지중해 유역의 땅이 경토여서 쟁기 없이도 농사에 큰 어려움을 겪지 않았다. 그러나 토양이 중토인 북부 유럽에서는 사람이 땅을 가르고 옮기고 파서 엎어야 했기 때문에 농사짓는 데 여간 고생이 아니었다. 소와 말이 있기는 했지만 제한적으로만 사용되었다. 말의 목에 두르는 끈, 마구, 등자는 900년경에야 개발되었기 때문에 말 두 필을 앞뒤로 연결하는 것이 불가능했다. 그러다 보니 농부들은 짐승들보다 더 심한 노동에 시달렸고, 더 많은 땀을 흘렸으며, 체력 소진으로 더 빈번히 쓰러졌다.

   그 밖에도 중세인들은 극복 불가능한 위협적 요소에 둘러싸여 있기도 했다. 그것은 여러 가지 모습으로 나타났다. 멧돼지, 곰일 때도 있었고, 후대의 동화책에 무시무시한 모습으로 등장하는 우람한 덩치의 중세 늑대, 상상 속의 악마일 때도 있었으며, 결코 잡히는 법이 없이 활개 치고 다니던 무법자, 헤르시니아 조산 운동 때의 울창한 숲일 때도 있었다. 살인에 의한 사망도 사고사의 두 배에 이르렀다. 잉글랜드 검시관의 기록에 따르면 살인자가 처벌받는 비율은 백 명당 한 명 정도였다고 한다. 그토록 위험한 상황에 노출되어 있다 보니 중세인들은 거주지 밖을 잘 벗어나려 하지 않았고, 결혼도 부락민들끼리 하는 등 극도로 고립된 삶을 살았다. 그러다 보니 몇 킬로미터 밖에 있는 부락민과는 언어 소통도 되지 않았다.

일상적으로 일어나는 폭력 수준도 충격적일 만큼 높았다. 술집에서의 난동이나 남자들끼리의 격투는 물론 공놀이나 격투 경기에서도 살인 사건이 비일비재하게 일어났다. 기사들의 마상 시합도 토머스 맬러리, 월터 스콧, 아서 코난 도일이 낭만적으로 그리고 있는 것과는 거리가 멀었다. 중세의 마상 시합은 무장한 기사들이 재미와 운동 삼아 하는 짓궂은 장난처럼 보이는 겉모습과 달리, 신체 손상을 목적으로 했다. 1240년경 뒤셀도르프에서 열린 마상 시합에서는 자그마치 60명의 기사가 칼에 찔려 죽는 불상사가 일어났다.

이토록 잔인한 면―훈 족, 고트 족, 프랑크 족, 색슨 족에게서 물려받은 취미일 것이다―이 있기는 했지만 이들 모두 독실한 기독교인이었다. 교회는 로마제국을 대신하여 유럽 국경 지역의 조정자 역할을 했다. 그런 교회가 이교도에게 그리스도의 말씀을 가르치는 일을 불가능한 것으로 보았으니 역설도 이만저만한 역설이 아니었다. 그러나 야만족을 개종시키기는 어렵지 않았다. 가톨릭의 야만족 지배는 야만족의 로마 침탈보다도 더 신속히 이루어졌다. 493년에는 프랑크 왕국의 건설자 클로비스가 기독교로 개종했다. 물론 요즘 시각으로 보면 그가 기독교를 옹호하는 태도는 이해하기 힘들 뿐만 아니라 용서할 수도 없는 것이었다. 그러나 다행스럽게도 그의 곁에는 투르의 그레고리우스 주교(538/39년~594/95. 프랑크 사史를 이해하는 데 중요한 자료가 되는 연대기를 썼다―역주)라는 든든한 지원자가 있었다. 그레고리우스는 클로비스의 폭력적 성향을 묵인해주었다. 책에서도 클로비스가 거둔 승리를 하나님의 인도로 이루어진 것이라고 하면서 그를 영웅적인 장군으로 묘사해놓았다. 클로비스가 수아송에서 약탈품 분배를 할 때 프랑크 족의 한 전사를 다룬 방식도 무슨 큰 자랑거리라도 되는 듯 이렇게 써놓았다. 약탈품 분배를 하는 자리에서 프랑크 족의 전사가 도끼를 휘둘러 화병 하나를 박살 냈다. 그런데 알고 보니 그것은 주교가 보물처럼 아끼는 교회 재산이었다. 클로비스도 그 사실을 알고 나중에 기회를 엿보아 도끼로 그 전사의 머리통을 두 쪽 내버리고는 이렇게 소리쳤다. "수아송에서 화병을 박살 낸 벌이다!"

중세의 기독교인들은 한쪽 뺨을 맞으면 다른 쪽 뺨도 갖다 대는 일 따위는 하지 않았다. 다른 쪽 뺨도 피투성이가 되리라는 것을 알았던 것이다. 중세에는 수백 가지 범죄를 극형으로 다스렸다. 재산을 훔친 경우가 특히 심했다. 개종을 강요하면서 극형의 위협을 가했으니 중세의 위협은 실로 가벼이 볼 일이 아니었다. 샤를마뉴는 중세 기준으로 보면 공정하고 계몽된 군주였다. 가끔 기묘한 방식으로 그것을 과시하려 한 것이 흠이었을 뿐 교회에 대한 그의 충성은 절대적이었다. 그는 색슨 족을 정복한 다음 그들에게 기독교로의 개종을 강요하면서 개종하지 않으면 사형에 처하겠다고 윽박질렀다. 그런데도 색슨 족이 개종을 거부하자 어느 날 아침 색슨 족 4,500명의 목을 베었다.

그 정도는 아무것도 아니었다. 기독교인 병사들은 거침없이 칼을 휘둘렀다. 그들의 희생자가 언제나 이교도인 것만도 아니었다. 물론 같은 종교인들끼리 피를 뿌리는 것은 융성하는 모든 종교에 나타나는 공통된 현상이다. 그러나 기독교인들만큼 대량으로 살육을 저지른 예는 일찍이 없었다. 콘스탄티누스 대제는 로마 황제들 중 최초로 기독교를 공인(313년 밀라노 칙령으로 – 역주)하고 330년에 콘스탄티노플을 로마제국의 제2 수도로 삼았다. 그로부터 몇 년 뒤 콘스탄티노플에서는 교리의 해석 문제로 수많은 신도가 죽어나가기 시작했다. 325년에는 처음으로 니케아에서 공의회가 열렸다(콘스탄티누스 황제가 교회 정부의 새로운 제도인 공의회를 처음 성립시킨 뒤의 일이다-역주). 그러나 이 최초의 공의회에서도 알렉산드리아의 아리우스파와 그에 적대적인 아타나시우스파 신학자들 간의 교리 논쟁은 종지부를 찍지 못했다. 아리우스는, 그리스도가 성자聖子인 것은 맞지만 하나님의 피조물이므로 하나님은 될 수 없다고 주장하면서 니케아 신조(성자와 성부가 동일 본질임을 선언한 교리-역주)를 부정했다. 양파의 절충은 난항을 거듭했고 아리우스는 이단의 우두머리라는 비난을 받고 죽었다. 아리우스파가 격분하여 들고일어나자 반대파는 그들을 살해했다. 3천 명 이상의 기독교인이 같은 기독교인의 손에 죽었다. 그것은 3세기 동안 로마제국의 박해로 죽은 기독교인의 수보다도 많은 것이었다. 그로부터 9세기가 지난 1204년 4월 13일, 중세의 공포가 다시금 콘스탄티노플을 덮쳤다. 제4차 십자군 병사들이 성지에 다다르지 못한 분풀이로 콘스탄티노플을 공격하여 그곳을 약탈하고 교회 유적지를 파괴하고 주민을 학살한 것이다.

※

그리스도 포교령은 성서의 마태복음(28장 19절~20절)에도 분명히 명시되어 있다. 그러나 그리스도가 십자가에 못 박힌 뒤 몇 세기 동안 신앙의 불길은 훨훨 타오르지 못했다. 게르만 족, 켈트 족, 슬라브 족은 500년 무렵 기독교가 로마제국의 국교로 확고한 입지를 굳힌 뒤에야 대규모로 개종을 했다. 그것도 개종자들이 기독교의 본질을 이해하지 못한 허울뿐인 개종이었다. 그러다 보니 야만족은 물론이고 아테네, 알렉산드리아, 스미르나(터키 서부에 있는 도시로 현재 명칭은 이즈미르-역주), 안티오크,

로마(카이사르와 성 베드로의 도시)와 같은 제국 도시의 철학자들마저 스토아철학, 신플라톤주의, 견유 철학, 미트라 교教(페르시아에서 조로아스터교 이전에 다신교를 믿었을 때 가장 중요하게 받들어진 신앙―역주), 지방 신앙 등의 이교도 관습에 깊이 물들어 있었다. 콘스탄티누스 대제는 이교도 의식과 산 제물을 바치는 행위를 막으려고 했다. 그러나 법으로 금지시키지는 않았고, 그러다 보니 이교도 관습은 날로 번창했다.

그것이 기독교인들을 분개시켰다. 다른 문제―반세기 동안이나 기세가 수그러들지 않은 아리우스주의도 그중의 하나이다―에 있어서는 심하게 분열되어 있던 기독교인들이 이교도에게 박해를 가하는 문제에 있어서만은 일치단결했다. 중세의 기독교인들은 초기 기독교인들이 카타콤(지하 묘지)에서 당한 고통에 복수라도 하듯 이교도의 신전을 무너뜨리고, 재산을 몰수하고, 그들을 사자 밥으로 만들었다. 요즘 시각으로 보면 이런 복수심이 성서에 어긋나는 것으로 보일 수도 있다. 그러나 중세 기독교는 신자들이 상상하는 것 이상으로 기독교보다는 오히려 이교에 더 가까웠다. 바울과 사도 요한도 신플라톤주의의 영향을 깊게 받고 있었다. 6세기 무렵 교황 그레고리우스 1세가 정한 추기경의 일곱 가지 덕목(신앙, 희망, 자비, 정의, 인내, 사려, 절도) 도 앞의 세 항목만 기독교 윤리이고, 나머지 네 항목은 플라톤과 피타고라스 철학에서 빌려온 것이었다. 이교도 철학자들은 그리스도 교리가 모순된다고 주장했고 그것은 정확한 지적이었다. 그들은 창세기에도 여러 명의 신이 상정되어 있다고 주장했다. 그러나 경신敬神 앞에 이성이 설 자리는 없었다. 12세기 서방 교회의 대표적 인물이었던 클레르보의 베르나르두스(1090년~1153년)는 지식을 심하게 불신하면서, 포교로 인가되지 않는 한 지식의 추구는 이교적 행위이고 따라서 무가치하다고 선언했다.

그런데 재미있는 것은 중세 기독교계의 걸출한 철학자가 거짓 이야기에 고무되어 걸작을 탄생시켰다는 사실이다. 그 철학자는 알라리크의 로마 유린을 야만적인 이교도가 그의 우상들을 위해 복수한 행위로 묘사해놓았다(그 말은 옳지 않다. 알라리크와 고트 족의 대부분은 아리우스파 기독교인이었다). 설사 그것이 사실이라 해도 기독교인들이 로마 멸망의 광범위한 책임을 피할 길은 없었다. 사람들은, 기독교가 제국의 공식 종교로 선포되자 로마의 고대 신들이 분개하여 영원의 도시를 지켜주지 않아 제국이 멸망한 것이라고 믿었다. 히포의 주교 아우렐리우스 아우구스티누스(354년~430년. 훗날의 성 아우구스티누스)는 그 생각을 바로잡을 필요성을 느꼈다. 그래서 그는 꼬박 13년을 그 연구에 매진한 끝에 중세의 정신을 결집시킨 최초의 대작 『신국 De Civitate Dei』을 완성했다. 아우구스티누스는 이 작품에서 로마는 새로운 종교 때문에 징벌을 받은 것이 아니라 로마가 예전부터 지은 죄, 즉 시민들의 음란 행위와 정치인들의 타락 때문에 벌을 받은 것이라고 주장했다. 이교도 신들이 로마 인들을 성적 욕망에 빠져 들게 했다는 것이었다. "비르기네우스 신神이 허리띠를 풀자 대부 수비구스가 남자 사타구니 아래로 신부新婦를 밀어 넣었고 대모 프레마가 그녀를 꼼짝 못하게 만들었다. … 신부는 종교의 명에 따라 프리아포스(그리스 신화에 나오는 풍요의 신 중 하나—역주)의 거대한 남근을 자극하여 받아들였다!'

이것은 아우구스티누스 본인의 체험담이었다. 그는 『고백록 Confessions』에서 자신도 기독교로 개종하기 전 젊은 시절에 한때 방탕한 삶에 빠져 있었다고 술회했다. 그러나 원죄는 반드시 존재한다고 하면서 그것은 이브의 유혹에 빠져 든 아담이 저지른 것이고 인류는 바로 그 아담의 자식들이므로 죄가 있다고 말했다. 그는 욕망을 수태 행위로, 모든 아이를 타락시키는 몹쓸 짓으로 보았다. 성관계는 *"파멸의 구렁텅이[ex-itium]"* 였다. 따라서 인간은 어머니의 자궁으로부터 이미 저주를 받은 것이었다. 그러나 동정녀로 수태한 성모마리아가 개입하면 구원받을 여지가 없는 것도 아니었다. "인간은 한 여인을 통해 파멸에 이를 수도 있고 구원받을 수도 있다."라고 아우구스티누스는 분명히 말했다. 옛 신앙과 새 신앙을 성性으로 구분 지은 것이다. 이교도는 매춘을 일부일처제에 대한 탈출구로 받아들였다. 기독교인은 그것을 거부하고 순결, 금욕, 부부간의 완전한 순결을 요구했다. 여성들은 아우구스티누스의 주장을 열렬히 환영했다. 아우렐리우스 아우구스티누스—기독교에 미친 그의 영향은 사도 바울 다음으로 높다—는 중세인들에게 성은 사악한 것이고 성모마리아만이 인간을 구원할 수 있다고 가르친 첫 번째 인물이었다.

그러나 아우구스티누스의 사상에는 그보다 좀 더 미묘한 다른 의미도 내포되어 있었다. 그는 복잡한 은유를 사용하여 삼라만상을 신의 나라와 지상의 나라로 나누었다. 인간들은 그중 하나를 선택해야 하고 그 선택으로 인간의 영원한 안식처가 결정된다는 것이었다. 『신국』 15장에서 그는 말했다. "*인간[hominum]*은 속세에 준하여 사는 사람과 하나님에 준하여 사는 사람, 이렇게 두 종류로 나뉜다. 그것을 신비주의적으로 부르면 '두 나라' 혹은 '두 사회'가 되는데 하나님의 권세가 영원히 함께하는 곳이 하나요, 사탄이 함께하는 고통을 영원히 받도록 운명 지어진 곳이 다른 하나이다." 또 그는 인간들이 신의 나라와 지상의 나라 사이에서 허우적거리며 살다 최후의 심판으로 운명이 결정된다고 썼다. 아우구스티누스는 교회와 신의 나라를 같은 것으로 보았다. 따라서 그가 하나님으로부터 나온 종교적 권력에 지상의 나라인 세속 권력이 종속되는 신정국가의 필요성을 느꼈던 것은 분명해 보인다. 교회는 그것을 기정사실로 받아들여 아우구스티누스 이론을 관념론의 도구, 더 나아가 국왕 및 황제와 싸우는 도구로 사용하게 된 것이다.

※

그렇게 해서 교황청은 날로 강대해지는 유럽 군주들과 역사상 가장 지루한 투쟁 중 하나를 벌이게 되었다. 아우구스티누스가 『신국』의 집필을 끝낸 426년 무렵 가톨릭 교황은 켈레스티누스 1세였다. 그때부터 시작된 양측의 대립은 1076년—이후 1백 명이 넘는 교황이 배출되었다—까지 계속되었다. 네로의 원형 경기장 옆에 세워진 바티칸 궁전의 교황들은 신성로마제국 황제들로부터 속인 서임권(국왕이 고위 성직자를 임명하는 권한—역주)을 빼앗기 위해 많은 노력을 기울였다. 그래도 결론이 나지 않자 그레고리우스 7세는 하인리히 4세(신성로마제국 황제. 재위 1084년~1105/06년—역주)를 파문에 부치는 최후의 수단을 썼다. 하인리히 4세는 어쩔 수 없이 굴복을 했다. 그는 눈 내리는 이탈리아 북부의 카노사에서 사흘 밤낮을 추위에 떨며 용서를 구한 끝에 교황의 사면을 받았다. 카노사는 교황에 대한 속인 굴복의 상징이 되었다. 그러나 황제의 회개는 오래가지 못했다. 하인리히 4세는 마음을 바꿔 교황에게 반격을 가했다. 그는 교황의 두 번째 파문에도 굴하지 않고 로마로 쳐들어가 그레고리우스 7세를 로마 밖으로 내쫓았다. 그레고리우스는 "정의를 사랑하고 불법을 증오하다 유랑의 몸이 되어 죽노라."고 한탄하는 글을 남기고 죽었다. 다음 세기에도 교황들은 독일 황실의 영향권에서 벗어나기 위해 부단한 노력을 기울였다. 그래도 결론은 나지 않았다. 교황과 황제의 힘겨루기는 13세기, 힘과 위신의 양면에서 교황권이 절정에 이른 인노켄티우스 3세(재위 1198년~1216년) 시대에 와서야 일단락되었다.

그럼에도 중세의 천년은 기독교가 승리한 시대였다. 개천에서 용 나듯 야만의 진창에서 귀족이 탄생하자 국왕과 군주들은 자신들의 적법성을 신권神權에서 찾으려 했고 종자들은 교회에서 철야 기도를 하여 기사가 되었다. 군주들은 민심을 얻기 위해 성지로 십자군을 이끌었다. 사순절에 육식을 하는 사람은 극형에 처해졌다. 신성모독은 감옥행을 의미했고 교회는 유럽에서 가장 부유한 지주가 되었으며 세례부터 결혼, 장례에 이르기까지 유럽인들의 모든 일상사를 교황, 추기경, 수도원장, 주교, 마을 사제가 관장했다. 또 성직자들은 인간 영혼이 머물게 될 내세의 안식처를 결정할 권한도 지닌 것으로 믿어졌다.

그러나 아직 거기까지는…….

교활하기는 해도 자비로운 이교 신들—이교 신들의 변덕과 고집은 이들의 위신을 깎아내리려는 기독교 신학자들의 상상 속에서만 존재했다—은 이 모든 고난을 이겨내고 살아남았다. 로마제국은 야만족에게 굴복했고 야만족은 기독교에 굴복했다. 이 과정에서 기독교도 파괴의 대상이었던 이교에 적지 않게 잠식당했다. 중세인들은 토르(초기 게르만 민족들의 신—역주), 헤르메스, 제우스, 주노(일명 유노. 주피터의 아내로 로마신화에 나오는 최고의 여신—역주), 크로노스(그리스 종교의 신—역주), 사투르누스(일명 새턴. 로마신화의 농경과 계절의 신—역주)와 같은 이교 신들을 간단히 물리칠 수 없었다. 교회는 중세인들이 필요로 하는 우상 숭배를 충족시켜주지 못했다. 이교 의식, 신화, 전설, 신비, 기적은 끝없는 소택지와 울창한 숲 속에 살며 임의적 재앙에 무방비로 노출된 사람들의 정서에 잘 들어맞았다. 또 이교는 아우구스티누스와 달리 성을 부도덕한 것으로 말하지 않았다. 이교도들은 아프로디테, 에로스, 히멘(그리스 신화에 나오는 결혼의 신—역주), 큐피드, 비너스를 찬양하며 욕망의 환희에 젖어들었다. 개종자들의 신앙심은 분열되었다. 그것을 모순되거나 이중적인 것으로 보는 사람은 드물었다. 그들은 양다리 걸치기를 분별 있는 행위로 생각했다. 로마제국의 패망도 결국 황제들이 이교 신들을 더는 인정하지 않아 그들이 도시를 버리고 떠나서 초래된 일이 아니었던가. 그런데 그 신들에게 간단한 예를 표한다 하여 무슨 큰 해를 입겠는가라고 그들은 생각했다. 미사에 참석하고 기독교 계율을 따르는 한 겸손, 자비, 온화, 친절을 미덕으로 삼는 구세주의 새로운 숭배자들도 그들에게 보복을 해오지는 않을 터였다. 그러나 옛 요괴들은 누구도, 어느 것도 용서하는 법이 없었고 그리스 인들이 말한 바대로 신들의 주사위는 언제나 정해져 있었다.

그렇게 해서 교회는 이교 신들의 사원 터에 세워졌다. 예수가 태어나기 몇 세기 전부터 신성한 곳으로 여겨지고 있던 작은 숲들에도 교회 성인들의 명칭이 부여되었다. 대중 사이에 널리 기려지고 있던 이교 축일도 교회가 다 빼앗아갔다. 플로랄리아(플로라 여신을 찬양하여 로마에서 행해진 연례 축제—역주)는 오순절로 대체되었고, 죽은 자들을 기리는 축일은 위령의 날로 바뀌었으며, 이시스의 정화 축일(다산을 비는—역주)과 로마의 루페르칼리아 축일은 성모마리아 탄생 축일로 변모했다. 노예들도 자유를 만끽할 수 있었던 농신제農神祭는 크리스마스가 되었다. 또 아티스(대모신 키벨레의 남편—역주)의 부활절은 기독교 부활절로 대체되었다. 여기에는 허위가 많이 개입되었다. 누구도 예수의 탄생 연도—아마도 기원전 5세기였을 것이다—를 정확히 알지 못했다. 날짜는 더 말할 것도 없었다. 예수 탄생일은 336년경부터 로마의 기독교인들이 처음 기리기 시작했다. 동로마제국은 1월 6일을 예수 탄생일로 정했다가 나중에 아무 이유 없이 12월 25일로 바꾸었다. 예수가 부활한 날도 기록으로 남아 있지 않았다. 초기 기독교인들은 그리스도 재림이 임박했다고 믿고 매주 일요일을 부활절로 기렸다. 그 3백년 뒤 이들 기독교인의 자손들은 그리스도 재림이 늦어진다는 사실을 인정하고 부활절을 그리스도의 수난과 연계시켰다. 기원전 13세기에 유대인이 이집트를 탈출한 것을 기념하는 축일의 하나인 유월절을 그리스도 재림일로 삼은 것이다. 이렇게 혼란에 혼란을 거듭하던 중 마침내 325년 제1차 니케아 공의회에서 부활절이 정해졌다. 기나긴 격론을 거친 끝에 춘분이 지나고 보름달이 뜬 뒤의 첫 번째 일요일을 부활절로 정한 것이다. 그러나 이것은 역사적 타당성이 결여되어 있었다. 부활도 마찬가지였다. 전통 축일을 기리는 사람들은 그것으로 마음의 위안을 얻었다.

한편 세례 받는 사람이 갈수록 늘어나자 교회는 고대의 이교 의식을 묵과해주거나 혹은 언젠가는 소멸하게 되리라는 생각―결코 소멸하지 않았다―으로 고대 의식을 변형시켜 이교도들을 개종시키는 일에 빠져들었다. 교회는 풍요신 숭배, 점占, 소를 제물로 바치는 행위를 허가해주었다. 이교도의 인신 공양이 기독교의 상징적 미사로 대체되자 성찬식과 세례식의 중요성은 그 어느 때보다 높아졌다. 기독교 사제들은 이교 사제들처럼 추수와 가정을 축복해주었다. 그것도 모자라 전능한 하나님에게 화재, 역병, 적의 침략으로부터 각각의 공동체를 구해달라고 빌기까지 했다. 그러나 그것은 운명을 시험하는 행위였고 중세의 운명은 시험에 오랫동안 저항하지 못했다. 때가 되면 화염, 질병, 침입자들은 반드시 찾아들었다. 그리고 그런 일들 뒤에는 반성직주의 파가 출현하거나 채찍질 고행자와 같은 퇴행적 현상이 반드시 나타났다. 채찍질 고행자는 흑사병 이후 주기적으로 나타났다. 상황이 이런데도 초자연적 힘을 지닌 것으로 믿어진 성聖 유골의 거래는 줄어들지 않았고 기독교의 기적

이야기로 성인들에게 이교적 특성을 부여하는 일도 계속되었다.

예수와 그의 제자들은 성인이란 말을 입에 담은 적이 없었다. 성인 지정은 2, 3세기 무렵 로마의 기독교인 박해와 함께 생겨난 관행이었다. 카타콤의 생존자들은 순교자들이 천국으로 간 뒤 그곳에서 살아 있는 사람들을 위해 중재자 역할을 한다고 믿었다. 그러나 그들은 순교자를 성인으로 숭배하면서도 우상으로 떠받들지는 않았다. 초기 기독교인들은 우상 숭배를 혐오했고 이교 신을 표현한 조각품에 대한 그들의 혐오는 특히 심했다. 신학자 겸 교리문답 학교 교사였던 알렉산드리아의 클레멘스(150년경~211/215년경)도 조물주가 아닌 피조물에 아첨하는 행위를 신성모독이라고 설파했다. 그러거나 말거나 성인의 수는 갈수록 늘어났고 성인들에게 신원을 부여해주고자 하는 중세인들의 열망도 자꾸만 커져갔다. 교인들은 성인들의 모습, 성모마리아 상, 그리스도 십자가 상을 원했다. 그 결과 이집트 천공신天空神 호루스 상과 고대 이집트, 그리스, 로마신화에 등장하는 이시스 여신상은 예수 그리스도 상과 성모마리아 상으로 바뀌었다. 장인들은 기독교인들이 요구하는 조상과 그림을 제작했다. 기독교인들은 그것들에 입 맞추고, 그 앞에서 머리를 조아리고, 그 주위를 꽃으로 장식했다. 500년경에는 촛불에 이어 향이 교회 예배에 도입되었다. 중세 공동체들은 위기가 닥쳐오면 수호성인이나 각 공동체가 간직하고 있던 유골의 혼령을 불러냈다. 그것에 영험이 있다고 믿었기 때문이다.

아우구스티누스도 성인 숭배를 개탄했다. 그러나 사제와 교구민들은 성인의 혼령을 불러내거나 성호를 긋는 행위로 악마를 물리칠 수 있다고 믿었다. 중세에는 점성술사와 마법사의 활약이 컸다. 그런 것들은 모두 인간 내부의 절박함을 충족시키는 행위였으나 생각이 있는 사람들은 심리적 혼란을 느꼈다. 8세기에 마침내 그에 대한 반동이 일어났다. 비잔틴제국의 황제 레오 3세(재위 717년~741년―역주)가 기독교 신성을 더럽히는 모든 행위로부터 참된 기독교 신앙을 지키기로 결심한 것이다. 그는 기독교가 채택한 이교적 방식을 신성모독이라 여겼고, 특히 미사 중에 유골이나 성화를 숭배하는 행위에 심한 불쾌감을 느꼈다. 그는 726년에 『구약성서』 신명기 4장 16절―아무 "형상", 즉 "남자의 형상이나 여자의 형상"에 대한 숭배도 못하게 금지하는 내용―을 인용하여 엄한 칙령을 내렸다. 그 명령에 따라 병사들이 교회 안에 있던 성상, 그리스도 화상, 성모마리아 화상을 모두 철거했다. 벽화, 프레스코, 모자이크에도 회반죽을 덧칠했다.

이로써 레오는 역사상 가장 유명한 성상 파괴주의자가 되었다. 그것은 백성들의 원성을 사는 일이기도 했다. 키클라데스 제도에서는 섬 주민들이 들고일어났다. 베네치아와 라벤나의 시민들은 비잔틴제국의 관리를 추방했다. 그리스에서는 대립 황제를 세우고 레오를 사로잡기 위해 함대를 발진시켰다. 레오는 함대를 침몰시켰다. 그러나 제국 군대가 칙령을 집행하려 하자 성난 군중이 교회 문 앞에서 그들을 공격했다. 레오는 그에 굴하지 않고 730년, 성상 파괴를 비잔틴제국의 공식 정책으로 공포했다. 그러자 이번에는 교회가 개입하고 나섰다. 하급 성직자들은 처음부터 성상 파괴에 반대했다. 거기다 이제는 대수도원장, 콘스탄티노플 주교, 그레고리우스 2세 교황이 소집한 주교 회의까지 가세했다. 그러나 레오의 칙령은 어차피 집행도 되지 않은 것으로 드러났다. 741년 황제가 사망할 무렵 그가 파괴하거나 덧칠하라고 명령을 내린 예술품들은 손상되지 않은 채 고스란히 남아 있었다. 그로부터 46년 뒤에 열린 제2차 니케아 공의회에서 가톨릭교회는 레오의 칙령을 공식적으로 철회했다. 결국 로마도, 지금은 기독교 성인으로 이름이 바뀐 로마 고유의 신들이 신화와 전설에 파묻혀 살았던 낭만적인 옛 제국이자 다신교의 본거지였던 것이다. 4세기 이후 로마의 유산은 기독교 예술품으로 명맥이 이어져오고 있다. 330년과 360년 사이에 건립된 성 베드로 대성당의 형태, 양식, 원주들도 이교도의 전통을 따른 것이었다. 식스투스 3세 교황이 432년부터 짓기 시작한 산타마리아 마조레 대성당 부근에는 이교도의 신전이 실제로 세워져 있기도 했다.

그렇다면 우리는 중세를 앞선 로마나 중세 뒤에 이어진 근대와 견줄 만한 문명으로 봐도 되는 것일까? 문명의 뜻이 상당한 수준의 문화, 기술적 발전을 이룬 사회를 의미한다면, 앞의 질문의 대답은 "볼 수 없다"이다. 로마제국 시절 제국의 관리들은 서쪽 대서양으로부터 동쪽 카스피해, 북쪽 브리튼의 안토니누스 방벽에서 남쪽의 나일 강 유역에 이르기까지 제국 내 모든 나라의 운명을 통제했다. 계몽된 로마 인들은 교사, 입법자, 건축가, 행정가 등으로 활동했다. 로마는 예술과 지적 성취도 면에서도 정점에 달해 있었다. 제국의 수도 또한 로마 가톨릭교회의 실제적, 정신적 수도가 되었다.

로마제국 이후의 시대는 이것들 중 그 어느 것 하나 이루지 못했다. 한때 로마의 호수였던 지중해 교역도 위기에 처해 있었다. 처음에는 반달 족, 그 다음에는 무슬림 해적이 주요 해상로를 가로막았던 것이다. 농업과 운송도 활발하지 못했고 사람들은 결코 배불리 먹지 못했다. 교환경제가 화폐경제로 바뀐 것은 경제가 발달해서가 아니라, 약탈과 정복으로 부유해진 영주들이 전쟁, 몸값, 십자군 경비, 아들의 기사 작위 비용, 딸의 혼수 비용 등을 지불하기 위해 어떤 형태든 통화가 필요해졌기 때문이었다. 국왕의 재무관들은 초보적인 계산 능력조차 갖추고 있지 못하여 아랍인에게서 배운 산수로 근근히 계산을 해서 셈을 할 정도였다. 재무관서exchequer라는 단어도 그들이 계산할 때 체크무늬 천을 주판 대용으로 사용한 것에서 비롯된 말이다. 중세 사회는 다양하고 다채로웠던 것만큼이나 혼돈과 무질서가 난무하고 지독하게 부조리한 사회였다.

그럼에도 중세는 중세만의 특이한 구조와 제도를 가지고 있었고 그것은 거의 감지할 수조차 없을 정도로 서서히 발전해갔다. 중세의 시대정신은 무기력하게 허물어져가는 노쇠한 제국의 폐허 속에서 탄생하여 유럽이 문화적 단위로 뚜렷하게 그 모습을 드러내기 시작할 때 명을 다했다. 그 공백기는 창의력이 있는 사람, 지적인 사람, 불운한 사람에게는 최악의 시기였으나 강인한 사람, 건강한 사람, 약빠른 사람, 미남, 미녀, 운 좋은 사람에게는 번영의 시기였다.

유럽은 귀족, 궁극적으로는 국왕을 의미하는 신귀족 사회의 지배를 받았다. 로마가 야만족에게 유린된 뒤 사람들은 다양한 방식으로 새로운 특권계급의 일원이 되었다. 남보다 더 많은 추종자를 거느린 사람이 당연히 더 많은 권리를 주장했다. 그러나 기본적으로 자유민 추종자를 다수 거느린 지도자는 누구든 특권계급이 될 수 있었다. 이탈리아에서는 전화戰禍에서 살아남은 옛 원로원 가문이 훈 족, 고트 족과 결혼으로 인연을 맺어 특권계급이 된 경우가 있었다. 오비디우스(기원전 43년~17년. 아우구스투스 시대를 살며 「사랑의 기술」, 「변형담」, 「슬픔」 등을 쓴 로마의 시인 겸 작가—역주)도 말했듯이, 야만족도 돈만 있으면 귀족이 될 수 있었다. 그 밖의 또 다른 특권계급으로 라티푼디움latifundium(고대 로마의 대토지 소유

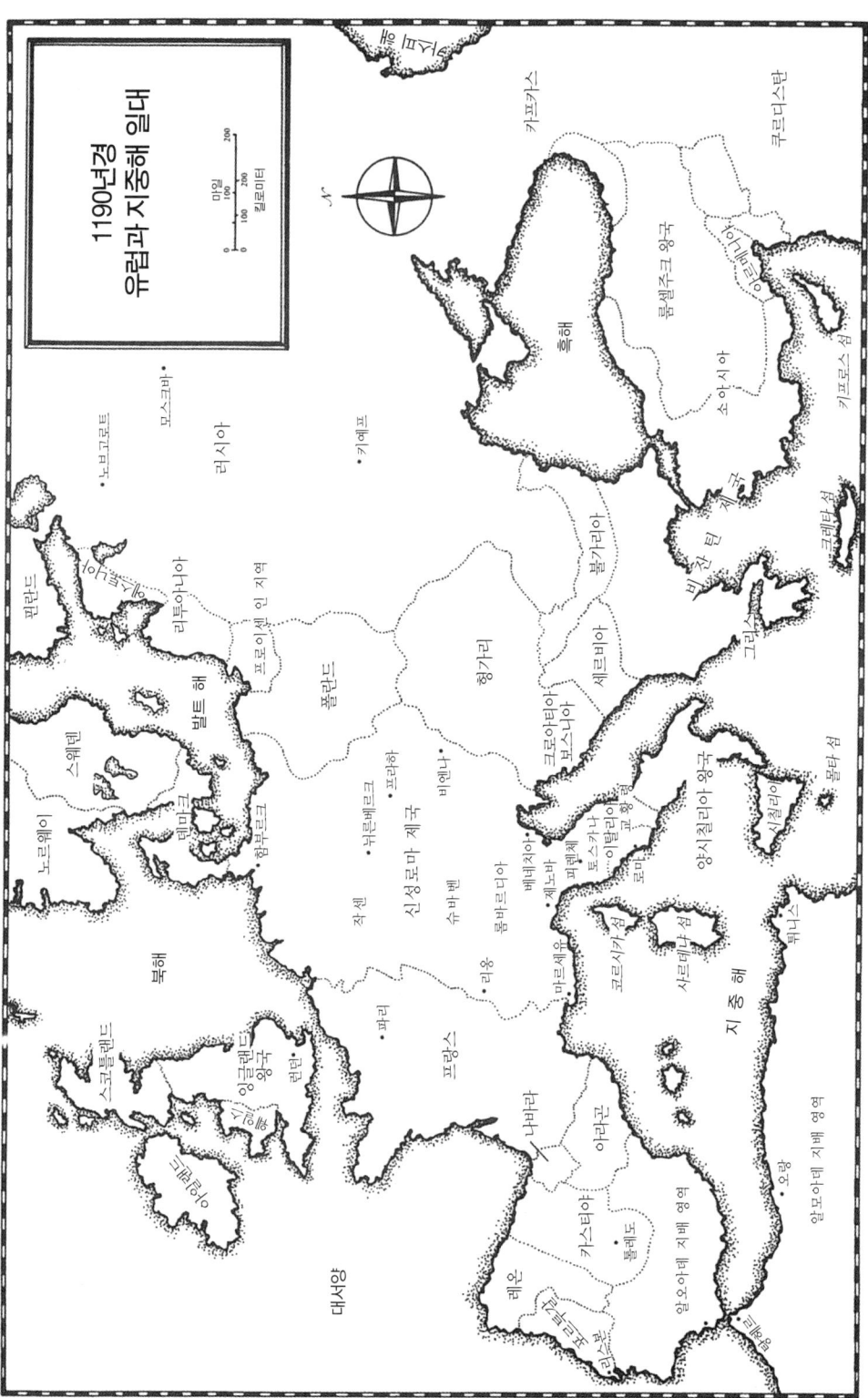

제도. 복수형은 라티푼디아latifundia)을 경영하는 대농장주가 있었다. 이들은, 농사는 노예 노동으로 해결하고 방비는 부켈라이bucellaeii라는 사병私兵 부대에게 맡겼다. 잉글랜드와 프랑스의 특권계급은 앵글 족, 색슨 족, 프랑크 족, 반달 족, 고트 족 족장의 후손인 경우가 많았다. 게르만 족의 계급 제도는 유서 깊은 가문에 뿌리를 두고 있었다. 따라서 이들은 오래전부터 사람들의 존경을 받아왔고, 다른 제후들—군주에 버금가는 계급—도 어차피 서로 간에 귀족 지위를 인정해주어야 하는 입장이었기 때문에 이의 없이 그들을 받아들였다. 그러나 중세는 전쟁이 그칠 날이 없는 환난의 시대였고 그러다 보니 사람들도 전투에서 수훈을 세워 귀족이 되는 경우가 많았다. 중세 초기에는 당사자가 죽으면 수훈도 함께 사라지는 것이 예사였으나 그런 와중에서도 부게 쪽 자손이 퍼져나가 가문을 이루게 되었다.

새로운 귀족 사회의 등장과 함께 그에 따른 호칭도 생겨났다. 공작 duke은 군사령관을 뜻하는 라틴 어 dux에서 파생했고, 영국에서 백작으로 쓰이는 earl은 앵글로·색슨 족의 eorla 혹은 cheorl(영어 단어 churl과 구별하여)에서 나온 말이며, 영국을 제외한 다른 나라에서 백작을 의미하는 count 혹은 comte는, 유력 인사를 나타내는 라틴 어 comes에서 나온 말이다. 그 밖에 남작baron은 전사를 의미하는 튜튼 족의 beron, 후작margrave은 네덜란드 어 markgraaf와 영국의 후작marquess에서 나온 말이고, 영국을 제외한 다른 나라의 후작marquis, markis, marques, marquées, marchese은 문자 그대로 변경이나 변경지를 뜻하는 라틴 어 marca에서 파생되어 나온 말이다. 이들을 위해 봉사하며 귀족 피라미드의 하단을 차지하고 있는 기사knight(프랑스 어의 chevalier, 독일어의 Ritter, 이탈리아 어의 cavalière, 에스파냐 어의 caballero)는 본래 자유인으로 태어난 농장 노동자를 의미했으나 11세기에 기사 고유의 귀족 징표를 지니고 요새화된 저택에서 사는 기병이 되었다. 이들 모두 최소한 이론상으로는 이상화된 기사도를 따랐고 공작, 백작, 남작 등의 주군들에게 서약으로 묶여 있었다. 주군들은 봉사에 대한 대가로 이들에게 말, 매, 무기를 주기적으로 선물해주었다.

※

귀족들 위에는 영광에 휩싸이고 신비감이 돌고 마법적 힘을 보유한 왕이 있었다. 왕이 된다는 것은 공작, 백작, 남작, 후작 등 제후들의 주군으로 그들에게 성대한 연회를 베풀어줄 능력과 반지, 황금, 토지를 하사해줄 수 있는 위치에 있는 것을 의미했다. 중세 초기의 군주들은 야만족이었기 때문에 그들의 행동도 자연히 관습에서 비롯되었다. 에르마나리크, 알라리크, 아틸라, 클로비스 등 야만족 족장들은 전장에서의 탁월한 지휘 능력으로 두각을 나타냈고, 그들의 전투 능력이면 앞으로도 더 많은 승리를 거둘 것이 예상되었다. 부하 전사들은 이 족장들을 방패 위에 태우고 이교도 사원이나 신성한 바위로 가서 지도자로 추대했다. 1세기의 역사가 타키투스에 따르면, 족장이 가장 마음에 들어한 부관은 그에 대한 절대 복종을 최고의 미덕으로 삼는 *가신디gasindi* 혹은 *코미타투스 comitatus*(수행원을 뜻하는 라틴 어로 지휘관을 수행한 전사 집단을 말함―역주)― 앞으로 귀족이 될 사람들―였다고 한다. 하급 전사들은 전리품을 보고 족장을 따랐다. 그런 경우에도 족장에 대한 충성심은 초자연적인 것에 토대를 두고 있었다.

왕의 수행원에는 반드시 이교 사제―본인이 사제인 경우도 더러 있었다―가 포함되었다. 왕은 신들의 총아이거나 아니면 신들의 후손인 것으로 믿어졌다. 왕이 기독교 전도자로부터 개종받을 때에는 부하들도 세례반이 있는 곳까지 공손하게 그의 뒤를 따랐다. 이후에는 기독교 사제들이 족장을 왕으로 추대했다. 5세기 저작물에는 주교가 프랑크 족의 족장을 왕으로 추대한 기록이 나와 있다. 754년 무렵에는 교황 스테파누스 2세(재위 752년~757년-역주)가 피핀 3세(714년경~768년-역주)—단신왕 피핀으로 불렸던 샤를마뉴의 아버지—를 프랑크 왕국의 왕으로 성별聖別했다. 이때 교황은 인상적인 의식과 상징을 도입하여 『구약성서』의 솔로몬과 사울의 전례에 따라 식을 거행했다. 피핀이 왕관을 쓰고 홀을 들어 위엄을 과시하면 교황은 교회, 가난한 자, 약자, 무방비 상태인 자를 보호해주겠다는 약속을 받고 그를 주의 기름 부음을 받은 자로 선포했다.

세습 군주도 세습 귀족과 마찬가지로 중세에 만들어진 제도이다. 야만족 부관들 중에는 공적이 아닌 세습으로 공직을 갖는 경우가 더러 있었다. 그러나 족장들은 실력으로 선출되었고 중세 초의 왕들은 선정을 베풀어야만 종신 왕권을 보장받았다. 허물이 발견되면 왕권을 박탈당했다. 그러나 교황이 장자상속에 반대하는 입장을 취하자 속인 군주들은 선출된 내용을 날조해서라도 왕권을 유지하려고 했다. 프랑스 카페 왕조(987년~1328년 동안 프랑스를 통치한 왕가-역주)만 해도 왕이 피지배자들에 의해 선출된 내용을 밝히도록 정해놓은 궁중 예규가 있었다. 그러나 실제로는 329년 동안 왕위가 세습되었다. 이 위선적 행위는 중세 말에 철폐되었다. 잉글랜드, 프랑스, 에스파냐에서는 왕세자의 세습권이 절대적으로 보장되었다. 1356년(황금칙서가 반포된 해-역주) 이후에는 유럽 국가들 중 유일하게 신성로마제국이 7선제후를 통해 황제를 선출했다. 하지만 그마저 교황이 황제 직을 주장할 입장에 있다는 이유로 교회가 좌지우지했다. 어찌 됐든 1437년부터는 합스부르크 가가 제국의 황제권을 거의 독식했다.

성직자가 왕관을 씌워주고 그에 따라 국왕이 신권을 주장하는 행위는 교회가 중세 유럽 위에 군림했음을 보여주는 가장 뚜렷한 특징이었다. 교황청의 포고령—공문임을 나타내는 교황 인印이 찍혀 있어 교서라고 불렀다—은 왕실도 인정했다. 교회법과 교황청 판결, 로마에 본부를 둔 교회의 중앙정부도 똑같이 인정을 받았다. 강력한 힘을 지닌 왕은 교황의 영향권에서 벗어나기 위해 무진 애를 썼고 그 결과는 여러 가지 형태로 나타났다. 12세기에 있었던 헨리 2세와 캔터베리 대주교와의 싸움은 대주교가 살해당하는 것으로 끝을 맺었다. 신성로마제국의 황제 프리드리히 1세('붉은 수염왕' 바르바로사)는 서유럽(이탈리아)에 독일 지배권을 확립하려는 과정에서 여러 명의 교황과 공개적인 투쟁을 벌였다.

그러나 교회의 위신은 교회가 스스로에게 가한 상처에 의해 크게 추락했다. 1035년에 교황 클레멘스 5세(재위 1305년~1314년—역주)는, 이탈리아의 혼란과 필리프 4세가 신전 기사단원(팔레스타인에서 살아남아 서유럽에 들어와 있었음—역주)들을 잡아들이는 데 겁을 먹고 교황의 주재지를 현 프랑스 남동부 지역에 위치한 아비뇽으로 옮겼다. 이후 아비뇽은 시에나의 성녀 카테리나와 페트라르카(1304년~1374년. 이탈리아의 시인, 인문주의자—역주) 같은 인물들의 간절한 호소에도 불구하고 일곱 명의 교황이 머문 교황청 소재지가 되었다. 1377년 그레고리우스 11세(재위 1370년~1378년—역주)가 교황청을 로마로 복귀시킬 무렵 추기경단은 프랑스 인 추기경 천지가 되어 있었다. 교황 그레고리우스 11세는 이듬해에 사망했다. 추기경단은 심하게 분열되었다. 추기경단의 다수는 프랑스 인 교황을 선출하려고 했다. 몇 안 되는 나머지 추기경들은 로마 폭도들을 등에 업고 이탈리아 인 교황을 선출하려고 했다. 추기경단은 공포에 질려 나폴리의 바르톨로메오 프리냐노(우르바노 6세. 재위 1378년~1389년)를 새 교황으로 선출했다. 그러자 프랑스 인 추기경들은 본국으로 도주하여 프랑스 인 교황(클레멘스 7세. 재위 1378년~1394년)을 별도로 선출했다. 이후 40년간 기독교계는 로마교황과 아비뇽 대립 교황의 두 파로 갈라지게 된다.

※

교회의 대분열은 충격적인 사건이었다. 그러나 예상과는 달리 유럽의 기독교는 심한 위기에 빠져 들지 않았다. 중세인들의 마음속에는 의혹이 들어설 여지가 없었다. 회의의 가능성이 존재하지 않았다는 말이다. 신학자들은 기독교를 다른 종교와 구별 짓기 위해 그리스 어로 '보편universal'이라는 의미를 지닌 카톨리코스Katholikos(가톨릭catholic이라는 말도 여기서 유래했다―역주)를 2세기부터 줄곧 사용해왔다. 340년 예루살렘의 성 키릴루스는 모든 사람이 믿는 것이 곧 참된 종교라는 판단을 내렸다. 그때 이후로 기독교의 순수성은 그것의 완전함, 즉 초기 예수회의 말을 빌리면 "로마교황의 지배 아래 모든 기독교인이 하나의 성사 제도"로 결합되었다는 확신에서 찾게 되었다. 기독교인이 아닌 사람은 이승에서 추방되는 것은 물론 내세에서도 추방될 것으로 믿어졌다. 그것은 "거룩한 곳의 늑대가 되도록 내던져진"이라는 튜턴 족의 말에도 있듯이, 고대의 어느 게르만 족에서 추방되는 것 못지않은 악운이었다. 기독교인이 아닌 사람은 파멸될 운명에 처하는 것이었다. 제5차 라테란 공의회(1512년~1517년)에서는 3세기에 성 키프리아누스가 *"교회 밖에는 구원이 없다."* 라고 한 말을 재차 확인했다. 그 밖의 다른 계율은 생각할 수도 없었다.

가톨릭은 이렇게 변화에 대한 총체적 저항으로 강력한 힘을 배양했다. 성聖 장 밥티스테 라 살(1651년~1719년. 프랑스의 박애주의자, 교육자―역주)은 그의 책 『그리스도 인의 의무 Les devoirs d' un Chrétien』(1703년)에서 가톨릭을 "예수 그리스도를 보이지 않는 지배자로 두고 성 베드로의 계승자인 교황을 지상 대리인으로 둔, 적법한 사제들의 관리를 받으며 동일체 안으로 모여든 신도들의 사회"라고 정의했다. 레랭의 빈켄티우스(?~450년경. 갈리아의 성인이며 레랭 수도원의 신학자―역주)도 그의 이단 연구서인 『비망록 Commonitoria』(430년)에서 교회를 이렇게 논했다. 즉 교회는 "교리를 보호하는 주체로 그것을 물샐틈없이 충실히 지켰으며, 그 같은 은밀한 보호 속에 교회는 더하고 뺀 것 없이 교리의 원형을 고스란히 유지할 수 있었다."

이후 교황청의 대변자들은 이 논리를 더욱 확대하여, 자신들은 신의 이름으로 교회가 아닌 다른 곳이나 미지의 장소에서 예배 보는 이들이 교리를 바꾸지 못하게 하는 권한도 지니고 있다고 주장했다. 가톨릭의 이 같은 독단은 결코 과장이 아니었다. 로마의 한 신학자는 "가톨릭교회는 한 사람이 … 지옥에 떨어질 죄를 지은 것도 아니요, 단지 사소한 죄를 지은 것뿐인데도 그보다는 차라리 … 세상 사람들이 굶주림의 지독한 고통 속에서 죽는 것이 더 낫다고 본다."라고 썼다. 또 어떤 교황은 이렇게 말했다. "교회는 교회가 지닌 적법한 목적은 물론 그 목적의 달성에 적절하고 또 필요하다고 판단되는 수단을 쓸 수 있을 만큼, 세속 권력으로부터 자유롭다." 또 다른 교황도 그 말에 동의하면서 "하나님이 교황에게 신의 권능을 나누어주었고 교황은 특권에 의해 과오로부터 자유롭다."라고 선언했다. 그보다 한술 더 떠 어떤 추기경은 "교회의 살아 있는 말씀에 읍소하는 행위는 불충이다. 그것은 그것이 지고의 말씀이기 때문이다. 지고의 말씀에 읍소하는 것 또한 이단이다. 그것은 지고의 말씀에 신의 도움이 개입되어 있으므로 오류란 있을 수 없기 때문이다."라고 썼다. 또 다른 추기경은 그것을 이렇게 달리 표현했다. "교회의 교리를 수정하는 것은 불가능하다. 그것은 교회가 성육신하신 하나님이 행하신 일이고 하나님이 행하신 다른 모든 일처럼 교회도 완전하므로 수정이 불가능하기 때문이다."

※

그러나 이 모든 것보다 중세 정신의 가장 난해하고 또 여러 가지 면에서 중요한 요소는 무형성과 소리 없음이다. 그 하나의 예로 중세인들의 완전한 자아 결핍을 들 수 있다. 중세에는 창조적인 사람도 자아의식이라는 게 없었다. 중세 최고의 유물인 하늘 높이 치솟아 오른 첨탑 있는 성당 하나를 완성하는 데에는 3, 4세기의 기간이 걸렸다. 캔터베리 대성당을 짓는 데에는 230년이 소요되었고 드루이드교의 중심지인 샤르트르 대성당을 건설하는 데에는 180년이 걸렸다. 그런데도 우리는 두 성당을 지은 설계자나 건축가의 이름조차 알지 못한다. 그들은 신의 영광을 드높이기 위해 성당을 지었다. 귀족들에게는 물론 가문의 성姓이 있었으나 성을 가질 만큼 집안이 좋은 사람은 기독교 인구의 1퍼센트도 되지 않았다. 6천만 명에 이르는 나머지 유럽인들은 한스, 자크, 살, 카를로스, 윌, 윌의 처, 윌의 아들, 윌의 딸로만 간단히 불렸다. 그것만으로는 서로를 구분 짓기 불편하거나 헷갈리는 경우가 있었으므로 별명을 만들어 부르기도 했다. 소농들은 한 마을에서 태어나 그곳에서 평생 살다 죽게 마련이었으므로 애꾸눈One-Eye, 루시Roussie(붉은 머리), 비온다Bionda(금발 머리) 이상의 이름을 굳이 가질 필요를 느끼지 않았다.

같은 이유에서 마을 역시 이름이 없었다. 한 농부가 이름 없는 촌락으로부터 좀 떨어진 곳에서 일어난 전쟁에 참전한 뒤 집으로 돌아올 확률은 극히 희박했다. 그는 자기 마을을 알아보지 못했고 혼자서 길을 찾아오는 것도 사실상 불가능했다. 촌락민들은 개울, 방앗간, 벼락 맞은 나무 등 눈에 익은 표시물 이외의 세계는 알지 못했고 촌락 내에서 아이를 낳고 한 곳에서 격리된 삶을 살았다. 신문이나 잡지도 없었으니 속인들은 큰 사건이 일어나도 알 도리가 없었다. 이따금씩 소책자 정도는 접할 수 있었으나 그것은 보통 신학과 관련된 내용이었고 성서와 마찬가지로 라틴 어로 쓰여 있었기 때문에 읽고 싶어도 읽을 수가 없었다. 1378년에서 1417년 사이에 아비뇽의 두 교황 클레멘스 7세와 베네딕투스 13세가 로마의 우르바노 6세, 보니파키우스 9세, 인노켄티우스 7세, 그레고리우스 12세 교황들을 파문하자 이들도 맞받아 아비뇽 교황들을 파문에 부치는 일이 벌어졌다. 그러나 먹고살기 바쁜 농부들은 교회가 그 지경으로 분열된 사실을 알지 못했다. 마을 사제도 깜깜 무소식이었고 대주교는 어떻게든 그 사실을 쉬쉬하며 감추려고만 했다. 그러니 사람들은 알 도리가 없었다. 사람들(Leute[독일], popolo[이탈리아], pueblo[에스파냐], gens[프랑스], gente[이탈리아, 에스파냐])은 세례를 받고, 고해를 하고, 미사에 참석하고, 영성체를 하고, 결혼을 하고, 종부성사를 받으면서도 당연히 알아야 할 그런 대사건에 대해 아무것도 알지 못했다. 그들의 익명성은 거의 절대적이었다. 그것을 묵묵히 받아들이는 것 또한 절대적이었다.

그러나 후대에 와서는 중세인들도 신원이 필요해졌다. 그들은 영주의 성을 차용하거나 ―노예해방이 이루어진 뒤 아메리카 대륙의 노예들도 이런 방법을 사용했다― 믿음직한 직업 이름(밀러Miller, 테일러Taylor, 스미스Smith 등)을 성으로 빌려 쓰기 시작했다. 그러나 철자는 여전히 제멋대로 썼다. 1580년대 독일에서 무기 공장 크루프 사를 건립한 사람도 자기 이름의 철자를 Krupp, Krupe, Kripp, Kripe, Krapp 등 되는대로 썼다.

이 같은 자아 결핍 현상은 개인의 사생활에 대한 중세인들의 철저한 무관심을 보여주는 것이다. 농부들은 여름철에 벌거벗고 밖을 나다녔다.

또 중세인들은 시간관념도 없었다. 그것은 더욱더 이해하기 힘든 일이다. 20세기 사람들은 과거, 현재, 미래를 본능적으로 알고 있다. 어떤 순간에도 그것이 어느 때인지를 알고 있으며 연월일은 물론 시계가 있으면 시간도 알 수 있다. 중세인들은 자신들이 어느 세기를 살고 있는지도 알지 못했다. 딱히 알아야 할 이유도 없었다. 1791년을 산 사람과 1991년을 산 사람의 차이는 하늘과 땅만큼이나 크다. 그러나 791년을 산 사람과 991년을 산 사람의 차이는 그다지 크지 않았다. 중세인들의 삶은 계절의 순환에 따라 움직였고 기독교 축일, 추수기, 지방 축제와 같은 반복되는 일상사를 중심으로 돌아갔다. 중세에는 기독교 국가를 통틀어서 시계라는 것이 없었고, 가까운 교회나 수도원에 붙은 부활절 계산표를 제외하면 달력 비스름한 것도 없었다.* 중세인들은 시간이 오는지 가는지도 모르는 미몽 속에 세대에서 세대를 이어가며 살았다. 그들이 알고 있는 세계의 전부였던 유럽에서 사건이라 할 만한 일은 거의 일어나지 않았다. 교황, 황제, 국왕들은 죽었으나 새로운 교황, 황제, 국왕들이 곧 그 뒤를 이었다. 전쟁도 일어났고 전리품도 나눠가졌다. 공동체들 또한 자연재해의 고통을 받으며 그 고통을 이겨나갔다. 그러나 그것들이 대중에게 미친 영향은 미미했다. 그 같은 밀폐된 삶이 1066년 노르만 정복과 12세기 말 사이의 기간과 얼추 비슷하게 계속되었다. 삶의 무기력함은 사회의 정지 상태를 야기했다. 혁신은 꿈도 꾸지 못했다. 혁신의 가능

---

* 부활절을 정하는 방식도 아주 복잡하여 매년 부활절 계산표(국제 표준 달력인 그레고리우스력을 쓰기 이전 율리우스력을 쓸 때, 전 기독교계에서 부활절 날짜의 통일을 기하기 위해 공의회에서 만든 계산표—역주)로 부활절을 결정했고, 그것으로 다른 기독교 축일도 정했다.

성을 이야기했다가는 불신의 대상이 되기 십상이었고, 고발당한 사람은 죄인이 되어 불, 물, 전투 등 죽음과도 같은 시련을 겪으며 무죄를 입증해야 했기 때문에 불신의 대상이 된다는 것은 곧 파멸을 의미했다.

※

대립 교황들 간의 균열로 알려진 교회의 대분열 기간에도 교황청의 권위는 여전히 난공불락이었다. 1215년 네로 황제가 몰수하기 전까지는 유서 깊은 라테란 가家 주택이었던 로마의 라테란 궁전에서 열린 제4차 라테란 공의회로 교황권은 그 절정에 달했다. 이 공의회는 유럽 전역의 주교와 수도원장, 그리고 대군주들이 파견한 대표가 참석한 역사상 유례없는 대회의였다. 라테란 공의회에서는 고해, 부활절 의식, 사제와 속인에 관련된 갖가지 개혁, 성체성사에서 빵과 포도주가 그리스도의 살과 피로 변한다는 화체설化體說의 확인 등 매우 중요한 법령이 제정되었다. 또한 그리스도 대리자인 교황을 전례 없이 장엄한 언어로 찬미하여, 교황은 이제 신학적 문제뿐 아니라 중요한 정치 현안에도 권위를 행사하는 것이 허용되었다. 그 밖에 13세기에는 토마스 아퀴나스가 이성과 계시 간의 조화를 설파했고 1302년에는 교황 보니파키우스 8세가 교황권의 우위를 내세운 '유일한 권위Unam Sanctam'라는 칙령을 공포했다. 교황청이 아비뇽으로 옮겨가 있는 동안에도 가톨릭교회는 정부의 중앙집권화를 꾀하고 행정조직을 가다듬는 등 발전을 계속했다. 중세의 제도는 그 어느 때보다 강해지는 듯했다.

그러나 아직, 아직은 그렇게 말하기에는 일렀다 ….

당시에는 몰랐겠지만 갑작스러운 광풍은 곧 폭풍이 몰아치리라는 전조였다. 광풍의 영향은 먼저 속인들에게 미쳤다. 중세 시대의 주축인 기사가 모습을 감추기 시작했다. 기사도 의식이 만개한 시점에서 기사도는 쇠퇴하기 시작했고 그러다가 자취를 감춰버렸다. 기사도적 생활방식도 더는 현실적이지 못한 것으로 인식되었다. 사슬 갑옷은 판금 갑옷으로 대체되었다. 판금 갑옷은 효율적이기는 했지만 사슬 갑옷 못지않게 무거워 그만큼의 무게를 견딜 만한 말을 구하기 힘들었다. 게다가 새로운 갑옷의 가격 또한 만만치 않아 사용하기가 거의 불가능했다. 엎친 데 덮친 격으로 말을 탄 기사들도 더는 전장을 지배하지 못했다. 그들은 잉글랜드의 궁수, 제노바의 석궁 사수, 경무장 병사들이 이끄는 창병들에 의해 말에서 떨어지거나 전술 면으로 허를 찔리기 일쑤였다. 유럽의 군대는 이제 원정 기간 내내 전투 준비를 갖추고 전장에 남아 있을 수 있는 고도로 훈련되고 무장이 잘된 전문 병사들로 구성되었다. 그리고 그 같은 군대는 대단위 민족국가만 보유할 수 있었으므로 미래는 강력한 절대 군주들의 손에 놓여 있는 것이나 마찬가지였다.

1500년 무렵에는 그 같은 군주들이 얼추 자리를 잡게 되었다. 잉글랜드의 헨리 7세, 프랑스의 루이 12세, 러시아의 이반 3세, 스칸디나비아의 한스, 헝가리의 라슬로 2세, 폴란드의 얀 1세 올브라흐트, 포르투갈의 마누엘 1세가 그들이었다. 또 다른 군주들도 대기하고 있었다. 1492년 에스파냐는 그라나다 정복으로 이베리아 반도에 남아 있던 무어인 세력을 몰아내고 마침내 기나긴 국토회복운동(레콘키스타reconquest)을 완결 지었다. 아라곤의 페르난도 2세와 카스티야의 이사벨 1세도 결혼으로 결합하여 두 왕국을 공동 통치함으로써 현대 에스파냐의 초석을 깔아놓았다. 두 군주는 곧 힘을 합쳐 성가신 제후들을 억누르기 시작했다. 그러나 독일과 이탈리아는 사정이 달라 새로운 유럽에의 합류가 늦어졌다. 알프스 산맥 양쪽의 두 나라에서 왕위 계승을 둘러싼 지루한 분쟁이 계속되어 중앙 권력의 합체가 지연된 탓이다. 그 결과 이탈리아는 당분간 도시국가들의 형태를 유지하게 되었고 독일도 수많은 제후국의 지배를 받게 되었다. 그러나 이 같은 분열은 오래가지 않았다. 대중 사이에 싹튼 국민감정으로 구심력이 생겨 유럽이 새로운 국면으로 접어들었기 때문이다. 그것이 획일적인 기독교계를 위협했다.

그게 아니더라도 15세기 말 무렵 교황은 골치를 썩고 있었다. 유럽 도시들에서 반성직주의에 자극받은 지식인 계층이 등장하기 시작한 것이다. 교황은 그들의 감정을 이해는 해도 용납할 마음은 없었다. 1215년 라테란 공의회의 개혁도 부족했다. 사제, 수녀, 수도원장이 저지른 추저분한 비행에 관한 소식도 계속 들려왔다. 지난 세기의 신학자들이 애써 다져놓은 화합도 산산이 깨져버렸다. 반지성주의 성직자인 클레르보의 베르나르두스가 가장 우려했던 일이 새로운 철학, 명목론의 등장으로 현실화되기 시작했다. 명목론자들은 보편의 존재를 부정하고 이성과 계시의 간극은 메워질 수 없다고 주장했다. 처녀 잉태와 부활도 전적으로 불합리한 것으로 보았다. 이들은 토마스 아 캠피스(1379/80년~1471년. 네덜란드 신학자—역주)처럼 자신들의 주장에 이의를 제기하는 기독교인들을 신비주의의 꿈속에서 헤매는 자들로 생각했다.

그와 함께 미묘하면서도 강력한 새로운 정신이 유럽에서 일기 시작했다. 그것은 모든 중세 사회 특히 교회에 치명타가 되었다. 그러나 새로운 정신을 대표하는 인물들이 모두 독실한 가톨릭이다 보니 누구도 그렇게 생각하는 사람은 없었다. 아리스토텔레스의 학문—변증법, 논리학, 자연과학, 형이상학—은 교황 인노켄티우스 3세 시대에 부활하여 전통 가톨릭 교리와도 쉽게 융합되었다. 그러나 이제 그리스, 로마의 문화유산이 통째로 부활하자 가톨릭과의 융합 문제는 복잡한 양상을 띠게 되었고 그것은 간단히 해결될 문제가 아니었다. 이탈리아에서는 그 운동을 리나시멘토Rinascimento라고 불렀다. 프랑스는 '부활revive'을 뜻하는 동사 *renaître*와 '탄생birth'을 뜻하는 여성 명사 *naissance*를 합하여 재생 rebirth, 즉 르네상스Renaissance라는 단어를 만들어냈다.

※

르네상스가 정확히 언제 시작되었는지는 알 수 없다. 학자들은 1400년대 초를 르네상스의 시발점으로 보고 있다. 1400년대 초라면 르네상스의 선구자들로 인식되는 단테, 페트라르카, 보카치오, 아시시의 성 프란체스코, 화가 조토—이들 모두 새로운 정신에 고취되었다—는 이미 죽은 뒤였다. 장기적인 관점에서 보면 르네상스의 가장 영향력 있는 인물은 작가, 학자, 철학자, 교육자, 정치인, 신학자였다. 그러나 이들이 르네상스의 사건들에 미친 거대한 영향력은 훗날에 가서야 알 수 있었다. 르네상스를 제일 먼저 주도한 분야는 예술이었다. 기라성 같은 화가, 조각가, 건축가들이 이 시기에 등장했다. 이 위대한 예술가들의 대부분이 이탈리아 인, 특히 피렌체 인이었다. 또 이들은 형언할 수 없이 찬란하고 거룩한 작품을 만들어 교황의 열렬한 축복과 후원을 받았다. 불후의 명성을 얻은 이탈리아의 예술가들을 꼽아보면 보티첼리, 프라 필리포 리피(〈성모와 아기 예수〉를 그린 피렌체의 화가—역주), 피에로 델라 프란체스카(〈예수의 세례〉를 그린 것으로 유명함—역주), 벨리니 삼부자(화가. 아버지 야코포와 두 아들 젠틸레와 조반니—역주), 델라 로비아(피렌체의 르네상스 양식을 개척한 조각가—역주), 티치아노, 미켈란젤로, 라파엘로 등이 있다. 이탈리아를 제외한 다른 유럽 지역에서는 루벤스, 브뢰헬 삼부자(16세기 플랑드르의 대표적 화가. 피테르 1세, 피테르 2세, 얀—역주), 뒤러, 홀바인 등이 활동했다. 그러나 르네상스 최고의 예술가는 누가 뭐라 해도 레오나르도 다 빈치였다. 그는 예술가로만 그치지 않았다. 그 영광의 구름을 좇는 일은 이 책의 중반부에 다시 이어진다.

지난 5세기를 뒤돌아보면 르네상스의 의미를 확연히 알 수 있다. 그것이 어디로 가고 있는지 그 길의 모퉁이에 무엇이 놓여 있고 지평선 너머에는 어떤 세상이 펼쳐져 있는지 아무도 예상하지 못했다는 사실이 그저 놀랍기만 하다. 그러나 당대인들에게는 현대인들과 같은 통찰력이 없었다. 그들은 거울로 미래를 비추어볼 능력이 없었다. 모든 시대의 사람들이 그렇듯이, 그들도 중요한 일과 하찮은 일, 무거운 문제와 가벼운 문제가 혼재된 일상에 파묻혀 하루하루 살아가기 바빴다. 교황, 황제, 추기경, 국왕, 수도원장, 귀족들은 이 같은 혼란을 면밀히 주시하며 권세 있는 사람들이 하는 방식대로 그들이 믿고 싶은 것만을 믿었고, 그들의 정책과 신념이 정당화될 수 있는 것만을 취했으며 그렇지 않은 것들은 모두 버렸다. 당대 최고의 현자라는 사람들도 그 점에서는 마찬가지였다. 그들에게 주어진 유일한 지침은 과거뿐이었다. 그것으로 그들은 혼란스러운 상황을 정리하여 통찰력을 보여주어야 했다. 하지만 생경한 사태에 직면했을 때 과거의 선례는 없는 것만도 못한 무용지물이었다. 그 밖에도 불리한 조건이 있었다. 그들은 10세기 동안의 발육 정지로 불구가 된 중세 특유의 왜곡된 시각으로 세상을 바라보았다.

그 오랜 기간 동안 진보든 퇴보든 현실적인 결과물은 나타나지 않았다. 800년대에 수차水車가 발명되고 1100년대에 풍차가 도입된 것을 제외하면 혁신이라고 할 만한 것이 없었다. 새로운 사상이 혜성처럼 등장하지도 않았고 유럽 밖의 세계를 탐험한 사람도 없었다. 모든 것이 케케묵은 유럽의 모습 그대로였다. 프톨레마이오스(생몰 연도는 알 수 없고, 127

년~145년 사이에 알렉산드리아에서 활동하며 지구를 우주의 중심으로 생각한 천문학자—역주) 우주의 중심을 이룬 곳, 다시 말해 유럽과 성지, 그 주변의 북아프리카가 유럽인들이 알고 있는 세계의 전부였다. 그 세계의 주위를 태양이 매일 돌고 있었다. 천국은 움직이지 않는 지구 위에 아치를 그리고 있는 하늘 어딘가에 있었고, 지옥은 그들 발아래 까마득히 깊은 곳에서 소용돌이치고 있었다. 왕들은 전능한 신의 구미에 맞는 통치를 했다. 다른 사람들은 왕이 시키는 일을 했다. 십자가에 못 박힌 뒤 부활한 하나님의 아들 예수의 재림이 다가오고 있었다. 어찌 됐든 재림은 필연이었다. 모든 사람이 예수를 찬양했다(유대인과 무슬림은 보이지 않는 존재였다). 베드로 사후 1436년 동안 211명의 교황이 배출되었고, 그들 모두 하나님에 의해 선택되었으며 완전무결했다. 교회는 분리될 수 없었다. 내세도 분명히 있었다. 모든 지식은 이미 알고 있는 내용이었다. 앞으로도 그것이 변하는 일은 없을 터였다.

　광풍은 시시각각 다가오고 있었다. 그러나 유럽인들은 그것을 알아차리지 못했다. 알아차리는 것은 고사하고 그런 현상이 존재한다는 것을 믿지 않았다. 무지가 생활화되고 공포에 단련되고 미신에 찌든 중세인들은 구루병을 앓아 휘어진 안짱다리로 구부정하게 허리를 굽히고 16세기를 향해 터벅터벅 발걸음을 옮겼다. 그들은 천연두를 앓아 얽어버린 얼굴에 얼빠진 표정을 짓고 다 알고 있다고 믿는 미래를 향해 무작정 나아가기만 했다. 그들은 1천 년 전 알라리크가 지휘하는 서고트 족과 훈 족이 알프스 산맥을 넘어 로마를 유린한 뒤 지식의 등불이 꺼진 이래 나타난 가장 강력하고 불가해한, 거세게 몰아치는 광풍에 휘말리게 될 가련한 중생이었다.

중세의 지도 제작자들은 자신들이 알고 있다고 믿는 세계의 끝을 완성하고 난 다음 이렇게 썼다. 이곳 너머에는 용龍이 숨어 있으니 주의할 것. 위협의 내용이 지도에서 달력으로 옮겨간 것만 다를 뿐 그들은 옳았다. 공간이 시간으로 대체된 것이다. 그곳에는 중세인들의 사고에 치명타가 될 위험이 도사리고 있었다. 몇몇 위난은 감지가 안 되고 혼란을 야기하지만 않았을 뿐 사회에 이미 침투해 있었다. 용들 중에는 인자하고 거룩한 용도 있었고 사악한 용도 있었다. 그러나 현상 유지를 바라는 사람들에게는 이 모든 용이 사악해 보였다. 용들은 바로 이들이었다. 요한네스 구텐베르크, 체사레 보르자, 요한 테첼, 데시데리우스 에라스무스, 마르틴 루터, 야코프 푸거, 프랑수아 라블레, 지롤라모 사보나롤라, 니콜라우스 코페르니쿠스, 조르다노 브루노, 니콜로 마키아벨리, 윌리엄 틴들, 장 칼뱅, 바스코 누녜스 데 발보아, 카를 5세 신성로마제국 황제, 잉글랜드의 왕 헨리 7세, 토마스 데 토르케마다, 루크레치아 보르자, 윌리엄 캑스턴, 게라르두스 메르카토르, 지롤라모 알레안드로, 울리히 폰 후텐, 마르틴 발트제뮐러, 토머스 모어, 아라곤의 카탈리나(캐서린), 크리스토퍼 콜럼버스, 바스코 다 가마, 페르디난드 마젤란(1480년경~1521년). 이들 중 가장 무서운 용은 역시 마젤란이었다. 그는 지도 제작자들이 만든 세계를 파괴하려고 했다.

II · 중세의 붕괴

II. 중세의 붕괴

 그의 이름은 5세기나 되는 협곡을 우당탕거리며 오늘에 이르렀다. 우당탕거리며 이르렀다는 것은 그가 정도를 밟지 않고 종잡을 수 없는 삶의 궤적을 밟아왔다는 의미에서이다. 우리는 그의 정확한 이름조차 모른다. 포르투갈 문헌에는 그의 이름이 Fernão de Magalhães와 Fernão de Magalhais(발음은 둘 다 페르낭 데 마가양스이다―역주)의 두 가지로 표기되어 있다. 포르투갈의 하급 귀족의 아들로 태어난 그는 중년이 되어 포르투갈 국적을 버리고 페르난도 데 마가야네스Fernando de Magallanes라는 이름의 에스파냐 인이 되었다. 이름의 철자는 Magallanes로 쓰기도 하고 Maghellanes로 쓰기도 했다. 1519년 9월 20일 불멸의 탐험 길에 나서기 전 산 루카르 데 바라메다에서 작성한 유서에는 에르난도 데 마가야네스Hernando de Magallanes로 서명을 했다. 지도 제작자들은 이것을 라틴어 마가야누스Magellanus로 기록했고 ―독일의 한 소책자 작가는 '바가야누스Wagellanus'로 표기했다― 그것을 오늘날 우리는 마젤란Magellan으로 읽는 것이다. 그렇다면 마젤란의 국적은 어디일까? 그는 카스티야와 아라곤 국기를 꽂고 역사적인 항해길에 올랐다. 현대 포르투갈 인들은 그를 "우리나라 사람(Êle é nosso)!"이라고 자랑스럽게 외치고 있지만 알고 보면 그것은 말도 안 되는 생억지이다. 당대에 포르투갈 사람들은 마젤란을 변절자를 뜻하는 트라이도르traidor와 트란스푸가transfuga라고 부르며 배신자 취급을 했다.

마젤란은 그런 비난을 어떻게 받아들였을까? 쉽사리 상처받는 예민하고 자존심 강한 탐험가였을까? 그렇지 않았다. 그는 그런 말에 개의치 않았다. 일반적인 관점으로 보면 그는 무척 복잡한 성격의 소유자였다. 1519년에서 1521년 사이에 제독(카피탄 헤네랄capitán-general)은 어느 정도 예외적인 그 시대만의 산물이었다. 따라서 그 같은 그의 특성은 당대인들이 더 잘 이해할 수 있었을 것이다. 그의 겸허함은 신앙심에서 비롯되었다. 16세기 초만 해도 공적의 과시는 신의 영광에 둘러싸여 있다고 믿었던 군주의 전유물이었다. 따라서 군주에 미치지도 못하고 신앙심도 깊었던 마젤란은 자신의 공적을 성모마리아의 공으로 돌렸을 것이다.

어쩌면 그는 자신의 공적을 과소평가했을 수도 있다. 그것이 더욱 설득력이 있다. 그는 미지의 세계에 도전하는 것을 운명으로 삼은 탐험가였다. 따라서 그가 발견하는 모든 것이 다 새로웠다. 그도 물론 발견의 가치는 알고 있었다. 그러나 그 가치가 어느 정도인지는 몰랐다. 실제로 그는 자신이 원하는 것을 찾기 전까지는 무엇을 목표로 하는지도 정확히 알지 못했다. 그 목표의 불확실함으로 인해 목표를 달성한 사실이 더욱 빛나는 것이다.

마젤란을 후원해준 에스파냐 인들은 그의 이런 사명감에 무관심했다. 그들이 추구한 것은 모험이 아닌 이득이었다. 마젤란은 그 사실을 무시하고 후원자들의 뜻을 오도하여 장애물을 넘어서려고 했다. 그는 에스파냐 국왕 카를로스 1세(1500년~1558년)를 알현하는 자리에서 세계 일주에 대해 말하지 않았다. 신성로마제국 카를 5세 황제이기도 했던 카를로스 1세는 앞으로 일어날 종교개혁에서 자기도 모르게 중요한 역할을 담당하게 될 인물이었다. 이 종교개혁이 기독교계를 분열시켜 중세의 종말을 알리게 되는 것이다. 카를로스가 마젤란에게 부여한 임무는 서쪽으로 항해하여 포르투갈의 마누엘 1세(재위 1495년~1521년—역주)가 차지하고 있는 섬들을 에스파냐의 영토로 만들라는 것이었다. 그 섬들은 셀레베스와 뉴기니 사이에 위치한 향료 제도, 즉 몰루카 제도였다. 그 제도는 지금은 지도에도 표시가 안 되어 있는 인도네시아 제도의 오지에 불과하지만 당시에는 매우 귀중한 섬으로 인식되었다. 카를로스는 마젤란이 그 탐험으로 얻게 될 것들을 문서로 작성해주었다. 그에 따르면 마젤란은 몰루카 제도의 두 섬을 개인 봉토로 지급받고 그 제도에서 나오는 수입의 5퍼센트를 차지하기로 되어 있었다. 그것은 커다란 보상이었다.

그러나 티모시 조이너가 마젤란 전기에서 지적한 대로 몰루카 제도 탐험 계획은 재앙으로 끝났다. 탐험 대장 마젤란은 그곳에 도착하기도 전에 살해되었다. 그러나 그는 필리핀을 발견했다. 그것은 매우 중요한 사건이었다. 그 일이 있기 9년 전에 포르투갈 인들은 동쪽으로 항해하여 몰루카 제도를 정찰했다. 마젤란은 동경 123도와 124도 사이에 있는 세부 섬에 닿아 그들의 발자취와 겹치게 되고, 이로써 세계 일주를 완성한 것이다.

그럼에도 마젤란의 업적은 간과되었다. 그것은 그가 뜻하지 않게 사망했기 때문이다. 죽음이란 본시 자신의 의도와 상관없이 죽어야 하는 사람에게는 언제나 불행한 법이다. 마젤란의 경우가 특히 그러했다. 그는 죽어 없어진 탐험가로 당대에 존경을 받지 못했다. 대서양과 태평양을 이어주는 마젤란 해협의 발견마저 과소평가되었다. 불확실하고 아슬아슬한 350마일(563킬로미터) 길이의 그 수로는 마젤란 같은 탁월한 항해가가 아니면 결코 돌파할 수 없는 해협이었다. 마젤란이 죽은 뒤 다른 탐험가들도 그 해협을 건너려고 했으나 실패했다. 한 사람을 제외하고는 모두 난파하거나 그대로 귀항했고 그 한 사람마저도 태평양에서 조난당했다. 패배감에 젖은 탐험가들은 마젤란의 공적을 불가능한 것으로 결론짓고 그의 발견을 신화로 이야기했다. 또 한 사람의 위대한 탐험가 프랜시스 드레이크 경(1540/43년경~1596년. 엘리자베스 1세 여왕 시대에 큰 활약을 펼쳤던 영국의 해군 제독―역주)은 마젤란이 죽은 지 60여 년 뒤에야 나타났다. 그는 골든힌드 호를 타고 험난한 마젤란 해협을 무사히 통과하여 그 이야기를 후대에 전해주었다.

만일 마젤란의 탐험 동기가 부富와 몰루카 제도의 총독 자리에 있었다면 그는 실패한 탐험가이다. 그의 진정한 동기가 무엇이었는지는 여전히 오리무중이다. 그는 어쩌면 탐험의 후원자를 찾기 위한 몸부림으로 몰루카 제도에 관심이 있는 것처럼 행동했을지도 모른다. 증거는 없지만 기질로 볼 때 그랬을 가능성이 있다. 그리고 그게 사실이라면 그는 그 사실을 누구에게도 발설하지 않았을 것이다. 그는 매우 비밀스러운 사람이었다. 또한 남자들은 자신들의 진정한 욕구를 밖으로 드러내지 않는 경향이 있다. 마젤란의 이상은 명확했을 수도 있고 명확하지 않았을 수도 있다. 그러나 그가 돈벌이보다는 좀 더 숭고한 어떤 것에 고취되었던 것만은 분명하다. 그는 끝내 지구가 둥글다는 것을 입증했다.

그것을 입증함으로써 마젤란은 더 많은 일을 해냈다. 르네상스 주역들에게 중요한 요소를 제공해준 것이다. 그것을 계기로 철학자, 학자, 심지어 교회 신학자들까지 중세의 미련한 가설들에 반기를 들기 시작했다. 지구의 형태, 크기, 우주에서 지구가 차지하는 위치와 움직임에 대한 교황의 독단적 견해도 미련한 가설들 중 하나였다. 마젤란은 그들에게 지구의 크기, 광대한 바다, 대륙의 분포 상황에 대한 현실을 인식하게 해주었다. 사람들은 의문을 제기했고 그는 답변을 제시했다. 그것이 또 다른 질문과 도전으로 이어졌고 그 상황이 20세기 말까지 계속되었다.

　에스파냐 왕실은 그 사실에 흥분하지 않았다. 그들은 그저 마젤란이 에스파냐 국기를 휘날리며 몰루카 제도로 가서 정향, 육두구, 계피, 후추와 같은 향료의 무역 독점권을 포르투갈로부터 빼앗아주기만을 바랐다. 향료는 값진 방부제로 쓰였다. 그러나 향료 무역에는 다른 음흉한 의도가 포함되어 있었다. 향료는 방부의 목적보다는 상한 고기의 역한 냄새를 없애고 맛을 좋게 하는 데 더 많이 사용되었다. 향료 무역을 장려하고 지원하는 국가들은 사실상 장사꾼과 한통속이 되어 자국민들을 썩은 고기에 중독되게 만드는 역할을 했던 셈이다. 중세 유럽인들은 질병에 매우 취약했다. 그것이 탐험의 부정적인 면이었다. 탐험대 대장과 승무원들은 머나먼 땅에 유럽의 병균을 가져가 원주민들을 감염시켰다. 그리고 귀환할 때면 외국의 질병을 몸에 지니고 돌아왔다. 그 질병은 경우에 따라 유럽 대륙 전역으로 퍼져나가기도 했다.

　때로는 전염병의 근원이 신속히 밝혀지기도 했다. 발진티푸스만 해도 유럽에 없던 병이었으나 에스파냐 군이 키프로스에서 무어인들에게 승리를 거두고 돌아오기 무섭게 아라곤에 창궐하기 시작했다. 그러나 전염병의 원인은 밝혀지지 않는 경우가 더 많았다. 1495년 유럽 최초로 발병한 매독이 나폴리에서 왜 맹위를 떨치게 되었는지, 그해 말 '발한병'이 잉글랜드를 왜 황폐화시켰는지 ― "환자 1백 명 중 한 사람도 살아남기가 힘들었다."라고 16세기의 연대기 작가 라파엘 홀린즈헤드는 쓰고 있다 ― 유럽 전역에 만연한 흑사병이 구체적으로 어떻게 발병하게 되었는지에 대해 아는 사람은 아무도 없었다. 흑사병은 1347년 10월, 동양에 갔던 제노바 함대가 메시나 항에 들어오면서 함대의 전 승무원이 임파선종, 폐렴, 폐혈성 흑사병 변종 등의 합병증으로 죽거나 죽어가는 일이 발생한 이래 적어도 10년에 한 번꼴로 유럽에 찾아왔다. 이 모든 일로 분명히 알 수 있는 것은 1400년대 말과 1500년대 초 유럽은 선페스트로 고통받는 암울한 상황에 시달리며 생명이 보잘것없게 되었지만, 그렇게 비참한 와중에서도 탐험가들은 수평선 너머를 알고자 하는 호기심을 억누르지 못했다는 것이다.

질병으로 죽은 수많은 희생자—묘지 파는 인부가 밤마다 삐거덕거리는 수레를 몰고 "송장 있으면 밖에 내놓으시오!"를 외치며 거리를 누볐다. 당대의 한 연대기 작가는 독일의 모든 마을이 "비참하게 버려진 채" 공동묘지가 되었다고 기록했다—만이 중세 사회가 길을 잃고 헤맸다는 것을 보여준 유일한 증거는 아니었다. 여러 가지 면에서 그 시기는변절, 유괴, 비행, 동족 살해, 타락, 야만, 사디즘이 극에 달한 중세 최악의 시기였다. 잉글랜드에서는 성실청(사법기관의 역할을 한 잉글랜드의 왕실 회의—역주)이 고발인과 피고발인의 인적 사항이나 죄상을 제대로 가리지도 않고 국왕의 포고령만으로 무고한 사람들을 처형대의 이슬로 사라지게 했다. 이탈리아에서는 로렌초 데 메디치의 개인 봉토나 마찬가지였던 피렌체의 상인들이 아프리카 흑인 노예무역 인가를 받고 난 뒤 처음으로 '흑인 노예선'들에 비참한 인간 화물을 싣고 항구로 들어왔다. 도미니쿠스 수도회의 수도사인 토마스 데 토르케마다(1420년~1498년)는 에스파냐 종교재판소—카스티야의 이사벨이 창설했다—의 소장이 되어 이단자들을 잔혹하게 고문했다.

토르케마다가 사용한 고문 방법은 인간에 대해 인간이 저지른 무자비함, 즉 중세의 가장 혐오스러운 일면이 드러난 사건이었다. 고문하는 자들은 날카로운 쇳조각을 이용하여 희생자를 자지도 누워 있지도 앉아 있지도 못하게 하고, 죄인의 발바닥을 불로 지지고, 고문기로 팔다리를 잡아당기고, 돌이 가득 든 상자로 혐의자를 압사시켰다. 독일에서는 무시무시한 늙은 철녀*die verflüchte Jungfer*를 언급하는 것만으로도 사람들은 공포에 휩싸여서 몸을 오싹 떨었다. 철녀 고문은 이런 것이었다. 고문하는 자들이 얇은 철판으로 만들어지고 원추형 꼭대기에 여자 머리 모양이 세워져 있는 융퍼, 즉 철녀의 상자 속으로 희생자를 우겨 넣으면 철녀의 금속 팔이 희생자의 몸을 으스러지게 안고 못으로 찌른 다음 온몸의 뼈가 부서지고 피투성이가 된 몸을 아래쪽으로 내던진다. 그러면 희생자는 지하 구멍의 날카로운 회전 칼과 창에 수도 없이 몸을 찔리고 베여서 피를 줄줄 흘리다 서서히 죽게 되는 것이다.

유대인은 그나마 흑인보다는 운이 좋았다. 그러나 그 차이는 크지 않았다. 중세의 유대인 학살이 나치 시대의 유대인 학살보다 악명 높지 않았던 한 가지 이유는 중세의 반유대주의자들이 20세기와 같은 기술을 갖지 못했기 때문이다. 그들 마음에는 분명 사악함이 깃들어 있었다. 콜럼버스가 신대륙을 발견한 해인 1492년, 에스파냐는 자국의 유대인에게 세 달 안에 기독교 세례를 받으라고 하면서 그렇게 하지 않으면 추방하겠다고 선언했다. 유대인은 세례를 받아도 불신을 당했다. 이사벨은 기독교로 개종한 유대인을 상습범으로 여겨 짙은 의혹의 눈길을 보내며 ―유대인을 업신여겨 '돼지'를 뜻하는 *마라노Marranos*라고 불렀다― 1478년부터 그들의 재정착 문제를 고민했다. 결국 3만 명 내지 6만 명의 유대인이 에스파냐에서 추방당했다. 포르투갈 왕도 에스파냐 왕의 포고령에서 그 나름의 가치를 발견하고 포르투갈 내 모든 유대인의 추방을 명령했다. 미적거리며 잘 떠나지 않으려 하는 유대인은 살해하라는 지시를 내렸다. 1506년 리스본에서는 하룻밤 사이에 유대인 4천여 명이 학살당했다. 3년 뒤에는 독일에서도 유대인에 대한 조직적 박해가 시작되었다.

그 시기에 가장 심하게 고통받은 사람은 물론 흑인과 유대인이었다. 그러나 폭군들의 공격 대상이 되기는 다른 소수 민족도 마찬가지였다. 머스코비(모스크바)에서는 이반 3세 바실레비치 모스크바 대공이 러시아 최초의 차르를 선언한 다음 노브고로트의 독일인들을 죄다 추방하고 리투아니아를 러시아에 복속시켰다. 이집트에서는 광분한 투르크 인들이 초승달 모양의 긴 칼을 휘두르며 카이로 도랑들을 아랍인의 피로 시뻘겋게 물들이고 메카를 약탈했다. 15세기 말에는 히메네스 데 시스네로스(1436년~1517년-역주)—나중에 에스파냐의 대심문관이 된 인물—가 중세적 학살의 색다른 전형을 유럽인들에게 제시했다. 그는 그라나다의 무어인들에게 기독교 세례를 받을 것을 명령했다. 그러나 시스네로스가 진정으로 원한 것은 무어인들의 개종이 아니었다. 그들의 감정을 자극하여 폭동을 일으키게 하는 것이 진짜 의도였고 예상대로 그들이 폭동을 일으키자 모조리 잡아 죽였다. 규범을 따르지 않는 자, 약자들은 모두 멸시의 대상이었다. 마법을 다루는 표준 지침서 『말레우스 말레피카룸 Malleus maleficarum(마녀들의 망치 The Witches' Hammer)』(1486년경)에도 규정되어 있듯이 신체 장애인에게도 동정을 베푸는 것이 아니라 공포와 고통을 안겨주었다. 도미니쿠스 수도회의 재판관 요하네스 슈프렝거와 하인리히 크레머가 작성한 그 지침서는 무엇보다 정신병자에게 족쇄를 채우고 그들을 불태워 죽이는 것을 정당화하고 있다.

그들은 무력하게 억압받은 희생자들이었다. 그러나 따지고 보면 그 당시에 안전한 사람은 아무도 없었다. 1500년 교황 알렉산데르 6세(재위 1492년~1503년)의 사위였던 아라곤의 알폰소가 처남에게 살해되었다. 그

7년 뒤에는 알폰소를 죽인 체사레 보르자가 비아나 외곽에서 나바라 반역자들과의 전투 중에 살해되었다. 유럽의 궁정치고 복잡한 음모에 연루되지 않은 곳이 없었고, 적의 제거는 사회의 모든 계층에서 용인되었으며, 살인 기술이 초보 단계에 머물러 있다 보니 ―독일 총포공 아우구스트 코터가 라이플총을 발명한 것은 1520년이다― 죽음은 대개 소름 끼치는 모습으로 나타났다. 그러나 중세 희대의 범죄는 뭐니뭐니해도 1483년에 잉글랜드의 두 왕자가 런던탑에서 실종되었던 사건이다. 탑에서 증발한 두 왕자는 살해된 것으로 추정되었고 그 천인공노할 범죄를 저지른 인물은 나중에 잉글랜드 왕, 리처드 3세가 된 글로스터 공작으로 알려져 있다. 이런 살인 사건은 다른 왕실에서도 일어났다. 오스만제국의 술탄 바예지드 2세(재위 1481년~1512년-역주)는 군주가 된 뒤 처음으로 한 일이 자신의 권력에 위협적 요소가 된다고 판단한 동생을 교수형에 처한 것이었다.

독재자들은 "눈에는 눈, 이에는 이"의 법칙으로 폭력에 맞섰다. 자기가 잃은 만큼 남의 눈도 후벼 파겠다는 것이었다. 시절이 좋을 때는 개혁가나 항변가들에게 허울뿐이더라도 공정한 발언의 기회가 주어졌다. 그러나 이제는 허울뿐인 기회마저 주어지지 않았다. 1510년 전직 하원 의장 두 명이 세금 문제를 놓고 잉글랜드 의회와 심한 마찰을 빚었다. 이 문제의 성격은 모호했으나 문제를 푸는 의회의 방식은 명쾌했다. 푹푹 찌는 8월의 어느 날 두 사람의 목을 친 것이다. 그로부터 6년 뒤 런던 시민들은 그들 삶의 참상을 알리기 위해 거리 시위를 벌였다. 토머스 울지 추기경은 그들 중 60명을 교수형에 처했다.

❦

　어느 순간 유럽의 가장 위험한 적은 교황이었다. 지고한 교황을 그렇게 말하는 것이 다소 이상하게 보일 수 있겠지만 마젤란 시대의 교황 다섯 명은 기독교인다운 데라고는 찾아볼 수 없는 파렴치한 인물들이었다. 그들은 신앙심이 없는 것은 물론 철저하게 비양심적이었다. 동정심도 없었고 독신 생활은커녕 모두가 호색한이었다. 그들은 정치권력과 사욕에 눈이 멀어 교황의 직책을 협박과 착취에 이용한 사실상의 전제군주였다. 인노켄티우스 8세(재위 1484년~1492년)는 성직 매매를 제도화하기까지 했다. 그는 특권, 사면, 위조 교황 칙서―나중에는 저명한 인물에게만 주어진 교황청 사서 직까지도―를 팔기 위한 전략 위원회를 구성하여 거래가 한 건 성사될 때마다 150두카트(약 3,750달러―지은이. 두카트: 중세 유럽의 각국에서 발행한 주화―역주)를 수수료로 받아 챙겼다.* 그것도 모자라 살인자에게 면죄부까지 팔아먹었다. 그것에 이의라도 제기할라치면 힘 있는 추기경이 나서서, "주님은 죄인이 죽는 것보다 살아서 죗값을 치르는 것을 더 바람직하게 여기신다."라고 말했다. 교황청의 모든 것은 경매의 대상이었고 교황 직도 예외는 아니었다. 로드리고 보르자는 금괘 실은 노새 네 마리를 자신의 강력한 적수인 아스카니오 스포

---

* 이것은 추정 금액이다. 당시 화폐를 현대 화폐로 환산하기는 무척 힘들다. 곡물, 기름, 포도주 등의 기본 소비재만 해도 근대 농업의 생산성 향상으로 가격이 급락하는 경향이 있었다. 뿐만 아니라 16세기에는 화폐 가치가 각각 다른 두카트 20종이 유통되고 있었고, 플로린[옛 영국의 화폐 단위. 플로린 금화는 중세 유럽에서 국제 화폐의 하나로 유통되었다―역주], 길더[옛 네덜란드의 화폐 단위―역주], 리브르[옛 프랑스의 화폐 단위―역주], 파운드 등도 두카트 못지않게 여러 종류가 유통되었다. 통화량이 가장 많았던 플로린과 두카트는 가치가 동일했다. 나는 두 화폐의 가치를 약 25달러로 계산했다.

르차 추기경에게 보내는 등, 경쟁 추기경들을 돈으로 매수하여 인노켄티우스 8세 후임으로 보르자 가의 두 번째 교황―첫 번째는 칼릭스투스 3세(재위 1455년~1458년―역주)― 알렉산데르 6세가 되었다.

교황청이 살인자와 공범자의 본거지가 되는 상황이기도 했으니 살인죄를 지은 사람에게 보인 바티칸의 관용적 태도가 반드시 불합리한 것만도 아니었다. 교황과 추기경들은 자객을 고용했고, 고문을 허용했으며, 피 보는 것을 좋아했다. 프란체스코 구이차르디니(1483년~1540년. 로렌초 데 메디치 시대에 살았던 피렌체의 정치가, 외교관, 역사가―역주)는 『이탈리아 사 Storia d' Italia』(1561년~1564년)에서, "지상의 그리스도 대리인인 교황"―이 경우에는 율리우스 2세―이 이름과 법의만 걸쳤을 뿐 교황의 본분을 잃고 기독교인들끼리 죽고 죽이는 광경에 "흥분을 감추지 못하는" 놀라운 광경에 대해 이야기했다. 알사스의 요한 부르하르트도 교황의 일과를 기록해놓은 자신의 『일기 Diarium』에 바티칸에서 열린 연회 도중 교황의 서자庶子가 무장도 하지 않은 죄인들을 아래쪽의 좁은 안뜰로 밀어 넣고 차례차례 죽이는 광경을 교황이 "껄껄대며 바라보았다."라고 적나라하게 묘사해놓았다. 부르하르트는 역사가로서 드문 행운을 누렸던 사람으로 1483년부터 1506년까지 교황의 의전관을 지내며 교황청 일지를 썼다.

그것은 심심풀이용 살인이었다. 알폰소 페트루치 추기경을 붉은색 비단 밧줄로 목매달아 죽이는 ―집행인은 무어인이었다. 바티칸 예규에는 기독교인이 교회 지도자를 죽이지 못하도록 되어 있었다― 경우보다 더 심한 살인도 있었다. 1517년 알폰소 페트루치 추기경은 교황 레오 10세(재위 1513년~1521년)가 자신을 홀대하는 것에 원한을 품고 추기경 몇 명을 끌어 모아 치질을 고친다는 구실로 교황의 엉덩이에 독을 주입하여 살해하려는 음모를 꾸몄다. 그런데 하인 한 명이 배신하여 음모가 들통이 났다. 페트루치의 공모자들은 거액의 벌금을 물고 사면되었다. 이들 중 벌금을 가장 많이 문 사람은 전직 교황의 종손 라파엘로 리아리오였다. 그는 15만 두카트를 물고 풀려났다.

    당대의 일지에는 교황의 폭력과 관련된 그 같은 섬뜩한 이야기들이 심심찮게 등장한다. 그러나 로마 하층민들 사이에 일어난 학살은 일어난 것이 분명한데도 전해져오는 것이 없다. 학살이 일어난 사실만 로마 주재 외교관들이 입증해주고 있을 뿐이다. 롬바르디아의 한 외교관은 이런 글을 남겼다. "살인 사건이 수도 없이 일어났으나 … 그곳에서는 신음 소리와 흐느낌만 들릴 뿐이었다. 유사 이래 교회가 그처럼 사악한 지경에 빠져든 예는 없었다." 사악함은 날이 갈수록 도가 심해져 몇 년 뒤 베네치아 대사는 이렇게 기록했다. "밤만 되면 네다섯 명의 시체가 예사로 나뒹굴었다. 주교, 수도원장, 그 밖의 다른 사람들이 죽어 널브러져 있었다." 그런 일이 일어나는 것 자체가 놀라운 일이었다. 그러나 영원의 도시 로마가 그것을 잊는 속도는 더욱 놀라웠다. 칼에 묻은 피가 굳기 무섭게, 티베르 강에서 시신을 건져 올리기 무섭게, 시신을 땅에 파묻기 무섭게 도시는 언제 그랬냐는 듯 다시 희희낙락한 분위기에 젖어들었다. 교황 레오 10세는 "하나님이 주신 교황 자리니까 우리도 한번 즐겨보세나."라고 그의 형제에게 편지를 썼다. 그 시대의 고위 성직자들은 쾌락에 대한 욕구가 컸다. 어떤 책에는 피에트로 리아리오 추기경이 "물고기를 입에 문 곰을 통째로 구운 것, 가죽을 원상 복구하여 요리한 수사슴, 털이 붙어 있는 채로 요리한 왜가리, 공작 등이 푸짐하게 차려진 연회를 열어 질펀하게" 놀았다는 내용이 기록되어 있다. 그것도 모자라 나중에 "내빈들 사이에서는 로마제국의 전유물이었던 광란의 주연까지"

펼쳐졌다고 한다.

　전 세기의 교황들은 기독교계에 경사가 있으면 성 베드로 대성당의 문을 활짝 열고 찬미의 노래 테데움을 부르며 감사의 예배를 드렸다. 그러나 그런 예배는 이제 한물간 유행이 되었다. 알렉산데르 6세는 교황 치세 첫해에 그 같은 시대정신의 변화를 즉각 알아차렸다. 에스파냐 출신의 이 교황은 카스티야의 가톨릭 군이 그라나다의 무어인들을 격파했다는 소식이 들리자 성 베드로 광장에서 투우 경기를 개최하고는 황소 다섯 마리가 죽는 광경에 열광했다. 교회의 존재 이유가 오로지 예수의 실존에 있다는 점에서, 리아리오 추기경이 연 연회의 메뉴와 보르자 가 교황이 개최한 투우 경기는 교회가 예수의 가르침으로부터 얼마나 동떨어져 있는가를 보여주는 증거였다. 그러나 알렉산데르 교황은 성당 안 제단 앞에 무릎을 꿇는 것보다는 성당 밖 광장에 앉아 있는 것이 더욱 편하게 느껴졌고 다른 오락도 성찬식보다 재미있었다. 오락에 돈 쓰기, 카드 도박(과 속이기), 재미없는 시를 지어 대중 앞에서 낭독하기, 악단을 불러 연주하게 해놓고 성직자들은 폭식하기, 박수 치며 연극 관람하기 등이 그가 즐긴 오락이었다. 성직자들은 산해진미와 함께 독한 포도주 잔을 계속 비웠다. 그러면 또 취기가 돌아 호기가 발동했고 그럴 때는 교황도 거나해진 기분을 주체하지 못해 로마 매음굴에서 엄선해온 숙녀와 즉석 행위를 하는 것―때문에 의전관도 이 내용을 계속 갈겨쓰고 있었다―도 마다하지 않았다. 그러는 사이 새벽이 어슴푸레 밝아오면 그제야 성직자들은 쓰린 속을 움켜쥐며 하나님이 내릴 가혹한 징벌에 대해 슬슬 걱정하기 시작했다.

　또 알렉산데르 6세는 교황을 비판하는 내용이 담긴 책을 처음으로 발매 금지 조치한 인물이기도 했다. 부르하르트의 『일기』에 대해서는 모르고 있었거나 아니면 무관심했거나 둘 중의 하나였다. 어쩌면 그것의 가치를 몰랐을지도 모른다. 인간은 본래 당대의 가치만 수용하고 그에 대한 비판은 무시하고 거부하려는 경향이 있다. 하지만 사악한 체제는 질서 잡힌 사회에서 배겨나지 못하고, 몇 세기를 거쳐 이타 정신과 성실함으로 발전을 이룬 강하고 고결하고 거룩한 제도 또한 하루아침에 부패에 물들지 않는다. 악도 선과 마찬가지로 선례에서 비롯되는 것이다. 교회는 기독교가 득세한 이래 13세기를 지나는 동안 길을 잃고 헤맸다. 그것은 교회에 잘못된 규범이 스며들면서 경신이 신성모독으로 변질되고, 추문이 위엄을 대체하고, 세속 권력의 추구가 영원한 은총을 대신하는 결과가 초래되었기 때문이다.

※

얄궂게도 그리스도 이상의 순수성은 그 이상의 대중성으로 인해 손상되었다. 기독교가 집단 개종으로 세력이 커지자 전도자들은 영혼의 구원을 필요로 하는 사람들에게 권면의 내용을 조정하는 등 복음의 내용을 그때그때 융통성 있게 조절했다. 교회 최고의 덕목인 자선 또한 타락의 또 다른 원인이 되었다. 교회는 신도들이 갖다 바치는 기부금으로 돈이 넘쳤다. 남아도는 돈은 성직 계급의 상층부로 전해졌다. 그런 식으로 돈이 쌓이자 성직자들은 방탕한 생활에 빠져 들었다. 방탕하게 낭비를 일삼는 사람들에게 돈은 늘 부족하기 마련이었다. 결과적으로 그들은 더 많은 돈을 필요로 하게 되었고 교회는 이것을 타개할 수 있는 방안을 마련했다. 그러나 그것은 남용될 공산이 큰 지극히 위험한 방법이었다. 교회는 고대 게르만 관습을 이용하려고 했다. 그것은 돈이 있으면 벌금을 낸 뒤 풀려나고 그렇지 않으면 벌을 받는 식으로 범인에게 선택의 여지를 주는 관습이었다. 구원을 돈으로 사는 행위는 기독교에는 없는 새로운 내용이었다. 또 그것은 신성모독적인 것이기도 했다. 초기 기독교인들은 죄가 있으면 고해, 사면, 참회의 방법으로 속죄를 했다. 그런데 이제 면죄부만 사면 속죄를 할 수 있게 된 것이다. 교황은 그것을 정당화할 수 있는 선례를 찾아 성서를 이리저리 뒤지다, 마태복음 16장 19절에서 그것을 발견했다. 예수는 베드로에게 이렇게 말한다. "내가 천국의 열쇠를 네게 주리니 네가 땅에서 무엇이든지 매면 하늘에서도 매일 것이요, 네가 땅에서 무엇이든지 풀면 하늘에서도 풀리리라 하시니라."

 교황청은 이 미덥지 못한 토대를 근거로 베드로의 힘은 교황을 통해 주교에게 위임되었고 주교의 힘은 다시 사제에게 위임되었다는 내용의 관료적인 절차를 수립했다. 사제는 수도사를 거리로 보내 죄인을 찾아 나서도록 했다. 수도사에게는 죗값을 매길 수 있는 권한을 주고 죗값의 일부를 수수료로 지급했다. 로마에서는 기부금도 받았다. 그 돈을 받아 처음에는 병원 신축과 성당 신축, 그리고 십자군 재원으로 썼다. 그러다 좋지 못한 다른 방식이 생겨나기 시작했다. 교황이 하나님의 계율을 어긴 사람도 돈을 주고 면죄부를 사면 연옥의 고통에서 해방될 수 있다고 말한 것이다. 그것은 가톨릭의 고해성사를 침해하는 행위였다.

 한편 무법과 무질서가 난무한 암흑시대의 상황―9세기에 교황이 봉건 귀족의 휘하에 들어간 뒤부터 특히―을 이용하여 교황은 속인 군주들과 제휴를 하며 그들을 서서히 교회에 굴복시키려고 했다. 교황은 전제군주의 행위를 통제하는 것으로 그 일을 시작했다. 그런 다음 장엄한 성당을 세워 교황의 세속 권력을 과시한 뒤 정치적 모사꾼이 되어 군주들에게 선전포고를 했다.

❧

교황은 당초 속세와 속세의 유혹으로부터 멀찌감치 떨어져 있었다. 그러나 이제 그도 귀족과 다를 바 없는 존재가 되었다. 과거 성직자들은 결혼과 동거를 거부하고 신성한 금욕 생활을 자랑으로 여기며 독신 생활을 영위했다. 그런 그들이 이제는 축첩과 난교도 서슴지 않고 수녀원을 그리스도 신부新婦가 되리라 맹세한 여자들에게서 태어난 아비 없는 자식들의 집으로 만들어놓았다.

성직자의 독신 계율은 9백여 년을 끌어오다 1123년과 1139년의 라테란 공의회에서 확정되었다. 이 독신 계율이 16세기가 밝아오기 전부터 조금씩 깨어지기 시작하더니 마침내 너덜너덜한 걸레 조각이 되었다. 독신 계율을 진지하게 받아들인 마지막 교황은 1471년에 숨을 거두었다. 그런 그도 젊은 시절 트리에스테 주교로 있을 때는 처첩 여러 명을 두고 살았다. 그 10년 뒤 성 베드로 대성당의 주인은 이제 자식의 존재를 만천하에 드러내며 아들에게는 관직을, 딸에게는 지참금을 제공해주는 상황에 이르렀다.

바티칸의 족벌주의는 걷잡을 수 없는 지경에 빠져 들었다. 교황 식스투스 4세(재위 1471년~1484년)는 삼중관을 쓰기 무섭게 두 명의 난봉꾼 조카를 추기경에 임명하더니 나중에는 조카 세 명과 종손 한 명에게도 추기경 모자를 씌워주었다. 그것도 모자라 여덟 살 난 꼬마 아이를 리스본 대주교로, 열한 살 난 소년은 밀라노 대주교로 임명했다. 이들은 나이가 어린 것은 물론 종교 교육도 받지 않은 아이들이었다. 1484년 식스투스 4세의 후임으로 교황이 된 인노켄티우스 8세도 그와 다를 바 없었다. 그에게는 이름 없는 매춘부에게서 얻은 프란체스케토 치보라는 아들이 하나 있었는데, 그는 이 아이에게 아주 얼이 빠져 있었다. 하지만 그 아이를 추기경으로 만들지는 못했다. 도덕적 규범이 아직 그 정도로 타락하지는 않았던 것이다. 본인도 추기경 따위에는 관심이 없는 듯했다. 그는 로마의 불량배들과 밤거리를 쏘다니며 젊은 여성을 겁탈하는 일에 탐닉했다. 수녀도 예외가 아니었다. 그들은 윤간을 비롯한 온갖 성적 학대를 여성들에게 가하고 때로는 심한 상처를 주기도 하여 여성들은 피를 흘리며 의식불명인 상태로 거리에 방치되어 있기도 했다. 교황의 아들은 부랑아인 데다 희대의 방탕아이기도 했다. 인노켄티우스는 아들이 방탕한 생활을 계속할 수 있도록 성직 매매를 새로운 차원으로 끌어올렸다. 그는 밑 빠진 독에 물을 붓듯 아들에게 돈을 쏟아 부었다. 그러다 메디치 가家 규수를 치보의 신붓감으로 낙점해놓을 무렵에는 교황의 삼중관과 귀중품마저 저당을 잡히는 처지가 되었다. 인노켄티우스는 궁여지책으로 아들의 매제를 추기경 자리에 앉혔다. 장차 교황 레오 10세가 될 신임 추기경의 나이는 고작 열네 살이었다.

    레오 10세는 자식이 없었다. 그러나 교황의 친족을 예우하는 열정만은 다른 교황들에게 뒤지지 않았다. 그의 친족에 대한 예우는 1513년 사촌 줄리오 데 메디치와 더불어 시작되었다. 과거 줄리오의 어머니가 성주간聖週間에 열린 술잔치 때 남자들의 부담 없는 상대가 되어주었다는 것은 온 로마가 다 아는 사실이었다. 그 무렵에는 서출도 추기경의 모자를 쓴 선례가 있었다. 알렉산데르 6세 교황이 서출인 그의 십 대 아들 체사레 보르자에게 추기경 모자를 씌워준 것이다. 레오의 마음속에도 야심찬 계획이 있었다. 레오는 줄리오의 부모가 비밀리에 결혼했다는 진술서가 사실임을 선서하는 위증을 했다(줄리오는 줄리아노 데 메디치의 서출이다—역주). 그런 다음 조카 세 명과 사촌 두 명을 추기경에 임명했다. 한편 줄리오에 대한 레오의 기대도 줄리오 못지않게 하루하루 여물어갔다. 소년 추기경은 성인이 되었고 대주교가 되었으며 1523년 마침내 교황 클레멘스 7세(재위 1523년~1534년 - 역주)가 되었다. 그러나 레오는 그전에 죽었기 때문에 그 꿈이 실현되는 것을 보지는 못했다. 줄리오는 교황으로서는 최대의 실패작이었다.

※

이들 교황은 신앙으로 단련되지는 않았지만 당대의 살벌한 정치판에서 능란한 수완을 발휘했다. 따라서 웬만한 권력 기반을 갖지 않고서는 이들에게 감히 도전장을 내밀지 못했다. 스포르차, 메디치, 파치와 같은 당대 이탈리아 대가문의 수장 정도는 되어야 이들과 힘을 겨뤄볼 수 있었다. 15세기 말 보르자 가의 알렉산데르 6세 교황에게 가장 비판적인 인물은 피렌체 인 지롤라모 사보나롤라(1452년~1498년)였다. 산마르코 수도원의 사보나롤라는 카리스마적이고 이상주의적인 도미니쿠스 수도회의 수사로 피렌체에 많은 추종자를 거느리고 있었다. 또 그는 피렌체에 부패 없는 민주주의 정부를 도입한 인물이기도 했다. 사보나롤라는 바티칸에서 벌어지는 광란의 주연과 알렉산데르의 그 유명한 춘화春畵 수집에 항거한 사람들 중 하나였다. 그의 항거는 '허영의 횃불bonfires of the vanities' 이라는 연례행사의 모습을 띠었다. 그는 피렌체의 시뇨리아 광장에서 허영의 횃불이라는 사육제를 열고 음화淫畵, 춘화, 장신구, 카드, 도박대들을 불길 속에 던져 넣었다. 그러고 나서 모여든 군중을 향해 소리쳤다. "교황과 성직자들은 자부심과 명예를 잃고 주색에만 빠져 지내고 있습니다. 교황청은 말 그대로 매음굴이 되었고 매춘부들은 그곳 솔로몬의 옥좌에 앉아 지나가는 행인들에게 추파를 던지고 있어요.

돈 있는 사람은 누구든 그곳에 들어가 하고 싶은 일을 합니다."

사보나롤라는 거기서 그치지 않고 교황의 성직 매매도 규탄하면서 그의 면직을 요구했다. 알렉산데르는 사보나롤라의 이 같은 행동에 처음에는 신중히 대응하며 그의 입만 틀어막는 조치를 취했다. 그러나 교황에 대한 사보나롤라의 도전은 멈추지 않고 계속되었다. 그는 말했다. "교황은 이제 더는 기독교인이 아니다. 그는 이교도이고 이단자이다. 따라서 교황이 아니다."

교황은 추기경 모자로 그를 매수하려고 했다. "빨간 모자요? 내가 원하는 것은 피blood 모자올시다!" 사보나롤라는 분개하여 소리를 바락 질

지롤라모 사보나롤라(1452년~1498년)

렸고 그것으로 그의 인생도 끝이 났다. 알렉산데르 6세는 그를 파문했다. 그런데도 사보나롤라가 미사 집전과 성찬식을 계속하자 교황은 그를 이단으로 선고하고 고문형에 처한 다음 목매달아 시뇨리아 광장에서 불태웠다.

그 시대의 교황은 행동에 전혀 거리낌이 없었다. 심지어 교회에서 적을 처단하기까지 했다. 희생자의 경호원들이 교회 안에 있다는 이유로 방심하고 있을 때를 노린 것이다. 식스투스 4세 교황도 그런 사람이었다. 그는 피렌체의 통치자인 로렌초 데 메디치―위대한 자 로렌초―와 앙숙 지간인 파치 가家와 공모하여 로렌초와 그의 미남 형제 줄리아노를 살해할 계획을 세웠다. 그들은 피렌체 성당에서 메디치 형제가 대미사를 올리는 시점을 거사의 적기로 택했다. 범인들에게 보내는 신호는 거양성체를 알리는 종소리를 사용하기로 했다. 줄리아노는 치명상을 입고 제단 앞에 쓰러졌다. 그러나 로렌초는 상처 하나 입지 않았다. 그는 과연 위대한 자라는 명칭에 걸맞은 인물이었다. 로렌초는 긴 칼을 뽑아들고 교회의 성구실로 들어가 바리케이드를 치고 구원병이 오기를 기다렸다.

교황의 살해 방식이 그 시대의 특징이라면 로렌초의 보복도 그에 버금가는 특징이 될 만했다. 로렌초는 파치 일당 중 몇 명을 시뇨리아 궁전 발코니에 목매달아 죽였다. 나머지는 거세하여 길거리를 질질 끌고 다니다 난자해 죽인 뒤 아르노 강에 던졌다. 중세적 기준으로 보면 로렌초의 보복 방식은 과하지 않았다. 그러나 1520년 초, 스웨덴을 침공한 덴마크 왕 크리스티안 2세(재위 1513년~1523년―역주)는 확실히 지나친 면이 있었다. 1520년 1월 스웨덴의 섭정 스텐 스투레는 크리스티안 2세와 싸우다 전사했다. 그러나 전투는 그치지 않고 치열하게 계속되었다. 스투레의 과부 데임 크리스티나 윌렌쉐르나는 그해 가을이 되어서야 항복을 했다. 크리스티안은 그녀에게 사면을 약속했다. 그러나 때는 왕의 약속이 헌신짝처럼 버려지는 시대였다. 크리스티안도 약속을 저버렸다. 그것도 아주 악랄한 방식으로 저버렸다. 1520년 11월 8일 그는 한밤중에 스톡홀름 광장에서 스웨덴 주교 두 명을 참수했다. 처형의 증인으로 나온 교구민 80명도 그 자리에서 살해했다. 그것으로도 성이 안 찬 그는 스텐 스투레의 묘까지 파헤쳤다. 묻힌 지 열 달이나 지나 유골은 형체도 알아볼 수 없이 부패해 있었다. 그런데도 구더기가 우글거리고 악취가 진동하는 유골을 기어코 불태웠다. 그 다음에는 스투레의 작은아들을 산 채로 불 속에 내던졌다. 이제 남은 사람은 데임 크리스티나였다. 크리스티안은 그 끔찍한 광경을 그녀가 다 지켜보도록 했다. 그런 다음 그녀에게 평생 공창으로 살라는 언도를 내렸다.

※

그런 인간들이 지배한 세계—태양이 매일 지구 주위를 공전하는 그들이 알고 있는 유일한 세계—의 모습은 어떠했을까? 우리는 그것을 상상으로만 알 수 있을 따름이다. 현대의 유럽인이 만일 5세기를 거슬러 올라가 쥘 베른(1828년~1905년. 『80일간의 세계 일주』, 『해저 2만리』 등을 쓴 프랑스의 유명 작가—역주)을 매혹시킨 기구氣球를 타고 지구를 내려다보았다면 그는 자신이 살고 있는 유럽 대륙도 알아보지 못했을 것이다. 그는 지구를 내려다보며 '그 많은 사람이 대체 다 어디로 간 거지?'라고 의아해 했을 것이다. 그 당시의 유럽은 러시아에서 대서양 연안까지 1500년 전의 로마 인들이 본 것과 똑같은 원시림으로 덮여 있었다. 타키투스의 『게르마니아 Germania』에는, 율리우스 카이사르가 폴란드에서 갈리아까지 두 달간 행군하는 동안 햇빛 한 번 보지 못한 병사들을 면담한 이야기

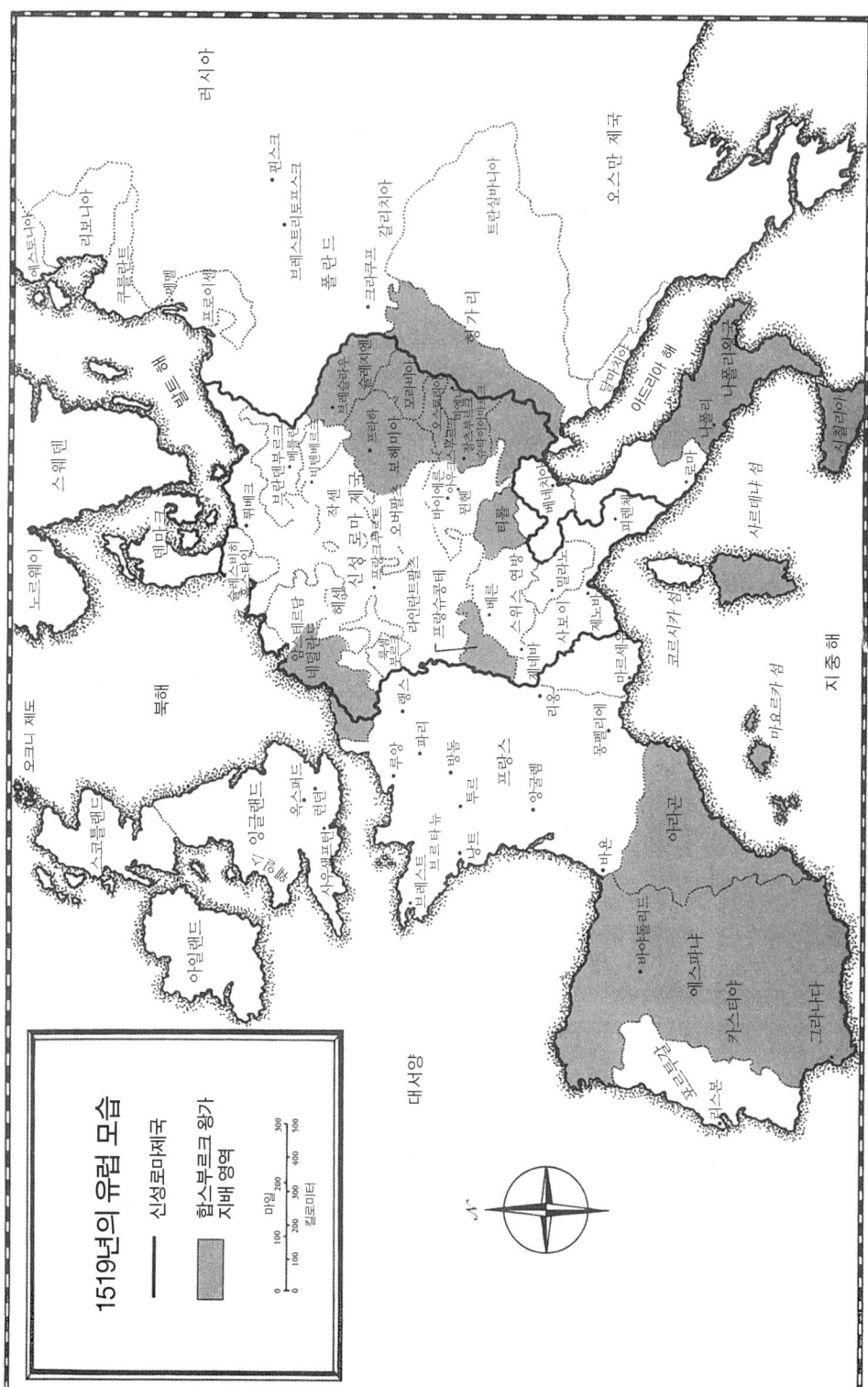

가 나온다. 카이사르와 그 밖에 70명이 넘는 집정관이 지휘한 로마 군단이 다른 지역은 정복했어도 라인 강 동쪽과 도나우 강 북쪽에 위치한 그 지역을 정복하지 못한 한 가지 이유는 그곳에 도로가 없었기 때문이다.

그러나 서기 1500년에 그곳에는 사람이 살고 있었다. 7,300여만 명의 사람이 낙엽수림 아래 둥지를 틀고 동틀 녘부터 해질 녘까지 부지런히 일하며 살고 있었다. 그래봐야 현대 유럽 인구의 10분의 1에 불과했지만 오늘날까지 전해 내려온 양식과 전례를 만들기에는 그 정도로도 충분했다. 7,300여만 명의 인구 중 2천만 명이 신성로마제국으로 알려진 곳에 살고 있었다. 그러나 신성로마제국Holy Roman Empire은 글자 뜻과는 달리 거룩하지도 않았고 로마와도 관련이 없었으며 제국도 아니었다. 그것은 그냥 고리타분한 교과서 용어였다. 실제로 신성로마제국은 독일과 그 주변 영토로 이루어진 중부 유럽일 뿐이었다.* 프랑스는 1,500만 명을 보유한 유럽 최대의 국가였다. 이탈리아는 1,300만 명으로 유럽에서 인구 밀도가 가장 높은 나라였고, 에스파냐는 8백 만 명, 잉글랜드와 웨일스의 인구는 고작 450만 명—1990년 필라델피아 시 인구와 같다—에 불과했다.

설사 과거의 유럽으로 여행을 떠나본다 해도 2백여 년 전 산업혁명이 일어난 이래 유럽을 뒤덮은 복잡한 도시 복합체의 모습은 찾아볼 수 없다. 1500년 유럽의 3대 도시는 파리, 나폴리, 베네치아였다. 이들 도시의

---

* 제1제국은 1400년대 중반 이후 독일 민족의 신성로마제국으로도 불렸던 3백여 개의 영방국가들로 이루어진 *문화국가Kulturvolk*를 말한다. 제2제국은 프랑스—프로이센 전쟁(1870년~1871년)에서 프로이센이 승리를 거둔 뒤 비스마르크가 창설했다. 프로이센은 호엔촐레른 왕가가 1918년까지 지배했다. 그 다음에는 물론 아돌프 히틀러의 나치 독일, 즉 제3제국(1933년~1945년)이 이어졌다.

인구는 각각 15만 명 수준이었다. 10만 명 이상의 인구를 가진 그 밖의 다른 도시는 해안가나 강변 혹은 교역 중심지에 위치해 있었다. 세비야, 제노바, 밀라노가 그런 도시들이었다. 현대와 비교하면 이들 세 도시는 미국 네바다 주의 리노, 오리건 주의 유진, 텍사스 주의 보몬트와 규모가 비슷했다. 신성로마제국의 그 유명하다는 *제국 도시Reichsstädte*들은 대도시 축에 끼지도 못해 쾰른 인구가 겨우 4만 명을 웃돌 정도였다. 다른 도시들도 대략 그 수준이었다. 피사 4만 명, 프랑스 남부 최대의 자치도시 몽펠리에 4만 명, 피렌체 7만 명, 바르셀로나 5만 명, 발렌시아 3만 명, 아우크스부르크 2만 명, 뉘른베르크 1만 5천명, 안티웨르펜(일명 앤트워프―역주)과 브뤼셀이 2만 명이었다.

21세기의 도시들은 휘황찬란한 스카이라인 아래 펼쳐진 고속도로로 어디든 접근이 가능하다. 그러나 중세의 자치도시들은 지극히 초라했다. 숲에서 나와 흙 길을 걷노라면 도시 방어물인 으스스한 성벽과 탑이 나그네의 앞길을 가로막았다. 성벽 너머에는 부자들이 사는 박공지붕이 얹어진 집, 망루가 있는 커다란 사각형 탑, 교구 교회의 첨탑, 그리고 그 모든 것 위에 우뚝 솟은 거대한 성당이 있었다.

주교관이 한 지역의 영적 중심이라면 광장을 굽어보는 내성內城은 세속적 중심이었다. 내성 위에는 경비병이 서 있었다. 경비병은 그곳에서 적의 공격이 있거나 화재가 일어날 경우 종을 울릴 태세를 갖추고 24시간 보초를 섰다. 그 아래에는 원로들이 모여 회의를 하고 투표를 하는 회의실이 있었고, 회의실 밑에는 도시의 문서 보관소, 지하에는 감옥과 교수형 집행인의 거처가 있었다. 교수형 집행인은 오늘날의 사형 집행인과 달리 하는 일이 많았다. 16세기 사람들은 범죄자의 성격 개조가 불가능한 것으로 보았기 때문에 교화소나 갱생원 같은 시설이 없었다. 중세

16세기의 도시 성벽

에는 오늘날의 교도소라는 것이 존재하지 않았다. 일반 범죄자는 손발을 자르거나 채찍질하는 것이 예사였고 중죄인은 교수형으로 다스렸다.

내성이 도시의 마지막 방어선이라면 도시 방어의 제일선은 성벽이었다. 도시에 근접할 수 있는지가 이 성벽으로 결정되었다. 성벽은 길이가 짧을수록 안전하고 비용이 적게 들었다. 성벽 내 지역은 금싸라기 땅이어서 한 뼘이라도 허투루 쓰는 것이 용납되지 않았다. 뱀처럼 구불구불

이어진 거리는 사람 어깨 너비밖에 안 되어 보행인 두 명이 지나가면 부딪쳐 찰과상을 입을 정도였다. 성벽 내에는 포장도로가 없었고, 길거리가 곧 상점이었으며, 시민들은 배설물과 쓰레기를 창문 밖으로 그냥 내던졌다.

성벽 안에서 사람들은 길을 잃기 십상이었다. 건물 아래층에는 햇볕도 들지 않았다. 건물의 구조상 위층이 아래층을 덮으며 돌출해 있다 보니 그런 결과가 생긴 것이다. 성벽 높이의 건물 꼭대기에 올라서면 길 건너편의 주민과 서로 악수를 나눌 수도 있었다. 비가 내려도 빗물이 바닥에 떨어지지 않았다. 그 점은 보행인들에게 편리했다. 그러나 공기가 통하지 않고 햇빛이 비치지 않는 것은 여간 불편한 것이 아니었다. 밤이 되면 도시는 무섭게 변했다. 야경꾼들이 거리에서 순찰을 돌았고 ―시계가 도입된 뒤부터는 "새벽 1시, 이상 무."라고 크게 소리쳤다― 도둑이 도망치는 것을 막기 위해 거리 진입로에는 무거운 쇠사슬을 깔아놓았다. 그래도 도둑들은 용케 어두운 길모퉁이에 숨어 있었다.

감각이 예민한 사람이라면 꼬불꼬불한 좁은 골목길을 가진 동네 하나만 살펴보아도 봉건적 과거가 이미 이울고 있다는 것을 알아차릴 수 있었다. 그곳에는 푸줏간, 종이 가게, 가죽 무두질집, 신발 수선집, 말안장 만드는 집은 물론 작은 책방도 하나 있었다. 사람들의 삶에서 상업이 중요한 위치를 차지하게 되었고 유럽에 상인 계층이 생겨난 것이다. 중세의 상업 중심지는 베네치아, 나폴리, 밀라노와 같은 인구 10만 명 이상의 몇몇 도시들에 형성되었다. 이어 피렌체의 메디치 가가 금융업에 뛰어들었다. 마지막으로 1세기의 역사를 지닌 독일의 한자동맹이 기지개를 켜면서 다른 도시들을 저만치 추월하고 교역을 한동안 주도해갔다.

브레멘, 함부르크, 뤼베크 등 중세 도시 70여 개로 구성된 한자동맹은 당초 해적과 싸우며 해외무역의 제약을 극복하기 위해 결성된 연합체로, 부유한 상인과 금융인으로 구성된 새로운 세대가 권력을 잡으면서 그 정점에 달했다. 이들의 선두 주자는 푸거 가家였다. 푸거 가는 처음 한자동맹에 속한 도시가 아닌 아우크스부르크에서 농가 직물업자로 출발했으나 이후 금, 은, 수은 광산업으로 사업을 확장시켰다. 이 가문은 대부업으로 거부가 된 뒤 에스파냐의 관세를 통제하며 해외의 에스파냐 제국으로까지 영향력을 넓혀갔다. 푸거 금융 제국의 힘은 로마에서 부다페스트, 리스본에서 단치히(현 폴란드의 그다인스크 – 역주), 모스크바에서 칠레까지 미쳤다. 또한 왕, 추기경, 신성로마제국의 황제들에게 수백만 두카트의 돈을 빌려주었고, 전비戰費를 지원해주었으며, 교황의 버팀목이 되었고, 탐험의 전주가 되었다. 마젤란이 세계 일주를 할 수 있도록 에스파냐의 카를로스 1세에게 비용을 대준 것도 푸거 가였다. 16세기 초 푸거 가의 수장은 야코프 2세였다. 그는 1505년 부르고뉴의 용담공 샤를의 값비싼 보석 소장품을 은밀히 사들이면서 세력가로 부상하기 시작했다. 그 다음에는 키르히베르크와 바이센보른의 백작이 되었고, 1514년에는 막시밀리안 1세(재위 1493년~1519년 – 역주) – 대大막시밀리안 – 신성로마제국 황제로부터 세습 기사 작위를 받은 대가로 30년 전쟁(1618년~1648년 – 역주)의 재정 지원 총책이 되었다. 1516년에는 복잡한 대부 과정을 거쳐 잉글랜드의 헨리 8세까지 푸거 가의 고객이 되게 만들었다. 그 1년 뒤 제5차 라테란 공의회는 오랜 관행을 깨고 고리대금업의 금지를 해제했다. 그것은 푸거 가의 영향력과 모든 곳에서 성장하고 있던 교역에 바치는 일종의 경의였다.

크기에 관계없이 유럽의 모든 도시는 작은 푸거를 가지고 있었다. 이 작은 푸거들은 치장 벽토, 회반죽, 외(흙을 바르기 위해 벽 속에 엮는 가는 나뭇

가지-역주)가 들어찬 들보들로 지어진 5층 높이의 본사 건물을 시장에 두고 있었다. 그 건물의 창고에는 값비싼 오리엔탈 카펫과 분말 향료 용기가 수북이 쌓여 있었고, 사무원들은 장부 정리에 여념이 없었으며, 점주와 점주 부인은 금으로 온몸을 치장하고 귀족만 입도록 정해진 모피를 법을 무시하면서까지 입으며 시골티를 감추려고 했다. 그들은 그렇게 차려입고는 귀족 흉내를 내면서 명문가 고객들과 동급이라도 된 듯 잡담을 나누었다. 가난해진 기사들은 그 모습에 분개하여 숲에 몰래 숨어 있다 상인들을 덮치고 그들의 팔을 잘랐다. 그래봐야 헛일이었다. 상인은 뜨는 해였고 기사는 지는 해였다. 게다가 진짜 적수가 잘못 연결되어 있었다. 상인의 진짜 적수는 기사가 아닌 성직자였다. 유럽 대륙의 권력 구조에서 자본가 계급은 성직자의 자리를 대신하려 하고 있었다. 그것은 지각할 수는 없었지만 움직일 수 없는 사실이었다.

※

그렇다고는 해도 도시가 유럽의 전반적인 현상은 아니었다. 1500년대 초에는 몇 날 며칠 숲 속을 헤매고 다녀도 부락 하나 구경 못하는 일이 비일비재했다. 유럽 인구의 8, 90퍼센트가 2, 30킬로미터 간격으로 띄엄띄엄 떨어져 있고, 숲으로 둘러싸인 주민 수백 명 미만의 촌락에서 살았다(이 무렵에는 독일의 오지를 제외하고는 농노제가 모두 철폐되었다). 사람들은 사생활은 생각할 수도 없는 좁아터진 오두막에서 비비적거리며 살았다. 그 시대의 사람들은 그런 곳에 살면서 오두막과 드넓은 숲 사이에 펼쳐진 밭과 목초지에서 일했다. 임신부와 어린아이 할 것 없이 온 가족이 힘들게 일했다. 그것은 뼈 빠지는 노역이었으나 집에 늑대가 들어오지 않게 하려면 어쩔 도리가 없었다. 밀 타작은 도리깨질로 했고 보습의 날을

중세의 시장: 손님, 직물 상인, 거지, 포목상, 돈 무게 다는 사람, 약장수 등의 모습이 보인다.

갖고 있는 사람도 흔치 않았다. 그것이 없는 농가는 빌리거나 임대해서 썼다. 빌릴 형편도 안 되는 사람은 곡괭이로 땅을 팠다.

기사는 물론 이런 일을 하지 않았다. 그들은 성―혹은 대포가 발명되어 성의 방어물이 쓸모없어졌으므로 새로운 장원의 저택―에 들어앉아 백개먼(놀이판에서 말을 움직이며 노는 놀이-역주), 체스, 혹은 체커(checkers. 서양장기의 일종. 이탈리아에서는 *cronometrista*, 프랑스에서는 *dames*, 영국에서는 *draughts*라고 불렀다) 놀이를 하며 지냈다. 그것이 답답하면 밖에 나가 동물 사냥, 매 사냥을 했다. 20세기 기준으로 보면 그들의 집은 지내기 불편했다. 습하고 냉기가 돌고, 하수관이 없던 시절이라 위생 설비가 미비하여 악취가 진동했다. 하지만 그 점만 빼면 공간도 널찍하고 꽤 쓸 만했다. 천장은 목재로 만들어졌고 바닥에는 타일이 깔려 있었다(카펫이 막 유행하기 시작했다). 벽에도 태피스트리가 걸리고 창문은 유리로 되어 있었다. 무너져 내릴 듯한 성의 드넓은 중앙 홀은 입구의 현관vestibule으로 대체되었다. 현관은 큼지막한 화로가 공간의 절반을 차지하고 있는 거실living room로 이어졌고 그 너머에는 사담을 나눌 수 있는 '객실drawing room'과 허물없이 대화를 나누며 식사할 수 있는 '응접실parler'이 있었다.

사람들은 대저택에 차려진 식탁에서 배가 터지도록 폭식을 했다. 귀족의 저녁 식사에는 한 번에 15가지 내지 20가지 요리가 제공되었다. 잉글랜드의 워릭 백작(1428년~1471년-역주)은 많을 때는 하루저녁에 소 여섯 마리를 잡아 5백 명의 손님을 대접했다. 고기는 생각만큼 신선하지 않았다. 사람들은 보통 불시에 포위 공격을 당할 것에 대비하여 잡은 소를 커다란 통에 넣어 소금에 절여두었다가 구리 솥에 삶아 먹었다. 그래도 어찌 됐든 막대한 양의 고기를 섭취한 것은 사실이었다. 특별한 행사가 있을 때에는 수사슴 한 마리를 장작불에 통째로 구워, 기름이 자르르

중세 귀족의 집안 풍경

흐르고 겉이 바삭하게 탄 고기를 찢어 후추를 뿌린 다음 커다란 접시에 담아 식탁에 올렸다.

농부는 부농이라 해도 화로를 가진 것 외에는 부자들처럼 화려한 생활을 하지 못했다. 농부들의 집은 초라했다. 이엉, 윗가지, 진흙, 우중충한 갈색 나무로 지어진 볼품없는 집은 좁은 진흙 길 끝에 누워 있으면 산더미처럼 쌓인 앞마당의 거름 더미에 가려 보이지도 않았다. 집은 주거 이상의 의미가 있었기 때문에 덩치는 컸다. 푹 꺼져 들어간 지붕 아래로 돼지우리, 닭장, 소외양간, 옥수수 창고, 짚, 꼴 무더기가 놓여 있었고 그 맨 끝에 가족의 주거 공간이 조그맣게 붙어 있었다. 주거 공간이라고 해봐야 나무와 벽이 시커멓게 그을린 단칸방이었다. 에라스무스(1466년~1536년)는 그런 오두막을 살펴보고 이런 글을 남겼다. "그런 집은 대개 바닥이 늪에서 나는 골풀과 진흙으로 만들어졌다. 게다가 심할 경우 20년간 수리 한 번 안 하고 살다 보니 바닥 아래에는 개와 사람의 침, 음식물 토한 것, 생선 가시, 그 밖에 온갖 지저분한 오물이 널려 있었다. 계절이 바뀌면 그곳에서 건강에 해로운 유독가스가 뿜어져 나왔다."

방에서 가장 중요한 물건은 큼지막한 침대였다. 짚을 두툼하게 깐 침대 위에서 온 가족이 함께 잤다. 조부모, 부모, 자식, 손자, 손녀, 닭, 돼지 등 성별, 연령에 관계없이 모두가 한 침대에서 잤다. 부부는 공동 침대에서 사랑을 나누었다. 여름에는 가족이 그 광경을 목격하기도 했다. 나그네가 오면 가족 침대에 '한 자리'를 마련해주는 것이 손님에 대한 예의였다. 가장이 순례 여행이라도 떠나 집에 없어도 그것은 마찬가지였다. 그것이 불상사로 이어져 남편이 여행에서 돌아와 보면 아내의 배가 불러 있는 경우도 있었다. 그러면 아내는 밤에 곤히 잠을 자는데 몽마夢魔가 덮쳐 그렇게 되었다고 변명을 했다. 성직자들도 그런 괴물은 분명히 존재하며 곤히 자는 외로운 여인네를 범하는 것이 악마들이 하는 짓거리라며 맞장구를 쳤다(성직자들은 소년의 몽정도 그런 방식으로 설명했다). 태어난 아기가 남편이 아닌 다른 남자를 쏙 빼닮아 사람들의 입방아에 오르내려도 남편이 아내를 심하게 다그치는 일은 없었다. 그래봐야 아내를 건사 못한 남편으로 자기만 웃음거리가 되기 때문이었다. 물론 처녀가 아이를 가져놓고 그런 변명을 하면 사람들의 따가운 눈총을 받았다.

   이것이 미개하게 보인다면 그나마 이것은 부농의 생활상이라는 것을 알아둘 필요가 있다. 부락민 모두가 이런 행운을 누리지는 못했다는 말이다. 부락민 중에는 윗가지 엮은 것에 짚이나 풀을 쑤셔 넣어 지은 허술한 오두막에 사는 사람도 있었다. 그런 집에 살다 보니 눈, 비, 바람조차 제대로 피하지 못하며 살았다. 굴뚝도 없어 집안에서 피운 불이 연기를 내뿜으며 초가지붕에 난 작은 구멍을 통해 빠져나가다 삽시간에 다른 곳으로 옮겨 붙기 일쑤였다. 또한 유리창이나 덧문이 없다 보니 폭풍이 몰아치거나 날씨가 추워지면 외풍이 몹시 심했다. 사람들은 그럴 때 짚, 걸레 조각, 혹은 눈에 띄는 아무것으로나 바람 들어오는 곳을 틀어막았다. 이런 사람들은 안락하게 사는 집들을 몹시 부러워했다. 특히 침대를 무척 탐냈다. 그들은 얇은 짚판 위에서 해어진 담요를 덮고 잠을 잤다. 어떤 집은 담요마저 없었고 짚을 까는 받침대도 없는 집들도 있었다.

   농촌에서는 보통 3년에 한 번꼴로 기아가 찾아들었다. 그것은 참혹한 기간이었다. 농부들은 가재도구는 물론 변변찮은 옷가지마저 내다 팔아 사계절 내내 벌거벗은 상태로 지냈다. 상황이 극에 달하면 나무껍질, 뿌리, 풀을 뜯어먹으며 목숨을 연명했고 심지어 백토를 먹는 경우도 있었다. 인육을 먹는 것도 낯선 풍경이 아니었다. 나그네나 여행자를 불시에 덮쳐 잡아먹기도 했고, 신선한 고기를 먹기 위해 교수형 당한 사람의 시체―많을 때는 교수대 하나에 20명의 사람을 매달기도 했다―를 찢어발기며 악다구니를 쓰기도 했다. 이것은 실제로 전해져오는 이야기이다.

시절이 좋아 먹을 것이 있을 때에는 그들도 음식으로 식사를 했다. 환할 때 먹으려고 식사는 하루 두 번만 했다. 제대로 된 '식사dinner'는 오전 10시, '저녁밥supper'은 오후 5시에 먹었다. 그러나 수확량이 좋을 때에는 농부들도 상다리가 휘어지도록 푸짐하게 음식을 차렸다. 유럽 대륙에는 고기가 귀했음에도 큼지막한 돼지 소시지가 상에 올라갔고 검은 빵(흰 빵은 귀족들만 먹었다)도 지천이었으며 양배추 수프, 물냉이 수프, 치즈 수프 등 수프도 양껏 먹었다. '말린 콩과 베이컨 수프', 이것저것 잡동사니를 넣고 끓인 '꿀꿀이 수프'도 있었고 사순절에는 생선 수프를 먹었다. 물론 술도 빠지지 않았다. 식사할 때 이탈리아와 프랑스에서는 포도주, 독일과 잉글랜드에서는 에일ale이나 비어beer로 입가심을 했다. 전통적으로 유럽인들은 '스몰 비어small beer'를 마셨다. 그러나 동방에 갔던 십자군이 돌아온 뒤로는 사람들의 입맛도 달라져 계피, 수지, 용담, 향나무 등으로 맛을 낸 '향 맥주spiced beer'를 더 좋아하게 되었다. 잉글랜드에서는 헨리 7세와 헨리 8세 치세 때 1인당 맥주 허용량이 하루 1갤런이었다. 수녀나 여덟 살 먹은 아이에게도 이 규칙이 적용되었다. 존 포테스큐 경(1385년경~1479년경. 잉글랜드의 법학자―역주)에 따르면 잉글랜드인들은 "종교상의 특정한 때나 참회할 때를 제외하고는 물을 마시지 않았다."라고 한다.

※

이렇게 술을 마셔댔으니 취하지 않을 도리가 없었다. 당시에는 사람의 체구가 작아 술 취하는 속도도 빨랐다. 남자의 평균 키는 152센티미터를 조금 웃돌았고 체중은 61킬로그램 정도 나갔다. 여자는 그보다 작고 체중도 가벼웠다. 당시에는 키가 180센티미터만 넘어도 거인 취급을 받아 "거인을 해치운 잭Jack the Giant Killer", '잭과 콩나무Jack and the Beanstalk' 같은 전설의 소재가 될 정도였다. 죽음은 그들의 영원한 동반자였기에 그런 난폭한 이야기들이 민간설화를 수놓았다. 수명도 짧았다. 유럽 인구의 절반이 질병으로 서른도 되기 전에 죽었다. 리처드 롤(1300년~1349년. 잉글랜드의 사제―역주)이, "사람들은 사십 넘게 사는 경우가 드물었고 오십을 넘기는 경우는 더욱더 드물었다."라고 한 말은 빈말이 아니었다. 마의 사, 오십 고개만 넘기면 사십 대 후반이나 오십 대 초반까지 살 확률이 높아졌다. 그러나 외모는 몹시 늙어 보였다. 사십 대 중반에 벌써 머리가 세고 허리가 구부정해지고 오늘날의 팔십 노인처럼 얼굴에 주름이 자글자글했다. 여자도 마찬가지여서 삼십 대에 '할머니' 소리를 들었다. 수명에 관한 한 여자는 남자보다 운이 더 없었다. 아이를 낳다 죽는 여자가 부지기수였다. 여자의 평균 수명은 스물네 살이었다. 당시에는 결혼하는 날 친정어머니가 딸에게 고운 옷감을 혼수로 들려 보내는 것이 관례였다. 그러나 옷을 해 입으라고 준 옷감이 6, 7년 뒤에는 수의를 만드는 데 쓰였다.

의복은 신분을 나타내는 역할도 했다. 어떤 복장은 치욕의 상징이 되었다. 나병 환자는 회색 외투와 빨간 모자를 착용해야 했다. 창녀는 주홍색 치마를 입어야 했고, 공개적인 참회자는 흰색 외투를 입어야 했다. 풀려난 이단자는 가슴 양편에 십자가를 꿰매 달고 다녀야 했으며 ―거리에서 그들을 지나치면 기도를 올려야 했다― 유대인은 커다란 노란색 고리를 가슴에 달고 다녀야 했다. 그것들은 모두 법에 명기되어 있었다. 나머지 사회 구성원은 귀족, 성직자, 평민의 세 계급 중 하나에 속했다.

중세인들은 사회적 신분을 매우 중요하게 여겼다. 사람들은 자신들의 위치를 알았고, 그 서열은 전생에 정해진 것이라 믿었으며, 의복으로 그것을 드러내야 할 필요성도 느꼈다.

물론 그 시대에도 유행은 있었다. 그리스와 로마의 전성기 이래 유행은 계속 바뀌었다. 그리스와 로마 시대에는 옷을 둘러 입는 것이 대세였으나 16세기 초에는 모든 계층이 옷을 죄어 입었다. 옷감도 목이 긴 가죽 장갑, 사냥꾼의 레깅스, 극빈자가 입는 동물의 거친 가죽 옷을 제외하면 모직물을 사용했다(갈아입을 여분의 옷을 가진 사람이 드물어 같은 옷을 계속 입다 보니 그 당시 유럽에는 피부병이 만연했다). 그러나 의복으로 신분을 구분 짓는 일만은 철저히 지켜졌다. 가난에 찌든 사람은 더러운 튜닉에 헐렁한 바지, 무거운 장화를 신었다. 귀족은 이발과 미용을 하고 장신구 등으로 화려하게 몸치장을 했다. 기사는 인장 반지를 끼고 칼을 차고 독수리를 지니는 것 외에 모피를 입어 자신의 신분을 드러냈다. 몇몇 유럽 국가는 귀족이 아닌 평민이 모피를 입는 것을 법으로 금지하기도 했다. 역사가 W. S. 데이비스는 "적지 않은 수의 말단 귀족이 단지 하층민이 아니라는 것을 보여주기 위해 찌는 듯한 무더위에도 다 해어진 검은 양가죽 티핏(장식용으로 팔에 두르는 길고 좁은 띠—역주)을 벗지 못했다."라고 썼다.

귀족은 모피 모자나 깃털 모자를 좋아했다. 꽃무늬 장식이 있는 긴 옷과 소매가 불룩한 화려한 재킷도 좋아했다. 귀족은 남성성의 과시를 당연한 것으로 여겼다. 그 생각은 1세기 전 제프리 초서(1342년~1400년)가 죽은 이래 바뀌지 않았다. 그러나 초서—궁정 시종이었던 그는 울긋불긋한 호즈(타이츠 모양의 긴 양말—역주)를 입는 등 현란한 복장을 하고 있었다—는 정작 『캔터베리 이야기 The Canterbury Tales』에서 남자들이 바짓가랑이 부분에 불룩한 코드피스를 차고 다니는 관습에 대해 혐오감을 나타냈다. 그는 이렇게 썼다. "남자들은 커다랗게 부푼 거짓 남근으로 잘난 척 치부를 드러내 보인 것은 물론 엉덩이마저 … 보름달에 훤히 드러난 암컷 원숭이의 궁둥이처럼 만들어놓았다."

초서는 남자들보다 여자들에게 더 큰 불쾌감을 느꼈다. 그를 화나게 한 것은 '여자들의 난잡한 의상'이었다. "하나님을 두고 맹세하건대 개중에는 물론 정숙하고 마음씨 고운 여자들도 있었지만 심하게 노출된 옷을 입고 음란하고 교만한 행동을 하는 여자들도 있었다."는 것이다. 그러나 그들은 이성에게 수작을 걸려고 그런 것이 아니었다. 그들은 자기과시를 한 것이었다. 허세를 부린 것은 더욱더 아니었다. 그것에 대해 반론이라도 제기하면 그들은 매우 격앙된 반응을 보였다고 한다.

※

바야흐로 교양이라는 사회적 윤활유와 작지만 소중한 문화생활의 일면이 중세의 잿더미 속에서 불사조처럼 막 되살아나고 있던 시대였다. 배움도 예절과 마찬가지로 재발견되고 있었다. 더하기(+), 빼기(-)와 같은 산술 기호는 1400년대 말부터 다시 일반화되기 시작했다. 1520년 무렵에는 근시용 안경이 개발되었다. 16세기 말이 되자 연필의 등장과 더불어 최초의 우편 업무(빈과 부다페스트 사이)가 시작되었다. 그러나 1502년 페터 헨라인(1480년~1542년-역주)이 발명했다고 알려진 세계 최초의 달걀형 휴대용 시계, '뉘른베르크 달걀Nuremberg Egg'은 현재 근거가 없는 것으로 간주되고 있다. 16세기 후반에는 시간 단위로 시각을 알려주는 소형 탁상시계table clock와 회중시계watch가 이탈리아와 독일에서 각각 등장했다. 잉글랜드에서는 1585년 바르톨로뮤 뉴삼(1530년~1587년-역주)이 최초의 서 있는 시계를 만들었다.

당시에는 귀족, 평민 할 것 없이 모든 계층의 식탁 예절이 엉망이었다. 남자들은 식탁에서 무척 상스럽게 행동했다. 모자를 쓴 채 밥을 먹었고, 소시지를 씹거나 뼈다귀 살점을 발라먹으며 아내에게 곧잘 손찌검을 했다. 옷도 더러웠고 몸도 더러웠다. 이런 이야기가 전해지고 있다. 농부가 도시의 향수 가게 앞을 지나가다가 이상한 향내를 맡고 정신을 잃었다. 그때 인분 한 삽을 떠다 코밑에 갖다댔더니 깨어나더라는 것이다. 손수건도 1500년대 초가 되어서야 등장했고 손수건 사용이 일반화되기 시작한 것은 1500년대 중반이었다. 군주도 예외가 아니었다. 콧물이 흐르면 하인의 옷소매를 주로 이용했으나 자기 옷소매로 닦을 때도 있었다. 냅킨도 없었다. 주빈은 손님을 초대해놓고 식탁보를 이쑤시개로 쓰지 말라는 주의를 주었다. 코를 풀 때는 음식 집어먹는 손을 사용하지 말고 나이프 잡는 손을 쓰라는 주의도 주었다.

나이프, 포크 등 식탁용 칼붙이가 유럽에 언제 도입되었는지에 대해서는 학자들 간에 의견이 분분하다. 나이프는 초대받은 손님이 허리띠에 부착된 칼집에 칼을 꽂고 들어와 그것을 식사에 사용한 것이 시초가 되었던 모양이다. 에라스무스에 따르면 음식은 손으로 먹는 것이 예법이었다고 한다. 포크는 15세기 기록에 나와 있기는 하지만 음식을 먹는 데는 사용하지 않고 접시 등에 음식을 덜어놓을 때만 사용했다. 테이블보도 1520년 베네치아의 어느 공작의 연회에 등장한 이후 모습을 감추었다. 그러다 1589년 프랑스의 궁정에서 다시 사용되기 시작했다. 그곳 손님들 중 한 사람이었던 프랑스의 비단 상인 자크 르세지는 자신의 일기에 그 후일담을 신기한 듯 이렇게 적어놓았다. "이 어르신들은 고기를 집을 때 은 포크를 사용했다."

예법과는 상관없이 무례한 행위로 간주되는 것들도 있었다. 교회의 규칙을 위반하는 것은 무조건 중죄로 다스려졌다. 1백여만 명으로 추산되는 유대인을 제외한 모든 유럽인은 동정녀 마리아Virgin Mary―마리아의 표기 방법도 여러 가지였다. Queen of the Holy City, Lady of Heaven(로마 가톨릭), *la Beata Vergine*(이탈리아), *die heilige Jungfrau*(독일), *la Virgen María*(에스파냐), *la Dame débonnaire*(프랑스)―를 경모하고, 성모의 신하들인 가톨릭 성인들도 숭배했다. 교구민들은 최소한 일주일에 한 번(기사들은 날마다)은 성당에 나가 미사를 드렸다. 또한 그들은 사라센과 유대인을 증오하고, 성지 성물을 찬미하고, 재일齋日을 엄수했다.

기독교인들이 가장 힘들어하는 것이 재일 엄수였다. 따라서 모든 사람이 다 지키지는 못했다. 브래턴이라는 마을에서는 이런 일이 있었다고 전해진다. 사순절이 되어 신자들은 사제가 이끄는 행렬에 참가하여 그 의미를 열심히 되새기고 있었다. 이때 행렬의 무리 중 유난히 성녀 같은 표정을 짓고 있는 여자가 있었다. 이 여자가 나중에 행렬을 이탈하여 자기 집 부엌에 몰래 들어가 단식의 계율을 어기고 양고기와 햄을 구워 먹었다. 그런데 고기를 굽는 냄새가 창밖으로 솔솔 퍼져나가는 바람에 길 가던 행인이 그것을 알게 되었다. 주교는 그녀를 잡아들여 목에는 햄을 걸고 어깨에는 쇠꼬챙이에 끼워진 양고기 덩어리를 두르고 부활절 때까지 한 달 동안 동네 길거리를 걸어 다니라는 명령을 내렸다. 그녀의 뒤를 군중이 따르며 야유를 보냈다. 그것은 그 시대의 또 다른 특징이었다.

❦

그 정도는 사소한 범죄에 속했다. 중범죄가 일어나면 교회 전체가 들썩이며 어마어마한 소동이 벌어졌다. 어느 술 취한 귀족이 교구 교회의 성찬배를 훔쳤다가 심한 곤경에 빠진 일이 있었다. 교구민 중의 한 사람이 훔친 물건을 갖고 달아나는 그를 발견한 것이다. 그것을 안 주교는 장례식 때나 울리는 슬픈 곡조로 교회 종을 울리도록 했다. 교회 건물에는 검은 휘장이 드리워졌고 교회 안으로 신자들이 운집해 들어갔다. 촛불을 든 하급 성직자들에게 둘러싸인 주교가 운집한 신자들 사이로 헐레벌떡 나타났다. 주교는 성단소聖壇所에 서서 도둑의 이름을 부르며 소리쳤다. "이 도시, 이 들판에서 그자는 저주받을지어다. 곡물 창고, 수확물, 자식들도 저주받을지어다. 모세에 반항하는 다단Dathan과 아비람Abiram을 땅이 집어삼켰듯이 지옥도 그를 집어삼킬지어다. 우리 손에 든 이 횃불을 오늘 이 자리에서 소멸시키듯, 그자가 회개하지 않는 한 그의 생명의 빛 또한 영원히 꺼질지어다!'

주교가 말을 마치자 사제들이 손에 들고 있던 촛불을 바닥에 던지고 발로 짓밟았다. 교구민들은 그것을 바라보며 저렇게 지독한 저주를 받았으니 도둑은 이제 죽은 목숨이라 생각하며 그의 영혼이 받을 형벌에 몸을 떨며 불안감을 감추지 못했다. 불경한 귀족은 법률의 보호를 받지 못하는 추방자 신세가 되었다. 또한 모든 사람에게 지탄의 대상이 되기도 했다. 그것은 나병 환자나 유대인보다도 못한 철저한 고립이었다. 이 같은 사회적 추방은 강력한 무기였다. 그런 형벌 앞에 죄인은 굴복할 수밖에 없었고 굴복한 다음에는 엄청난 대가를 치르고 영혼을 되찾았다. 죄인은 먼저 자신이 가진 전 재산을 주교에게 헌납했다. 그런 다음 순례자 복장을 하고 맨발로 성단소에 나타나 중앙 제단 앞에 엎드려 24시간 동안 아무것도 먹지 않고 기도를 드렸다. 기도가 끝나면 무릎 꿇은 자세로 수도사와 사제 60명으로부터 곤봉 세례를 받았다. 그들이 곤봉을 내려칠 때마다 그는 이렇게 소리쳤다. "주 하나님 곧 전능하신 이여 심판하시는 것이 의로우시도다(『신약성서』 요한계시록 16장 7절—역주)." 마침내 곤봉 세례가 끝나고 뼈가 으스러진 채 의식이 가물가물한 상태로 누워 있으면 그제야 주교가 나타나 그의 죄를 사해주고 화해의 입맞춤을 해주었다.

요즘 시각으로는 이 형벌이 과도해 보일 수 있다. 성찬배는 귀금속으로 만들어진 것이 아니므로 금전적 가치도 없었다. 따라서 도둑질을 했던 그 귀족은 가벼운 절도죄를 지은 것에 불과했다. 그러나 중세 교회는 법과 질서를 다스리는 데 무척 엄격했다. 이런 중죄를 엄히 다스리지 않으면 도덕적 기강의 해이, 타락 더 나아가 폭동으로까지 이어질 수 있다고 생각했다. 당시에는 이 귀족보다 더 심한 중죄인, 더 고통스러운 속죄를 하는 사람도 있었다. 그들에게 속죄의 길은 6년, 10년, 12년이 걸릴 수도 있는 참담한 고행의 연속인 순례 여행이었다.

죄인들의 순례 여행은 감옥살이를 대신하는 것이었다. 유럽의 성에는 물론 지하 감옥이 있었다(바티칸에도 있었다). 그러나 그곳은 불경한 죄인을 가두기에는 부적절했다. 법률상의 최고 형벌은 사형이었다. 그 밖에 속인 법정에서는 귀를 자르고, 혀를 뽑고, 눈알을 후벼 파고, 부정不貞한 여자의 음부를 뜨거운 인두로 지지는 등의 다른 형벌도 사용했다. 그러나 이런 방법은 참혹하기는 했지만 구원의 희망은 없었다. 죄인들은 그런 형벌을 받고도 말 못할 저승의 괴로움에 또다시 직면해야 했고 죄지은 사람 모두 그런 형벌을 받는 것 또한 온당치 못했다. 교회는 그런 점을 감안하여 이미 가지고 있던 법률제도로 속인 법정과 유사한 교회 법정을 가동하게 되었다.

교회는 순례자들에게 머리를 빡빡 밀고 가족을 버리고 하루 한 끼 식사만 하는 굶주림 속에서 맨발로 먼 길을 가도록 했다. 순례의 목적지는 죄인에 따라 차등을 두었다. 가장 대중적인 순례지는 로마였다. 때로는 저 머나먼 예루살렘으로 보낼 때도 있었다. 그러나 대개는 순례의 거리와 속죄의 정도가 비례했다. 귀족이 고행할 때는 자신의 갑옷으로 만든 쇠사슬을 목과 손목에 차는 것으로 추락한 위치를 상징적으로 보여주었다. 또한 순례자는 범죄행위를 상세히 기록한 것에 주교가 서명한 통행증을 갖고 다니며 선한 기독교인들에게 숙식을 간청하기도 했다. 죄인의 입장에서 보면 그 같은 방법이 부당하게 여겨질 수도 있었으나 그의 의견은 받아들여지지 않았다. 게다가 교회의 판결에는 항소가 없었다.

죄인들 중에는 사면을 받기 위해 모진 시련을 감내하는 경우도 있었다. 저 악명 높은 풀크 3세 블랙, 즉 앙주 백작(970년경~1040년. 앙주 가문의 초기 통치자 중 한 사람―역주)도 그런 사람이었다. 그는 수십 년간 악행을 저지르다 마침내 자신의 영혼이 위험에 처한 것을 알고 양심의 가책에 괴로워하며 신의 자비를 빌었다. 풀크 백작은 20년간 죄를 지었다. 그중에는 아내를 살해한 죄도 있었다. 그러나 이 혐의는 염소지기와 그의 아내가 헛간 뒤에서 부정한 짓을 저지르는 것을 보았다는 그의 단독 진술에 힘입어 기각되었다. 이 부분에서 법정은 속수무책이었다. 간통 현장에서 목이 달아난 것은 여자의 운명이었다. 간부姦夫는 대개 여자의 남편과 타협을 하여 풀려났다. 게다가 이 경우에는 목격자도 없었고 염소지기도 종적을 감춘 상태였다. 그러나 지위가 백작 정도면 아무리 흉악범이라 해도 거짓말은 하지 않았다. 문제는 풀크 3세 백작이 이 살인죄 말고도 범죄 이력이 무척 화려하다는 데 있었다. 그는 예상대로 중형을 선고받았다. 판결이 내려지는 순간 그는 기절했다고 한다. 풀크 3세에게는 족쇄를 차고 예루살렘 순례 여행을 세 번 하라는 선고가 내려졌다. 그것은 프랑스와 사보이를 가로질러 알프스 산맥을 넘고 교황령들을 지나 케른텐(일명 카린티아. 현 오스트리아 남부의 주―역주), 헝가리, 보스니아, 산

세 험한 세르비아, 불가리아, 콘스탄티노플, 준령으로 이어진 아나톨리아를 거쳐 현대의 시리아와 요르단으로 내려와 성지 예루살렘에 이르는 기나긴 여정이었다. 그는 족쇄가 채워져 피가 줄줄 흐르는 발로 예루살렘 순례 여행―15,300마일(24,600킬로미터)―을 꼬박 세 번이나 했다. 마지막 여행은 두 명의 건장한 남자가 가죽 채찍으로 벌거벗은 등짝을 후려치는 것을 견디며 발을 질질 끌다시피 해서 마쳤다.

※

백작은 어쩌면 이 모든 고난이 나사렛예수의 가르침과 무슨 연관이 있는지 한 번쯤 되새겨보았을 수도 있다. 실제로 그것은 예수의 가르침과 아무 관계도 없었다. 신앙과 미신의 경계는 언제나 불분명했다. 그러나 그것은 문제될 것이 없었다. 중세 유럽인들은 스스로를 기독교인으로 여겼다. 그러면서도 신약의 복음서에 대해서는 아는 것이 없었다. 성서는 그들이 읽을 수 없는 언어로 쓰여 있었다. 미사 때 형식적으로 웅얼거리는 말은 그들에게 아무 의미가 없었다. 그들은 마술, 마법, 도깨비, 늑대 인간, 부적을 믿었고, 따라서 이교도와 다를 바 없었다. 영주의 부인이 죽으면 하인들은, 마님의 숨이 멎자마자 부리나케 영주의 집으로 달려가 혼령이 물에 빠지는 것을 막기 위해 물동이란 물동이는 죄다 비웠다. 그런 다음 장례를 치를 때까지 눈에 불을 켜고 시신을 지켰다. 개나 고양이가 관을 넘어 다니면 시신이 흡혈귀로 변한다는 속설을 믿고 그것을 막으려는 것이었다. 남편은 남편대로 머리를 동쪽으로 향하고 양팔을 벌려 십자가 모양이 되게 몸을 납작 엎드리고 아내의 구원을 비는 기도를 드렸다. 그런 미혹과 풍습을 뒷받침하는 내용은 『신약성서』의 그 어느 곳에도 나와 있지 않다. 그럼에도 성직자의 축복과 더불어 예방 조치는 취해졌다. 수도원의 필사본에도 이런 문구가 반복해서 등장한다. "세평을 듣자하니 적그리스도가 바빌론에서 태어났고 심판의 날이 가까웠다고 한다." 그러나 농부들은 이런 경보에는 만성이 되어 들은 체도 하지 않았다. 안식일이 되면 그들은 미사를 후딱 마치고 해질 녘까지 잡담, 춤, 노래, 레슬링, 말달리기, 활쏘기 시합을 즐겼다. 지옥 같은 일은 이승에서도 무궁무진하게 일어나고 있었으므로 삶에 지친 그들은 내세의 위험에 신경 쓸 겨를조차 없었다.

그래도 문득문득 불안한 마음이 들기는 했다. 죽은 자가 왼쪽 눈을 뜨고 있으면 그가 곧 연옥의 불길에 휩싸이게 되리라는 징조였다. 남자가 금요일에 흰색 셔츠를 입고 있거나 유성을 보았거나 늪에서 도깨비불을 보았거나 독수리가 그의 집 위를 선회하고 있으면 죽음이 임박했다는 증거였다. 성주간에 옷을 빠는 멍청한 아낙네도 곧 황천길로 가게 될 운명이었다. 얼떨결에 13명이 함께 모여 저녁 식사를 하면 그중 한 명은 이튿날 아침 식탁에 모습을 드러내지 못한다는 속설도 있었다. 밤새 늑대가 울부짖는 소리를 들은 사람도 동트기 전에 사라진다는 말이 나돌았다. 혜성, 일식, 월식도 불길한 징조였다. 1198년 7월 거대한 혜성이 '나타나기 무섭게 곧' 사자심왕 리처드가 죽은 것만 보아도 그것은 확실했다(이것은 사실이 아니다. 그는 1199년 4월 6일에 죽었다).

그 밖에 중세인들은 눈에 보이지는 않지만 영혼 없는 망령들이 그들 주위에 들끓고 있다고 생각했다. 개중에는 상서로운 것도 있었으나 그 망령들은 대개 사악하고 위험하고 목숨이 질겨 죽이기 힘든 것들이었다. 아이들도 그렇게 배우고 있었다. 망령들 중에는 세례 받지 않은 유아, 무덤 주변을 쿵쿵거리고 다니는 귀신, 기사를 홀려 물에 빠뜨려 죽이는 물의 요정, 어린아이를 땅 밑 동굴로 유괴해 간다는 악마, 설죽은 인간이 야수로 변했다는 늑대 인간, 해가 지면 무덤을 파헤치고 나와 남녀노소, 어린아이 할 것 없이 집 밖에 있는 모든 사람의 피를 빨아먹는다는 흡혈귀의 망령도 있었다. 어느 순간, 어느 상황 아래에서도 인간은 지각의 세계로부터 멀어져 요물과 초자연적 힘의 영역으로 옮겨갈 수 있었다. 모든 자연물은 초자연적 성질을 보유하고 있었다. 그러다 보니 중세에는 꿈 해몽서의 인기가 무척 높았다.

별 또한 천사의 인도를 받는 것으로 알려져 있었다. 때문에 의사는 점성술사와 신학자의 의견을 언제나 참고로 했다. 환자의 병을 진단하는 데도 태어났을 때의 별자리와 발병했을 때의 별자리가 큰 영향을 미쳤다. 중세의 저명한 외과의사 기 드 숄리아크(1300년경~1368년. 『외과학 총론』을 썼다—역주)는 "달이 황소자리에 있을 때 목에 상처를 입으면 증세가 악화될 징조이다."라고 썼다. 목에 난 임파선종으로 얼굴이 일그러진 수천 명의 사람들이 왕의 손길이 닿으면 연주창이 낫게 되리라는 믿음으로 잉글랜드 왕이나 프랑스 왕 주위로 떼를 지어 몰려들기도 했다. 마인츠에서 발행된 당대의 어느 기록에는 사혈하기 좋은 점성술 시간이 기재되어 있기도 했다. 전염병은 불길한 성위星位 탓인 것으로 인식되었다. 때로는 엉터리 의사가 설치기도 했다. 런던에서는 로저 클러크라는 인물이 거짓 요술로 병을 치료하는 척하다가 정체가 드러나 소변통을 목에 걸고 도시를 일주하는 형을 선고받기도 했다. 그 밖의 다른 사기꾼들은 정체가 탄로 나지 않고 무사히 고비를 넘겼다.

에라스무스와 토머스 모어 경(1477년~1535년)같은 저명한 학자들도 마법의 존재를 받아들였다. 노골적인 날조가 아닌 한 교회는 미신을 조장했고, 기도에 의한 신앙 요법을 권장했으며, 사티로스(그리스 신화에 나오는 반신반인의 괴물—역주), 몽마, 세이렌(그리스 신화에 나오는 반은 새, 반은 인간인 마녀. 아름다운 노랫소리로 뱃사람들을 유혹하여 배를 난파시켰다고 한다―역주), 외눈 거인 키클롭스 등의 이야기를 퍼뜨리면서 그것들을 사탄의 현시라 선전했다. 중세인들은 성 삼위일체만큼이나 마왕을 현실로 받아들였다. 교회로서는 대중이 마왕의 존재를 믿는 것이 확실히 유용했다. 고위 성직자들은 하나님의 사랑보다 악마의 두려움을 강조하는 것이 대중의 교화에 더욱 효과적이라는 생각을 갖고 있었다. 그러다 보니 귀신 쫓는 요란한 푸닥거리가 만들어지기도 했다. 악귀가 사람 몸속으로 들어가 그의 입을 통해 불경한 말들을 토해내다 사제가 의식에 따라 외우는 주문 소리를 듣고는 괴성을 지르며 도망쳤다는 이야기가 유럽 전역으로 퍼져나갔다.

교회 지도층은 사제와 수도사들을 통해 특정 기적들의 정당성도 다시 확인했다. 유럽의 도로를 메운 순례자들은 비단 속죄를 하려는 죄인들만이 아니었다. 사실 속죄를 필요로 하는 사람은 많지 않았다. 순례자의 대다수는 평범한 사람들이었고, 그들의 외양은 갈색 양모 외투, 묵직한 지팡이, 허리춤에 걸어맨 자루로 구별되었다. 순례의 목적은 세상을 등지고 연옥에 머물러 있는 친족을 위하여 길을 떠나는 등 대개는 소박했다. 그래서인지 추레하고 더러운 모습을 하고 있어도 그들을 천대하는 사람은 없었다. 손님을 대접하다 "부지불식간에 천사를 대접하는"(『신약성서』 히브리서 13장 2절―역주) 횡재를 할 가능성도 있었으므로, 성서의 축복을 받을 수 있는 그런 기회를 사람들은 놓치려 하지 않았다.

순례자들은 바티칸이 기적을 인정해준 성소 1천 개를 찾아 길을 떠났다. 샤르트르의 성모 성당, 루카의 로즈 성모 성당, 제노바의 성모 성당을 비롯하여, 르 퓌, 오레, 그르노블, 발랑시엔, 리세, 로카마두르, 오시에르의 성모 성당 등 성소는 부지기수로 많았다. 그중에서도 순례자들에게 인기가 높은 장소는 열여덟 살에 거식증으로 숨을 거둔 피에르 드 뤽상부르 추기경의 묘였다. 그가 죽은 지 15달 만에 그의 유골이 행한 마법의 힘으로 1,964개의 기적이 일어났다고 한다. 때로는 성인이 치료사로 인정받는 경우도 있었다. 그것을 믿고 콜레라 환자들은 그 병에 효험이 있다고 알려진 성 비투스 성당으로 순례를 떠나기도 했다.

그러나 이 모든 곳도 찬란한 빛을 발하는 두 성소와는 감히 경쟁을 하지 못했다. 두 곳 모두 구세주가 직접 찾았고 어마어마한 일이 벌어졌다는 사실을 바티칸도 보증한 장소들이었다. 순례자들은 산타마리아 마조레 성당에서 그리스도가 태어난 구유를 보았고, 성 요한 라테란 성당에서는 예수가 가시면류관을 쓰고 오른 거룩한 단을 보았다. 또 베드로가 로마의 네로 황제에게 순교당한 장소인 몬토리오의 성 베드로 성당에도 가보았다. 잉글랜드 인들은 성 제르메르 수도원장이 샘물 하나만 있으면 못할 것이 없다고 믿었다. 아픈 사람의 병도 고치고 장님의 눈도 뜨게 하고 벙어리의 말문도 트이게 한다는 것이었다. 순례자들에 따르면, 언젠가 이 대수도원장이 물이 없어 바싹 타들어가는 부락을 찾게 되었다고 한다. 그는 갈증에 허덕이는 참상을 보고 농민들을 교회 안으로 불러들여 그들이 보는 앞에서 들고 있던 지팡이로 돌을 내려쳤다. 그러자 세상에! 물이 펑펑 솟아올랐다는 것이다. 그것도 단순히 갈증만 해소해주는 물이 아니라 고통과 질병의 치유 능력도 가진 물이었다는 것이다.

※

중세의 여행은 느리고 비싸고 불편하고 위험했다. 속도 면으로 보면 마차 여행이 가장 느렸고, 도보 여행이 그 다음으로 느렸으며, 말 여행이 가장 빨랐다. 그러나 말 여행은 중간에 말을 갈아타야 했으므로 지속적인 말 공급이 쉽지 않아 이용자가 극히 적었다. 여행비 상승 요인은 주로 수많은 통행료와 갖가지 문젯거리에서 파생하는 불편함 때문에 생겨났다. 여행자는 위태로운 다리 위로 강을 건넜고(사제들은 강을 건널 때 신의 가호를 빌라고 말했다), 다리가 놓여 있지 않은 강이나 여울은 물살을 헤치며 걸어서 건넜다. 도로도 좁은 산길이거나 진흙탕 길인 경우가 많아 여름을 제외하고는 이륜마차로 통행이 불가능할 만큼 사정이 열악했다. 숙박 시설도 나을 게 없었다. 여행자는 너저분한 여관의 여러 개를 맞물려 놓은 침대에서 바퀴벌레, 쥐, 벼룩이 우글대는 이불을 덮고 잠을 잤다. 창녀들까지 들러붙어 여행자의 돈을 뜯어갔다. 여관 주인 또한 여관비를 받는다는 명목으로 여행자의 짐을 빼앗기 일쑤였다.

   노상강도도 여행자의 위험 요인이었다. 파리에 거주한 프랑수아 비용(1431년~1463년. 프랑스의 서정 시인-역주)은 노상강도의 환희와 비애를 시로 그럴듯하게 읊기도 했지만 실상 숲 속의 강도에게 매력 따위는 없었다. 그는 무자비한 강도, 유괴자, 살인자일 뿐이었다. 노상강도는 추격받는 일이 없어 더욱 기승을 부렸다. 도시에서 도시로 이동할 때 여행자의 안전에 대한 책임은 오로지 여행자 자신이 져야 했다. 산타 에르만다드(페르난도와 이사벨라가 에스파냐 전역의 법과 질서를 유지하기 위해 15세기 말에 창설한 경찰 관할구역-역주)의 궁수들이 도로 순찰을 돈 카스티야와 같은 일부 지역을 제외하고는 공개된 지역 그 어디에도 경찰이 상주해 있지 않았다. 숲 속에는 언제나 무뢰한들이 숨어 있었고 그 같은 위험은 곤궁에 처한 기사들이 이들 무리에 합세하면서 더욱 가중되었다. 곤궁에 처한 기사란 이를테면 운수 나쁜 십자군에 참가했다가 빈털터리로 돌아온 기사, 이런저런 외국 전쟁에 참가했다가 퇴역한 기사, 잉글랜드의 경우 장미전쟁(1455년~1485년. 잉글랜드의 왕위를 놓고 랭커스터 가문[붉은 장미]과 요크 가문[흰 장미]이 벌인 치열한 내전—역주)에서 이탈한 변절자 무리 등이었다. 뿐만 아니라 이들 도적은 이동 폭력단이 되어 나그네를 불시에 습격하기도 했고 거지나 순례자로 변장하여 칼을 숨기고 길가에 서 있기도 했다. 덕망 있는 영주들마저 밤에 그들의 영지를 지나는 여행자들에 대한 책임을 지지 않으려 했고, 파렴치한 영주의 적지 않은 수가 자청하여 도적이 되거나 도적의 일당이 되었다. 그들은 요인要人을 해치지 않는다는 조건과 크리스마스에 선물을 후하게 받는다는 조건으로 도적의 무법 행위를 못 본 체 눈감아주었다.

여행자들은 그런 위험에 대비하여 날이 선 단도를 몸에 지니고 다녔다. 필요에 따라 사람을 죽일 수도 있었으므로 그럴 용기가 솟아나기만을 바랐다. 출신지가 다른 여행자들은 힘을 모아 공동의 안전을 추구했다. 잉글랜드 인들은 이 그룹에서 종종 배제되었다. 중세에 잉글랜드 인들은 육지에서는 좀도둑, 바다에서는 해적, 시장에서는 저울눈 속이기와 질 나쁜 상품을 거래하는 상인으로 이름이 높아 다른 나라 사람들의 불신을 샀다. 탐욕을 비난한 초서와 같은 브리튼 인들도 알고 보면 탐욕스러웠다. 잉글랜드 여자는 그와는 다른 이유로 사람들의 환영을 받지 못했다. 잔 다르크는 입이 험한 잉글랜드 여자들을 언제나 "망할 것들the Goddams"이라 불렀다. 잉글랜드 인들은 남녀 모두 그때부터 이미 무례하기로 정평이 나 있었다. 1500년 런던 주재 베네치아 대사는 본국에 이런 보고서를 보냈다. "잉글랜드 인들은 자신들만 소중한 줄 알고, 모든 것은 자신들의 것이라 여기고, 이 세상에는 오직 자신들밖에 없는 듯이 말하고, 잉글랜드 외에 다른 나라는 없는 듯 행동하고, 잘 생긴 외국인을 보면, '저 사람 꼭 잉글랜드 인처럼 생겼네.'라고 말한다. 그런데 그것은 사실이 아니니 참으로 애석하도다."

물론 개인차가 있게 마련이니 이 말은 다른 나라 사람에게도 적용할 수 있을 것이다. 어찌 됐든 잉글랜드 인들은 다른 나라 사람들이 자신들을 어떻게 생각하는지를 알고, 부자가 아닌 이상 다른 나라를 여행할 때는 단단히 무장을 하고 다녔다. 유럽 부자들은 색칠을 하고 금박에 조각에 휘장까지 드리운 마차를 타고 완전무장한 기사단의 호위를 받으며 여행을 했다. 부자는 자신이 도적의 표적이라는 것을 알고 있었다. 때문에 삼엄한 경비를 받지 않으면 자신들의 영지를 떠나 다른 도시를 결코 방문하지 않았고 8월의 정기시定期市 같은 행사에도 참석하지 않았다.

※

요크셔의 한 묘비에는 이런 글이 새겨져 있다.

여기 이 작은 묘석 아래
헌팅턴 백작 로버트가 잠들어 있노라.
누구보다 빼어난 활 솜씨를 지닌
그를 세인들은 로빈 후드라 칭하였네.
그와 그의 부하들 같은 도적을
잉글랜드는 두 번 다시 보지 못하리.
1247년 12월 24일 사망

부활절 계산표가 아서 왕의 존재를 입증해주듯이 이 묘비도 로빈 후드가 실존 인물임을 말해주고 있다. 그러나 이 묘비로 알 수 있는 것은 이것이 전부이다. 그 시대에 대해 알고 있는 것을 총동원하여 유추해보아도 로빈은 그저 통속적 이야기의 주인공이었을 뿐이다. 귀족의 아들로 태어났으나 어쩌다 살인자가 되는 바람에 길옆 관목 숲에 숨어 무력한 나그네의 돈이나 빼앗는 처지로 전락한 것이다. 그가 부자들의 돈을 훔쳐 가난한 사람들에게 나눠주었다는 의적 행위도 미국의 냉혈한 제시 제임스(형제 프랭크와 함께 19세기에 열차 강도와 은행 강도를 일삼으며 미국 서부를 떠들썩하게 한 무법자—역주)에 얽힌 이야기만큼이나 가능성이 희박하다. 그보다 더 황당무계한 것은 '휴드Heud'로도 알려진 이 로빈 후드가 그의 애인인 메이드 마리안, 거인 리틀 존, 타락한 수도사 터크의 무리를 이끌고 다녔다는 것이다. 십중팔구 그들은 아마 민간전승이 만들어낸 상상력의 소산이었을 것이다. 그들과 동시대인인 노팅엄 영주도 1천 년 동안 인격 모독을 가장 심하게 받은 인물이었을 것이다. 그 먼 세기들을 연구하면 할수록 그런 전설이 일어났을 가능성은 더욱더 희박해진다. 훗날 신화 작가들은 중세에 로맨스라는 가짜 허울을 씌워주었다. 하멜른의 피리 부는 사나이도 그런 경우이다. 그는 실존 인물이었다. 그러나 매혹적인 인물과는 거리가 멀었다. 매혹은커녕 끔찍한 남색자에 정신병자였다. 하멜른은 1484년 6월 20일 독일 작센 지방의 하멜 마을 어린이 130명을 유괴하여 이루 형언할 수 없는 방식으로 그들을 유린했다. 이후 벌어진 일에 대해서는 의견이 분분하다. 아이들이 영영 돌아오지 않았다고 하는 사람도 있었고, 또 어떤 사람들은 사지가 잘린 아이들의 시신이 숲 덤불 아래 흩어져 있었다고 했으며, 시신이 나뭇가지들에 너덜너덜 걸려 있었다고 말하는 사람도 있었다(마을에 쥐가 들끓어 피리 부는 사나이가 마을 시장으로부터 대가를 받기로 하고 쥐를 소탕해주었으나 시장이 약속을 지키지 않자 그가 아이들을 꾀어 홀연히 사라져버렸다는 것이 통속적인 전설의 내용—역주).

피리 부는 사나이의 집단 학살이 일어난 다음 해에 유럽에서는 상상력이 풍부한 토머스 맬러리 경의 『아서의 죽음 Le morte d'Arthur』(1485년)

이 잉글랜드 최초의 인쇄업자 윌리엄 캑스턴(1422년경~1491년—역주)에 의해 발간되었다. 그러나 훗날 외설스러운 부분이 삭제되어 나온 이 작품의 개작에는 맬러리가 중세의 도덕관을 조롱하며 자유분방한 모습을 보인 사실이 모호하게 처리되어 있다. 그는 여주인공에 대한 환상만으로 다음과 같은 표현을 한 것이 아니었다. "랜슬롯 경이 아름다운 숙녀의 손을 잡을 때 그녀는 바늘과 같은 나신의 모습을 하고 있었다(여기서 "바늘과 같은 나신의 모습"이라는 말은 옛 속담에서 나온 것으로 사지가 없이 벌거벗은 모습이지만 나름대로 형태와 생식기를 갖추고 있다는 것을 암시한 표현—역주)." 이 작품에 등장하는 몇몇 인물은 생존 인물이었을 가능성이 있다. 웨일스 오지 마을 주민들은 1천 년 이상이나 간통한 여자를 "단골 창녀 귀네비어"라 불렀다. 그러나 랜슬롯 뒤 락(호수의 기사 랜슬롯—역주)은 허구적 인물이었고 귀네비어도 중세의 산만하고 느슨한 시간관념으로 볼 때 설사 실존했다 하더라도 아서와 같은 세기에 살았을 가능성은 희박하다.

※

우리는 1517년에 마젤란과 그의 아내 베아트리스가 어떤 과정을 거쳐 결혼에 이르게 되었는지에 대해서는 별로 아는 것이 없다. 만일 그들이 초월적인 사랑으로 결합했다면 그것은 매우 이례적인 결혼이었을 것이다. 그보다 40년 앞서 빈 황궁의 젊은 대공은 다이아몬드 반지를 약혼의 징표로 사용하기 시작했다. 그러나 약혼은 귀족층에게만 한정된 것이었고 귀족층에서조차 별로 환영을 받지 못했다. 약혼자의 임신 사실이 드러나면 으레 결혼이 임박했다는 소식이 퍼져나갔다. 남자관계가 복잡한 여자일 때는 그 여자와 친밀한 관계를 가졌던 남자들이 태아의 친부를 가리기 위해 제비뽑기를 했다. 그 시대의 한 역사가는 "처녀성은 관습, 도덕, 법률, 종교, 부모의 권위, 교육, '명예' 등 가능한 모든 수단을 동원하여 반드시 지켜야 하는 것이었음에도 잘 지켜지지 않았다."라고 썼다.

실제로 추문에 말려드는 사람은 없었다. 생식 본능이 끊임없이 일어나는 것은 지극히 당연한 일이었다. 그러나 그 같은 마구잡이식 결혼은 부모의 기대에 어긋나는 행위였다. 여자의 결혼은 그녀의 일생을 좌우하는 중대사였고 결혼에 내포된 경제적 의미 또한 ―"결혼은 무엇보다 두 가정의 재산이 합쳐지는 것을 의미했다― 양가兩家의 주름살을 깊어지게 하는 원인이 되었다. 현명한 것으로 인식되던 중매결혼의 전통은 무너지고 있었다. 그 시대의 논평가들은 옛것이 최고라는 생각으로 그 같은 세태를 몹시 불안하게 바라보았다. 에라스무스는 그의『대화집 Familiarium colloquiorum formulae』에서, 아들은 아버지가 정해주는 처녀와 결혼하고 살아가면서 부부간의 정을 쌓아갈 것을 권고했다. 프랑수아 라블레(1494년경~1553년―역주)도『제5서 Le cinquiesme et dernier livre』에서 같은 취지로 이야기했다. 잉글랜드 왕실의 가정교사였던 로저 애스컴(1515년~1568년. 잉글랜드의 인문주의자―역주)은 그의『학교 교사론 The Scholemaster』에서 옛것을 하찮게 여기는 남녀들을 매섭게 질타했다. "자제와 복종을 미덕으로 삼던 일은 과거지사가 되어버렸다. 총각은 물론 나이 어린 처녀들마저 … 부모, 하나님, 훌륭한 관습 등을 무시하고 자기들 멋대로 결혼을 한다." 비텐베르크 대학에서 성서학을 가르치던 마르틴 루터(1483년~1546년)도 대학교수의 아들이 아버지와 상의 한마디 없이 결혼 서약을 하고, 젊은 재판관마저 그 서약을 적법한 것으로 인정하는 것에 실망감을 감추지 못하고 그 일 때문에 결혼 제도의 명예가 크게 실추된 것으로 생각했다. "많은 부모가 대학에 다니는 아들들을 집으로 불러들였다. … 교수가 학생들에게 아내의 부담을 지우는 것으로 생각한 것이다. … 그 다음 일요일에 나는 교회에 가서 창세기로부터 이어져온 상궤常軌를 절대 벗어나지 말 것을 역설하는 설교를 했다. … 부모가 일방적으로 배필을 정하지 말고 따뜻한 마음으로 사려 깊게 자식과 소통하라는 말이었다."

여성은 부모 동의 여하에 상관없이 스무 살이 되면 법적으로 결혼이 가능했다. 남성의 법적 결혼 연령은 열네 살이었다. 유럽 여자들은 스물한 살 이전에 결혼하지 못하면 사회에서 쓸모없는 존재가 되어 수녀 신세를 면치 못할 것으로 생각했다. 잉글랜드에서는 결혼 적령기를 놓치면 실 잣는 여자, 즉 '노처녀spinster'가 될 것으로 생각했다. 그러다 보니 젊은 여성의 결혼에 대한 열망은 대단히 컸고 임신은 결혼에 이를 수 있는 한 가지 방편이었다. 처녀들은 일요일에 교회에 갈 때에는 부모의 눈이 무서워 그나마 옷을 단정히 입고 행동도 얌전히 했다. 그러나 주 중에는 저고리 앞섶을 풀어헤치고 치맛단을 걷어 올린 채 남자를 찾아 들녘을 헤맸다.

그 후 5세기 뒤 젊은 여자들은 이제 드러내놓고 섹스를 추구하게 되었다. 비텐베르크의 루터는 이렇게 탄식했다. "여자들은 갈수록 뻔뻔스러워져 남자들의 방이나 침실까지 쫓아 들어가서는 그들과 제멋대로 놀아나고 있다." 나중에 루터는 젊은 여자들이 "말할 수 없이 음란하고 파렴치해졌다."라고 하면서 "요즘 젊은이들은 방탕하고 난잡스럽기 이를 데 없다. … 비텐베르크의 부녀자들이 벌거벗고 다녀도 누구 한 사람 그들을 벌주거나 타이르려고 하는 사람이 없다."라고 분통을 터트렸다. 임신한 여자의 애인이 변심하여 결혼에 난색을 표해도 여자는 그 때문에 혼삿길이 막히지는 않았다. 아이가 딸리고 남자관계가 복잡한 여자도 매력만 있으면 종종 괜찮은 수준의 농부를 남편감으로 맞을 수 있었다.

이 같이 욕망이 흘러넘치는 시대에 부모가 할 수 있는 일은 거의 없었다. 기껏 딸로부터 교회에서 결혼 예고를 할 때까지는 몸을 허락하지 않겠다는 약속만 받아낼 뿐이었다. 결혼 당사자들은 일단 약혼을 하면 사회의 묵인을 받고 함께 잠을 잤다. 혼전 임신을 하지 않은 농촌 여인이 결혼하는 데 장애가 되는 요건은 두 가지뿐이었다. 수녀가 되기를 자청하거나 혹은 그와 정반대로 세상에서 가장 오래된 직업을 택하는 경우였다. 매춘은 벌이도 수월찮았고 명예로운 일로 인식되기도 했다. 또 매춘부는 몸으로 먹고사는 직업이다 보니 유럽에서 가장 청결한 사람이기도 했다. 매춘부가 되기 위한 경쟁은 예로부터 매우 치열했다. 그러나 일단 자리가 잡히면 요즘 흔히 말하는 정부情婦courtesans(이탈리아 어 *courtigiane*에서 나온 말이다)가 되거나 접대부가 되었다. 매춘부를 탄압하려는 움직임은 드물었고 그에 대한 여론 또한 좋지 않았다. 루터는 성욕을 인정하면서도 매춘 행위는 옳지 않은 것으로 말하며 독일 여러 도시에서 매춘의 불법화를 시도하다가 추종자를 많이 잃었다.

✲

르네상스 시대, 위대한 예술가들은 큰 성공을 거두었으나 평범한 화가들은 입에 풀칠하기도 힘들었다. 그러나 음화를 비롯하여 춘화를 제작하는 것은 수지맞는 돈벌이가 되어 많은 사람의 배를 부르게 해주었다. 그런 작품은 시장과 대도시 어디에서든 쉽게 구할 수 있었고 그림은 주로 파발꾼, 거리의 악사, 행상인이 팔았다. 피에트로 아레티노(1492년~1556년. 이탈리아의 시인, 극작가—역주)의 시집 『음란한 소네트 Sonetti lussuriosi』는 이 시인의 고향 아레초는 물론 아우크스부르크와 파리, 그리고 줄리오 데 메디치가 교황 클레멘스 7세가 된 뒤부터는 바티칸에서도 큰 인기를 누렸다. 아레티노가 로마에서 추방되자 사람들은 그를 교양의 외적 한계에 과감히 도전했던 사람으로 기억했다. 그 다음에는 사제 서품을 받은 프랑수아 라블레가 상스러운 말로 도배가 된 『가르강튀아 Gargantua』를 들고 나타났다. 라블레의 걸쭉한 입담에는 아레티노도 혀를 내두를 정도였고, 아무튼 그의 책은 『음란한 소네트』보다는 많이 팔렸다. 살다 보면 그렇듯이 이러한 것을 허용하는 듯한 분위기는 신앙까지도 무색하게 만들었다. 일부 포르노 책은 섹스 지침서로 이용되었고 어떤 사회에서는 음란 행위가 정상적인 것으로 인정받기도 했다. 또 당시에는 마녀사냥이 오락처럼 행해지기도 하여 간혹 수상한 야간 모임에 대한 신고가 당국에 접수되기도 했다. 그에 대해 당대의 연대기들은, 이들 모임은 마녀사냥보다 한층 재미나는 오락에 열중하고 있었다는 것을 ―분명 안심하는 투로― 증언하고 있다. 동시대의 한 역사가는 그 모임들이 "난교를 하기 위한 구실, 젊은이들에게 난봉 기술을 가르쳐주기 위한 구실로 열린 것"일 뿐이었다고 썼다.

    귀족 간의 성교는 얽히고설킨 물욕의 거래로 한층 복잡해졌다. 귀족들은 더욱 고귀한 혈통의 후손을 얻으려는 욕심에 아들딸이 일곱 살만 넘으면 약혼을 시켰다. 심할 때는 세 살짜리 아이를 약혼시키는 경우도 있었다. 이 약혼은 남녀의 동침이 이루어지지 않았다는 이유로 나중에 무효화시킬 수 있었으나 강력한 조치가 취해지지 않는 한, 기회와 유혹은 성교의 주요인이 될 수 있었으므로 두 남녀가 사춘기에 이르면 곧 결혼이 성사되기 마련이었다. 그러나 이들은 애초에 사랑으로 맺어진 사이가 아니었기 때문에 훗날 삼각관계가 형성되었다. 이혼은 교회가 금하고 있어 고려의 대상이 아니었다. 이럴 때 부부는 양쪽 배우자의 동의

하에 대개는 불륜 행위로 문제를 해결했다.

자유분방한 예술가들은 일부일처제에 코웃음을 쳤다. 귀족들도 이들과 같은 의견이었다. 프랑수아 1세의 누이로 중세 나바라 왕국의 왕비가 된 앙굴렘의 마르가리타(1492년~1549년)가 기거한 네라크 궁정의 숙녀들만 해도 혼외정사를 거의 의무 사항으로 여기고 있었다. 남편에게 충실한 대검帶劍 귀족noblesse d'épée(부르주아 출신의 신흥 법복 귀족에 대비되는 혈통을 중시하는 프랑스의 전통 귀족―역주)의 부인들은 분방한 여자들의 비웃음을 샀다. 불륜의 즐거움을 포기하는 것은 왕 앞에 적절한 예를 표하지 않은 것에 버금가는, 예법을 무시한 처사로까지 간주되었다. '사랑'이 일상적 성교와 동의어로 쓰이고 있던 그때, 코트레의 온천에서 젊은 자작 부인이 마르가리타에게 물었다. "왕비님 말씀은, 그러니까 사람들 눈에만 안 띄면 사랑하는 사람들이 하는 행위는 모두가 적법하다는 것인가요?" 이에 마르가리타가 말했다. "그렇다마다. 말이 났으니 말이지만 들키는 사람이 바보 아니겠나." 그러나 마르가리타는 자신의 불륜에 대해서는 굳게 입을 다물었다. 인문주의자들의 후원자이자 작가이기도 했던 그녀는 프랑스 르네상스를 빛낸 위대한 인물들 중 하나였고 그런 만큼 또 무척 영리하기도 하여 자신의 영향력에 손상이 갈 행동은 절대 하지 않았다. 유명 인사의 이름을 친한 척 떠벌리고 다니는 여자도 네라크 궁정에 두 번 다시 초대받지 못했다. 그런 여자는 연인의 얼굴에 먹칠을 한 것으로 간주되어 미래의 사랑놀이 후보자 명단에 오르지 못했다. 피에르 드 브랑톰(1540년경~1614년. 프랑스의 군인, 연대기 작가. 어린 시절을 마르가리타의 궁정에서 보냈다―역주)이 쓴 『숙녀들의 생활 Les vies des dames galantes』에 따르면, 마르가리타는 그녀 주변을 맴도는 젊은 백작 부인과 후작 부인들에게 결혼 서약에 너무 얽매이지 말라고 하면서 이런 충고의 말을 했다고 한다. "여자는 소중히 간직하면 크나큰 영예가 될 보물을 잘못 간수하여 비참해지기도 하지만, 그렇다고 그것만 잡고 늘어지는 것도 큰 수치가 되지요." 여자 혐오자인 라블레는 이 점에 매혹되어 『가르강튀아』를 그녀에게 헌정했다.

귀족과 귀부인들은 유혹과 관련된 세련된 기교를 익히는 과정에서 양심의 가책을 전혀 느끼지 않았다. 그러나 장성하여 출가한 자식들은 부모와 좀 달랐다. 양갓집 자제들은 부모의 불륜 사실을 알고 있으면서도 엄숙하고 명백한 계율을 함부로 깨려 하지 않았다. 그들도 물론 탈선을 했다. 그러나 제삼자에게 매력을 느껴 일어나게 되는 이 최초의 탈선은 당시의 유행이던 낭만적 사랑으로 교묘하게 윤색되어 적당히 얼버무려졌다. 젊은 기혼 남녀들은 부정이 죄악이라는 것을 알고 성교는 가급적 피하려고 했다. 그러고는 승화된 구애를 했다. 두 남녀는 서로에게 흠뻑 빠져 선물, 시, 연가戀歌, 소네트, 연애편지, 의미심장한 눈빛을 교환했고, 가슴 두근거리며 밀회를 즐겼다. 플라토닉러브를 가장한 기혼 남녀의 이 같은 허구는 르네상스 시대 귀족의 예의범절을 규정한 카스틸리오네(1478년~1529년. 이탈리아의 외교관, 궁정인-역주)의 『궁정인 Il Cortegiano』으로 더욱 촉진되었다. 카스틸리오네는 젊은 기혼 남녀에게 서로의 열정을 불러일으키더라도 순수한 친구로 남아 있을 수 있다고 하면서 그들을 안심시켰다. 물론 그것은 헛소리였다. 『궁정인』은 사기였고 카스틸리오네는 개화된 피리 부는 사나이였다. 그 시대는 행동에 거리낌이 없었다. 남자들은 대담하게 성적 표현을 했고 여자들은 남자들의 그런 면을 좋아했다. 그들은 시를 썼으나 그것의 목적은 상대방을 소유하는 데 있었다. 그들이 도달하는 곳은 언제나 육체적 결합이었다.

르네상스 시대, 음탕함은 이제 여러 면으로 활짝 만개를 했다. 한 연대기 작가는 이렇게 썼다. "동성애가 횡행하고 매춘이 일상화되고 간음이 보편화되었다." 당대의 기록으로 유추해보면 혼외정사가 가장 만연했던 곳은 프랑스였던 것 같다. 한 역사가는, 기혼 여성들에게 그것은 죽을죄에 해당했으나 그럼에도 "부정한 정사情事는 명망 있는 프랑스 귀부인들의 일상사가 되었다."라고 썼다. 잉글랜드도 프랑스와 상황이 다르지 않았던 모양이다. 잉글랜드의 역사가 제임스 프루드(1818년~1894년-역주)는, "잉글랜드 인들의 사생활은 음란함에 찌들었고, 가톨릭 성직자의 방탕함은 그와 무관해 보였다."라고 썼다. 이것은 이제 곧 나오겠지만 보통 문제가 아니었다. 라파엘 홀린즈헤드는 그의 연대기에 "가증스러운 불륜과 함께 색욕과 간음의 추악한 죄가 잉글랜드를 뒤덮고 있다. 그 점에서는 특히 국왕이 심하다."라고 썼다.

여기서 홀린즈헤드는 아마 에드워드 6세(재위 1547년~1553년-역주)를 염두에 두었던 듯하다. 그러나 다른 군주들도 그 비난을 면하기는 어려울 것이다. 선임 왕들 중 한 명인 에드워드 4세만 해도 평민 제인 쇼어를 애첩으로 두었고 쇼어는 그것을 기회로 왕실의 총애를 구하는 잉글랜드 귀족들의 벗이 되었다. 영국해협 건너에서도 "코 큰 왕*le roi grand nez*"이라는 별명을 가진 프랑수아 1세(재위 1515년~1547년)—긴 코 역시 정력의 상징으로 여겨졌는데 그는 이 두 가지 모두를 겸비했다—가 돈 후안을 능가하는 바람둥이가 되지 못해 안달을 하는 듯했다. 프랑수아 1세의 3대 애첩은 프랑수아즈 드 푸와, 샤토브리앙 백작 부인, 안느 드 피셀루였다. 프랑수아는 이들 중 안느 드 피셀루를 에탕프 공작부인으로 만들어주었다. 그렇다고 그가 이 정도 선에서 끝냈을 리는 없다. 그는 다른 나라까지 손을 뻗쳤다. 일설에 따르면 그가 밀라노를 포위한 것은 그 도시를 점령하기 위해서가 아니라 그곳에서 언뜻 한 번 본 적이 있는 아름다운 눈동자를 찾기 위해서였다고 한다. 프랑스에서 그가 행사한 군주의 *초야권droit du seigneur*은 그가 예상한 것만큼은 인기가 없었다. 한 법률가는 자기 아내가 국왕의 동침자로 선정되자 국왕이 매독에 전염되기를 바라며 스스로 매독에 걸린 다음 그것을 아내에게 전염시켰다. 국왕의 또 다른 동침 예정자는 프랑수아가 자신을 보고 정나미가 떨어지도록

프랑스의 프랑수아 1세(1494년~1547년)

얼굴에 흠집을 내기도 했다. 그래도 소용없었다. 국왕은 그녀의 얼굴을 탐한 것이 아니었다.

그러나 이 두 여인은 예외에 속했다. 대부분의 젊은 여성들은 정력 좋은 왕을 모시도록 간택된 것에 무척 기뻐했고 그러다 보니 왕의 눈에 들기 위해 치열한 외모 경쟁까지 벌였다. 왕의 눈길을 사로잡기 위해 코르셋 위에 입는 보디스를 풀어헤치고 풍만한 가슴을 드러내놓는가 하면 심지어 젖꼭지까지 노출시켰다(가슴이 빈약하면 옷 속에 솜 등을 집어넣었다). 옷 뒤는 엉덩이뼈까지 보이도록 깊게 파고 소매는 부풀리고 치마 속에 와이어를 끼워 풍성하게 만든 드레스를 입고, 하이힐을 신은 발을 껑충거리며 성적 매력을 발산하려고 피나는 노력을 기울였다. 치세 말년에 프랑수아는 퐁텐블로 궁전으로 옮겨가 그의 말을 빌리면 작은 미녀 군단에게 둘러싸여 차례가 오기를 기다리는 여자들 앞에서 그녀들과 즐겼다고 한다. 그는 죽을 때가 되어서야 혼자가 되었고, 임종을 하면서 왕세자에게 절대 한 여자에게 빠져 지내지 말라고 단단히 주의를 주었다. 그러나 앙리 2세가 된 프랑수아 1세의 둘째 아들은 이미 가정생활의 지침을 마련해놓고 있었다. 이후 프랑스는 삼인방의 통치를 받게 되었다. 왕, 태어난 지 3주 만에 매독으로 부모(로렌초 데 메디치와 부르봉 가의 마들렝-역주)를 잃은 카트린 드 메디시스 왕비, 앙리의 정부 디안 드 푸아티에가 그들이었다.

중세의 그림자가 희미해져가고 있을 때 유럽의 도덕성이 이토록 타락하게 된 데에는 여러 가지 원인이 있었다. 무분별한 행동이 극에 달해 가족 간의 유대가 이완된 것이 한 가지 이유였다. 사회에 음탕함이 흘러넘치자 결혼 제도로 그것을 억눌러서 사회질서를 바로잡으려고 하기도 했다. 음란 행위를 금지하는 법률도 물론 있었다. 그러나 유럽 국가들은 인력도 부족했고 그것을 막으려는 의지도 부족했다. 그 시대에는 그것이 정상이었다. 이혼이 해결책이 될 수도 있었으나 그것은 힘 있는 사람들 모두가 반대했다. 교황, 루터, 헨리 8세, 에라스무스 같은 인물들은 이혼보다 중혼을 선호했다. 기독교계의 대분열 이후 프로테스탄트 신학자들이 마지못해 이혼을 받아들였으나 그것도 간통이 일어났을 때뿐이었다. 현대의 한 역사가는 "서유럽의 도덕성이 타락하게 된 근본 원인을 부의 성장"에서 찾기도 했다. 그러나 종교 혁명도 분명 도덕성의 타락에 한몫을 했다. 거기에 신학적 악인은 없었다. 마르틴 루터는 종교개혁 이후 프로테스탄트 신자들의 비행이 늘어났다는 점을 수긍했다. 그러나 음란함과 성적 방종은 가톨릭 국가인 에스파냐와 이탈리아에서도 기승을 부렸고, 가톨릭 국가였던 프랑스도 프랑수아의 개인감정에 따라 좌우되는 나라였다. 로마에 가한 충격적인 공격과 로마에 의한 반격 역시 교회의 모든 계율과 금지 명령을 존중하지 않게 된 원인이 되었다. 루터파 목사인 안드레아스 무스쿨루스(1514년~1581년-역주)는 당시, "누구도 신과 악마에 대한 생각을 하지 않게 되었다."라고 개탄했다. 그러나 그 말은 하나의 교회가 여러 교회로 변해가는 과정에서만 해당되는 말이었다. 이후에는 모든 계층의 보수주의자가 도덕적 기강을 회복하는 일을 시작했다. 그렇게 되자 귀족도 타의 모범을 보여주어야 했다. 실제로 기독교의 일부 종파—칼뱅주의가 대표적인 예이다—는 개혁의 도가 지나쳐, 불타는 정열을 지닌 남녀 모두 짜릿한 오르가슴을 느끼며 방종하게 지냈던 지난날을 남몰래 선망하며 과거를 뒤돌아보는 상황이 되었다.

※

그러나 그런 상황은 아직 오지 않았다. 16세기 초 유럽은 여전히 욕망, 특히 고결한 욕망에 들떠 있었다. 16세기 초 프랑스는 라블레의 시대였고 해협 건너 튜더 왕조의 잉글랜드에서는 귀족, 귀부인들이 앞으로 몇 세기 동안 지속될 난잡한 성생활의 전통을 세우느라 여념이 없었다. 기독교계의 수도인 로마조차 죄악의 본산인 것도 모자라 교황청 수장이 그 일원이 될 정도였다. 교황청 주교단은 로마 명문가들이 차지하고 있었다. 신흥 부자 델라 로베레 가도 이들 명문가에 이름을 올리고 욕망을 불태웠다. 그들의 욕망은 무분별한 난교를 탐하는 그들의 열의와 잘 맞아떨어졌다. 그들은 로마 사교계의 중심이었다. 교황이 된 두 명의 델라 로베레(식스투스 4세와 그의 조카 율리우스 2세)는 연회의 손님 명부에 빠짐없이 올라 있었고, 그들의 난잡한 파티에 초대받은 사람이 그 초대를 거부라도 하면 그 사실은 기록에서 제외되었다.

그런 그들도 주도자는 되지 못했다. 그 미심쩍은 영예는 저 악명 높은 보르자 가가 차지했다. 이 피끓는 에스파냐 가문에 대해서는 야릇한 이야기가 하도 많이 전해지고 있어 5세기가 지난 지금에 와서는 도무지 신빙성의 한계를 어디에다 두어야 할지 알 수 없는 상황이 되어버렸다. 우리가 아는 것은 당대에도 거의 사실로 받아들여진 내용들이다. 또한 보르자 가에 얽힌 이야기의 상당 부분은 기록으로 전해진 것이므로 아무리 황당한 내용이라 해도 당시에 믿었던 사실을 그대로 받아들여도 무리는 없을 것 같다. 그 이야기는 단순하지 않다. 보르자 가는 1503년 10월 줄리아노 델라 로베레 추기경이 율리우스 2세 교황이 되기 2세대 전부터 비행을 일삼고 있었다. 줄리아노가 그만큼 장수를 누린 것만 해도 행운이었다. 10년 전 보르자 가의 알렉산데르 6세는 교황이 되자마자 그의 경쟁자인 델라 로베레 추기경을 암살하려는 음모를 꾸몄다. 나중에 율리우스 2세 교황이 된 줄리아노는 마지막 순간 프랑스로 도주하여 암

교황 율리우스 2세(1443년~1513년)

살을 모면했다. 그는 그곳에서 교황에 대항하여 무기를 들었다.

보르자라는 이름은 50여 년 전 교황 피우스 2세(1458년~1464년-역주) 재위 시절부터 악명이 높았다. 피우스는 도덕군자하고는 거리가 먼 인물이었다. 그는 교황이 되기 전 주교(에네아 실비오 피콜로미니)로 있을 때 여러 계층의 여인들로부터 자식을 일곱이나 얻었다. 그러나 그는 교황으로 선출되고 난 뒤부터는 과거를 청산하고 추기경단을 향해 "에네아는 잊고 피우스만 보아달라."고 말했다. 1460년에 그는 시에나에 사는 스물아홉 살의 보르자 추기경-나중에 알렉산데르 6세 교황이 되는 인물—을 감시하게 되었다. 피우스는 그곳에서 본 광경에 심한 불쾌감을 느끼고 고위 성직자가 방탕한 연회를 연 것에 대해 질책하는 내용의 편지를 보르자에게 보냈다. 연회 도중에는 "사랑의 유혹 그 어느 것 하나 부족함이 없군요."라고 냉담하게 한마디 했다. 그는 비정상적인 손님 명부에 대해서도 일침을 놓았다. 명부에는 시에나의 미녀들 이름만 올라 있을 뿐 그녀들의 '남편, 아버지, 형제들'의 이름은 올라 있지 않았다.

연회장의 장소와 시간으로 볼 때 그것은 불길한 징조였다. 피우스 2세의 말을 빌리면 그것은 "욕망의 분출을 위한" 연회임이 분명했다. 여자는 남자가 시키는 대로 행동하기 마련이었다. 자신을 보호해줄 집안 남자도 없고 위세 등등한 추기경이 으름장을 놓는 상황에서 처녀가 그날 저녁 온전히 자기 몸을 지킬 가능성은 지극히 희박했다. 성숙한 여자들이야 하룻밤쯤 개의치 않았을 것이다. 추기경이 원한다는 데는 두말할 여지가 없었다.

피우스는 "그 같은 행동을 용인하는 듯한" 그리스도 대리자는 어느 누구를 막론하고 "창피"와 "모욕"을 받게 될 것이라고 경고했다. 그의 말은 결과적으로 옳았다. 그러나 시에나에서 술판이 벌어지고 4년 뒤 그는 숨을 거두었고 그와 뜻을 같이하는 교황은 1세기가 지나서야 다시 등장했다. 마젤란 시대의 교황들은 모두가 자유분방했다. 그러나 5세기가 지난 뒤까지도 매혹적으로 그 시대의 상징, 분위기, 망상을 가장 잘 대변해주는 것은 역시 보르자 교황과 유별난 그의 자식들이다. 그에 대한 반동으로 유럽에는 1천 년에 한 번 있을까 말까 한 역사상의 대지진이 일어나게 된다.

❦

 로드리고 란졸 이 보르자—에스파냐 이름은 보르하 이 돔스—는 삼촌 칼릭스투스 3세에 의해 추기경이 되었다. 그것이 1456년이었다. 그러나 그는 빨간 모자를 쓰기 무섭게 곧 추기경복과 함께 그것을 벗어던지고, 우리도 모르고 그에게도 생면부지였을 여자들과 맹렬한 사랑놀이에 빠져 들었다.

 그 사랑놀이로 아들 하나와 딸 둘이 생겼다. 이후 그는 사십 대에도 딸 하나와 아들 셋을 더 두었다. 이 두 번째 가족의 어머니로 추정되는 여자는 우리도 알고 있다. 그녀는 보르자 추기경이 총애한 애첩들 중 한 여자의 딸인 로자 반노차 데이 카타네이였다. 로마에서 전해져오는 이야기에 따르면 이들 관계는, 어느 날 추기경이 애첩과 관계를 맺고 있는 옆에서 십 대의 카타네이가 나신이 되어 어머니 못지않게 능숙하게 몸을 놀릴 것 같은 모습으로 두 다리를 벌리고 누워 있는 모습에 그가 정신이 팔려 시작된 것이라고 한다.

 보르자는 유부녀, 그것도 자신이 주례를 섰던 여자와 관계를 맺을 때 크나큰 성적 희열을 느꼈다. 그는 계율을 어기는 것에서 흥분을 느꼈고, 그중에서도 일곱 번째 계율(십계명의 간음하지 말라—역주)을 어기는 것을 무척 좋아했다. 그는 성직자였으므로 카타네이를 두 남자와 결혼시켰다. 실제로 카타네이는 남편들과 간혹 동침을 하기도 했다(보르자에게는 항상 여자들이 있었기 때문에 그녀도 이따금씩 자신의 성적 취향에 맞는 남자들과 즐기도록 외박을 허락받았다). 그래도 그녀의 본분은 어디까지나 교황의 침상을 지키는 것이었다. 그런 보르자가 나이 쉰아홉 살에 문득 한창 꽃다운 나이의 여자가 그리워졌다. 카타네이와의 이별은 정감 있게 이루어졌다. 나중에는 그녀에게 작은 선물까지 안겨주었다. 카타네이의 형제를 추기경의 자리에 앉혀준 것이다. 한편 보르자는 숨이 멎을 만큼 고혹적인 줄리아 파르네세를 카타네이의 후임으로 간택했다. 당대인의 말을 빌리면 그녀는 "절세가인*una bella cosa a vedere*"이었다고 한다. 이번에도 보르자는 성직자의 역할을 다하여 그의 가족 궁전 중 하나인 교회에서 줄리아를 결혼시켰다. 그가 줄리아와 오르시니 가문의 청년을 부부로 선언하기 무섭게 신랑 오르시니에게는 종적을 감추라는 지시가 떨어졌다. 그리고 나서 줄리아는 웨딩드레스 차림으로 그녀보다 마흔 살 위

보르자 가문의 교황, 알렉산데르 6세(1431년~1503년)

인 추기경의 호화로운 하늘색 침실로 인도되었다. 하녀는 그녀가 방에 들어서자 웨딩드레스를 벗겨 무슨 이유에서인지 그것을 조심스럽게 치워버렸다. 그녀는 줄리아가 이제부터 이탈리아 전역에 그리스도의 신부 sposa di Cristo로 알려질 것이기 때문에 그렇게 한 것이었다. 그러나 하녀는 줄리아가 행여 감상적인 이유에서라도 웨딩드레스를 간직하고 싶어 할지도 모른다는 생각은 하지 못했다.

보르자가 알렉산데르 6세 교황이 되자 그렇지 않아도 난잡한 바티칸의 연회는 광란의 파티로 변했다. 비용도 많이 들었다. 그러나 그는 교황

줄리아 파르네세(1524년)

청 상서원의 부장관으로 있으면서 축재를 많이 해둔 덕분에 어렵지 않게 르네상스 군주처럼 생활할 수 있었다. 교황청 연회에 초대받은 손님들은 아름다운 청춘 남녀들이 벌거벗은 몸으로 에로틱한 포즈를 취하고 있는, 살아 있는 동상들의 향연에 흥분을 감추지 못했다. 연회장의 깃발들에도 황금색 들판 위에 붉은 황소가 우뚝 서 있는 보르자 가문의 문장이 그려져 있었다. 바티칸에서 열리는 모든 연회에는 주제가 있었다. 1501년 10월 30일에 열린 연회에도 주제가 있었다. 로마 시민들은 그것을 '밤 줍기 연회Ballet of the Chestnuts'라고 불렀다. 요한 부르하르트도 『일기』에 '밤 줍기 연회'의 광경을 자세히 기록해놓았다. 연회의 손님들이 상을 물리면, 로마의 일급 매춘부 50명이 "처음에는 옷을 입고 입다가" 나중에는 "맨 몸뚱이로" 손님들과 어울려 춤을 추었다. '연회'의 춤은 교황과 교황의 두 자녀가 상석에서 관전하는 가운데 시작되었다.

잔칫상이 치워지면 하인들이 가지 달린 촛대를 바닥에 늘어놓고 그 사이로 밤을 흐트러뜨려 놓았다. "그 촛대들 사이로 매춘부들이 기어 다니며 밤을 주웠다."라고 부르하르트는 기록했다. 그 다음에는 본격적으로 성교가 시작되었다. 손님들이 옷을 벗고 마루로 뛰어나가 매춘부의 몸에 올라타거나 매춘부들이 손님들의 몸에 올라탔다. 부르하르트는 "그 행위가 모든 사람이 보는 앞에서 저질러졌다."라고 썼다. 하인들은 손님들의 오르가슴 횟수를 기록했다. 남자의 정력을 으뜸으로 치고, 사정射精 능력으로 사내다움을 측정한 교황의 지시에 따른 것이었다. 그렇게 한바탕 섹스 파티를 한 다음 모든 사람이 기진맥진해 있으면 교황이 나와 우승자에게 망토, 부츠, 모자, 비단 튜닉 등 상품을 수여했다. 이때 우승자는 "성교 횟수에 따라 정해졌다."라고 부르하르트는 기록했다.

그러나 알렉산데르의 타락한 행위도 그 시대 음란사淫亂史의 일인자가 되기에는 부족했다. 그 시대 음란사를 장식한 가장 흥미로운 인물은 교황과 카타네이 사이에 태어난 루크레치아 보르자였다. 루크레치아 보르자는 후대에 신화, 우화, 사실이 혼합되어 수수께끼 같은 인물로 전해져오고 있다. 그녀는 일정 부분 여자 혐오증에 걸린 사람들의 중상에 의한 희생양이었을 가능성이 있다. 중세 교회는 여자를 아담을 타락하게 만든 요부Eva rediviva로 치부했다. 그런 상황에서 교황의 서녀庶女, 그것도 미모까지 갖춘 교황의 서녀라면 여러 가지 소문에 휘말리기에 충분했을 것이다. 지금도 그녀의 평판에 대해서는 말이 많다.『케임브리지 근대사 Cambridge Modern History』는 "희곡작가와 로맨스 작가가 묘사한 루크레치아를 진정한 루크레치아"로 기록해놓았다. 그러나 루크레치아의 진정한 면모에 대한 역사가들의 의견은 상이하다. 물론 어느 정도는 세간에 알려진 것과 일치하는 부분이 있다. 그러나 그것을 뒷받침할 만한 사료는 극히 빈약하다. 따라서 우리도 대단히 충격적이기는 하지만 당대인들의 의견을 수용할 수밖에 없다. 당대의 여론은 호의적이지 않다. 루크레치아의 전기 작가들 중에서 그래도 그녀에게 동정적이라는 레이철 얼랜저마저, 루크레치아가 당대인들에게 "도덕적 타락이 극에 달한 몹쓸 여자라는 평판"을 받았다는 데 의견을 같이하고 있다.

    그러나 바티칸이 그녀에게 부여해준 이름, 마돈나 루크레치아에게는 분명 성적 매력을 뛰어넘는 요소가 있었다. 그녀는 토스카나 어, 프랑스 어, 에스파냐 어에 능통했고, 고전 그리스 어와 라틴 어를 읽었으며, 예절과 양식을 익혔고, 지적 토론을 할 소양을 갖추고 있었으며, 뛰어난 시인이기도 했다. 그녀는 또 여린 감정의 소유자이기도 했다. 루크레치아는 어려서부터 아버지의 사랑에 흠뻑 빠져 지내며 타인의 호감을 얻으려는 강박관념에 시달렸다. 게다가 그녀는 빼어난 미인이었다. 당대인한 사람은 그녀를 가리켜 "절세미인"이라 말했다. 그것은 여자들의 생각이었다. 남자들은 그녀를 뇌쇄적이라고 표현했다.

루크레치아는 알렉산데르의 정부 줄리아 파르네세의 보살핌을 받으며, 19세기 스위스 역사가 야코프 부르크하르트의 말을 빌리면 이탈리아의 "대표 얼굴 마담"이 되기 위해 심혈을 기울였다. 소녀 시절에는 순진무구한 용모로 인해 "사랑스러운 소녀dolce ciera"라고 불리기도 했다. 십 대 초 꾸밈없이 해맑은 그녀의 모습은 베르나디노 디 베토 디 비아고(일명 핀투리키오. 1454년경~1513년)가 그린 루크레치아의 초상화에도 잘 묘사되어 있다. 이후 성적 매력을 발산하게 되었을 때에도 소녀 시절의 청순함만은 잃지 않았던 것 같다. 루크레치아의 외모 중 가장 눈부신 부분은 발끝까지 내려온 치렁치렁한 금발이었다. 그녀는 금발의 아름다움을 더하기 위해 카테리나 스포르차가 엮은 미용 지침서 『실험 Esperimenti』에 소개된 제조법에 따라 꿀, 검은 유황, 명반을 희석하여 만든 용액으로 머리를 감았다. 그 용액은 '금사金絲'의 색을 확실히 낼 수 있는 것으로 알려져 있었다.

루크레치아는 아버지를 닮아 어려서부터 남자를 밝힌 것으로 전해지고 있다. 그래서인지 오르가슴을 탐하는 그녀에 대한 이야기는 스물한 살에 페라라 공작부인이 되기 오래전부터 로마의 전설이 되어 있었다. 그녀는 나이 열일곱 살에 이미 알 만한 것은 다 알고 있었다. 생부인 교황이 딸의 미모와 성욕을 저당물로 이용하는 상황이었으니 그것은 불가피한 일이었을 것이다. 교황은 정략적 목적을 위해 낯선 남자들을 그녀의 침실로 들여보냈다. 루크레치아의 첫 남편은 밀라노의 권세 있는 가문 출신인 페사로 공작 조반니 스포르차였다. 교황은 열세 살 난 그녀를 스포르차에게 시집보내놓고 나폴리의 아라곤 왕가에 대항하는 협상을 벌였다. 그런 다음 결혼 무효권을 가진 교황의 힘을 이용하여 당면한 시점에 자신의 제휴자가 누구냐에 따라 그녀를 이 가문에서 저 가문으로 이동시켰다.

　루크레치아는 그런 결혼식이 이어지는 중간 중간, 바티칸 옆 바티스타 제노 추기경이 지은 산타마리아 궁전에 있는 자신의 거처에서 성적 유희의 외적 한계를 찾아 사랑놀이 연구를 하며 시간을 보낸 것으로 전

루크레치아 보르자(1480년~1519년)

해진다. 오늘날 포르노 책과 영화에 등장하는 갖가지 상황, 자세, 그룹 섹스 등은 모두 루크레치아의 외설적 상상력이 빚어낸 소산으로 인식되고 있다. 그러나 거기에는 그 이상의 다른 요소도 분명 있었을 것이다. 그녀 주변의 남자들은 방탕아들이었다. 따라서 그녀는 남자들이 자신을 성적 대상으로 본다는 것을 알고 그들이 원하는 모습을 보여주기 위해 의도적으로 품격을 떨어뜨렸을 가능성이 있다. 그것의 사실 여부에 따라 그녀의 직계가족 남자들—아버지와 두 형제—에게 미치는 결과는 세상을 발칵 뒤집어놓을 만큼 중요한 요소가 된다.

※

루크레치아의 악명 높은 오빠가 될 사람은 어울리든 어울리지 않든 체사레 보르자(1475년~1507년)밖에 없었다. 체사레, 그는 추기경복을 입고 수많은 인명을 살해한 미남 추기경이었다. 그의 살인 이력은 청년 시절에 시작되어 비아나 외곽에서 벌어진 소규모 전투에서 그 자신이 살해되는 날까지 계속되었다. 그러나 체사레는 결코 야만적인 인물이 아니었다. 그 점에서 그는 당대를 구현한 인물이었다. 말쑥하고 화술 좋고 누이를 능가하는 학식의 소유자이기도 했던 체사레는 르네상스 시대 정치의 특징이었던 냉혹한 권모술수의 대가였다. 실제로 그는 니콜로 마키아벨리(1469년~1527년)가 쓴 『군주론 Principe』의 모델이기도 했다. 마키아벨리는 체사레가 하는 일에 찬동하지는 않았지만 그에게 매료되었다. 그 매력이 긍정적 자질로 얻어진 것은 아니었다 해도 그가 매력적이었던 것은 사실이다.

음울한 보르자 가문의 연대기에서 가장 짙은 베일에 싸인 것은 체사레의 동생 후안, 즉 간디아 공작의 죽음을 둘러싼 정황이다. 그것은 지금

체사레 보르자(1475년~1507년)

까지도 수수께끼로 남아 있다. 당시의 소문이 사실이라면 그 또한 추저 분하기 이를 데 없다. 그 사건은 알렉산데르 교황과 함께 시작되었다. 1497년에 교황은 루크레치아와 스포르차를 이혼시키기로 결심하고 발군의 실력을 발휘하여 딸을 조종하기 시작했다. 장인의 사람됨을 알고 있던 교황의 사위는 목숨을 잃을 것이 두려워 로마에서 도망쳤다. 그러나 그는 일단 밀라노에 도착하자 울분을 토해내기 시작했다. 교황이 그를 성 불능자로 발표한 것이다. 이탈리아에서 그것은 심한 모욕이었다. 스포르차—그는 나중에 자식까지 두었다—는 그 소리를 듣고, 온 로마가 미심쩍어 하면서도 쉬쉬하고 있던 사실을 소리쳐 이야기하기 시작했다. 교황이 자신을 내친 것은 근친상간 때문이고, 그는 친딸을 재혼시키지 않고 자신의 정부로 삼으려 한다는 것이었다.

때가 아무리 자유분방한 시대였다 해도 그것은 손가락질 받을 행동이었다. 게다가 쫓겨난 스포르차 가는 막강한 가문이었기 때문에 교황을 심한 곤경에 빠뜨렸다. 그가 만일 루크레치아를 바티칸 가까이 두고 구혼자의 접근을 막는다면 로마 시민들은 부녀가 함께 밤을 보내는 것으로 의심할 것이 분명했다. 그것은 그와 루크레치아 두 사람 모두에게 쏟아진 세간의 평판만 봐도 부정할 수 없는 사실이었다. 그는 분명 딸에게 욕정을 품고 있었다. 그의 딸은 꽃다운 열일곱 살이었다. 현재 우리는 루크레치아가 알렉산데르의 애인이었다는 사실을 알고 있다. 밀라노의 스포르차가 그것을 알고 있었는지의 여부는 별개의 문제이다. 아무튼 교황은 기질상 꼬리를 내리고 루크레치아를 정략결혼시키기 위해 서둘러 사윗감을 찾기 시작했다.

이 부분에서 이야기는 다시 음침해진다. 교황이 딸에게 흑심을 품고 있다는 소문이 채 가시기도 전에 그보다 더 충격적인 소문이 나돌기 시작했다. 루크레치아는 또 다른 근친상간, 두 미남 오빠들과의 삼각관계에 얽혀들어 아버지한테는 신경 쓸 겨를조차 없었다는 것이다. 그런데 문제는 두 오빠와 즐기는 것을 루크레치아는 좋아하는데, 오빠들끼리 질투를 하여 그녀를 독차지하려 한다고 사람들은 수군거렸다.

1497년 6월 15일 아침, 후안의 시체가 티베르 강에 떠올랐다. 몸의 아홉 군데가 칼로 잔인하게 난자된 시체였다. 체사레가 즉각 살해 용의자로 떠올랐다. 그는 살인자인 데다 다른 이유로도 동생을 시기한 것으로 알려져 있었다. 사건이 미궁에 빠져 있는 기간이 길어질수록 체사레의 혐의는 더욱 짙어지는 듯했다. 그러나 역사에는 그것과 다른 관점도 있다. 후안은 보르자 가의 다른 사람들처럼 체사레 말고도 적이 많았다는 것이다. 그러나 신화에는 신화 나름의 중요성이 있다. 당시 보르자 가 사람들 중 혐의를 받지 않은 사람은 루크레치아뿐이었다. 루크레치아는 그 무렵 이미 회복하기 힘들 정도로 위신이 추락해 있었다.

루크레치아는 나이 열여덟 살에 이른바 "*로마의 아들Infans Romanus*" 로 일컬어지는 아들 조반니를 낳으면서 위신이 땅에 떨어졌다. 조반니는 루크레치아가 결혼생활 중 짬짬이 아버지 혹은 체사레 중의 한 사람과 관계를 맺어 생긴 아이였다. 그녀가 두 사람 중 한 사람의 아이를 가진 것이 분명한 이유는, 1501년 9월 1일 알렉산데르가 조반니를 적자로 만들기 위해 기묘한 칙령 두 개를 반포한 사실로도 알 수 있다. 대중에게 공포된 첫 번째 칙령은 세 살 된 조반니를 체사레와 한 미혼 여성 사이에서 태어난 친자로 확인한 내용이었다. 알렉산데르는 교회법 때문에 교황 재임 동안에는 그 아이를 자식으로 인정하지 못하게 될 상황을 체사레의 이름을 팔아 피해간 것이었다. 대중에게 공포되지 않은 두 번째 칙령은 조반니를 자신과 위에 언급한 동일 여성 사이에서 태어난 아들로 인정한 내용이었다.

알렉산데르는 조반니를 공작으로 만들어 네피와 카메리노를 공작령으로 하사했다. 어쩌면 교황은 체사레가 그 공작령에 손대지 못하도록 조반니의 부권마저 인정했을 가능성이 있다. 그러나 역사가 주세페 포르티졸리오티는, 교황이 칙령 두 개를 반포한 데에는 그와는 다른 이유가 있었을 것으로 추정하고 있다. 요컨대 이중의 근친상간에 얽혀 든 루크레치아가 아이의 친부가 누구인지 알지 못해 그랬을 것이라는 말이다. 로마는 교황을 아이의 친부로 추정했다. 그러나 보르자 가 사람들은 조반니의 존재가 세상에 알려지지 않기를 더 바랐던 것 같고 실제로 아이가 뱃속에 있을 때 그 방향으로 일을 진행시켰다. 루크레치아가 세상에 이름을 알리기 전, 그녀는 임신 기간 동안 숨어 있을 요량으로 아피아 가도에 있는 산 시스토 수녀원에 들어갔지만 뜻대로 일이 진행되지 않았다. 익명을 위해 찾아간 수녀원이 그녀 때문에 도리어 오명을 뒤집어쓰게 되었다. 루크레치아는 교황의 젊은 에스파냐 시종을 수녀원으로 끌어들였다. 이탈리아의 한 역사가에 따르면 고귀한 신분의 수녀가 보여준 행동에 그곳 수녀들은 "개탄을 금치 못했다"고 한다. 그 상황은 '수녀원의 엄한 계율'을 포기하는 수준에까지 이르러 루크레치아가 떠난 뒤 수녀원은 "자진 고행이라는 숭고한 기쁨을 되찾고 경건한 수도원 안에서 싹튼 … 음란한 분위기를 몰아내기 위해 전면적인 개혁을 단행해야 했다."

그러나 루크레치아의 임신 사실을 세상에 알린 것은 그녀 아버지의 야망이었다. 교황은 정치적으로 득이 될 만한 딸의 신랑감을 새로 물색했다. 체사레가 신랑을 살해하여 결과적으로 그것은 비극으로 끝나고 말았지만 어찌 됐든 당시에는 한번 시도해볼 만한 일이었던 모양이다. 그 목적을 위해 루크레치아는 양자의 결혼이 성적(性的)으로 완결에 이르지 못했다는 구실을 정당화시켜, 스포르차와의 결혼 무효식을 치르기 위해 1497년 12월 22일 라테란 궁전에 모습을 드러내야 했다. 교황은 장차 태어날 아이를 루크레치아의 형제로 만들 계획을 세웠다. 실제로 루크레치아는 평생 그 아이를 자신의 형제로 취급했다. 페라라 공국의 계승자였던 그녀의 세 번째 남편은 그것을 알고도 개의치 않았다. 그 집안도 보르자가 못지않게 적자와 서자가 뒤엉키는 것에 익숙한 가문이었으니 그럴 만도 했다. 그러나 1497년의 상황은 미래에 관계된 것이었다. 라테란 의식이 임박한 가운데 교황청의 하인들 사이에 루크레치아의 근친상간 소문이 퍼지기 시작했다. 알 수 없는 사람들이 라테란 궁전으로 몰려들었고 그곳에서 그들은 분명 헐렁한 치마 속, 임신 여섯 달로 접어든 그녀의 불룩한 배를 알아보았다. 교황청 법관들이 루크레치아가 숫처녀 intacta임을 엄숙히 선언하자, 옛 왕궁 홀에는 웃음소리가 메아리쳤다. 나폴리의 인문주의자 야코포 산나차로(1456년~1530년-역주)는 라틴어 비문의 형태로 이런 풍자시를 지었다.

> *진정한 창녀,*
> *알렉산데르의 딸, 아내, 며느리였던*
> *루크레치아가 여기 잠들어 있노라.*
> Hoc tumulo dormit Lucretia nomine, sed re
> Thais*, Alexandri filia, sponsa, nurus.

※

르네상스 시대의 교황들이 이렇게 음모의 소용돌이에 휘말려 있는 동안 이탈리아 예술은 전성기를 맞이했다. 묘하게도 대혼란의 시기에 화가와 조각가들의 활약은 더욱 두드러졌다. 그것은 정치적 혼란, 논쟁으로 야기된 활력, 도덕적 해이 등의 어지러운 상황이 예술가에게는 도리어 창의력을 자극하는 동인으로 작용했기 때문인 것 같다. 하지만 제아무리 뛰어난 예술가라도 당대의 과도함으로부터 안전하지는 못했다. 실제로 천부적 재능을 지닌 르네상스 시대의 일부 예술가는 여느 사람

---

* 타이스는 기원전 4세기 말에 활동한 아테네의 고급 창녀hetaira로 알렉산드로스 대왕의 정부가 되었다. 그녀는 술잔치가 벌어진 자리에서 페르시아 아케메네스 왕조의 수도인 페르세폴리스를 불사르도록 대왕을 부추겼다고 한다. 존 드라이든이 이 사건을 주제로 하여 썼다는 『알렉산드로스의 향연 Alexander's Feast』은 진위가 의심스럽다.

들과 다를 바 없이 불확실한 삶을 살았고 때로는 위태로운 상황을 맞기도 했다. 걸출한 화가 알브레히트 뒤러(1471년~1528년. 르네상스 시대 독일의 화가, 판화가—역주)만 해도, 타로 카드를 그리거나 도시 요새를 설계하는 등 여러 차례 삶의 우여곡절을 겪었다. 로렌초 로토(1480년경~1556년. 이탈리아 후기 르네상스 시대의 화가—역주)는 굶어죽지 않으려고 병원 침상에 누워서도 많은 그림을 그렸다. 카를로 크리벨리(1430/35년경~1493/95년경. 르네상스 시대 베네치아 파 화가—역주)는 유부녀를 유혹한 죄(그 시대에도 이런 죄가 있었다는 게 믿어지지 않는다)로 감옥살이를 했다. 루카 시뇨렐리(1445/50년경~1523년. 르네상스 시대 이탈리아의 화가—역주)는 시스티나 대성당에서 그림을 그리지 않을 때는 이 도시 저 도시를 유랑하며 살았고, 벤베누토 첼리니(1500년~1571년. 피렌체의 조각가, 금세공인—역주)는 감옥을 제집처럼 드나들고 탈옥 음모를 꾸미는 것으로 생의 대부분을 허비했다.

그러나 이런 이야기는 허울에 불과하다. 뒤러만 해도 그림을 그릴 때는 떵떵거리며 살았고, 로토가 궁핍해진 것은 노년에 이르러 화가로서의 재능을 상실했기 때문이었다. 크리벨리가 감옥살이를 한 것은 베네치아의 귀족 부인과 일을 벌여, 말하자면 상대를 잘못 골라 재수 없이 걸려든 것이었다. 시뇨렐리는 정치적 위험인물이었으니 유랑 생활을 자초한 것이나 다름없었다. 첼리니도 도둑, 싸움꾼, 위조범, 횡령자인 것은 물론 자신의 경쟁자인 금세공인을 죽인 살인자였다. 그는 역사에 길이 남을 악당이었으므로 평생을 감옥에서 썩을 만했다. 그런 자는 어느 시대이고 경찰의 수배자 명단에 올라 있게 마련이다.

그러나 르네상스 시대의 특징이 가장 잘 드러난 부분은, *정경부인 nobildonna*도 *귀족 나리nobiluomo* 몰래 얼마든지 바람을 피우고 다녔을 법한 그 위선적 사회에서 크리벨리가 응분의 대가를 치르고 난 뒤, 나폴리의 왕 페르디난도 2세(재위 1495년~1496년—역주)로부터 기사 작위를 받았다는 사실이다. 첼리니 또한 그 숱한 전과 기록에도 불구하고 알레산드로 데 메디치, 코시모 데 메디치, 곤차가 추기경, 살라망카 주교, 프랑스의 프랑수아 1세, 페라라의 데스테 추기경, 빈도 아토비티, 시그몬도 키지, 교황 클레멘스 7세 등 쟁쟁한 인물들의 후원을 받았다. 클레멘스 7세는 라파엘로와 미켈란젤로의 후원자이기도 했다.

그것이 바로 르네상스 시대의 특징이었다. 최고 권력자들은 예술적 천재를 알아보는 눈이 있었다. 예술가들의 사생활이 아무리 문란하고 권위를 욕보인다 해도 그들에 대한 권력자들의 지원은 절대적이었다. 당대의 비열한 교황들치고 —1480년에 보티첼리, 기를란다요, 페루지노, 시뇨렐리에게 시스티나 대성당의 벽화를 의뢰한 교황 식스투스 4세를 시작으로, 그 후 32년 뒤 미켈란젤로에게 시스티나 대성당의 천장화를 완성하도록 한 율리우스 2세 교황에 이르기까지— 위대한 예술에 헌신적이지 않은 인물이 없었다. 물론 그들의 동기는 순수하지 않았다. 그들은 불후의 작품으로 교황의 권위가 높아지고 기독교계에 대한 교황의 지배력 또한 공고해지리라 믿었다. 그럼에도 그들이 바티칸 미술관의 서명의 방(라파엘로), 시에나 대성당의 벽화(핀투리키오), 베드로 대성당의 위대한 건축물(도나토 브라만테와 미켈란젤로)을 비롯하여 수많은 걸작품의 창조에 이바지했다는 사실은 부정할 수 없다. 물론 교황만이 르네상스 예술의 후원자였던 것은 아니다. 보르자 가와 만토바의 이사벨라 데스테도 예술가들을 후원했다. 이사벨라 데스테는 총명한 미남 화가 조르조네와 잠자리를 같이했음에도 불구하고 통 큰 재정적 기여도는 결코 퇴색하지 않았다. 데스테의 친구들도 행동 면에서 그녀와 다를 바가 없었다.

이상적인 사회라면 예술적 천재가 부도덕한 교황, 부패한 추기경, 부정한 백작 부인에게 손을 벌리는 일이 일어나지 않았을 것이다. 그러나 르네상스 시대의 천재들은 그런 세계에 살지 않았다. 다른 사람들도 마찬가지였다. 예술가들에게 수단은 목적으로 정당화된다. 예술가들도 구걸하는 거지와 마찬가지로 다른 선택의 여지가 없는 것이다. 다른 시대에는 다른 식으로 예술가들을 지원했다. 그러나 그 결과는 의심스러웠다. 미켈란젤로, 라파엘로, 보티첼리, 티치아노의 시대로부터 5세기가 지난 뒤 그들의 걸작과 견줄 만한 작품은 동시대 어느 화랑에서도 찾아볼 수 없다. 불후의 명성을 추구한 르네상스 시대 예술가들의 붓과 조각칼을 이끈 것은 대중적 저속함과의 영향이 아니었다. 그것은 반짝하고 사라지는 젊음의 열정도 아니었고 속물적 터부도 아니었다. 정치적 표현은 그들의 관심사가 아니었다. 그들은 자신들의 천재성에 대한 판단을 시간에 맡기고 살아 있는 동안 묵묵히 예술에만 정진했다.

16세기 초 유럽 최강의 권력자들이 치명적인 범죄를 저질렀다는 데에는 이론의 여지가 없다. 그러나 당대의 화가, 조각가들이 그 사실에 격분했다면 값을 매길 수조차 없는 귀중한 문화유산은 결코 탄생하지 못했을 것이다. 보티첼리는 로렌초 데 메디치로부터 수천 두카트의 부정한 돈을 받고 〈비너스의 탄생 The birth of Venus〉을 만들어냈다. 교황 율리우스 2세도 기질이나 업적으로 볼 때 성 베드로보다는 칭기즈 칸에 가까운 인물이었다. 그러나 라파엘로와 미켈란젤로는 그 사실에 개의치 않고 〈그리스도의 변용 Transfiguration〉(라파엘로), 〈다비드 상 David〉(미켈란젤로), 〈피에타 상 Pietà〉(미켈란젤로), 〈최후의 심판 The Last Judgment〉(미켈란젤로. 시스티나 대성당의 프레스코—역주)을 완성시켰다. 그들은 권력자의 돈을 받아 쥐고는 작업실로 달려가 5백 년 동안 문명을 살찌운 걸작들을 완성하여 우리에게 남겨주었다.

II. 중세의 붕괴

　　물론 르네상스 시대라고 모든 분야에서 활력이 넘쳤던 것은 아니다. 음악은 여전히 암흑시대의 희뿌연 안개 속에서 길을 잃고 르네상스의 후발 주자로 남아 있었다. 안식일 때마다 연주되는 모테토(무반주 다성 성가곡-역주), 찬송가, 미사곡—그 대부분이 르네상스 시대의 유명한 작곡가 플랑드르의 조스캥 데 프레의 작품이었다—의 화음은 몇 세기 뒤 유럽을 사로잡은 저 웅장한 관현악 작품에 익숙한 사람들의 귀에는 여전히 껄끄러운 소음으로 들렸다. 그것은 어느 면에서, 한 시대는 다른 시대의 눈으로 볼 때 영영 이해할 수 없는 시대로 남아 있을 수밖에 없다는 사실을 보여주는 일례가 될 수도 있다.

　　그러나 그 밖의 다른 분야에서는 시작과 종결의 자각이 일고 있었다. 엄청난 규모의 성당과 로마제국 붕괴 후 유럽 대륙을 지배한 위대한 신앙의 기념물들이 드디어 완공되어 비할 바 없이 웅장한 모습으로 우뚝 서 있었다. 절묘하게 아름다운 스테인드글라스 창문과 북쪽의 거대한 첨탑을 자랑하는 샤르트르 성당, 짓는 데 무려 4세기가 소요된 캔터베리 대성당, 뮌헨의 성모 성당이 그것들이었다. 그러나 로마의 성 베드로 대성당은 1200여 년 전에 시작된 공사가 아직도 끝나지 않은 모양이었다. 1506년에 교황 율리우스 2세는 성당의 초석을 놓고 기독교계 군주들에게 면죄를 선포하면서 신축 성당의 영광을 드높일 수 있도록 기부를 하라고 했다. 그렇게 해서 아직은 갈라지지 않은 교회에 충성을 보일 것을 요구했던 것이다.

　　그러나 이것들은 저물어가는 중세에 충실한 이들에게 익숙하고 그래서 편안하게 느껴지는, 지는 날에 꾼 꿈들의 성과물일 뿐이었다. 그들의 시대는 이울고 있었다. 그리고 이제 하나님의 성전들에서는 수천 개의 새로운 말과 사상이 생겨나 지난날의 기본 가설을 뒤흔들고 있었다. 대중은 여전히 태양이 지구 둘레를 공전하고, 우주의 다른 부분은 케루빔이 사는 하늘 저 멀리 꿈결처럼 놓인 천국과 유럽 땅 밑 불길이 널름거리는 지옥으로 이루어져 있다고 믿고 있었다. 모든 사람이 그렇게 믿고 또 그렇게들 알고 있었다.

그러나 한 사람, 니콜라우스 코페르니쿠스(1473년~1543년)만은 달랐다. 폴란드 인 의사이자 천문학자인 그는 본명이 미코와이 코페르니크였으나 당시의 관습대로 라틴 어 이름인 코페르니쿠스라고 불렸다. 그는 몇 년간 하늘을 관찰하고 크라쿠프 대학에서 배운 수학 원리를 그것에 적용해본 결과 지구가 움직인다는 결론—처음에는 그도 이것을 얼토당토않게 생각했다—에 도달했다. 그것을 토대로 그는 1514년에 짧은 논문을 작성하여 친구들에게 배포했다. 「천체의 운동을 그 배열로 설명하는 이론에 관한 주해서 De hypothesibus motuum coelestium a se constitutis commentariolus(일명 「작은 주석 Little Commentary」)」라고 이름 붙여진 이 논문은 프톨레마이오스의 지구 중심 체계(천동설)를 반박하는 내용이었다. 코페르니쿠스는 계속해서 『천구의 회전에 관하여 De revolutionibus orbium coelestium』를 발표하고 지구는 우주의 중심이 아니라 자전축을 중심으로 회전하며 정지해 있는 태양 주위를 공전하는 존재라고 주장했다.

미국의 저술가 윌 듀랜트(1885년~1981년—역주)는 11권으로 된 그의 책 『문명 이야기 Story of Civilization』에서 율리우스 2세 후임으로 교황이 된 레오 10세가 이런 주장을 하는 코페르니쿠스를 즉각 처단하지 않았다는 점에 주목하고 있다. 레오 10세는 인문주의자답게 코페르니쿠스에게 격려의 편지를 보냈고 개방적인 추기경들도 그것에 동의했다. 그러나 코페르니쿠스의 글은 그의 생전에 널리 읽히지 못했다. 친구들도 그를 업신여기는 파와 비난하는 파로 양분되었다. 그의 이론을 비난한 인물들 중에는 유럽 최고의 지성인과 독립적인 인간도 더러 포함되어 있었다. 마르틴 루터는 이렇게 썼다. "사람들은 천당, 즉 하늘, 태양과 달이 지구 주위를 도는 것이 아니라는 것을 보여주려 애쓰는 이 섣부른 천문학자의 말에 귀 기울이고 있다. … 이 바보는 천문학의 체계를 완전히 뒤엎으려 하고 있다. 그러나 성서의 여호수아도 지구가 아닌 태양에게 멈추라는 명령을 내리고 있다(『구약성서』 여호수아 10장 12절—역주)." 장 칼뱅(1509년~1564년)은 『구약성서』 시편 93장 1절 "세계도 견고히 서서 요동치 아

니콜라우스 코페르니쿠스(1473년~1543년)

니하도다."를 인용하면서, "누가 감히 코페르니쿠스의 권위를 성령의 권위 위에 둘 것인가?"라고 일갈했다.

코페르니쿠스의 수제자가 뉘른베르크에서 스승의 저서를 인쇄하려고 하자 루터는 자신의 영향력으로 그것을 못하게 가로막았다. 듀랜트에 따르면 그것의 출간을 돕기로 한 뉘른베르크의 오지안더(1498년~1552년-뉘른베르크에 종교개혁이 도입되는 데 일조를 한 독일의 신학자-역주)마저, 태양 중심 체계 이론은 천체들의 운동을 설명하는 데만 쓰일 뿐이고 순전히 가설이라고 말하는 전제 조건하에 책의 출간을 허락했다고 한다. 태양 중심 체계 이론이 그 정도 선에서 표현되자 로마도 입을 다물었다. 그러나 이탈리아 철학자 조르다노 브루노(1548년~1600년-역주)가 이탈리아 어로 발간된 대화편을 통해, 지구가 자전하며 태양 주위를 공전하는 것은 움직일 수 없는 사실-그의 이론은 유한한 우주를 주장하는 코페르니쿠스의 이론을 훌쩍 뛰어넘는 무한한 우주를 주장한 것이었다-이라고 선언하자 로마교황청도 침묵을 깨고 그를 종교재판에 회부했다. 이 재판에서 브루노는, 인간 외부에 창조주는 존재하지 않으며 창조주의 존재는 다만 인간의 내적 마음에 있을 뿐이라는 믿음을 가진 최악의 범신론적 이단자 선고를 받고 화형에 처해졌다. 가톨릭교회는 가설 이상의 의미를 지닌 문장 아홉 개가 삭제되지 않은 코페르니쿠스의 저작 『천구의 회전에 관하여』를 금서로 지정했다. 이 금지령은 1828년이 되어서야 해제되었다.

※

레오나르도 다 빈치(1452년~1519년)는 르네상스 시대, 아니 어쩌면 모든 시대를 통틀어 전 방위적으로 가장 창의성이 뛰어났던 인물이다. 그런 그도 상당히 곤혹스러운 문제로 전통의 권위와 맞서야 했다. 레오나르도는 뛰어난 천재성으로 이단의 공격을 피해갈 수 있었다. 그는 후원자인 루도비코 스포르차 밀라노 공작의 비호 아래 17년간 그의 전속 화가 겸 토목 기사로 활약했다. 스포르차가 권좌에서 물러난 뒤에는 다른 후원자를 찾아 나섰다. 그러다 잠시 체사레 보르자의 군사 건축 고문으로 일하기도 했다. 체사레는 수많은 악행을 저지른 것 못지않게 관대한 행동을 보인 것으로도 유명하다. 그러나 그의 관대함은 짧았던 그의 수명만큼이나 단명했다. 보르자 추기경이 서른 살까지 산 것도 기적이었다. 그러나 이제 긴 칼을 든 살인자들이 그를 포위하고 있었고 체사레는 그의 마지막 생일을 맞았다. 레오나르도는 권력자들의 궁정에서 새로운 피난처를 찾았다. 그러나 그것도 일시적인 피난처에 불과했다. 르네상스 시대의 그 숱한 예술가들 중 레오나르도만이 교황의 은총을 받지 못할 운명이었다.

그가 받은 이 불명예는 의미심장했다. 레오나르도가 시대의 관습을 위반한 정도는 보티첼리나 첼리니보다도 심각했다. 넓은 의미에서 그는 보르자 가 사람들을 능가하는 중세 사회의 적이었다. 체사레는 기껏 사람을 죽였을 뿐이지만 레오나르도는 코페르니쿠스에 버금가는 영향력을 끼쳤다. 그는 신이 고정불변으로 정해놓은 지식, 호기심이나 혁신을 용인하지 않는 경직된 사고의 틀을 위협했다. 레오나르도가 말하는 이른바 "눈에 보이는 것"에 기반을 둔 우주론은 세속 교황들의 죄가 기독교의 신성을 더럽히는 수단이 된 중세에 우둔함을 일깨우는 둔기가 되었다.

월 듀랜트가 신앙의 시대라 말한 중세에 교황이 대중 위에 군림할 수 있었던 유일한 비결은, 삼중관을 쓰는 사람은 자질에 상관없이 누구든

천상의 지복을 누리느냐, 지옥의 불구덩이에서 몸부림치느냐의 내세를 결정할 권한을 가졌다는 보편적 믿음에서 나온 결과물, 그 절대적 공포를 신도들에게 불어넣는 힘에 있었다. 교황의 결정은 변덕스러울 수도 있고, 하나님의 은총을 공개적으로 팔아먹을 수도 있고, 불순한 동기가 개입되어 있을 수도 있었으나 그 모든 것이 교황의 특권이었다. 토머스 홉스의 말을 빌리면, 이 "추잡하고 야비하고 덧없는" 이승의 삶에서 교황의 미움과 징벌을 살 행동을 하는 사람은 오직 미친 사람밖에 없었다.

지롤라모 사보나롤라 생애의 그 특별했던 마지막 순간들이 바로 그런 경우였다. 피렌체의 사보나롤라 추종자들은 그가 알렉산데르 6세 교

레오나르도 다 빈치(1452년~1519년)의 자화상

황의 부패를 고발하는 행위를 7년간 성원해주었다. 그런 그들이 사보나롤라가 처형당하는 날 대중 앞에 마지막으로 모습을 드러내자 시뇨리아 광장에 몰려들어 그의 고통에 야유를 보냈다. 그는 피렌체가 일찍이 보지 못한 최고의 정부(민주 공화정-역주)를 그곳 시민들에게 선사해주었다. 피렌체에서 사보나롤라의 정적은 그의 개혁에 반대한 아라비아티 당파뿐이었다. 사보나롤라의 처형을 지켜보는 사람들 중 그가 알렉산데르 6세 교황의 죄상을 고발한 내용이 진실이 아니라고 믿는 사람은 아무도 없었다. 그런 그들이 태도를 바꾼 이유는 교황의 으름장 때문이었다. 알렉산데르 교황은 피렌체 인들이 사보나롤라에게 등을 돌리지 않으면 주민 모두를 파문에 부치겠다고 위협했다. 그 순간, 하나님은 어찌 저리도 흉악한 행위를 용인해주는지에 대해 의문을 가진 사람은 아무도 없었다. 교황에게는 그런 무시무시한 힘이 있는 것이라고 배운 아이들처럼 그들은 그에 대해 한 점 의혹을 갖지 않았다.

레오나르도는 물론 모든 것에 의혹을 가졌다. 평범한 기독교인들처럼 하나님이 창조한 세상을 곧이곧대로 받아들이는 대신 인간의 머리로 그것에 맞서 싸움으로써 얻을 수 있는 것이 무엇인가에 대해 치열하게 고민했다. 레오나르도의 지력과 재능의 폭은 너무도 깊고 넓어-특히 공학, 생물, 조각, 언어, 식물, 음악, 철학, 건축, 과학에 통달해 있었다-그의 업적을 한마디로 요약하기는 불가능하다. 그러나 유럽이 무지의 수렁에 빠져 허우적거리고 미신의 덫에 갇혀 지내고 모든 분야에서 학문의 계통이 세워져 있지 않은 시대에 안치아노 마을 촌부의 서자로 태어난 이 무학의 인물은 갈릴레오, 뉴턴, 라이트 형제의 등장을 예고하고 있었다.

레오나르도는 절대적 금기를 무시하는 방법으로 그 일을 성취했다.

1510년에 그는 시체를 해부하여 인체―신의 거룩한 형상―의 도해를 작성한 〈해부도 Anatomy〉를 그렸다. 그 밖에도 강의 물줄기를 돌려 홍수를 막았고, 수평 수차를 만들어 터빈의 원리를 수립했으며, 현대 지도 작성법의 기초를 닦았고, 나사산, 전동 장치, 유압잭, 회전 장치를 발견했으며, 후장식 대포, 유도미사일, 장갑차의 실제 모형을 그렸고, 세계 최초의 회전무대를 만들었으며, 운하 건설 계획을 세웠고(그것은 지금까지도 이용되고 있다), 수류水流 법칙과 새들의 비행에 관한 연구에 몰두했다. 그 다음에는 잠수함, 하늘을 나는 기계, 낙하산을 설계했다. 이것은 라이트 형제가 노스캐롤라이나 주 키티호크에서 비행 실험을 하기 4세기 전에 일어난 일이다. 이 모든 일을 하면서도 그는 〈동방박사들의 경배 The Adoration of the Magi〉, 〈모나리자 Mona Lisa〉, 〈최후의 만찬 Last Supper〉 등 수많은 걸작 그림을 남겼다.

    그러나 중세인들은 권위의 힘과 상징에 묶여 코페르니쿠스나 레오나르도 같은 인물들을 수용하지 못했다. 그렇다고 행동을 멈출 그들이 아니었다. 레오나르도는 왼손잡이였다. 현재까지 보존된 7천여 쪽에 달하는 그의 노트는 거울에 비치는 상처럼 글씨를 뒤집어 쓴 것이었다. 그것은 그대로도 알아볼 수 있으나 거울에 비춰 보아야만 제대로 읽을 수 있다. 16세기에 그 행위는 충분히 의혹에 휩싸일 만했다. 사람들은 사탄의 존재를 믿는 것처럼 그에게도 비상한 힘이 있다고 확신했다. 레오나르도는 비범한 능력의 소유자이지만 ―이 점에 있어서는 그들도 알 만큼은 안다는 듯 고개를 주억거리며― 그의 정신은 신성한 것하고는 거리가 멀다고, 사람들은 수군거렸다. 그들은 레오나르도의 사후 세계를 훤히 점치고 있었다. 그것은 2세기 전에 나온 단테 알리기에리(1265년~1321년―역주)의 『신곡 Divine Comedy』에도 잘 묘사되어 있었다. "여기 들어서는 그대들, 모든 희망을 버려라(*Lasciate ogni speranza, voi ch' entrate*)." 그것은 무시무시한 지옥의 경고였다.

신임 교황 레오 10세도 이런 허섭스레기 같은 이야기, 기독교계에서 가장 뛰어난 천재도 죽어서는 지옥에 떨어지리라는 예언에 귀를 기울였다. 그러면서 사람들을 비밀리에 접견하고 그들이 하는 말을 경청한 뒤 고맙다고 격려하여 돌려보냈다. 이 중상모략은 레오나르도에게 최악의 시기였던 1513년에 일어났다. 그는 그때 예순한 살의 나이로 심한 곤경에 처해 있었다. 이 무렵 미켈란젤로와 라파엘로는 바티칸의 후원을 받고 있었다. 이 두 사람이 레오나르도에게 레오 10세의 형제인 줄리아노 데 메디치에게 도움을 청해보라고 권했다. 레오나르도는 이들의 말을 듣고 줄리아노를 통해 교황의 후원을 받을 수 있으리라는 기대를 가지고 로마에 갔다. 그러나 교황은 그의 기대를 저버렸다. 레오 10세는 그를 후원해주기는커녕 그의 연구—특히 신의 거룩한 형상을 난도질하는 무례한 행위—를 제한하거나 금지하는 포고령을 내렸다.

이번에 레오나르도를 구해준 것은 프랑스 왕이었다. 프랑수아 1세는 이 버림받은 천재를 '왕의 수석 화가 겸 기술자'로 임명하여 프랑스에 초청했다. 레오나르도는 그 제의를 즉각 받아들였다. 이후 그는 이탈리아 땅을 영영 떠나 루아르 강변의 앙부아즈 근처 작은 성에서 건물과 운하 설계를 하며 말년을 보냈다.

※

질식할 것 같은 중세의 어둠은 아직 걷히지 않았다. 그 어둠이 걷히려면 학문이라는 한줄기 밝은 빛이 비춰주어야 했고, 그 빛은 책을 읽고 그것을 이해하는 사람들만이 비춰줄 수 있었다. 그에 대한 듀랜트의 정보는 매우 유용하다. 그에 따르면 유럽 대륙의 책과 교육은 15세기 말까지 교회가 지배하고 있었다. 책은 가격이 비싸고 작가들에게 돈벌이 수단이 되지 못하여 그들은 저작권 보호도 받지 못한 채 수도원 종단에서 주는 연금이나 교황의 하사금 또는 학생을 가르치는 일로 생계를 유지했다. 작가들 중 폭넓은 독자층을 가진 경우는 극히 드물었다. 어느 곳이든 장서 규모는 많아야 3백 권이 고작이었다. 예외가 있다면, 글로스터 공작 험프리가 6백 권, 프랑스 왕이 2천 권, 캔터베리 그리스도 교회의 작은 수도원이 2천 권을 소장하고 있을 뿐이었다.

   인쇄술의 혁명은 하루아침에 이루어지지 않았다. 목판인쇄는 1066년(영국의 노르만 정복이 일어난 해-역주) 이전 중국이 개발하여 그 기술로 지폐를 발행했다. 이란 타브리즈에서는 1294년부터 목판인쇄술이 사용되기 시작했고 1430년에는 네덜란드가 그것을 실험했던 것 같다. 그러나 인쇄의 실용화는 유성 잉크와 종이 등 그 밖의 다른 용품들이 발명된 뒤에야 이루어졌다. 잉크는 곧 개발되었다. 그러나 종이는 시간이 좀 더 걸려 900년대에 무슬림이 에스파냐에 소개해준 것을 1100년대에 시칠리아가 수입했고, 그것을 다시 1200년대에 이탈리아가 전수받아 1300년대에 프랑스에 전해주었다. 같은 세기 유럽 상류층은 양모 대신 리넨을 의복의 천으로 사용하기 시작했다. 이 리넨의 못 쓰는 천이 종이의 값싼 원료로 쓰이게 되어 종이 값이 떨어졌다. 이렇게 해서 획기적인 사건이 일어날 수 있는 제반 여건은 마련된 셈이었다.

   그 획기적인 사건의 주인공은 요하네스 구텐베르크(1390년경~1468년-역주)였다. 구텐베르크는, 그가 아버지 성이 아닌 어머니 성을 따르려고 해서 붙여진 이름이다(아버지 성은 '소름gooseflesh'을 뜻하는 Gensfleisch다). 그는 1448년 슈트라스부르크(현 프랑스의 스트라스부르-역주)에서 마인츠로 옮겨와 식자공 페터 쇠퍼의 도움으로, 글자를 구리로 된 틀 위에 놓고 두드려서 각인해 만든 주형으로 활자 조각들을 주조했다. 그렇게 주조된 자모字母들을 틀 속에서 서로 맞물리게 하는 방식으로 활자들이 일직선이 되게 똑바로 판을 짰다. 그런 다음 그는 돈을 빌려 인쇄기를 구입한 다음 1457년과 1458년 사이에 두 단 형식으로 된 1,282쪽의 초대형 『구텐베르크 성서 Gutenberg Bible』를 발간했다. 이것은 서양 문명사에 한 획을 긋는 중대한 사건이었다. 구텐베르크가 활자를 발명한 것이다.

그러나 인쇄의 발명은 큰 호응을 얻지 못했다. 특히 정치인과 성직자들의 반발이 심했다. 그들은 인쇄술이 선동적 사상을 퍼뜨리는 도구로 이용되지 않을까 두려워했다. 하지만 그런 사람들은 소수에 불과했다. 활자로 찍힌 최초의 책들은 유럽 전역에 보급되었다. 구텐베르크가 마인츠에 횃불을 피워 올리자 그 불로 자신들만의 횃불을 피워 올리려는 기독교계의 인쇄업자들이 그곳으로 대거 몰려들었다. 구텐베르크가 인쇄한 책의 복사본─당시에는 저작권은 물론 특허권 제도가 없었기 때문에 그에게 돌아가는 이득은 없었다─은 로마를 시작으로 기독교계 전역으로 퍼져나갔다. 로마 1464년, 베네치아 1469년, 파리 1470년, 네덜란드 1471년, 스위스 1472년, 헝가리 1473년, 에스파냐 1474년, 잉글랜드 1476년, 덴마크 1482년, 스웨덴 1483년, 콘스탄티노플 1490년순으로 확산되었다.

그럼 구텐베르크의 책을 처음 읽은 독자는 누구이고 독자 수는 얼마나 되었을까? 역사가들은 사업가와 중상류층 여인네들이 책의 주 독자층이었을 것으로 보고 있다. 사업가는 장사와 기업 활동을 위해, 여인네들은 공상의 나래를 펴기 위해 책을 읽었으리라는 것이다. 그런데 문제는 당시 유럽 남자들의 절반 이상이 문맹이었고 여자 문맹률은 그보다 더 높아 89퍼센트에 이르렀다는 사실이다(빈 동쪽 지역과 발트 해 북쪽 지역의 문맹률은 그보다 한층 높았다). 따라서 정확한 독자 수를 계산하기는 불가능하다. 그러나 사람들이 쓰기보다 읽기를 먼저 배운 것은 분명하다. 서명된 증서, 유언장, 결혼 증명 신청서, 차용증서, 선언서와 항변서의 기명자 등을 자세히 살펴보면 계층별, 직업별 문맹률 계산이 대충 나온다.

문자 해득률은 때와 장소에 따라 달랐다. 그래도 대강 일반적 수치를 뽑아내는 것은 가능하다. 성직자와 지적 직업 종사자들 중에는 문맹자가 없었다. 그 밖에 계층별 문맹률은 상류층 2퍼센트, 독립 자영농 35퍼센트, 장인 44퍼센트, 소작농 79퍼센트, 노동자 85퍼센트로 나타났다. 직업별 문맹률은 모든 상인의 9퍼센트, 식료품 상인 6퍼센트, 잡화 상인 9퍼센트, 빵 굽는 사람 27퍼센트, 여관 주인 36퍼센트, 양조자 41퍼센트, 옷 만드는 사람 44퍼센트, 대장장이 45퍼센트, 푸줏간 주인 48퍼센트, 선원 59퍼센트, 목수 64퍼센트, 정원사 73퍼센트, 석공 76퍼센트, 벽돌공 88퍼센트, 목동 90퍼센트, 개초蓋草장이 97퍼센트로 나타났다.

그러나 엄밀히 말하면 이 수치는 꽤 정확하기는 해도 진실을 오도하는 면이 있다. 요컨대 이 통계는 에스파냐 어, 포르투갈 어, 영어, 프랑스 어, 네덜란드 어, 플랑드르 어, 덴마크 어, 독일 어, 토스카나 어 등 각 나라 언어나 구어口語 해득자들을 중심으로 만들어졌다는 것이다. 사람들은 출세하고픈 욕심에 자기 나라 말을 조금씩은 모두 습득하려고 했다. 그러나 성직자, 학자, 과학자, 정부 관리, 법관 등 유럽 지역의 상류층 언어는 여전히 라틴 어였다. 프랑스만 해도 1501년에 발간된 책들 중 80권이 라틴 어로 씌어 있었고 프랑스 어로 씌어 있는 책은 고작 8권에 불과했다. 1510년에서 1540년 사이 아라곤에서도 라틴 어 책은 115권이 발간된 반면 에스파냐 어 책은 5권 발간되는 데 그쳤다. 실제로 16세기 내내 프랑크푸르트 도서 전시회의 주류를 이룬 것은 라틴 어 책이었다. 라틴

어가 이토록 끈질긴 생명력을 보인 데에는 몇 가지 이유가 있다. 우선 라틴 어는 세계 공용어였다는 점을 꼽을 수 있다. 유럽 대중을 상대로 연설하거나 자신의 말을 보편적으로 이해시키려면 라틴 어를 사용하는 것이 필수였다. 외국인들에게는 낯선 언어인 플랑드르 어, 독일어, 그리고 영어를 쓰는 나라에서도 라틴 어는 사용되었다.

자기 나라 말을 쓰려는 사람은 극히 드물었고, 잘못 썼다가는 동료들의 반감을 사기 일쑤였다. 프랑스 의사 앙브로아즈 파레(1510년~1590년-역주)도 그런 경우에 속했다. 그는 총상 치료법에 관한 『화승총이나 기타 총으로 인한 상처 치료법 La méthode de traicter les playes faites par les arquebuses et aultres bastons à feu』을 프랑스 어로 발간하여 파리 대학 의과대학 교수단으로부터 된서리를 맞았다. 교회는 토착어 사용을 강하게 반대했다. 작가들도 인쇄소 주인이나 식자공의 눈치를 살필 수밖에 없는 입장이어서 자기 나라 말을 잘 쓰지 않으려 했다. 그러다 보니 영어 원고에는 'be'가 'bee', 'grief'가 'greef', 'these'가 'thease', 'sword'가 'swoord', 'nurse'가 'noorse', 'servant'가 'servaunt'로 표기되는 일이 자주 발생했다. 장기적으로 보면 토착어는 결국 승리하게 되어 있었다. 그러나 승리가 반드시 영광만을 의미하지는 않았다. 그것은 라틴 어를 사용하는 기독교계 통일의 꿈이 무산되는 것을 의미했기 때문이다.

1500년대 초만 해도 그 징후는 아직 느껴지지 않았다. 수도원 학교의 교과과정은 예전 그대로였고 수업도 라틴 어로 이루어졌다. 수도사든 농촌 사람이든 젊은이들은 모두 일률적으로 중세 대학의 초급 과정인 문법, 논리학, 수사학의 3학trivium을 공부했다. 기량이 월등한 학생은 천문학, 산술, 음악, 기하의 4학quadrivium도 이수했다. 수도사들은 식물학과 지질학에 약간의 발전을 보이기도 했고 광물, 약초, 말린 짐승 가죽,

말린 새 가죽 채집에 진전을 이루기도 했다. 그러나 8세기의 수도사가 되살아났다 해도 낯설어하지 않을 만큼 기본적으로 상황은 변한 것이 없었다. 달라진 점이라면 수도원 학교에서 공부한 농촌 청년들이 일종의 잡탕 라틴 어를 익혀 정치 소책자와 종교 소책자를 읽게 되었다는 것이다. 나중에도 나오겠지만 그것은 매우 중요한 요소이다.

※

한편 수도원 담장 밖에서 책을 읽는 대중의 수는 처음 의도와는 관계없이 계속 늘어났다. 그렇다고 새로운 교과과정이 도입된 것도 아니어서 교육의 진행 과정에는 큰 혼선이 빚어졌다. 체계적인 교육은 운이 좋거나 집념이 강하거나 둘 중의 하나는 지니고 있어야 받을 수 있었다. 이 경우 운 좋은 사람의 수는 항상 고정되어 있었다. 그 현상이 지속되자 학교 수가 늘어났다. 인쇄소에서 쏟아져 나오는 신간들로 배움에 대한 사람들의 열망은 들불처럼 퍼져나갔다. 수백만 명의 사람들이 아이들을 학교로 이끌고 자신들도 공부를 했다. 문학, 철학을 공부하는 여학생과 상업에 뜻을 둔 중류층 젊은이들이 대학 강의실을 수놓았다.

교육은 보통교육, 도제 교육, 그리고 전통 학교와 대학에서 행해지는 강좌 교육의 세 가지로 이루어졌다. 대부분의 사람들은 보통교육만 받을 수 있었다. 보통교육은 지역에 따라 편차가 심해 한마디로 정의하기 어렵지만 그 나름으로 두 가지 뚜렷한 특징이 있었다. 교육이 토착어로만 이루어졌다는 것과 교육 방식이 소박했다는 것이 그것이다. 교사들은 라틴 어를 몰랐다. 자기 나라 언어조차 어눌하게 하는 사람이 많았다. 그런 반면 교사들은 꼬마들에게 글자를 가르쳐주는 등 무료 봉사를 하기도 했다. 경제 사정이 어려워 단돈 몇 푼이라도 벌어 살림에 보태려는 여교사들도 있었다. 학생들은 서로 도우며 공부를 했다. 보통교육의 교과는 읽기, 쓰기, 간단한 산술, 교리문답에 한정되었다. 『새로운 케임브리지 근대사 The New Cambridge Modern History』의 저자들은 당시에 "비교적 많은 사람이 읽고 쓰기와 셈하기를 할 줄 알았던 것은 이들 소박한 교사 수천 명이 격식 없이 자유롭게 가르친 결과이고, 그것이 통속문학의 유행은 물론 기술 발전과 일반 지식의 확산에까지 불확실한 토대가 되었다."라고 결론지었다.

한편 도제의 수는 날로 줄어들었다. 그러자 일급 장인의 아들에게 우선권을 주고 외부인에게는 제한을 두는 조치가 취해졌다. 외부인은 재산이 있는 사람에게만 자격을 주고 소농이나 노동자 자녀에게는 도제가 될 자격을 주지 않았다. 교육 내용은 간단한 일을 하는 직업일 때는 단순 모방에 그쳤으나 복잡한 일을 하는 직업일 때는 회계, 수학, 상업 서신 작성법 등 정교한 내용을 가르쳤다. 그런 교육은 특히 상인이 되기 위한 필수 요건이어서 —상인이 새로운 중류층으로 빠르게 진입하고 있었음에도 상업은 여전히 장사로 간주되었다— 상인의 아들은 외국어 습득 면에서 두각을 나타냈다. 그들은 배움에 대한 열정이 컸고 그것은 산업의 발달로 교육의 중요성이 날로 높아진 데 원인이 있었다. 문자 해득은 농촌에서는 사치였으나 도시나 상업 사회에서는 의무 사항이었다. 라틴어에 기반을 둔 고등교육은 또 다른 세계였다. 학교에서는 도나투스(생몰 연도는 알 수 없고, 4세기 중엽에 활약한 로마의 유명한 문법학자였다—역주)의 문법책과 아리스토텔레스의 라틴 어 번역본을 교재로 사용하여 고등교육 준비생들을 중점 육성했다.

1502년에 교황청은 교황의 권위에 의문을 제기하는 모든 서적을 불사르라는 명령을 내렸다. 그러나 그것은 헛된 시도일 뿐이었다. 교회는 새로운 사상이 유입되는 속도를 따라잡지 못했다. 그러자 교황청은 더욱 강력한 조치를 취했다. 코페르니쿠스가 하늘의 문제에 이단적 가설을 내놓은 지 2년 뒤인 1516년, 제5차 라테란 공의회는 바티칸의 승인 없이는 그 어떤 서적도 인쇄하지 못하게 하는 인쇄 금지법을 반포했다.

그러나 그것도 20세기의 두 교황 피우스 11세와 요한 바오로 6세가 피임 금지 회칙을 내린 것만큼이나 무용한 조치였다. 무엇보다 인쇄 금지법은 시기적으로 맞지 않았다. 1477년 초서의 『캔터베리 이야기』가 윌리엄 캑스턴 판으로 발간된 뒤 잉글랜드에서 불기 시작한 문학의 르네상스는 당시 모든 계층으로 확산되고 있었다. 문학의 르네상스 운동은 구시대가 새로운 시대에 흡수되자 끌어 넘치는 창조적 에너지, 날로 새로워지는 학자들의 개성, 그리고 타키투스, 수에토니우스(69년경~122년경. 로마의 전기 작가. 대표작으로 『황제들의 생애』가 있다—역주), 마르쿠스 아우렐리우스(로마의 황제. 재위 161년~180년. 『명상록』의 저자로 유명하다—역주)의 작품들을 끝으로 지난 2세기 동안 모습을 감추었던 독창적인 문학 형식의 등장에 힘입어 더욱 맹렬히 타오르기 시작했다. 물론 이 시대의 작가, 시인, 희곡작가들은 르네상스 예술가들의 명성에 미치지 못했다. 그러나 이들은 예술가들보다 불리한 여건에서 출발했다는 점에 유념해야 한다. 페트라르카의 『위인전 De viris illustribus』과 보카치오의 『데카메론 Decameron』 등, 일부 드문 예를 제외하고는 중세 유럽이 세계 문학에 이바지한 것은 거의 없었다. 중세 유럽보다는 일본 문학의 활동이 더욱 두드러졌다. 유럽 암흑시대의 캄캄한 어둠 속에 있던 기독교계는 7세기에 나온 이교도 마호메트의 감동적인 코란에 필적할 만한 그 어느 것도 만들어내지 못했다. 이런 암울한 사실로도 중세 유럽 문학의 현실을 잘 알 수 있다.

그 현상은 16세기의 여명이 밝아올 무렵부터 바뀌기 시작했다. 실제로 높은 문맹률과는 달리 그 당시 씌어지거나 출간된 많은 책이 오늘날까지 고전으로 읽혀지고 있다. 『아서의 죽음』(1495년)과 『군주론』(1513년)이 대표적인 예이다. 그러나 현재 독자들은 두 작가에 대해 잘못 알고 있다. 대중은 토머스 맬러리 경을 그의 이야기 속에 등장하는 멋진 기사 같은 인물일 것으로 생각하지만 실상 그는 기사도와는 거리가 먼 악질 기사였다. 그는 살인 미수로부터 강간, 강탈, 교회에 대한 강도, 사슴 도둑, 소도둑, 무차별적인 야만 행위에 이르기까지 엄청난 전과 기록을 가지고 있었다. 그는 심금을 울리는 로맨스 이야기도 감옥 안에서 쓴 사람이다.

맬러리는 그런 행동을 하고도 대중의 용서를 받았고, 마키아벨리는 대중의 중상모략을 받았다. 그는 심지가 굳은 피렌체 인으로 당대의 이탈리아를 조망하는 능력을 지니고 있었다. 마키아벨리의 『군주론』은 인간성에 대한 깊은 통찰과 그가 속한 시대의 정치 현실을 꿰뚫어보는 안목이 두드러진 작품이다. 그러나 그는 바로 그 『군주론』으로 인해 곱절의 부당한 취급을 받았다. 마키아벨리의 『군주론』은 당대를 분석한 책이었다. 그런데도 후대인들은 그 책을 냉소적이고 파렴치하고 비도덕적인 작품으로 평가하면서 그의 이름까지도 깎아내렸다. 그것은 오해였다. 마키아벨리는 당대의 비도덕성에 치를 떤 열광적이고 독실한 기독교인이었다. 그는 관조적인 태도로 이렇게 썼다.

웃어도, 내 안에는 웃음이 없고
태워도, 밖에서는 불이 보이지 않네.
Io rido, e rider mio non passa dentro;
Io ardo, e l' arsion mia non par di fore.

니콜로 마키아벨리(1469년~1527년)

그 밖에 그 시대의 대표적인 작품들은 다음과 같다. 제바스티안 브란트(1458년경~1521년. 독일의 풍자 시인—역주)의 『바보들의 배 Das Narrenschiff』, 피테르 도를란트 반 디에스트의 『보통 사람 Elckerlijk』, 구이차르디니(1483년~1540년. 피렌체의 정치가, 역사가—역주)의 『이탈리아 사』, 라블레의 『팡타그뤼엘 Pantagruel』, 카스틸리오네의 『궁정인 Il』, 토머스 모어 경의 『유토피아 Utopia』, 필리프 드 코미네(1447년~1511년. 프랑스의 외교관, 역사가—역주)의 『회고록 Mémories』, 윌리엄 던바(1460/65년~1530년경. 스코틀랜드의 시인—역주)의 『7 대죄의 춤 Dance of the Seven Deidly Sinnes』, 루도비코 아리오스토(1474년~1533년. 이탈리아의 시인—역주)의 『성난 오를란도 Orlando Furioso』, 페르난도 데 로하스(1465년경~1541년. 에스파냐의 작가)의

『셀레스티나 La Celestina』, 마키아벨리의 『로마사론 Discorsi sopra la prima deca di Tito Livio』, 『전술론 Dell' arte della guerra』, 『만드라골라 La Mandragola』, 존 스켈턴 경(1460년경~1529년. 잉글랜드 튜더 왕조 시대의 시인이며 풍자 작가-역주)의 희곡 작품들, 토머스 와이엇 경(1503년~1542년. 잉글랜드의 시인-역주)과 서리 백작 헨리 하워드(1517년~1547년. 잉글랜드의 시인-역주)의 시, 그리고 고국 네덜란드를 떠나 유럽 학문의 본거지들을 떠돌며 집필 활동을 한 에라스무스의 『그리스도교 강요 Enchiridion militis Christiani』, 『격언집 Adagia』 등 수많은 걸작.

그 시대의 학자들은 계속 고전어인 라틴 어를 사용했다. 그들 대부분은 신학자였다. 그러나 그것은 새로운 지적 풍토에 맞지 않았다. 출판업자들은 이제 더는 라틴 어 독자를 염두에 두지 않았다. 유럽의 각 나라가 폐쇄적인 사회를 형성하고 있던 지난 시대에는 저자가 속한 나라의 언어로 작품을 쓰면 다른 나라 사람들은 그것이 출간되었는지조차 알지 못했다. 하지만 이제 상황이 바뀐 것이다. 독자들은 지방성을 버리고 유럽 전체를 이웃으로 생각하여 다른 나라 작가들의 작품에도 관심을 나타냈다. 그것이 번역 사업을 활성화시켰다. 잉글랜드는 브란트, 반 디에스트, 카스틸리오네, 마키아벨리(희곡 『만드라골라』를 『만드레이크』로)의 작품들을 영역본으로 출간했다. 1503년에는 런던 인쇄소들이 토마스 아 캠피스의 『그리스도를 본받아 The Imitation of Christ』를 영역본으로 출간했다. 에라스무스의 『그리스도교 강요』도 『그리스도교 군주 교육론 The Education of a Christian Prince』으로 제목을 바꿔 출간했고, 하르트만 쉐델(1440년~1514년. 독일의 의사, 역사가-역주)의 삽화가 있는 세계사 역시 라틴 어와 독일어 대역본으로 출간했다.

학식 있는 사람들은 언어학자가 되었다. 그중의 한 사람인 암브로조

칼레피노(1440년경~1510년. 이탈리아 최초의 사전 편집자 중 한 사람-역주)는 최초의 다국어 사전 『코르누코피아이 Cornucopiae』를 편찬했다. 벨기에의 루뱅에는 3개 언어를 가르치는 트릴링구알 대학이 설립되었고, 에스파냐의 알칼라 대학은 그리스 어, 라틴 어, 히브리 어, 아람 어로 된 4개 국어 성서를 출간했다. 물론 이 책들 중 어느 것도 서유럽에 광범위하게 보급되지는 못했다. 그러나 그리스도가 십자가에 못 박힌 지 15세기 후 마침내 성서가 그리스도의 언어로 읽히게 되었다는 사실은 결코 가볍게 볼 일이 아니었다.

※

순박한 농부를 겁주거나 반항적 이단자를 불에 태워버리는 방법으로 교회를 비판하는 자들의 입을 틀어막던 시대는 끝나가고 있었다. 그것은 비판자가 많아지고 그에 대한 대처 방안이 생기고 지력이 향상되고 조직력이 생기고 결속력이 강화된 결과였다. 이들은 지난날 십자군의 공격을 받은 이교도 무리하고는 비교도 안 될 만큼 튼튼한 방어막을 형성하고 있기도 했다. 이들의 본거지는 유럽에서 가장 붐비고 시끄럽고 변화하고 무엇보다 새롭고 자주적인 대학들이었다.

르네상스 운동이 일어나기 전 기독교 국가들의 고등교육은 매우 혼란스럽게 진행되었다. 20세기 교수들은 그 대학들의 형태와 교육과정을 인식조차 못할 정도였다. 그래도 어찌 됐든 몇몇 이름 있는 학교가 세워지기는 했다. 옥스퍼드 최초의 대학들은 1200년대에 세워졌다. 케임브리지는 그 후 한 세기 뒤에 모습을 드러냈고, 파리에서도 센 강 좌안의 여기저기에서 학생들이 모여 학문을 탐구한 것으로 보인다. 그러나 대학들은 아직 강력한 사회적 힘으로는 결집되지 못했다.

각종 연대기들도 중세 사회에 "띄엄띄엄 들어서기 시작한 대학의 모습"을 수수께끼처럼 기록해놓았다. 볼로냐, 살라망카, 몽펠리에, 크라쿠프, 라이프치히, 피사, 프라하, 콜로뉴, 하이델베르크가 그런 도시들이었다. 이것들이 정확히 무엇을 의미하는지는 지역에 따라 차이가 크다. 코페르니쿠스의 예가 있으니 크라쿠프에 학교가 있었던 것은 분명하다. 도시의 대학 활동은 대개 특허장 발포, 개략적인 계획의 작성, 학생과 교수들의 부정기적인 만남, 애니미즘과 스콜라철학에 치중한 교과과정에 그쳤다. 그 점에서 코페르니쿠스는 행운아였다. 애니미즘은 현실의 모든 물질, 그러니까 식물이나 돌은 물론 지진이나 뇌우 등 자연현상에도 정령이 있다고 믿는 신앙이다. 스콜라철학은 모든 철학을 가톨릭 신학으로 대체하려 한 철학 체계이다. 스콜라철학과 애니미즘 모두 수상쩍은 학문이었다. 그런데 이보다 더 수상쩍은 것들이 있었다. 군주의 신권神權, 천문학, 연금술이 그런 것들이다. 게다가 나중에는 라무스주의 Ramism(프랑스의 철학자, 논리학자, 수사학자인 페트루스 라무스[1515년~1572년]에서 나온 말. 아리스토텔레스의 논리학을 새롭게 해석하여 정통 아리스토텔레스주의 철학자들의 분노를 샀다고 한다-역주)라는 것까지 생겨났다.

또 당시 대학들에는 후대 사람들이 알고 있는 칼리지college라는 것이 없었다. 선별된 일부 학생들만 기숙사 생활을 했고 학생 90퍼센트는 다른 곳에서 생활했다. 학교는 학생들에게 특별한 규칙을 부과했다. 운동경기를 금지했고, 옥스퍼드 대학에서는 1350년부터 줄곧 규칙 위반자에게 매질을 했다. 원칙상 대학 강의는 아침 6시에 시작하여 오후 5시까지 하도록 정해놓았다. 그러나 그것은 말 그대로 원칙이었을 뿐 학생들은 주로 술집 등에서 빈둥거리며 시간을 보냈다. 그로 인해 도시 주민과 대학 간의 갈등이 커져 옥스퍼드에서는 훗날 대학살로 알려진 분규가 일어나 학생과 도시 주민 몇 명이 사망하는 불상사가 발생하기도 했다.

그 시대에 진정으로 배움의 열망이 강한 학생은 혼자서 공부를 했다. 중세 대학은 전통적인 세 학문—신학, 법학, 의학—을 가르쳤다. 그러나 이 학문들은 후대인들이 알고 있는 것과는 거리가 멀었다. 그 밖에도 문법, 논리학, 수사학, 변증법 등의 '교양과목arts'이 있었으나 이것들은 낮은 학문으로 간주되어 하급 성직자에 뜻을 둔 젊은이를 위한 강좌로 인식되었다. 이탈리아를 제외하고 교양학부는 거의 베네딕투스, 프란체스코, 도미니쿠스 수도회의 수도사들이 가르쳤다. 이 수도사들은 그리스와 로마 시대의 대가들에 대해 그럴듯하게 찬사를 늘어놓았으나 사실 그들에 대해 아는 것이 없었다. 그들은 고전어에 대한 불완전한 지식으로 학자들이 발췌하거나 개작한 것들에 대해서만 조금 알고 있을 뿐이었다. 그리스 어도 아는 사람이 없어 그들은 주로 라틴 어 번역본을 이용했다.

교양학부 교수들이 사용한 라틴 어는 스콜라철학과 교회의 위력으로 심하게 변조되었다. 그러다 보니 전성기 때의 로마제국 언어와는 상당한 차이가 있었다. 그들도 물론 오비디우스와 베르길리우스(기원전 70년~19년. 로마의 위대한 시인. 걸작 서사시「아이네이스」를 남겼다—역주)는 알고 있었다. 그러나 이들은 솔로몬의 아가雅歌 Song of Solomon(『구약성서』에 나오는 남녀 간의 아름다운 연애를 찬미한 8장으로 된 문답식의 노래—역주)만을 염두에 두고 오비디우스의「사랑의 기술 Ars amatoria」을 인간의 관능에 바치는 노래가 아닌 거룩한 사랑이 신비하게 구현된 것으로 해석했다. 그것은 사기였다. 그 같은 속 보이는 행위 때문에 대학들의 명성은 실추되었다. 결과적으로 13세기에 절정을 이룬 옥스퍼드 대학의 수강생 수는 15세기에 1천 명 수준으로 크게 떨어졌다. 1381년 베일리얼 칼리지 학장 존 위클리프(1330년~1384년. 잉글랜드의 신학자, 철학자, 프로테스탄트 종교개혁 선구자들 중 한 사람―역주)가 옥스퍼드에서 추방되자 대학에서는 학문의 자유마저 사라졌다. 위클리프는 가톨릭 성직자들의 지나친 오만, 부, 권력을 비난했다. 교황 그레고리우스 11세는 다섯 가지 회칙을 발행하여 위클리프에 대한 단죄를 명령했다. 그때 이후로 옥스퍼드의 강의는 엄격한 감독 주교의 통제를 받게 되었다.

재각성―고대의 보고寶庫와 새로운 관계를 정립하는 것―은 르네상스가 거둔 위대한 업적 중 하나이다. 그것의 씨앗은 14세기 초 라틴 어 고전 작품들의 재발견으로 뿌려졌다. 두 번째 씨앗은 1453년 콘스탄티노플의 함락으로 그리스 학문이 부활함으로써 뿌려졌다. 비잔틴제국의 종교적, 정치적 지도자들은 이교도들의 공격을 받고 서방 기독교 국가들에게 도움을 청했다. 그것은 동방정교회가 로마교회에 무릎 꿇는 것을 의미했으나 그들로서는 다른 길이 없었다. 그 협상 과정에서 비잔틴 학자들이 로마로 건너오게 되었다. 그들 중에는 회의 참석을 목적으로 오는 사람도 있었고 오스만제국이 초래한 위난으로부터 탈출하는 데만 혈안이 되어 오는 사람도 있었다. 그들은 로마로 올 때 고전 그리스 어 작품의 진본도 함께 가지고 왔다. 그리스 어에 능통한 이탈리아 교수들은 1천 년 넘게 그리스 어 작품들의 진본은 사라지고 없을 거라고 여기고 있다가 그것들이 온전하게 보존된 사실을 알게 되었다. 이때부터 서유럽의 학자와 사절들은 그리스 고전 작품의 진본, 조상彫像, 주화, 찬란했던 과거의 유산을 찾아 크로아티아, 세르비아, 불가리아를 거쳐 콘스탄티노플로 건너가기 시작했다. 그렇게 해서 값을 매길 수조차 없이 귀중한 고대의 기록이 동방에서 서방으로 넘어오게 되었고 그것들은 다시 이탈리아의 라틴 어 유산과 결합했다.

그리스, 로마 문화의 재발견이 가져다준 여파는 학문적 수준을 뛰어넘어 지식을 재정립하는 수준에까지 이르렀다. 그로 인해 편협한 서유럽의 교육 체계는 무너져 내리고 중세 문화의 가치는 추락했다. 그 빈자리를 고대의 이상과, *파이데이아*paideia(학습 또는 교육이라는 뜻의 그리스어-역주), 그리고 *후마니타스*humanitas(파이데이아의 라틴 어 표현-역주)가 메웠다. 서유럽 최고의 지성인들은 지난 2세기 동안 억지스러운 변증법으로 심하게 왜곡된 스콜라철학에 대한 재검증을 시작했다. 또 다른 학자들은 그리스, 로마의 고전 작품들에서 인간에 대한 뜻밖의 존엄성을 발견했다. 거기에는 성서를 부정하지 않고도 그것의 빛을 잃게 만드는 힘이 있었다. 원죄의 짐을 지우지 않고 본능을 마음껏 발현하게 함으로써 인간성을 존중한 고대인의 지혜도 터득했다. 이탈리아 학자 레오나르도 브루니(1370년~1444년-역주)는 이렇게 설파했다. "나는 60년 전보다 키케로(기원전 106년~43년. 로마 공화정의 마지막 시대를 살았던 정치가, 법률가-역주)와 데모스테네스(기원전 384년~322년. 고대 그리스의 뛰어난 웅변가로 아테네 시민을 선동하여 마케도니아의 필리포스에게 대항하도록 만든 인물-역주)의 시대가 훨씬 가깝게 느껴진다." 또 인간성에 대한 찬사는 피렌체의 인문학자 지안노초 마네티의 『인간의 존엄성에 관하여 De dignitate et excellentia』와 조반니 피코 델라 미란돌라(1463년~1494년-역주)의 『인간의 존엄성에 대한 연설 Oratio de hominis dignitate』의 주제이기도 했다. 인문학자들은 기독교 신앙을 거부하지 않았다. 그들은 단지 교양인에 대한 새로운 개념을 정립했을 뿐이다. 그들이 말하는 교양인이란, 르네상스의 *만능인*homo universale, 즉 창조자, 예술가, 학자, 고대 파이데이아의 정신을 지닌 백과사전적 천재를 의미했다.

그런 정신이 팽배하면서 서유럽의 많은 나라에 대학이 들어서기 시작했다. 스코틀랜드와 아일랜드는 가난한 나라였음에도 세인트 앤드류스 대학, 글래스고 대학, 애버딘 대학, 트리니티 칼리지(더블린 대학이라고도 함—역주)가 설립되었고, 이들 학교는 세대에서 세대를 이어 최고의 인재들을 영국제도英國諸島의 지식인 사회에 배출시켰다. 옥스퍼드와 케임브리지 대학에도 1496년과 1516년 사이에 다섯 개의 칼리지가 신설되었다. 르네상스의 만능인 정신은 영국 해협 건너 대륙에도 커다란 변화를 몰고 와 중세 후기의 진정한 대학들이 제노바(1471년), 뮌헨(1472년), 웁살라, 튀빙겐(1477년), 코펜하겐(1479년), 발렌시아, 산티아고(1501년), 비텐베르크(1502년), 프랑크푸르트안데어오데르(1506년) 등에 설립되었다. 지성주의 등장의 본질이 바로 여기에 있었다.

비텐베르크 대학 3학년에 편입한 마르틴 루터와 전 시대의 낡은 분위기를 쇄신한 몽펠리에 대학의 프랑수아 라블레 같은 학생들은 르네상스가 로마 문명의 파괴로 사라진 학문의 부활, 즉 재생을 의미한다고 배웠다. 프랑스는 그것을 *학문의 르네상스*라는 좀 더 세련된 용어로 불렀다. 그리고 르네상스의 선도자들은 그것에 문학 이상의 의미를 부여했지만—그들은 예술의 만개, 미학, 수학, 현대 과학의 시작 등 전 분야에 걸친 고대 지식의 부활을 원했다— 르네상스의 주안점은 역시 고전문학, 시와 철학의 그리스 유산, 학문의 순수성, 아테네와 로마에서 회수한 고대 작품들의 정확한 번역에 있었다.

※

인문학자라는 호칭을 얻게 된 대학의 새로운 교수들은 인문학을 의학과 법학, 특히 신학의 위에 두었다. 인문주의는 이러한 움직임의 거점인 독일에서 보르자 가 교황의 마지막 치세에 힘을 더 모을 수 있었다.

1497년에는 막시밀리안 1세 신성로마제국 황제가 라틴 어 서정 시인 콘라두스 켈티스(1459년~1508년-역주)를 저명한 빈 대학의 교수로 임명하여 인문주의 운동의 산파 역할을 했다. 켈티스는 그 대학에 재직하는 동안 인문학 연구소인 '다누비아 학회'를 설립하여 지성을 가진 역사가들로부터 최고의 인문주의자라는 불멸의 칭호를 얻었다.

그로부터 1년도 지나지 않아 켈티스의 성과물이 빛을 보기 시작했다. 이탈리아의 유명 출판·인쇄업자이자 이탤릭체 창안자이기도 한 대大 마누치오가 20년의 노고 끝에 알디네 출판사를 설립, 그리스 고전 작품들을 출간하기 시작한 것이다. 마누치오가 직접 편집한 2절판의 아리스토텔레스 책 다섯 권의 초판은, 1498년 말 무렵 교정쇄로 만들어져 학자들에게 배포할 준비를 마쳤다. 이어 그는 14년간 테오크리토스(기원전 310년~250년. 그리스의 시인-역주), 아리스토파네스, 투키디데스, 소포클레스, 헤로도토스, 에우리피데스, 호메로스, 플라톤 등 그리스 거장들의 작품을 계속 발간했다.

이 모든 열정이 지적 운동이라는 좀처럼 보기 힘든 문화 현상으로 이어져 학문과 문명의 방향을 바꿔놓았다. 기원전 4백 년경에는 피타고라스 학파 신봉자들이 그것을 시도했으나 실패했고 3세기와 4세기에는 마니교도, 스토아학파, 에피쿠로스학파가 시도했으나 역시 실패했다. 그러나 16세기 인문주의자들은 성공을 거두었다. 그것도 유일무이한 대성공을 거두었다. 이것을 필두로 새로운 사상들이 속속 태어나 미래의 모습을 바꿔놓았다. 17세기의 합리주의, 18세기의 계몽주의, 19세기의 마르크스주의, 20세기의 실용주의, 결정론, 경험주의가 그것들이다. 이 사상들 모두 역사의 중요한 흐름을 바꿔놓았다. 그러나 어느 것 하나 르네상스 인문주의가 거둔 업적에는 미치지 못했다.

15세기 말, 마누치오의 공적에 이어 인문학은 이제 신설 대학은 물론 분위기가 쇄신된 옛 대학들에서도 기존 교과과정을 대체하게 되었다. 대학 강의실은 학생들로 북적였고, 도서관의 책들은 인문주의자들의 빈번한 대출로 너덜너덜해졌으며, 유럽 대도시의 지도급 인사들—상인, 법조인, 의사, 금융인, 선주, 16세기 중반 무렵에는 제수이트 교단에 들어갈 만큼 총명한 사제들—은 새로 나온 인문학자들의 논문을 읽고 토론을 벌였다. 인문학자들의 논문 중에는 잉글랜드의 토머스 모어가 스콜라철학을 비판하면서 그 철학의 난해함을 연구하는 것은 마치 "숫염소의 젖을 짜는 것만큼이나 무의미하다."라고 쓴 것도 있었다.

현대인들에게는 르네상스 시대의 저명한 학자들 하면 으레 떠오르는 이미지가 있다. 그 시대의 지식인들이 즐겨 입는 짧은 상의에 귀까지 챙이 내려오는 커다란 모자를 쓰고 앞쪽으로 기울어진 책상 앞에 고개를 수그리고 펜으로 뭔가를 열심히 쓰고 있는 모습을 어렵지 않게 상상할 수 있는 것이다. 그들은 여러 나라의 언어로 된 원고와 교정쇄가 펼쳐진 책상 앞에서, 옛 지성인들의 삶에 파묻혀 고대의 광휘를 머릿속에 그리며 소멸한 과거의 영광에 다시금 불을 붙인다는 생각에 기분이 한껏 고양되어 있었다. 그들은 자신들이 유명하다는 것을 잘 알고 있었다. 인문학자들은 자국민들이 자랑으로 여길 만큼 쟁쟁한 실력자로 나라 밖에까지 이름을 떨치고 있었고 최소한 16세기 중반까지는 가톨릭 고위층과도 막역한 사이였다. 농부, 상인, 일반 도시민들은 인문학자들을 유명하게 해준 책들에 대해서는 아무것도 알지 못했다. 설사 설명을 해준다 해도 이해하지 못했을 것이다. 그럼에도 그들은 위대한 인문학자가 지나가면 모자를 벗거나 머리를 숙여 그에게 예를 표했다. 그 대표적인 인물들을 꼽아보면 다음과 같다. 피렌체의 피코 델라 미란돌라, 나폴리 인 알레산드로 알레산드리(1461년~1523년), 제노바 인 율리우스 카이사르 스칼리게르(1484년~1558년. 이탈리아 태생의 프랑스 고전학자―역주), 프랑스의 언어학자 기욤 뷔데(1467년~1540년―역주), 에스파냐의 인문주의자 후안 루이스 비베스(1492년~1540년―역주), 잉글랜드의 존 콜릿(1466/67년~1519년. 튜더 왕조 시대의 인문주의자―역주)과 토머스 모어, 르네상스 운동의 대부인 로테르담의 에라스무스.

※

 이들 인문학자들은 4세기 콘스탄티누스 1세가 소집한 니케아 공의회 이래 서방세계가 배출한 최초의 속인 지식인 집단이었다. 이들이 힘을 얻게 된 데에는 학문을 존중하는 사회의 전통도 한몫을 했다. 이로부터 발전해나간 훗날의 반지성주의는 그때에는 아직 알려져 있지 않았다. 성당 미사 때 사용하는 고귀한 라틴 어에서도 경외감과 소박함이 함께 느껴졌다. 그러나 그것을 넘어서 인문학자들은 귀족 대우를 받았다. 르네상스가 시작된 뒤부터 그들의 위상은 나날이 높아졌다. 국왕과 공작은 인문학자들을 발탁하여 총신에게만 주는 은전을 베풀며 그들을 특권층으로 대우했다. 울리히 폰 후텐(1488년~1523년. 독일 프랑켄 출신의 인문주의자―역주)도 그중 한 사람이었다. 그는 막시밀리안 황제의 관리로도 봉직했고 마인츠 선제후의 후원도 받았으며 마인츠 대주교와 수시로 저녁을 함께 먹는 영예를 누렸다. 피코 델라 미란돌라는 로렌초 데 메디치와 이탈리아 철학자 마르실리오 피치노(1433년~1499년―역주)의 피후견인이 되었다. 울리히 츠빙글리(1484년~1531년―역주)는 취리히에서 사제로 활동하며 강력한 정치적 종교적 지도자가 되었다. 언어학자 기욤 뷔데도 그 명성이 하늘을 찔러 프랑수아 1세는 그의 제안을 받아들여 대학을 설립했을 정도였다. 파리 대학에서 그리스 어를 가르치다 나중에 총장이 된 지롤라모 알레안드로(1480년~1542년-역주)는 바티칸 도서관의 사서로 일했고 로마교황의 사절로 프랑스, 독일, 네덜란드에 파견되었으며 나중에는 추기경이 되었다. 마누치오의 아들 파울루스는 바티칸의 부름을 받고 로마로 와, 바티칸의 공식 출판업자가 되었다. 또 이탈리아의 인문주의자 베르질리오(1470년~1555년-역주)는 잉글랜드 헨리 8세의 공식 역사가가 되었으며, 에스파냐의 비베스는 헨리 8세의 딸 메리의 가정교사가 되었다. 에라스무스와 독일의 인문주의자 필립 멜란히톤(1497년~1560년-역주)도 국왕의 허락을 받아 케임브리지 대학과 비텐베르크 대학에서 교수로 활동했다. 존 콜릿은 장차 국왕의 재가로 성 바울 성당의 수석 사제가 되었다. 잉글랜드의 계관시인 존 스켈턴은 훗날 왕이 될 헨리 8세의 가정교사가 됨으로써 인문주의의 세례를 흠뻑 받은 왕을 배출하는 데 큰 기여를 했다.

　인문주의자들 중 가장 높은 관직에 오른 사람은 토머스 모어였다. 그는 국왕의 눈 밖에 날 때까지 뛰어난 학자 겸 존경받는 정치가로 활동했다. 헨리 8세 치세 초기에는 런던의 주州 장관 대리, 국왕 관리, 청원 재판소의 법관을 지냈다. 1520년에는 칼레 근처 금란 평원에서 프랑수아 1세와 헨리 8세가 회담할 때 헨리의 보좌관으로 활약했다. 이후 그는 기사 작위를 받았고 헨리 8세의 궁정에서 재무 차관, 하원 의장, 옥스퍼드 대학과 케임브리지 대학의 재판관, 랭커스터 공작령의 상서尙書로 쾌속 승진한 끝에 울지 추기경의 뒤를 이어 마침내 대법관의 자리에 올랐다. 당시 대법관은 국왕 다음으로 높은 직위였다.

　토머스 모어의 절친한 친구 에라스무스는 "더할 나위 없이 온후하고 다정다감한 인물"이라고 그를 극구 찬양했다. 그러나 이것은 모어에 대

토머스 모어 경(1477년~1535년)

한 객관적인 평가라기보다는 친구에 대한 따뜻한 배려의 말이었다. 당시 기준으로 볼 때 모어는 온화한 인물이었다. 그러나 때는 선한 사람이 권력을 얻을 수 있는 시대가 아니었다. 권력을 얻으려면 냉혹한 기질이 거의 필수적인 시대였고 토머스 모어 경도 그 점에서 예외가 아니었다. 그는 일찍이 성실청의 검찰관 시절에 보여준 수완으로 국왕 헨리 7세의 주목을 받았다. 그는 논쟁을 할 때도 심하게 독설을 퍼붓는 경향이 있었다. 또 그는 작가로서의 태도와 종교인으로서의 태도가 전혀 달라, 『유토피아』에서는 종교적 관용을 찬양하고 실생활에서는 집에서 부리는 하인이 불경한 짓을 저질렀다 하여 매질을 가한 엄한 가톨릭 신자였다. 대법관으로 일할 때는 이단자, 무신론자, 내세를 믿지 않는 사람들은 처형받아 마땅하다는 신념으로 그들에게 사형을 선고했다. 그러면서도 그는 헨리 8세에게는 충성을 다하는 모순된 태도를 보여주었다. 모어는 하원의장을 맡고 있을 때만 해도 아직 햄프턴 궁전(울지 추기경이 지어 헨리 8세에게 헌정했다—역주)의 국왕과 로마교황 사이에서 양자택일을 강요받으리라고는 꿈에도 생각하지 못했다. 그러나 그 시각은 다가오고 있었다.

※

잉글랜드 국왕 헨리 7세의 치세가 아직 7년 남아 있던 1502년, 헨리의 어머니 마거릿 보퍼트가 개인 재산을 쾌척하여 옥스퍼드 대학과 케임브리지 대학의 신학 교수 직을 신설했다. 독재적 성격이 강한 데다 부유하고 50대 후반이라는 나이가 믿기지 않을 만큼 정력 또한 왕성했던 마거릿은 당대 잉글랜드 귀족층의 중핵 구실을 하는 여자였다. 그녀는 랭커스터 공작 곤트의 존의 증손녀이자 리치먼드와 더비의 백작 부인으로 군주의 어머니가 어떤 행동을 보여야 하는지의 본보기를 제시한 여성이었다. 그녀는 보수적이었지만 변화, 특히 예술의 변화를 지향했다. 마거릿의 시골 저택은 학자, 정치인, 시인, 성직자, 철학자, 예술가의 회합 장소가 되었고, 그녀가 재산을 기부하여 신학 교수 직을 신설한 것도 발전하는 유럽 대학들에 나타난 전형적인 현상으로 새로운 학문을 중시하는 그녀의 태도에서 비롯된 것이었다.

그런 반면 그녀는 전통의 열렬한 수호자이기도 했다. 마거릿은 모어에 뒤지지 않는 충실한 가톨릭 신자였다. 기록에 따르면 그녀는 미사에 한 번도 빠진 적이 없다고 한다. 그런 그녀였으니 한 세대 뒤 자신이 교수로 만들어준 신학자들이 교황의 축성祝聖을 받지 않고 헨리 8세의 축성을 받게 된 사실을 알았다면 분해서 통곡이라도 하고 싶었을 것이다. 그녀의 손자 헨리 8세는 로마교회와 결별하고 영국국교회를 세워 수장이 되었고, 따라서 마거릿과 이전 40대 조가 유일한 신앙의 보루로 삼아 온 잉글랜드의 그리스도 대리자가 되었던 것이다.

따지고 보면 16세기 초의 인문학자들도 마거릿과 다를 바 없었다. 그들도 로마에 충성을 바친 가톨릭 신자였다는 말이다. 일부 예외적인 인사들이 있기는 했으나 그들은 모두 독일에 있었다. 그 시대의 독일은 라인 강 동쪽 자잘한 영역 국가들의 짜깁기나 마찬가지였기 때문에 잉글랜드 인들에게는 마치 카이사르 시대에 타키투스의 『게르마니아』를 말하는 것만큼이나 먼 나라로 느껴졌다. 따라서 마거릿이 아무리 배운 여자였다고 해도 '최고 인문주의자' 콘라두스 켈티스의 이름을 전해 들었을 가능성은 희박했다. 켈티스에 대해서는 "가는 곳마다 학생들을 몰고 다니며 시, 고전문학, 고대 유산에 대한 열정으로 그들의 마음을 고취시켰다."라는 기록이 전해지고 있다. 그러나 마거릿이 신학 교수 직을 신설하고 있을 무렵 학계의 이 거물은 신의 존재를 부정하고 무신론을 받아들이며 자신의 영혼을 포기하고 있었다. 그가 대학에 신설한 강좌 제목은 "죽은 뒤에도 영혼은 계속 살아 있을까?"와 "하나님은 존재하는가?"였다. 이 두 물음에 대한 그의 대답은, "살아 있지 않다와 존재하지 않는다"였다.

켈티스의 동료들 사이에서는 회의주의와 신성모독이 유행처럼 번졌다. 1514년 켈티스의 피후견인 에오반 헤세가 『그리스도 인의 편지 Heroides Christianae』를 흠잡을 데 없는 라틴 어로 출간했다. 듀랜트도 지적했듯이 그것은 오비디우스를 교묘하게 패러디한 작품이었다. 그러나 라틴 어에 대한 조예가 웬만큼 깊지 않고서는 원뜻을 이해하기 힘들었다. 라틴 어 실력이 형편없는 사람들은 피상적인 면만을 보고 그 작품에 혐오감을 느꼈다. 헤세는 기록을 불경하게 조작하여 기독교의 신성한 기원을 모독했다. 그의 거짓 기록 중에는 막달라 마리아가 예수에게 보낸 열렬한 연애편지는 물론, 성모마리아(그녀의 처녀성은 신화로 간주했다)가 *아버지 하나님Domine Deus*에게 보낸 그보다 더욱 충격적인 연애편지도 들어 있었다. 어수룩한 사람은 그것을 진실이라고 믿었다. 헤세는 '아버지father'와 '연인lover'의 두 가지 뜻을 가진 도미누스dominus의 복수형을 교묘하게 이용하여, 그 편지들이 나사렛 요셉의 아내와 부정을 저지른 바람둥이에게 전해졌고, 따라서 마리아는 그와의 관계로 예수를 잉태하게 된 것이라는 뜻을 은연중에 내비쳤다.

독일에서 인문주의자들의 신앙심이 가장 박약한 지역이 켈티스의 고향이었다. 그러나 켈티스에게 적대적인 독일 다른 지역의 기독교 수호자들도 독실한 신앙인으로 보기는 힘들었다. 고타에 살고 있던 독일 인문주의자 콘라두스 무티아누스 루퍼스(1471년~1526년-역주)도 그런 사람들 중 하나였다. 그는 의식과 신조는 문자적 표현이 아닌 그것의 도덕적 결과로 판단해야 한다고 주장하면서 교회에 사탕발림식 아첨을 했다. 또한 개인의 덕목과 질서 있는 사회를 장려하는 한, 의식과 신조는 무조건 받아들여야 한다는 말도 했다. 그는 이렇게 썼다. "나는 오로지 신앙에만 의존하여 학문을 연구할 것이며, 기독교적 삶을 발전시키는 것이라면 모를까 그렇지 않으면 시인, 철학자, 역사가로부터는 아무것도 배우지 않을 것이다." 그런 루퍼스를 두고 듀랜트는 "회의주의와 종교"의 결혼을 도모한 인물이라고 말했다. 그게 사실이라면 그 결혼은 이혼으로 끝났을 것이고 그 책임은 전적으로 루퍼스에게 있었다. 그의 공개적 신앙 고백은 켈티스에게 분개하는 기독교인들의 분노를 가라앉히기 위한 유치한 장난일 뿐이었다. 그가 학생들과 부른 노래도 찬송가와는 거리가 멀었다. 당시 고타에서 활동한 J. M. 로버트슨은 루퍼스가 죽은 자를 위해 미사를 드리는 것은 아무짝에도 쓸모없고, 단식도 무익한 행동이며, 고해성사 역시 아무 의미도 없고 곤혹스럽기만 하다는 것을 학생들에게 가르쳤다고 기록했다. 루퍼스는 성서도 이야기책으로 폄훼하여 말했다. 그는 이 세상에 요나(이스라엘의 예언자-역주)와 욥(이스라엘의 족장-역주)이 당한 시련을 듣고 웃지 않을 사람은 바보 천치밖에 없을 것이라고 말했다. 그리스도가 십자가에 못 박힌 일과 세례식도 터무니없는 것으로 치부했다. 또한 천당이 실제로 존재한다면 로마 인과 그리스 인은 올바르게 살았으니 그곳에 가 있을 것이라고 말했다. 영국의 종교개혁 역사가 멘델 크레이턴(1843년~1901년-역주)에 따르면, 루퍼스는 "성직자의 말보다는 철학자의 말을 더욱 존중할 것"을 학생들에게 강조했다고 한다. 그러면서 양자의 대립 관계를 대중에게는 알리지 말라고 조언했다는 것이다. "신앙은 우리가 말하는 내용과 전적으로 부합하는 것을 뜻하는 것이 아니라 어리숙함과 설득력에 입각하여 신을 융통성 있게 이야기하는 것, 그리하여 득이 되는 것을 뜻한다." 루퍼스는 복된 평화를 뜻하는 *Beata Tranquillitas*를 좌우명으로 삼고 그 현판을 자기 집 문에 걸어두었다. 그것은 복된 평화가 아니라 복된 위선*Beata Simulatio*이 되는 것이 마땅했을 것이다.

※

그럼에도 불구하고 독일은 독특했다. 기독교계 최대의 골칫거리 독일이 제기하는 문제는 하도 성가셔서 교황들도 때로는 못 본 체 내버려두는 편이 낫다고 여길 정도였다. 그러나 유럽 다른 곳의 인문학자들―

나중에 등장하는 일부 비범한 인사들을 제외하고는—은 여전히 독실한 기독교인으로 남아 있었다. 성 베드로 대성당 개축 공사로 교회에 찬란한 영광을 부여해준 예술가들이 그 대표적인 예였다. 바티칸은 처음부터 르네상스에 호의적이었고 그것을 후회할 하등의 이유가 없었다.

그러나 그것은 오산이었다. 교황청도 뒤늦게 깨달았듯이 인문주의는 교회 역사상 최대의 위협이 되었다. 인문주의의 위협은 두 가지 형태로 나타났다. 그중의 하나를 마르틴 루터가 제기했다. "이성은 신앙의 가장 강력한 적이다. 이성은 하나님으로부터 나온 모든 것을 멸시하며 하나님의 말씀과 싸운다. 마리아의 처녀 잉태설, 부활, 신약의 복음서, 성사, 교황의 특권, 영생의 약속, 이 모든 것이 불합리하다." 기독교인들은 신앙심을 논리적으로 따지지 않았다. 그러나 지식인들은 논리에서 거부할 수 없는 매력을 느꼈고 거기에 바로 위협이 숨어 있었다.

인문주의의 두 번째 위협은 중세 교회의 내세관에서 왔다. 166년 루키아노스(120년경~180년. 고대 그리스의 웅변가—역주)는 "죽은 뒤에도 영생을 누릴 것으로 믿는 사람들"을 기독교인이라 정의하고 "그 결과 그들은 죽음을 하찮게 여겨 신앙을 위해서라면 목숨도 기꺼이 바치려 한다."라고 말했다. 영생에 대한 믿음은 기독교의 핵심을 이루는 중요한 사상이다. 독실한 기독교인들은 이승의 삶을 거의 무의미한 것으로 보았다. 그래서 살아 있는 동안, 죽은 뒤에 천국에 갈 수 있다는 가톨릭의 가르침에 얌전히 복종했다. 그들은 그것을 믿지 않으면 천국에 가지 못할 수도 있다는 두려움에 길들여져 있었다. 따라서 삶 자체를 위해 산다는 생각, 하나님의 품 안에 안기기 전의 현세적 삶을 찬양한다는 생각은 기독교의 근간을 뒤흔드는 위험한 발상이었다. 그것이 바로 인문주의가 제시한 전망이었다. 인문학자들은 플라톤의 대화편에 인용된 프로타고라스(기원전 485년경~410년경. 그리스의 유명한 소피스트―역주)의 "인간은 만물의 척도이다."를 이승의 경전으로 삼았다.

인문학자들은 내세에 목을 매었던 과거의 삶에서 벗어나 지금 이 순간의 삶을 즐기라고 설파했다. 그들의 메시지는 묵직했던 지난 10세기 동안의 체증이 확 뚫리는 호쾌한 힘을 발휘했다. 인간이 자연의 힘을 알고 그것을 정복한다는 것과 우주의 본질을 파악하고 더 나아가 스스로의 운명까지 결정한다는 내용은 확실히 호소력이 있었다. 중세의 습성에 물든 사람들은 그것이 사보나롤라의 도전을 무색케 하는 위험한 이단이었음에도 그것을 인식하지 못했다. 학자들의 신망이 높고 그들의 후원자들 또한 쟁쟁한 사람들이어서 도전의 거대함을 알아차리지 못한 것이다. 논쟁에서 초월해 있던 르네상스 예술가들과 전투적 인문주의자들과의 관계를 혼동한 것도 이유가 되었다. 그들은 혁명적 생각을 실행에 옮기는 사람은 자신을 우회적으로 표현하는 사람들과 달리 절대 용인해서도 안 되고 존경해서도 안 된다는 것을 알지 못했다.

인문주의는 그 특성상 모든 종교적 권위에 저항하는 성격을 지니고 있었다. 그것은 지금도 마찬가지이다. 르네상스 시대로부터 5세기가 지난 현재 복음주의자들이 '세속적 인문주의'를 비난하는 것은 근본주의(20세기 초 미국 종교와 세속 분야에 불어 닥친 모더니즘 경향들에 반대하여 일어난 기독교의 근본을 강조한 운동―역주)의 진정한 적이 누구인지를 정확히 알고 있다는 증거이다.

배교자가 늘어나자 가톨릭을 맹신하는 사람들의 눈에도 배교의 성격이 서서히 드러나기 시작했다. 헨리 6세 치세에 대법관을 지낸 존 포티스큐 경(1385년경~1479년경. 영국의 법학자로 『영국법 예찬』을 쓴 것으로 유명하다―역주)도 그중 한 사람이었다. 그는 잉글랜드 인들이 배심제로 재판 받을 수 있는 권리와 계몽된 군주라면 당연히 백성들을 위한 법의 수호자가 되는 것이 마땅하다는 원칙을 말하는 등, 잉글랜드 법체계에 대한 장광설을 한참 늘어놓다가 갑자기 요령부득한 말로 글을 마무리 지었다. 모든 정부는 교황에게 종속되어야 하고, 그것도 모자라 *"교황의 발에 입 맞추어야usque ad pedum oscula"* 한다는 말을 써놓은 것이다.

가톨릭을 맹신하는 사람들은 인문학자들이 매우 색다른 방향에서 운동을 시작했다는 것을 알게 되었다. 인문학자들은 라틴 어와 그리스 어 고전 작품의 재발견에 전념하고 있던 순수한 학자들로, 연구를 하는 과정에서 종교적 내용과 무관한 지식에 주안점을 두게 되었고 그러다 차츰 초자연적 요소로부터 멀어지게 되었다는 것이다. 따라서 그들은 최소한 독일 이외의 지역에서는 가톨릭을 거부한 것이 아니었다. 르네상스 운동은 과도기에 있었고 이 운동의 핵심 사항 중 하나가 변화였다. 그것은 있을지 없을지도 모르는 불확실한 내세보다는 이승의 안녕과 행복을 추구하고 영혼의 구원이 아닌 전 인류의 현세적 이익에 최고의 도덕적 가치를 두는 새로운 믿음 쪽으로 나아가는 변화였다.

※

중세 기독교와 새롭게 각성된 이성으로 고대를 바라보는 의식 사이의 충돌이 불가피해졌을 때에도 양측의 충돌은 급작스럽게 일어나지 않았다. 신지성주의를 비판하는 사람들은 인문주의자를 처음 언급할 때 상당히 신중한 태도로 접근하면서 (제한적이기는 해도) 분명한 어조로 "인문주의자는 나랏일과 역사 [등등의] 지식에 영향을 미치는 사람"이라고 정의했다. 참된 신앙인들은 '속인 작가(인문주의자)'와 '신학자들(자신들)' 사이에 분명한 선—이것은 1세기 넘게 준수되었다—을 긋기 시작했다.

그런 다음 인문학자 한 명을 골라 "훌륭한 인문주의자인지는 모르겠지만 훌륭한 신학자는 못 되는 것 같다."라고 넌지시 꼬집어 말했다.

이 무렵에는 성직자들도 전투태세를 갖추게 되었다. 그들이 포문을 연 첫 번째 싸움—고등교육에 관한 문제—은 인문주의자들도 간단히 흘려버릴 문제가 아니었다. 한 성직자는 대학 교육의 본질이 "요상한 생각이나 경향으로 고상한 인문주의자의 기분을 만족시켜주는 데 있는 것이 아니라 문법에 서툰 학생들에게 바른 어순의 체계를 세워주는 것"에 있다고 썼다. 그러나 예상과 달리 인문주의자들은 이 도전에 아무 반응을 보이지 않았다. 그러자 또 다른 성직자가 나타나 배움의 범위를 완벽의 표상인 "로마 가톨릭"으로부터 "벌거숭이 상태의 인문주의"까지 둥근 아치를 그리는 것이라고 규정했다. 이 역시 아무 반응을 불러일으키지 못했다. 그러자 이번에는 "이교 정신에 물든 인문주의자"와 인문주의 "체계"에 대한 성직자의 독설이 이어졌다. 이 성직자는 인문주의가 "모든 가문과 계층의 차이"를 없애고, "모든 민족, 도덕적 의무, 종교의 평등화"를 도모하고, "전 인류를 … 최고의 소양을 갖춘 인간으로 만들려고 한다."라고 주장했다. 이것은 터무니없는, 따라서 쉽게 논박될 수 있는 주장이었으나 어느 인문주의자도 굳이 나서서 논박하려 들지 않았다. 신학자들은 자신들이 걸고넘어지려 하는 사람들과는 도저히 지적 수준으로는 상대가 되지 못했다. 그러자 이들은 꼬리를 내리고 문제의 방향을 영혼을 빼앗긴 비참한 인간 쪽으로 돌려 그런 사람을 "인문주의 이상에 도달하느라 기독교에 대한 모든 믿음을 상실한" 사람으로 묘사했다.

그러나 심각해 보이는 이 문제 역시 신학자들의 독백으로 끝나고 말았다. 인문주의자들의 말은 좀처럼 들려오지 않았다. 그들은 성직 계급의 권력 남용 같은 당면한 문제를 처리하느라 그런 문제는 신경 쓸 겨를도 없었다. 그러자 신학자들은 성직 계급의 변호인을 자임하고 나서며 그 문제에 끼어들어 빈정거리듯 이렇게 물었다. "악덕이 궁정에서 맹위를 떨친다. … 대단한 발견이로군. 이것이 모든 인문주의자의 진부한 소견 아니오?' 어떤 면에서 그것은 맞는 말이었다. 인문주의를 대표하는 사람들은 교회구, 주교구, 수도회, 교황청에서 계속 악덕을 찾아내는 중이었고, 성직 계급의 반복되는 범죄에 같은 말을 되풀이하다 보니 부득이하게 그들의 말이 진부해진 것이었다.

사려 깊은 사람은 유능한 검찰관이 되지 못한다. 그런 사람은 천성적으로나 후천적으로나 사태의 여러 측면을 고려하여 균형 잡힌 시각을 가지려고 하기 때문이다. 성직자의 비행을 바라보는 인문주의자들의 태도에서도 그런 면이 나타났다. 어떤 인문주의자들은 성직자의 비행에 분노를 나타낸 반면 또 다른 인문주의자들은 심적인 동요를 일으켰다. 그들은 교황청에서 벌어지는 일에 무관심할 수 있는 화가와 조각가들을 선망하며 타협을 추구했다. 그러나 모든 예술가가 못 본 척 눈을 감았던 것은 아니다. 예술가들 중에서도 예리한 눈을 가진 사람은 유럽 전체가 기아에 허덕이고 있는 판에 교황은 바티칸 예술품에 흥청망청 돈을 쓰고 있다는 사실을 알고 있었다. 그들은 교황이 장대한 미관으로 대중에게 위압감을 주어 그들에 대한 지배력을 공고히 하는 일에 자신들을 이용하고 있는 게 아닌가 하는 의혹을 가졌다. 그 인물은 뜻밖에도 성 베드로 대성당의 공동 건축가로 임명된 미켈란젤로였다. 교황 레오 10세는 성당 개축을 위해 저 오지의 피에트라산타 산맥에 있는 최고급 토스카나 대리석을 주문했다. 미켈란젤로는 난색을 표했다. 대리석을 캐오려면 엄청난 비용이 들 것이라는 게 이유였다. 미켈란젤로의 이런 반항적 행동을 모른 채 마르틴 루터도 그 나름으로 성 베드로 대성당 개축을 위해 교황청이 엄청난 모금을 하는 것에 반대를 하고 있었다. 루터는 철학자가 아닌 종교인이었다. 그럼에도 그는 레오의 방탕함에 심기가 불편해졌다. 그는 교황이 독일인들의 곤궁한 처지를 안다면 "어린양의 피와 가죽으로 성당을 짓기보다는 성당을 태워버리려고 할 것"이라고 썼다.

미켈란젤로에게는 선택의 여지가 있었다. 그러나 루터의 양심은 그에게 선택의 여지를 주지 않았다. 그것은 루터처럼 불편한 심기를 가지고 있던 다른 성직자, 학자, 작가, 철학자들도 마찬가지였다. 그들은 그 사실을 공표해야만 했다. 변화는 불가피했다. 그러나 그것은 식자층만

미켈란젤로가 설계한 성 베드로 대성당의 돔 지붕(뒤에서 본 모습)

이 할 수 있는 일이었고 그 당시 유럽의 식자층은 극소수에 불과했다. 처음에 그들은 교회의 신망을 되찾으려는 단순한 목적을 가지고 있었다. 그러나 이 개혁도 사투르누스 신처럼 ―모든 개혁이 그렇듯이― 낳은 자식을 잡아먹어야 될 운명이었다.

그들에게 이것은 비극이었다. 교회는 완전무결하므로 변화를 생각하는 것은 이단이었다. 독실한 기독교인들은 그로 인해 심한 불안감을 느끼며 신앙과 이성 사이에서 번민했다. 로마교회가 볼 때 코페르니쿠스는 2세기에 교회가 승인해준 프톨레마이오스의 지구 중심 체계설을 뒤엎으려던 배교자일 뿐이었다. 그때 이후 배출된 교황만도 2백 명이 넘었다. 그러나 그의 태양 중심 체계설은 사라지지 않고 있었다. 그것은 너무도 중대한 문제여서 사라질 수 없었다. 그로부터 1세기도 지나기 전에 피렌체의 갈릴레오 갈릴레이(1564년~1642년. 이탈리아의 수학자, 천문학자, 물리학자―역주)가 코페르니쿠스의 태양 중심 체계설을 재차 확인했다. 그도 로마로 부름을 받고 와 이단자로 유죄 선고를 받았다. 갈릴레오는 저작물(『2개의 주된 우주 체계―프톨레마이오스와 코페르니쿠스―에 관한 대화』―역주)의 발간을 끝까지 고집하다 1633년 종교재판소에 소환되어 고문의 위협을 받고 지구가 돈다는 자신의 신념을 부정했다. 그러면서도 그는 재판소 문을 나서며 "그래도 지구는 돈다."라는 말을 중얼거렸다. 갈릴레오는 장님이 되어 불명예스럽게 생을 마감했다. 그로부터 2세기 뒤 토머스 헨리 헉슬리(1825년~1895년. 철학과 종교에 대한 고찰과 진화론에 대한 지지로 불가지론을 주장한 영국의 생물학자―역주)는 갈릴레오를 칭송하면서 교회에 대해 "과학과 현대 문명의 진보를 가로막을 능력도 있고 사생결단을 하고서라도 그것을 막아야 하는 거대한 영적 기관"이라고 비아냥거렸다.

그러나 암흑시대에는 과학도 없었고 현대 문명도 없었다. 그 시대에는 기독교계 모두가 교황지상주의를 일사 분란하게 받아들임으로써 혼란을 피해갔다. 신앙은 문자 그대로 유럽을 하나로 묶어주며 믿음 없는 사람들에게 희망을 가져다주었다. 당대의 가장 냉혹한 왕들도 신의 노여움이 두려워 교황의 명령에 복종하면서 소군주들 간에 분쟁이 일어나면 교회에 조정 권한을 부여해주었다. 성사를 통해 영원한 구원을 약속해준 유일한 권위자에게 세속 군주는 무릎을 꿇어야 했다. 저명한 기독교인들도 그것을 알고 있었고 그들 개인 삶의 축을 이루는 것이 그 같은 경신이었다. 그런 그들이 이제 내적 갈등으로 괴로워하면서도 '그리스도의 이음새 없는 옷'을 찢으려 하고 있었다. 예수는 베드로에게 자신의 교회를 세우리라 말하면서 "음부의 권세가 이기지 못하리라."(『신약성서』 마태복음 16장 18절-역주)고 예견했다. 과연 음부의 권세는 이기지 못했다. 그러나 그보다 더 끔찍한 일이 일어났다. 유일한 참된 종교의 신성을 파괴해야 하는 임무가 독실한 신자들에게 떨어진 것이다. 그들은 자신들에게는 그런 일이 일어나지 않도록 간절히 기도했다. 그러나 아무 응답이 없었다.

※

성직자의 아들로 태어나 생의 대부분을 수도원에서 보낸 에라스무스는 불면증에 시달렸던 괴팍한 인물이었다. 그는 종교개혁의 격랑 속에서도 그리스도, 복음서, 대중의 마음에 위로가 되어준 관례에 대한 호의적 태도를 잃지 않고 정통 가톨릭 신자로서의 삶을 충실히 살았다. 그는 『대화집』에서 이렇게 썼다. "일반적인 종교 관습은 성서에 위배되지 않는다. 그런 이유로 나도 다른 사람들의 화를 돋우지 않으려 한다." 그는 공적인 논쟁을 무례한 행위로 보았다. 그런 까닭에 성직자들의 비행에 짙은 의혹을 품고 있으면서도 마흔 살 이전에는 논쟁에 일절 끼어들지 않았다. 그는 한 사적인 편지에서 이렇게 썼다. "경신을 위해서는 진실을 간혹 숨겨야 할 때가 있다. 시간, 때, 대상을 가리지 않고 허투루 그것을 내보이지 않도록 각별히 유념할 일이다. … 거짓이 사람들에게 유용하다고 한 플라톤의 말이 맞을 수도 있는 것이다."

이것은 1509년 사십 대에 들어선 에라스무스가 객원으로 참여한 추기경단을 적잖이 안심시켜주었던 말이었다. 추기경들은 평화를 염원했다. 그들은 갖가지 구실을 붙여 이탈리아의 여러 공국을 계속 침략하는 율리우스 2세의 호전성에 질려 기진맥진해 있었다. 에라스무스보다 공격적이고 표현도 노골적인 인문주의자들이 갈수록 도를 더해가며 경솔한 행위를 하는 것도 이들을 성가시게 했다. 이들의 첫 번째 골칫거리는 조반니 피코 델라 미란돌라였다. 이탈리아의 한 작은 공국의 군주였던 그의 부친은 귀한 아들에게 가정교사 여러 명을 붙여 철저한 인문주의 교육을 시켰다.

미란돌라는 성인이 되어 다른 철학자들의 이론에서 정수를 뽑아 그것을 자신의 작품과 결합시키는 놀라운 재능을 발휘했고, 그런 성과에 힘입어 그의 학문은 커다란 찬사를 받았다. 하지만 그가 유대교 신비주의, 즉 히브리 카발라kabbala를 기독교 신학을 옹호하는 데 이용하자 위기가 찾아왔다. 그리스 어 학문과 라틴 어 학문은 로마에서 유행하고 있었으므로 문제될 것이 없었다. 그러나 유대 사상과 기독교 복음서와의 유사성을 이야기하는 것은 문제가 달랐다. 미란돌라는 히브리, 아랍, 그리스, 라틴 작가들에게서 끌어 모은 자료로 신학, 윤리학, 수학, 철학 논제 9백 개를 작성하여 그 어떤 반대 이론에도 반론을 펼칠 수 있는 만반의 준비를 갖추고, 1486년 전 유럽의 인문학자들에게 로마에서 공개 토론을 벌일 것을 요청하는 초청장을 보냈다. 그러나 아무도 오지 않았다. 교황의 방해로 로마에 들어올 수 없었던 것이다.

교황청 위원회는 9백 개의 논제 중 십여 개를 이단으로 규정하고 미란돌라에게는 토의해서는 안 되는 문제를 제기한 것을 회개하는 내용의 『변명 Apologia』을 쓰라고 명령했다. 그는 교황의 명령을 순순히 따랐다. 그런데도 더 이상의 문제를 일으키지 말라는 경고 조치를 받자 그는 프랑스로 도주했다. 미란돌라는 그곳에서 체포되어 잠시 투옥 생활을 한 뒤 풀려났다. 그러나 그는 풀려나자마자 비서에게 독살되었다. 이는 그 시대의 또 다른 단면이었다.

미란돌라의 수난이 끝난 다음에는 그보다 더 골치 아픈 요한네스 로이힐린(1455년~1522년-역주) 문제가 터졌다. 바이에른의 인문주의자 로이힐린은 히브리 어에 능통한 고전학자로 튀빙겐 학생들에게 히브리 어를 가르치고 있었다. 그런데 1509년에 기독교로 개종한 유대인이자 도미니쿠스 수도회의 수사인 요한네스 페퍼코른(1469년~1522/23년-역주)이 반유대주의 작품 『유대인의 거울 Judenspiegel』을 들고 나와 탈무드를 비롯하여 히브리 어로 된 모든 서적을 불태워야 한다고 주장했다. 로이힐린은 이 같은 신성모독적 분위기에 당황하여 황제 막시밀리안 1세에게 공식적으로 이의를 제기했다. 그는 유대인 작품을 파괴하지 말 것과 독일의 각 대학에 히브리 어 강좌 두 개를 개설할 것을 건의했다. 또 페퍼코른을 반지성적인 "바보"라고 깔아뭉갰다. 이 말에 발끈한 전직 랍비는 로이힐린을 유대인 돈을 받아먹는 자라고 비난하며 『손거울 Handspiegel』로 일격을 가했다. 그러자 로이힐린은 『안경 Augenspiegel』으로 맞받아쳤다. 이 안경 반격에 도미니쿠스 수도회는 완전히 제정신을 잃고 유럽의 몽매한 성직자들의 지원을 받아 로이힐린에 대한 이단 고소장을 쾰른 종교재판소에 제출했다. 양측의 전쟁은 6년간이나 계속되었다. 프랑스와 독일에서는 대학 다섯 곳이 로이힐린의 서적을 불태웠다. 그러나 최종적인 승리는 로이힐린이 거두었다. 로이힐린을 응원해준 학자들 중에는 에라스무스와 새로 막시밀리안의 계관시인이 된 울리히 폰 후텐도 있었다. 종교재판소는 로이힐린에게 무죄 판결을 내렸다. 히브리 어 서적을 불사르라는 명령도 취소했다. 로이힐린이 쓴 『히브리 어의 기초 Rudimentia Hebraica』를 대학 교재로 한 히브리 어 강좌도 계속할 수 있게 되었다.

이 격론이 불붙기 시작할 무렵 에라스무스는 마침 로마에 있다가 교황청의 요청으로 자신의 의견을 이야기했다. 그는 조용한 타협을 해결책으로 내놓았다. 이에 교황청은 매우 흡족해하며 그에게 체류 기간을 연장하도록 권유했다. 또 명목상의 성직 자리도 하나 내주고 로마에 정착해서 살 것을 제안하기도 했다. 에라스무스는 유럽의 대도시로부터 수많은 초청을 받는 이름난 학자였다. 에라스무스는 교황청의 제의가 자신에게 최고의 기회가 될 것이라 생각하고 받아들이려고 했다. 그래서 에라스무스가 응낙을 하려던 차에 잉글랜드의 국왕이 사망했다는 소식이 전해졌다. 에라스무스는 잉글랜드의 새 국왕 헨리 8세를 소년 시절부터 알아온 사이였다. 또 두 사람은 열렬한 가톨릭 신자이기도 했다. 아무튼 자신의 장래에 대해 이모저모 궁리를 하고 있던 그에게 헨리 8세의 친서가 도착했다. 편지에는 이런 내용이 적혀 있었다. "다른 곳에 머물 생각일랑 말고 잉글랜드로 건너오시오. 두 팔 벌려 환영하겠소이다. 공이 바라는 것이 무엇이든 후하고 명예롭게 대우해 드리리다."

이것이 에라스무스의 마음을 결정지었다. 그는 짐을 꾸렸다. 그것은 거부할 수 없는 제안이었고, 거기에는 그럴 만한 개인적 이유가 있었다. 로마에서는 설사 추기경이 된다 해도 이단의 유무를 가리는 원고 검열을 받아야 했다. 그러나 잉글랜드에서는 그럴 염려 없이 군주의 비호를 받으며 자유롭게 저술 활동을 할 수 있었다. 그것이 에라스무스에게 중요했던 까닭은 그가 써서 발표하려는 글의 내용 중 기독교 정통 교리에 맞지 않는 부분이 있었기 때문이다. 교황청이 이 사실을 알았다면 그는 로마를 떠나지 못했을 것이다. 당시의 도덕성에 비춰볼 때 과거 수천 명의 사람들이 그랬듯이 그의 시신도 티베르 강가로 떠 밀려왔을 가능성이 크다.

※

진실도 때로는 경신의 이름으로 숨길 필요가 있다고 한 말은 에라스무스의 진심이었다. 실제로 그는 추기경회에서 그 말대로 행동했다. 그러나 일단 잉글랜드로 돌아와 신변이 안전해지자 그는 가톨릭 상부구조에 대해 공격할 계획을 세웠다. 그렇다고 그를 위선자로 볼 수는 없다. 그의 입장에서 보면 변절을 한 것도 아니었다. 당시에는 변절이 밥 먹듯이 이루어지는 시대여서 군주, 성직자, 학자들조차 그것에 어떤 도덕적 의미를 부여하거나 특별한 불쾌감을 드러내지 않았다. 하물며 그 행위가 고매한 심정에서 비롯된 것이라면 두말할 여지가 없었다. 에라스무스는 언제나 신념을 최우선으로 삼았고 그렇지 않은 사람들에게 절망했다. "에라스무스를 현실적인 인간성의 개념으로 파악해서는 안 된다."라고 한 역사가는 썼다. 그는 뛰어난 언어학자였고 유럽의 대도시들을 제 집처럼 드나들었던 명석한 인물이었으나 세속적인 일에는 무지하고 또 무관심했다.

그 한 예로 그는 같은 시기 마키아벨리를 고민에 빠지게 한 딜레마, 이를테면 국민에게 도덕의 중요성을 일깨운 정부가 그것을 실제로 행할 때 그 정부는 권력을 계속 유지할 수 있을까와 같은 문제를 한 번도 깊이 천착해본 적이 없었다. 그는 성욕(그는 독신이었다)이나 밥벌이의 필요성 등 일상적인 생활에 대해서도 무관심했다. 돈 문제는 언제나 다른 사람들이 해결해주었다. 잉글랜드에서도 마찬가지였다. 그가 도착하자 로체스터의 주교는 연 1,300달러를 지급해주었고, 켄트 교구도 교구의 1년 수입을 그에게 수여했으며 친구와 숭배자들도 현금을 선물로 갖다 바쳤다. 토머스 모어 경이 하인 한 명을 붙여 거처를 마련해주었으니 숙박에 대한 걱정도 할 필요가 없었다. 그는 그것을 알아차리지도 못했다. 그는 말했다. "내 서재가 있는 곳이 곧 나의 집이다."

그에게는 현실과 동떨어진 그처럼 기묘하게 소박한 면이 있었다. 그러나 그는 가톨릭 신자로서 교황청의 타락을 비롯하여 성직 계급의 추문에 관한 백과사전적 지식을 보유하고 있었다. 다른 인문주의자들은 그런 난잡함에서 손을 빼고 성서에서 위안을 찾았다. 그러나 에라스무스는 도피하지 않았다. 그는 이성의 힘으로 가톨릭의 폐해를 바로잡으면 기독교계를 지킬 수 있을 거라고 믿었다.

그것은 오판이었다. 에라스무스가 오판을 하게 된 이유는, 현재 우리가 알고 있는 언론이 당시에는 아직 배아기에도 이르지 못한 상태였고 주변 세계에 대해 그가 알고 있는 지식도 다른 사람들과 다를 바 없이 자신이 보고들은 것, 글이나 대화를 통해 안 것이 전부였기 때문이다. 또 그는 지식인들만 알고 지내다 보니 대중이나 중산층 혹은 귀족들의 생각이나 동향을 알지 못했다. 그의 호소는 동료들을 향한 것이었다. 그가 취하는 태도는 동료들에게는 굉장한 설득력을 발휘했으나 정작 목표로 삼은 하급 성직자들은 그의 말을 알아듣지도 못했다. 결과적으로 개혁을 바라는 그의 호소는 아무 효력도 발휘하지 못했고 그의 성공은 학문적인 것에 그쳤다.

    그것이 전부였다면 그는 아무 반응도 얻지 못했을 것이다. 그러나 그는 다방면의 재능을 지닌 사람이었고 그 재능 가운데 하나로 역사를 바꿔놓았다. 에라스무스는 사람들을 박장대소하게 하는 놀라운 능력을 가지고 있었다. 중세인들도 웃음을 알고 있었고 하루도 웃지 않고 넘어가는 날이 없을 정도였다. 그러나 그들의 웃음은 별 뜻 없이 웃는 너털웃음이었다. 라블레도 『가르강튀아』 서문에 써놓았듯이 그런 류의 웃음은 인간의 생득권과도 같은 것이었다(*"Pour ce que rire est le propre de l' homme"*). 에라스무스는 날카로운 풍자문을 썼다. 너털웃음이 무딘 날의 칼이라면 풍자는 예리한 쌍날칼이었다. 따라서 언제나 논점이 있었다. 에라스무스의 논점은 속인이고 성직자이고 평범한 사람들은 알아채지 못했다. 그러나 다가올 종교 혁명은 대중운동이 아니었다. 그것은 날마다 글을 접하는 중상류층이 주도하게 될 운동이었고 에라스무스의 날카로운 비판은 예상치 않게 이들을 포복절도하게 하여 의식을 일깨우는 결과를 초래했다.

    당초 에라스무스는 이와는 다른 의도를 가지고 있었다. 소수의 엘리트 독자층을 겨냥하여 그들이 신앙의 테두리를 벗어나지 않고 막후에서 행동하게 하려는 의도로 책을 집필한 것이었다. 그러나 뜻하지 않게 그의 책들은 베스트셀러가 되었다. 그 첫 번째 책이 잉글랜드에서 그가 보낸 첫해에 쓴 『우신 예찬 Encomium moriae』이었다. 그리스 어의 라틴 어식 표기인 이 책의 제목은 그가 모어의 이름으로 장난을 좀 친 것이었다. 그러나 그리스 어 *moros*에는 '바보fool'의 뜻도 있었고 *moria*는 '어리석음folly'을 의미하기도 했다. 이 책에서 에라스무스는 이성을 희생시켜 얻는 것은 어리석음이라는 것을 말하려 했던 것이다.

『우신 예찬』은 하나님의 사람이 쓴 것이라고는 믿어지지 않을 만큼 놀라운 내용을 담고 있었다. 몇몇 구절은 독일의 무신론적 인문주의자가 쓴 게 아닌가 싶을 정도로 급진적이어서 이름난 저자가 아니었다면 그는 종교재판관들에게 불려가 유죄 선고를 받았을 것이다. 그러나 그 책의 저자는 에라스무스였다. 그래서 그들을 조롱하며 "'이단'이라고 외치고 싶으면" 어디 한번 외쳐보라고 뱃심 좋게 도전을 했다. 그는 이단을 "종교재판관들이 그들의 눈 밖에 난 사람들을 즉각 손볼 수 있도록 항상 손에 들고 있는 날벼락"이라고 표현했다.

에라스무스는 인간 존재의 근원은 어리석음에 있고, 만일 인간이 어리석지 않다면 평생 일부일처제를 지키지도 못했을 것이고, 여자들도 모성母性의 시련을 이겨내지 못했을 것이라고 주장하는 것으로 논쟁의 포문을 열었다. 또 그는 용감한 것도 어리석은 것이며 학문을 연구하는 것도 어리석은 일이라고 했다. 그러면서 신학자들도 그 점에서는 예외가 아니라고 에둘러 그들을 공격했다. 신학자들을 어리석다고 하는 이유는, 그들이 원죄의 부조리함을 옹호하고 "동정녀 마리아가 예수 그리스도를 잉태했다."는 근거 없는 이야기를 퍼뜨리기 때문이라고 했다. 성찬식이 행해지는 동안, "거룩한 빵을 통해 … 하나의 몸이 여러 곳에 있을 수 있다는 것과 하늘에 계신 그리스도의 몸은 십자가나 성례전 때의 그리스도의 몸과 다르다."라고 믿는 것 또한 터무니없는 생각이라고 하면서 그들을 비웃었다.

그 다음에는 공격의 화살을 성직자들에게로 돌렸다. 에라스무스는 탁발 수도사로부터 수도사, 교회구 사제, 종교재판관, 추기경, 교황에 이르기까지 성직 계급 전체를 표적으로 삼았다. 치유력을 지닌 사당, 기적, "도깨비 미신"은 "그 재주로 먹고사는 사제와 탁발 수도사들의 돈벌이나 시켜주고 배만 불려주는 바보 행위"로 치부했다. 또 그는 "면죄부의 속임수"에 대해서도 일침을 놓으면서, "마술과 손으로 염주를 굴리며 주문을 외우는 행위(일부 종교적 사기꾼들이 심심풀이, 아니 잇속을 차리기 위해 고안한 방법)로 재물, 명예, 쾌락, 장생長生, 아니 죽은 뒤 구세주 오른편에 명당자리까지 마련해준다고 허풍 치는 인간들에게는 그 어떤 심한 말을 해도 부족할 것"이라고 일갈했다. "교황들 또한 그들이 지녔거나 행하는 부, 명예, 재판권, 직위, 특면, 방종 … 의식, 십일조, 파문, 성직 정지" 등으로 보아 사도들과의 유사성을 완전히 상실한 것으로 파악했다. 에라스무스는 이런 이들이 성공을 거둘 수 있는 한 가지 요인으로, "신도들의 멍청함, 무지, 어수룩함"을 꼽았다.

『우신 예찬』은 십여 개 나라의 언어로 번역, 출간되었다. 그리고 당연히 성직자 계급을 격분시켰다. 그들 중 한 사람은 "귀하의 *작품*은 귀하를 가장 숭배했던 사람들조차 흥분시켰습니다. 그 사실을 유념해야 할 것입니다."라는 편지를 써서 에라스무스에게 보냈다. 그러나 학자 저술가가 대중적 성공을 맛보면 그것을 외면하기가 쉽지 않은 법이다. 에라스무스도 그 점에서 예외가 아니었다. 그 성공은 그의 논점이 지혜로웠다는 믿음을 확인받은 것을 의미했다. 그래서였을까, 그 3년 뒤에 나온 작품은 『우신 예찬』보다 더욱 신랄한 내용이었다. 이번에는 특정 교황, 즉 '전사 교황'으로 알려진 율리우스 2세를 직접 표적으로 삼고 있었다.

율리우스 2세는 강력한 교황으로 미켈란젤로의 후원자로도 잘 알려진 인물이다. 그러나 그 역시 소란스러웠던 당대의 모든 교황처럼 받은 비난보다도 더 죄가 많은 교황이었다. 또 그는 다혈질의 성격에다가 행동이 현란하고 충동적 경향을 지닌 델라 로베레 가문(본명이 줄리아노 델라 로베레-역주)의 사람이기도 했다. 이탈리아 인들은 그를 무시무시한 사람으로 보았다. 율리우스 2세는 프랑스와 동맹을 맺고 베네치아와 5년간 전쟁을 벌여 승리를 거둔 다음, 보르자 가 교황의 실정失政으로 잃었던 교황령의 두 도시 볼로냐와 페루자를 되찾았다. 그는 이탈리아에서 프랑스 세력을 몰아내기 위해 벌인 두 번째 전쟁에서는, 투구와 갑옷 차림으로 말에서 한 번도 내려오지 않고 전열의 선두에서 칼을 맹렬히 휘둘렀다. 그러나 그가 용감함을 과시했음에도 불구하고 전쟁에서 승리를 거두지는 못했다.

데시데리우스 에라스무스(1466년~1536년)

에라스무스는 이 막강한 교황을 풍자하면서 굳이 소문을 내려고 하지 않았고 또 그것을 바라지도 않았다. 그는 자신의 신작을 익명으로 발표하여 사사로운 논쟁을 비껴가려고 했다. 그러나 그것은 뜻대로 되지 않았다. 너무 많은 사람에게 신작을 보여준 것이 문제가 되었다. 토머스 모어 경이 그것을 읽고 무심결에 에라스무스의 정체를 드러내고 만 것이다. 그로 인해 책임 소재는 분명해졌다. 에라스무스에 대한 가톨릭 성직자들의 적개심은 오늘날까지도 잘 이해가 되지 않는 어떤 부분으로 인해 더욱 골이 깊어졌다. 에라스무스의 작품—대화체 풍자 문학이었다—이 파리에서 발표되기 1년 전 교황 율리우스 2세는 숨을 거두었다. 따라서 교회는 사실상 에라스무스의 『추방된 율리우스 Iulius exclusus』의 희생양이 된 교황을 추모하게 된 것이었다. 그러나 이것으로는 파리 독자들의 들뜬 기분을 가라앉히지 못했다. 그들로서는 이 작품이 처음 접해보는 풍자문이었다. 앞으로 이 작품을 읽게 될 수많은 독자도 마찬가지였다. 에라스무스는 교황을 공격하면서 민감한 부분을 건드렸다. 그의 제자들은 이것을 때늦은 공격으로 생각했다.

이 작품의 두 등장인물은 율리우스와 성 베드로이다. 두 사람은 천국의 문 앞에 서 있다. 교황은 문 앞에서 천국의 입장 허가를 기다리고 있다. 그러나 베드로는 그의 입장을 허락하지 않는다. 교황의 법의 아래 숨겨진 "피투성이 갑옷, 죄악의 상처로 얼룩진 몸, 방탕한 생활로 망가진 건강, 숨 쉴 때마다 풍기는 역한 술 냄새" 때문이었다. 베드로의 눈에는 천국의 문 앞에 서 있는 교황이 꼭 "지옥에서 돌아온 황제"로 보였다. 그가 율리우스에게 묻는다. "그대가 기독교를 위해 한 일이 무엇인가?"

율리우스는 "역대 그 어느 교황보다 많은 일을 했다."라고 열변을 토한다. 그러면서 하나하나 예를 들기 시작한다. "교회의 수입도 늘렸고,

성직도 만들어 팔았습니다. … 유럽 군주들 간에 싸움도 붙였지요. 조약도 파기했고 군대도 보유했습니다. 로마를 궁궐로 뒤덮어놓았고 어마어마한 재산도 남겼습니다."

그리고 물론 "나쁜 일도 있었다."고 토로한다. 창녀들이 "프랑스 매독(15세기 말 나폴리에서 퇴각 중이던 프랑스 군 사이에서 창궐하여 붙여진 이름-역주)"을 감염시켰고, 아들 하나를 유독 편애하여 비난도 받았다고 말한다. 그 말을 듣고 베드로가 눈이 휘둥그레져서 묻는다. "뭐, 교황이 처자식을 거느려?" 율리우스도 그에 못지않게 놀라며 말한다. "아닙니다, 아내는 없었습니다. 그러나 자식은 둘 수 있는 것 아닙니까?" 또 율리우스는 성직 매매와 남색男色을 즐긴 일도 털어놓는다. 그러나 베드로가 그 죄를 인정하느냐고 묻자 그는 답변을 교묘히 회피한다. 그것을 염두에 두고 베드로가 "부도덕한 교황을 면직시킬 방도는 없는가?"라고 묻는다. 그 말에 율리우스는 기가 차다는 듯이 말한다. "면직이라뇨, 가당치도 않습니다! 누가 감히 지상 최고의 권력자를 면직시킨답니까? … 교황은 어떤 범죄를 저질러도 폐할 수 없습니다." 베드로가 다시 묻는다. "살인죄를 저질러도 말인가?" "그렇습니다." 그러면서 율리우스는 간음, 근친상간, 성직 매매, 독살, 존속살인, 신성모독 죄를 저질러도 교황은 끄떡없다고 말한다. 그 말을 듣고 베드로가 결론짓는다. "교황은 가장 부도덕한 짓을 저질러도 처벌받지 않는 자로군." (독자들은 로마의 실상을 이처럼 족집게처럼 집어낸 것에 환호했다.)

베드로는 교황을 천국에 들여보내 줄 수 없다고 말한다. 그러자 율리우스는 몹시 흥분하여 "지금은 시대가 바뀌었습니다. 성인께서 꾀죄죄한 주교 무리를 이끌고 배를 곯아가며 교황 자리에 앉아 있던 때와는 다르다니까요."라고 따진다. 그 논법이 먹혀들지 않자 이번에는 "가난뱅이

어부 … 유대인 … 고작 주교인 주제에."라고 험담을 하며 베드로를 파문하겠다고 위협한다. 베드로는 그 말을 들은 체도 하지 않고 다시 말한다. "사탄이 이인자를 필요로 한다면 자네가 딱 적임자로군. … 자네는 사기, 고리대금업, 술책으로 교황이 되었어. … 이교의 나라 로마를 애써 그리스도의 나라로 만들어놓았더니 자네가 그것을 다시 이교의 나라로 돌려놓은 꼴이로군. … 조약을 맺고 의식을 거행하고 군대를 몰고 다니며 전쟁에서 승리를 거두기 바빠서 성서를 읽을 시간도 없었나 보지?" "그래서 천국 문을 못 열어주겠다는 말씀입니까?" 교황이 반문한다. "다른 사람에게는 열어줘도 자네에게만은 못 열어주겠네." 베드로가 단호하게 말한다. 교황이 "군대를 동원해서라도 성인의 자리를 빼앗겠다."라고 말하자 베드로는 어이가 없다는 듯 "교황의 이름을 가졌다는 이유만으로 저런 흉악한 자가 존경을 받다니."라고 말하며 손을 흔들어 그를 내친다.

※

『추방된 율리우스』도 에라스무스의 이전 작품 못지않게 대성공을 거두었다. 앤트워프의 한 인문주의자는 "이곳 어디에서나 귀하의 책이 팔리고 있습니다. 모든 사람이 그 책을 사서 읽고, 어디를 가나 그 얘기뿐이지요."라는 내용의 편지를 저자에게 보냈다. 이번에는 교황청도 깜짝 놀라 에라스무스에게 글쓰기를 중단하고 회개하며 여생을 보내라고 설득했다. 그러나 그것은 때늦은 경고였다. 같은 해인 1514년에 에라스무스의 『대화집 Familiarium colloquiorum formulae』 초판이 발간되었다. 나중에는 *Colloquia familiaria*로 줄여서 부르게 된 이 작품은 에라스무스의 작품들 중 가장 부피가 크고 짜임새가 엉성한, 뭐라고 딱히 정의하기가 힘든 작품이었다. 기본적으로 이것은 잡다한 생각의 모음집이었다. 작품의 주제가 결여되었다는 것은 책의 원제목*이 무척 길다는 것으로도 알 수 있다. 라틴 어 관용어와 일상어로 씌어진 이 작품은 임산부들에게 주어진 각별한 은총,—바라건대 그대들이 짊어진 짐이 들어올 때와 마찬가지로 나갈 때도 수월하기를!— 할례를 장려하는 내용, 상대방을 얕잡아보는 사람을 적절히 대하는 방법, 경건함에 대한 찬양, 이단자의 화형을 반대하는 내용, "매춘부가 젊은 청년"과 지겹게 이야기만 나누다 진이 빠져 유혹하기를 그만두었다는 내용 등으로 구성되어 있었다. 그 밖에도 이 책은 음란한 농담, 인간 행동의 불합리함에 대한 익살스러운 촌평, 결혼 제도의 승인 등에 대한 내용을 담고 있었다.

이 책의 내용이 이 정도로 끝났다면 독자들도 실망하여 읽지 않았을 것이다. 그러나 교회와 성직자를 향한 에라스무스의 맹공은 이 책에서도 계속되었다. 훗날 18세기의 번역가는 "교황의 견해와 미신 행위를 참으로 유익하고 통렬하게 깔아뭉갤 바람직한 읽을거리"로 이 책을 평가했다. 에라스무스도 물론 그런 의도로 이 책을 썼을 것이다. 그는 성직자들의 탐욕, 파문, 기적, 단식의 남용, 성인 유골로 장사하는 행위, 수도원에서의 음란 행위 등을 비판했다. 또한 여자들에게 "뒤룩뒤룩 배 나온 수도사"를 멀리하라고 하면서 "… 정절은 수도원 밖에서보다 수도원 안에서 지키기가 더 힘들다."라고 썼다.

그러나 이번에도 에라스무스의 강력한 중포重砲는 바티칸을 겨냥하고 있었다. 그는 특히 율리우스가 벌인 전쟁들에 대해 독설을 퍼부었다.

---

* *Forms of Familiar Conversations, by Erasmus of Rotterdam, Useful Not Only for Polishing a Boy's Speech But for Building His Character*

교황은 "침묵으로 그리스도를 망각하고 돈을 목적으로 지배하여 [그를] 사슬에 묶고 … 추잡한 생활로 그리스도를 두 번 십자가에 못 박은 주제에, 제 눈의 티끌은 못 보고 자신들과 같은 악독한 적이 또 어디 있기라도 한 듯" 전쟁을 벌였다고 말했다. 또 그는 교황의 비행과 타락에 대해서도 분노를 금치 못하면서, "그리스도의 자리를 꿰차고 앉은 이 교황들은 어쩌다 정신을 차리면 만사를 무척이나 귀찮아 할 인간들이다! 그렇게 되면 부, 명예, 영지, 거창한 순행, 직책, 특면, 공물, 면죄부는 다 날아가고" 철야 기도, 기원, 명상, "오만 가지 골치 아픈 문제들에 둘러싸여 지내게 될 것이기 때문"이라고 말했다. 에라스무스는 한 사적인 편지에서 "로마의 최고 지배자는 보다시피 기독교계의 폐해"라고 썼다.

이 책은 첫 발간 때 24,000부가 팔려나갔다. 그때부터 16세기 중반까지 이 책의 판매량을 능가한 것은 성서밖에 없었다. 에라스무스의 모든 대중적 저작물에 대한 수요는 계속되었다. 1520년에 옥스퍼드의 한 서적상은 그가 판매한 책의 3분의 1이 에라스무스의 작품이었다고 말했다. 『우신 예찬』은 에라스무스 생전에 40판을 찍었다. 1632년에 밀턴은 케임브리지 대학생들치고 에라스무스의 책을 손에 들지 않은 사람이 없었다고 썼다. 성직자들이 광분한 이유가 바로 거기에 있었다. 자신들을 거룩한 신앙의 집행자라고 여겼던 성직자들은 에라스무스의 가시 돋친 말에 분개한 것이 아니라 그가 받고 있는 대중적 인기에 분개했다. 그들은 에라스무스를 다른 인기 작가들처럼 돈에 혈안이 된 인물로, 천박한 욕심 때문에 대중이 듣고 싶은 것만 들려주며 그들에게 영합한 인물로 깎아내렸다. 에라스무스가 거둔 성공이 가톨릭 당국자에게 미친 영향이 어느 정도였는지는 신성로마제국 황제가 내린 칙령만 보아도 잘 알 수 있다. 그는 강의실에서 『대화집』을 사용하는 교수는 이유 여하를 막론하고 그 자리에서 처형하라는 명령을 내렸다. 마르틴 루터도 그것에 찬동했다. 그는 "임종 때 젊은이들에게 에라스무스의 『대화집』을 읽지 말라는 유언을 남기겠다."라고 말하기도 했다. 그러나 그때만 해도 루터는 아직 비텐베르크 대학의 성서 주해 교수로 기성 기독교계에 속해 있었다. 그로부터 3년 뒤 그의 태도는 바뀌었고 그와 더불어 서구 문명의 역사도 바뀌었다. 비록 에라스무스가 임종할 때 그것을 부정하기는 했지만 그는 종교 혁명의 나팔을 울린 것이었다.

※

바티칸이 말하는 이른바 "대배도the great apostasy"는 인문주의 학자들의 작품이 아니었다. 그것은 성모마리아를 자기들 멋대로 음란하게 만드는 것에서 재미를 느낀 미개한 고트 족 후손의 작품이었다. 기독교계의 통일을 금가게 한 원인은 대단히 복잡하다. 인문주의는 기독교계를 분열시킨 주요 동인이기는 하지만, 넓게 보면 저 심층에서 형성되기 시작한 거대한 파도의 잔물결에 불과했다. 예수 탄생 이전, 예술과 학문의 성취가 있을 것이라고는 도저히 여겨지지 않던 시대에 예술과 학문이 융성했다는 사실이 새롭게 알려진 것도 기독교계를 분열시킨 거대한 파도의 일부가 되었다. 또 사람들은, 하나님이 콘스탄티노플을 이슬람에게 함락당하도록 내버려둔 것에 대해서도 의구심을 가졌다. 그뿐만이 아니었다. 아시아와 서반구 여행에서 돌아온 탐험가들은 그리스도를 부정하거나 그리스도에 대해 들어본 적도 없는, 따라서 기독교 신앙을 보편적이라 믿는 유럽 군주들을 대수롭지 않게 여기는 나라들의 문화에 대해 이야기했다. 프랑수아 1세의 누이로 나바라 왕국의 왕비였던 앙굴렘의 마르가리타가 회의론자가 되었다는 것 역시 좋은 징조는 아니었다.

한때는 그리도 열렬한 가톨릭 신자였던 그녀가 이제는 타락한 신앙인이 되어 있었다. 마르가리타는 자신이 쓴 『죄 있는 영혼의 거울 Le miroir de l'âme pécheresse』에서 종교적 계율을 무시하고, 교황에 대한 공격을 허용하고, 하나님을 무자비하다고 생각하고, 성서에 의혹을 품었다는 사실을 인정했다. 그녀는 소르본에 불려가 이단을 선고받았다. 한 수도사는 신자들에게 그녀를 자루에 담아 센 강에 던져버려야 한다고 말했다. 물론 프랑스 왕의 누이였던 그녀가 그런 험한 꼴을 당했을 리는 없다. 프랑수아 1세는 그녀를 애지중지했다. 자유분방한 성생활을 옹호하는 태도 때문에 프랑스에서의 그녀의 인기도 높아졌다.

서출을 줄줄이 두고 있는 바티칸도 간통의 옹호자를 나무랄 입장이 아니었다. 그녀가 한 행위 중 가톨릭에 진정으로 위협이 된 것은 이후 그녀가 바티칸의 적들과 한통속이 되었다는 것뿐이었다. 나중에 그녀는 이단자로 매도당한 사람들에게 피신처를 제공해주었다. 장 칼뱅도 그중 한 사람이었다. 그런 그녀에게 칼뱅은 배은망덕한 행동을 보였다. 당시 마르가리타 궁정의 빈객으로 머물고 있던 보나방튀르 데 페리에(1500년 경~1544년. 프랑스의 산문작가, 인문주의자―역주)와 에티엔 돌레(1509년~1546년. 『라틴 어 해설』을 쓴 프랑스의 인문주의자―역주)를 비롯하여 가톨릭과 프로테스탄트를 함께 조롱했던 회의론자들을 위해 그녀를 비난한 것이다. 여기서 알 수 있는 것은 새로운 기독교인들도 옛 기독교인들 못지않게 편협했다는 씁쓸한 진실이다.

그러나 새로운 성직자들은 부정이나 비행을 저지르지 않았고 그것이 당시에는 무척 신선하게 느껴졌다. 살인, 도둑질, 강간, 암살 발생률이 천정부지로 치솟고 있을 때 경건한 가톨릭 신자들을 가장 절망시킨 부분이 바로 성직자의 부정이었다. 성직자들도 그 점은 수긍했다. 슈폰하임 수도원의 원장 요한네스 트리테미우스(1462년~1516년-역주)는 수도원에 소속된 수도사들을 이렇게 힐난했다. "이들은 하루 종일 배 터지게 먹는 것과 음담패설을 늘어놓는 것밖에 하는 일이 없다. … 신을 두려워하지도 경애하지도 않는다. 영혼을 살찌우기보다는 내일에 대한 생각 없이 육욕을 채우기에 급급하다. … 또 이들은 청빈의 서약도 우습게 안다. 순결의 서약도 모르고 복종의 서약에 대해 욕설을 퍼붓는다. … 이들이 내뿜는 악취가 사방으로 퍼져 올라간다." 또 다른 수도사는, "대부분의 수도원들이 … 매음굴과 다를 바 없다."라고 말했다. 듀랜트는, 1503년에 교황사절로 파견된 기 주에노가 프랑스 베네딕투스 수도회 소속 수도원들을 둘러본 다음 수도사들에 대해 한 말을 이렇게 옮겨 적었다. 그들은 "주색에 빠져 살며 상스러운 말을 일삼는 노름꾼, 호색한들이고 속인들보다 더 속물적이다. … 눈으로 본 것을 다 쓰려면 책 한 권은 족히 될 것이다."

잉글랜드에서도 캔터베리 대주교 존 모턴(나중에는 추기경이 됨)이 "성직 매매, 고리대금, 횡령을 일삼고 수도원 안팎에서 매춘부, 정부들과 드러내놓고 살림을 차린" 세인트올번스 수도원의 원장 윌리엄을 고발했다. 또 그는 "음란한 생활을 하는 것으로도 모자라…" 인근의 작은 수도원을 "매음굴"로 만들어놓고 "수녀들과 낯 뜨거운 관계를 맺어 신성한 하나님의 교회마저 욕보인" 일반 수도사들을 심하게 질타했다. 이탈리아의 섬 마을 토르첼로의 주교는 이렇게 썼다. "성직자들은 타락했다. 이들은 속인들에게마저 불쾌한 존재가 되었다."

실제로 성직자들에 대한 일반인들의 인식은 끔찍했다. 잉글랜드 주재 신성로마제국의 대사 차푸이스는 "거의 모든 사람이 성직자를 미워하고 있습니다."라는 내용의 서신을 카를 5세 황제에게 보냈다. 케임브리지 대학의 한 교수는 "잉글랜드에서 수도사, 사제, 교회 서기로 불리는 것은 치욕"이라고 말했다. 프랑스 망드의 주교 윌리엄 뒤랑은 "로마 교회의 평판이 땅에 떨어졌고, 성직자들은 꼭대기부터 말단까지 죄다 도둑놈이라는 소문이 나라 밖에까지 파다하게 퍼졌다. … 또한 모든 기독교인이 폭음, 폭식의 지독한 예를 성직자에게서 찾고 그에 대한 악명이 높은 것은, 성직자의 연회가 제후나 국왕의 연회보다 … 사치스럽다는 사실로도 잘 알 수 있다."라고 썼다. 빈에서는 한때 성직이 젊은이들의 인생 목표였으나 종교 혁명이 일어나기 전 20년간 교회는 성직 희망자를 보지 못했다.

루드비히 파스토어(1854년~1928년. 가톨릭 역사가 겸 독일의 저술가―역주)는 14권으로 된 그의 『교황사 History of the Popes』에서, "타락한 성직자들에 대한 속인들의 증오와 경멸감"을 과장하여 말하기는 사실상 불가능하다는 결론을 내렸다. 또 영국의 종교개혁 역사가 필립 휴스는 이런 기록을 남겼다. 1514년에 런던 주교의 수행 비서가 이단자를 살해한 죄로 기소되자, 주교가 울지 추기경에게 배심제에 의한 판결을 막아달라고 요청하면서 그 까닭을 이렇게 말했다고 한다. 즉 런던 시민들이 "타락한 이단자에게 악의적인 호의를 가지고 있어서 아벨만큼 결백하다 해도 배심원들은 … 내 비서에게 유죄 선고를 내릴 것이기 때문입니다." 1516년에는 교회의 이름으로 저질러진 추문에 어느 정도 책임을 느꼈을 것이 분명한 교황 레오 10세마저 "프랑스 수도원들의 기강 해이와 수도사들의 천박한 생활 태도가 극에 달해 왕이나 제후는 물론 일반 신도들조차 그들을 존중하지 않게 되었다."라고 말했다.

독신 생활을 영위하지 못하는 사제도 수천 명에 이르렀다. 그들은 여러 가지 방법으로 그것을 해소했다. 런던에서는 사제가 좁아터진 고해소에서 고해하러 온 여신도와 ―사면해준다는 조건으로― 즉석 관계를 맺기도 했는데, 이런 사실을 알 만한 사람은 다 알고 있었다. 노펵, 립턴, 램버스에서는 성 범죄자로 기소된 남자의 23퍼센트가 성직자였다. 그러나 전체 인구 비율로 보면 2퍼센트 미만이었다. 성욕을 억제하지 못하는 사람이 가장 많이 이용하는 방법은 정부를 두는 것이었다. 실제로 독일 사제 대부분이 동거녀를 두고 있었다. 로마의 성직자들은 난교로 유명했다. 파스토어는 "그렇다고 로마 성직자들이 다른 도시 성직자들보다 더 심하게 타락했을 것이라고 보면 그것은 오산이다."라고 쓰고 있다. "성직자들의 부도덕한 행위는 이탈리아 반도 내 거의 모든 도시에서 일어난 현상이고 그것은 기록에도 나와 있다. … 당대의 작가들도 비통하게 증언하고 있듯이 그로 인해 성직자들의 위신이 크게 실추되어 많은 곳에서 사제 체면이 말이 아니게 되었다."

수녀원에서도 문제가 있었다. 이 문제는 특히 잉글랜드에서 심했다. 1520년 잉글랜드에서는 수녀원 여덟 곳이 폐쇄 조치되었는데, 그중 하나는 "케임브리지 대학이 지척에 있다는 이유로 수녀들이 방탕한 생활을 하고 음란 행위를 일삼았기" 때문이었다. 링컨 주교구도 교구 내 수녀원 21곳을 시찰하여 그중 14곳을 "규율이 해이하고 신앙심이 부족한" 곳으로 블랙리스트에 올려놓았다. 몇몇 수녀원에서는 사제의 아이를 가진 수녀가 발견되기도 했다. 대장장이와의 사이에 세 아들을 둔 수녀원장에 대한 기록을 보관해둔 주교구도 있었다.

타의 모범을 보이지 못한 교황들도 심한 비난을 받았다. 성 아우구스티누스 수도회의 총회장 비테르보(로마 북서쪽에 위치한 곳으로 1257년 이후 로마와 함께 교황이 거주한 중요한 지역이었다―역주)의 에지디오는 알렉산데르 교황을 아홉 어절로 정의하여 이렇게 말했다. "법도 없고 신성도 없고 황금, 권력, 성욕으로만 다스리는 자(No law, no divinity; Gold, force and Venus rule)." 구이차르디니는 "교황에 대한 경외감은 사람들의 마음 속에서 완전히 사라졌다."라고 썼다. 1513년 마키아벨리는, 교황이 얼마나 "썩었는지는 신도들이 그들 종교의 본부가 있는 로마교회에 가까이 다가갈수록 신앙심이 약해진다는 사실로" 극명하게 드러난다고 하면서, "기독교의 근본원리를 살펴보고, 그것이 현재 실행, 적용되고 있는 원리와 얼마나 큰 차이가 있는지를 안다면, 교회의 파멸과 응징이 멀지 않았다는 것도 느끼게 될 것"이라고 주장했다.

※

종교개혁이 일어나려면 정확히 4년이 남았고 그것에 불을 당긴 것이 면죄부 판매였다. 특히 문제가 된 것이 면죄부 판매권을 가진 자의 살포 방식과 교황의 탐욕이었다. 1450년에 옥스퍼드 대학의 총장 토머스 개스코인은 이렇게 말했다. "요즘 죄인들은 이런 식으로 말한다. '하나님 면전에서 나쁜 짓을 하는 것, 이젠 신경 쓰지 않습니다. 4펜스나 6펜스를 주고 사면과 면죄가 되는 증서를 구입하면 교황님이 죄와 벌을 완전히 면해주시거든요.'" 개스코인이 그의 글 속에서 quaestiarii으로 경멸하여 부른 "면죄부 외판원"은 "방방곡곡을 돌며 면죄부를 한 장당 2펜스에 팔고, 때로는 포도주나 맥주 한 잔, 심한 경우 매춘부를 사거나 육체적 사랑과 맞바꾸기도 했다."

16세기 초 성 바울 성당의 수석 사제 존 콜릿은 "면죄부의 상업화로 로마교회는 "돈 기계"가 되었다고 결론지었다. 그는 『구약성서』의 이사야를 인용하여 "신실하던 성읍이 창기가 되었다(1장 21절-역주)."—이 성읍이 어디를 말하는지는 너무도 자명하다—라고 말하고, 그 다음에는

면죄부 판매

예레미야를 인용하여 "네가 많은 무리와 행음하고(3장 1절—역주) … 수없는 부정의 씨앗을 잉태하여 나날이 사악한 자식을 낳았다."라고 말했다. 또 그는 "사제들 모두 … 돈에 탐을 내는 상황이어서, 우리도 요즘은 돈벌이가 될 것 같지 않은 일은 쳐다보지도 않는다."라고 썼다. 실제로 면죄부 판매는 일종의 종교적 징세 행위였기 때문에 그것을 살 형편이 안 되는 사람은 큰 부담을 느꼈다. 학식 있는 기독교인들은 배고픈 대중과 로마의 탐욕 사이에 놓인 깊은 간극에 통탄을 금치 못했다. 1502년 파리 고등법원 원장은 프랑스 돈의 75퍼센트를 가톨릭 성직자들이 소유한 것으로 추정했다. 그로부터 20년 뒤에 열린 뉘른베르크 의회에서 국왕 대표들은 교황 대표들에게 *백 가지 불만Centum Gravamina*을 제기하면서 독일 재산의 50퍼센트를 로마교회가 차지하고 있다고 주장했다.

베드로와 사울(훗날의 사도 바울)은 궁핍한 삶을 살았다. 15세기와 16세기의 교황들은 로마 황제들처럼 호화롭게 살았다. 그들은 세계 최고의 부호들이었다. 교황과 추기경들은 성직을 팔아 더 큰 부자가 되었다. 성직 임명자들은 임명된 첫해의 수입 절반을 교황청에 갖다바쳤고 이후에는 연 수입의 10분의 1을 갖다바쳤다. 대주교들은 엄청난 돈을 지불하고 주교복 위에 권위와 책임의 상징으로 걸치는 흰 띠, 팔리움을 얻었다. 가톨릭 공직자들이 사망하면 그들의 개인 재산은 로마에 귀속되었다. 교황청에서 언도한 판결과 특면 또한 교황청이 정한 규모의 선물을 청원자가 보내주어야만 공식적으로 효력을 발휘했다. 그 밖에 기독교인들 모두 교황에게 세금 납부의 의무가 있었다.

추기경 로드리고 보르자는 돈으로 교황 직을 사기 전에는 연 수입이 금화 7만 플로린에 이르렀다. 그러나 성 베드로 대성당의 주인은 그보다 더 많은 돈을 벌 수 있었다. 교황 율리우스 2세는 101명으로 구성된 서기관 '단college'을 신설하여 그들로부터 각각 7,400플로린을 받아 챙겼다. 레오 10세는 그보다 더 야심만만하여 종자 141명과 시종 60명을 교황청에 새로 고용하고 20만 2천 플로린의 수입을 올렸다.

대주교와 주교들―하급 성직자들까지도―의 돈벌이는 나날이 좋아졌다. 사례금과 10분의 1세를 축첩 비용으로 쓰는 것도 예삿일이 되었다. 속인들은 14세기부터 자신들의 궁핍한 상황에 조직적으로 항거했다. 독일인들은 로마의 세금 징수원들을 붙잡아 감금하고 여러 명의 사지를 절단하고 일부는 처형했다. 독일과 그 밖의 다른 나라들에서는 뜻 있는 성직자들이 신도들을 지지하고 나섰다. 에스파냐의 사제 알바로 펠라요는 "늑대들이 로마교회를 장악하고 [기독교인의] 피를 빨아먹고 있다!"라고 선언했다. 망드의 주교 뒤랑도 "로마교회는 악의 본보기가 되어 … 사람들의 분노를 자아내고 기독교계 전체를 타락시키는 일에서" 손을 떼라고 촉구했다.

그래도 바티칸은 요지부동이었다. 교회는 해마다 세금을 올렸고 그 상황이 계속 이어졌다. 1476년 교황 식스투스 4세는 연옥에서 고통받는 영혼들에게도 면죄부를 적용할 수 있다고 선언했다. 이 하늘 면죄부 사기 행위는 그 즉시 성공을 거두었다. 데이비드 S. 시프에 따르면 소농들은 밥은 못 먹어도 죽은 친족의 면죄부는 구입했다고 한다. 대중의 불만은 낭비벽 심한 교황 레오 10세가 우르비노 공작령을 차지하기 위한 전쟁으로 파산하게 되자 더욱 심하게 끓어올랐다. 교황은 1517년 3월 15일, 면죄부 "특별" 할인 판매를 실시하겠다고 선언했다. 그는 원숭이도 나무에서 떨어질 때가 있다는 것을 모르는 모양이었다. 교황 스스로 "희년" 특별 *면죄부feste dies*라 명명한 그것의 목적은 성 베드로 대성당의 개축에 있었다. 면죄부를 사는 사람은 '죄의 완전 사면'은 물론 '앞으로 지을 죄에 대한 특별 대우'도 보장받았다.

교황은 브란덴부르크의 알브레히트, 즉 푸거 가에 막대한 빚을 진 마인츠 주교와 특별 면죄부 판매 대금을 나누어 갖기로 한 협약을 비밀에 부쳤다. 알브레히트는 성 베드로 대성당을 개축하고 싶어 하는 교황의 뜻에 공명했다. 그리하여 주교 직을 대가로 2만 플로린을 빌려 교황에게 주었던 것이고 그것을 갚기 위해 면죄부 판매권이 필요해진 것이다.

레오로부터 면죄부 판매권을 따낸 마인츠 신임 주교는 오십 대의 도미니쿠스 수도회의 탁발 수도사 요한 테첼(1465년경~1519년-역주)을 면죄부 판매 총책 겸 외판원으로 채용했다. 면죄부 판매자들 중에는 그래도 양심적인 사람들이 있었다. 그러나 테첼은 그런 사람이 아니었다. 그는 말하자면 중세판 P. T. 바넘(1810년~1891년. 미국의 서커스를 '지상 최대의 쇼'로 만든 미국의 유명한 흥행사-역주)이었다. 테첼은 놋 상자, 영수증 보따리, 교황의 기치로 덮인 대형 십자가를 들고 이 동네 저 동네로 면죄부를 팔러 다녔다. 그의 옆에는 푸거 가 회계사 한 명과 레오의 면죄부 칙서가 찍힌 벨벳 방석을 든 또 다른 탁발 수도사가 조수로 따라다녔다. 그들은 교회 종소리를 요란하게 울려 자신들의 마을 광장 진입을 알렸다. 그러면 군중이 사기꾼들의 주위로 촛불, 깃발, 유골을 흔들며 우르르 몰려들었다.

테첼의 호객 행위는 마을 교회 본당에서 면죄부 보따리를 푸는 것으로 시작되었다. "여기 기쁨이 충만한 천당행 입장권이 있소이다." 그는 이렇게 한바탕 소리를 친 다음 지옥에 떨어질 것을 생각하면 면죄부는 헐값이라고 말했다. 기독교인들은 대죄를 지으면 7년간 고행할 의무가 있었다. "그런데도 4분의 1플로린이 아까워 면죄부를 안 산단 말입니

1585년 교황 식스투스 5세의 대관식이 열렸던 당시 로마의 성 베드로 대성당 모습

까?' 테첼은 어떤 죄도 용서받을 수 있다는 점을 강조했다. 자식이 어미와 동침하여 아이를 갖게 한 죄도 그 자식이 놋 상자 속에 적정 가격의 주화를 던져 넣으면, "하늘에서나 지상에서나 그 죄를 용서할 권한을 가진 교황님이 그것을 사해주실 것이고 그러면 하나님도 면죄를 해주신다."는 것이었다. 테첼은 거기서 그치지 않고 고행의 속죄를 안 하고 죽은 영혼도 "면죄부를 산 주화가 놋 상자 속에 짤랑거리며 떨어지는 순간 연옥에서 튀어나와 천당으로 직행할 수 있다."라고 열변을 토했다.

테첼은 독일에서 할당량을 초과하는 매상을 올렸다. 그는 언제나 그랬다. 이 교구 저 교구를 옮겨 다니며 교황청이 지시한 기금을 거두어들이는 것이 그의 일이었다. 면죄부는 농부들에게는 인기가 있었으나 당시 여론을 조성하는 사람들 사이에서는 인기가 없었다. 게다가 그는 이제 적지에 발을 들여놓았다. 교황청이 북동부 독일—마크데부르크, 할버슈타트, 마인츠—을 면죄부 판매 장소로 택한 것은 그곳이 허약한 지역이었기 때문이다. 프랑스, 에스파냐, 잉글랜드는 강한 지역이었다. 그래서 그곳 사람들이 빈곤을 이유로 면죄부 판매의 부당성을 지적하자 교황도 그것을 받아들였다. 사실 북동부 독일은 위험 요소가 없지 않았다. 독일은 교황에 대한 반감이 심하고 또 시끄러웠다. 신성로마제국 주재 로마교황사절도 걱정이 태산이었다. 그는 신성로마제국의 영토인 그 지역에 험악한 기운이 돌고 있다고 하면서 교황에게 면죄부 판매를 취소할 것을 건의했다.

레오는 그의 건의를 묵살했다. 그것은 곧 나타날 불길한 징조를 예견하지 못한 어리석은 결정이었다. 프란체스코 수도회의 한 탁발 수도사는 테첼의 행위를 지켜보며 이렇게 썼다. "이 무식한 수도사가 하는 말과 설교를 듣고 있노라면 기가 막혀 말문이 막힐 지경이다. 이자는 아직 짓지도 않은 죄를 면해준다고 써 있는 면죄부까지 팔아먹고 있다. 그러면서 하는 말이 교황은 사도, 천사, 성인들은 물론 성모마리아보다도 커다란 힘을 지니고 있는데, 그 이유가 이들은 그리스도의 부하들이지만 교황은 그리스도와 동격이기 때문이라는 것이다." 또 다른 목격자는 면죄부 외판원들이 설사 하나님의 어머니를 범한다 해도 면죄부로 용서받을 수 있다고 말하는 것을 들었다고 썼다.

그래도 테첼은 대주교가 내린 지시의 한계를 넘지는 않았을 것이다. 그가 계속해서 정치적 경계를 침범하지 않거나 그 경계지에 다가가지 않는다면, 그는 다시 한 번 의기양양한 모습을 보일 수 있었을 것이다. 그러나 그는 프리드리히 3세(1463년~1525년-역주)가 지배하는 작센 경계지로 다가서는 실수를 범했다. 그것이 중요했던 이유는 현명공 프리드리히로도 알려진 작센의 선제후가 신성로마제국 황제의 선출권을 가지고 있었기 때문이다. 프리드리히는 당대 어느 군주들 못지않게 경건했고 한편으로 미신에 사로잡혀 있었으며 —그는 비텐베르크 성城 교회에 성 유골 19개를 수집해놓기도 했다— 그때까지는 면죄부 판매자들에 대해 비판적이지 않았다. 그러나 테첼의 터무니없는 주장을 듣자 그는 심기가 불편해졌다. 그는 작센 지방의 돈이 밖으로 새나가는 것을 원하지 않았다. 그래서 그의 영토 내로 탁발 수도사가 들어오는 것과 면죄부 판매를 원하지 않는다고 선언했다. 면죄부 외판원이 실수를 저지른 곳이 바로 이 대목이었다. 테첼도 프리드리히의 영토에서 자신이 환영받지 못한다는 것을 알고 있었다. 그러나 그는 마이센, 마크데부르크, 할버슈타트의 주교구에서 면죄부 판매를 하던 중 국경 지역 가까운 곳에 이르게 되었고, 그곳에서 국경을 넘어온 몇몇 작센 인들에게 면죄부를 팔았던 것이다.

프리드리히는 크게 화를 냈다. 그는 그것을 모욕으로 받아들였다. 그러나 정작 중요했던 국면은 일부 작센 인들이 호리호리한 체격에 머리털을 짧게 깎은 냉엄한 표정의 수도사—마르틴 루터—에게 그들이 산 '교황의 면죄부'를 들고 와 비텐베르크의 교수 자격으로 그것의 진위 여부를 가려달라고 부탁했다는 것이다. 루터는 그것들을 자세히 살펴본 다음 가짜라고 단정 지었다. 이 말은 테첼의 귀에도 들어갔다. 그래서 테첼은 루터에 대해 탐문을 해보았는데 루터에게는 —당연히— 교회를 화나게 할 의도는 없는 듯했다. 루터는 학자로서 시시비비를 가리는 경향은 강했으나 열렬한 가톨릭 신자였다. 테첼은 그런 인물이라면 손쉽게 요리할 수 있을 것으로 판단했다. 그런 생각으로 그는 그의 인생의 가장 중요한 순간, 아니 기독교 역사의 가장 중요한 순간, 루터를 공식적으로 탄핵했다.

※

테첼은 마르틴 루터 교수를 오판한 가장 유명한 사람이었다. 그렇다고 그가 루터를 처음으로 오판한 사람은 아니었다. 루터는 모든 사람에게 까다로웠다. 누구도 그에게 쉽게 접근하지 못했고 누구도 그의 격한 내면적 갈등을 이해하지 못했다. 그가 천재인 것은 분명했다. 그는 처음 아우구스티누스 수도회의 수사로 성직 생활을 시작했다. 1505년에는 스물두 살의 나이에 그리스 어 원전을 이용하여 아리스토텔레스의 윤리학을 강의했다. 그 2년 뒤에는 사제 서품을 받았고 이듬해에는 본인은 여전히 탁발 수도사 혹은 수도사로 여겼으나 프리드리히 3세에 의해 베를린 남서쪽 96킬로미터 지점 엘베 강변에 위치한 비텐베르크 대학의 철학 교수로 임명되었다. 나중에는 사실상 그가 만든 것이라 해도 좋을 신

新고지 독일어(현재 독일 표준어—역주)로 『구약성서』와 『신약성서』를 번역했고 찬송가 41편을 작사, 작곡하기도 했다. 그중 가장 유명한 것이 지금도 전 세계에서 애창되고 있는 "내 주는 강한 성이요 A Mighty Fortress Is Our God"이다.

당초 바티칸에 대한 루터의 충성은 절대적이었다. 1511년 생애 처음으로 영원의 도시를 방문한 그는 그 자리에 무릎을 꿇고 "만세, 거룩한 로마여!"라고 감격하여 소리쳤다. 루터는 지성 못지않게 성격 면에서도 일찍감치 유명세를 타서 외곬 성직자로 정평이 나 있었다. 그럼에도 그의 내면 깊숙한 곳에는 어둡고 불합리하고 반미치광이 같은 폭력적 기질이 숨어 있었다. 루터의 이 같은 결점(분명히 결점이었다)은 아마 무지하고 미신에 사로잡힌 중세 사회에 그가 태어났다는 사실로 설명될 수 있을 것이다. 루터는 많은 남자를 파멸시킨 그 무시무시한 게르만적 유년 시절을 보낸 인물이었다.

마르틴 루터는 1483년 뫼라에서 한 농부의 아들로 태어났다. 나중에 만스펠트의 광산에서 일하게 된 부친 한스는, 억세고 근면하고 검소하고 무미건조하고 강퍅한 성격의 소유자로 교회를 혐오하면서도 지옥은 믿는 반성직주의자였다. 그는 지옥을 무시무시한 저승 세계라 여겼다. 그는 사람이 죽은 뒤에 발이 찢어진 마귀, 난쟁이, 사티로스, 도깨비, 마녀들에게 떠밀려 지옥에 들어가면, 그를 구해줄 수 있는 것은 오직 자비로운 귀신밖에 없다는 믿음을 가지고 있었다. 또 그는 선한 귀신들은 냉혹하고 삭막한 삶을 사는 인간들에 의해 마음이 약간 풀어질 수는 있어도 절대 설득당하는 일은 없다는 신념도 갖고 있었다.

한스는, 아이들은 선천적으로 악하게 태어난다고 믿고 혹독하게 매질하는 것을 당연하게 여겼다. 그러나 일곱 형제 중 맏이로 태어난 루터는 아버지의 매를 고분고분 맞는 성격이 아니었다. 그는 아버지를 누를 만큼 힘이 세지는 못했으나 매질이 극단적으로 잔학해지면 훗날 스스로도 회고했듯이 아버지를 원수 대하듯 했다. 그렇다고 어머니가 그를 자상하게 보듬어준 것도 아니었다. 남편보다는 덜 억세고 덜 신경질적이고 덜 세속적이었으나 그녀는 기본적으로 남편의 신념을 공유하고 있었다. 혹독한 매질이 정신 건강에 좋다는 믿음도 그중의 하나였다. 루터에 따르면 그녀는 언젠가 아들이 견과를 훔치는 것을 보고 피멍이 들도록 모질게 매질을 했다고 한다.

그런 부모였으니 맏아들을 성직자로 만들려고 했을 리 만무하다. 루터도 그것을 알고 있었고 그것이 그의 인생을 결정짓는 요인이 되었다.

마르틴 루터(1483년~1546년)

루터는 "내가 훗날 수도원으로 도피하여 수도사가 된 것은 가혹한 부모 밑에서 자랐기 때문"이라고 썼다. 그러나 그는 바티칸 여행을 갔을 때 처음 고양되었던 감정과 달리 큰 감명을 받지 못했다. 하지만 다른 사람들에게는 그 사실을 털어놓지 않았다. 루터의 논문과 강의에 매료되었던 동료들도 그가 의식이 깨이기 전에 믿었던 이교적 미신을 결코 떨치지 못하는 것을 보고 무척 놀라워했다. 한편으로 루터는 여전히 갖가지 이교적 악몽에 시달리고 있었다. 보름달이 뜬 날 흉하게 뒤틀린 나무 꼭대기 아래 웅크리고 앉은 늑대 인간과 그리핀(독수리의 머리에 날개가 있거나 없고, 사자의 몸통을 가진 괴수—역주), 뱀의 심장을 파먹는 난쟁이 괴물과 마법사, 부룬힐트가 동굴 속에서 악취 나는 피투성이 도끼에 관한 꿈을 꾸고 있는 동안 끔찍한 몽마로 변하여 그들의 친누이와 성교하는 인간들의 환영에 시달렸다.

루터는 다른 면으로도 독특한 점이 많았다. 그의 동료 수도사들은 악마에 대한 이야기를 하고 악마에 대한 경고를 하고 악마를 두려워하는 데 그쳤으나, 루터는 그 악마를 보고 언제나 그 환영과 마주쳤다. 또 그는 무척 괴팍한 신학자였다. 그것은 아마 독일의 민족성과도 관계가 있을 것이다. 속담에도 영국인의 유머 감각은 응접실, 프랑스 인의 유머 감각은 침실, 독일인의 유머 감각은 변소에서 만들어진다는 말이 있지 않은가. 루터에게는 변소가 예배의 장소였다. 그에게 가장 거룩한 순간은 비텐베르크 수도원 탑의 변소에 있을 때 자주 찾아왔다. 그가 믿음으로서만 의롭게 된다는 프로테스탄트 교리를 생각해낸 곳도 다름 아닌 그 변소였다. 그는 나중에 이렇게 썼다. " '의로운' 과 '하나님의 의로움' 이라는 말이 벼락처럼 내 양심을 때렸다. … 이윽고 나는 하나님의 의로움만이 모든 교인을 구원해줄 수 있다는 생각을 하게 되었다. … 그러므로 우리를 의롭다고 하고 우리를 구원해주는 것도 하나님의 의로움일 수밖에 없다. 내게 그 말은 감미로운 메시지가 되었다. 성령은 수도원 탑 변소에 앉아 있는 내게 그 깨달음을 주었다."

물론 신은 어디에나 존재한다. 교황청도 4세기 뒤에 그것을 인정했다. 루터의 『전집 Sammtiche Schriften』에 노골적으로 표현된 배설물 문구를 신이 나 번역한 예수회 수사는 루터 신봉자들로부터 거센 저항을 받았다. 그들은 그를 "상스러운 가톨릭 논객"이라고 비난했다. 그러나 그들은, 정작 상스러운 말을 한 것은 루터라는 사실은 모른 체하고 남에게만 손가락질한 것이었다. 그들은 사탄이 루터에게 잉크를 뿌리자 루터도 사탄에게 잉크를 뿌렸다는 말만 열심히 했다. 그러나 원본에는 그것이 잉크가 아니라 똥Scheiss으로 묘사되어 있다. 사탄과 루터가 똥을 무기로 사용했다는 것은 비텐베르크 대학 시절 루터의 동료 교수였던 멜란히톤이 루터의 나머지 이야기에 대해 기록한 것만 봐도 알 수 있다. "싸움에서 진 … 사탄은 뿌지직 소리를 내며 화가 잔뜩 난 얼굴로 투덜거리며 그곳을 떠났다. 그 후 며칠 동안 방 안에서는 구린내가 진동을 했다."

루터는 사탄의 공격을 떠올리며 누군가 똥바가지를 씌울 때 쓰는 상스러운 말인 *베샤이센*bescheissen을 반복해서 사용했다. 사탄이 또 다른 전략을 쓰며 마왕의 모습으로 루터에게 "*자신의 궁둥이*Scheiss"를 보여주자 루터도 똑같은 방식으로 사탄에게 반격을 가했다. 사탄에게 자신의 궁둥이를 들이대며 "키스"하거나 입으로 "핥으라"고 해놓고, "사탄의 소굴인 자신의 항문 속으로 던져버릴" 것이며 "사탄의 얼굴", 아니 "사탄의 바지"에 똥을 싼 다음 그것으로 사탄의 목을 조르겠다고 윽박지른 것이다.

변소 안에서 이토록 더러운 사탄과도 싸워본 사람이 유연한 테첼에게 겁을 먹었을 리 없다. 그러나 면죄부 판매원에 대한 루터의 반박문은 전설로 전해진 것과는 달리 그다지 격정적이지 않았다. 그는 비텐베르크의 성 교회 문에 교황에 대한 비난의 글을 '못질해' 박지 않았다. 그 시대의 다른 대학 도시들과 마찬가지로 비텐베르크에서도 교회 문은 게시판으로 사용되었다. 따라서 새로운 종교 이론을 가진 대학인은 누구든 교회 문에 그것을 게시하여 논쟁의 불을 당길 수 있었다.

문제는 루터의 타이밍이 주효했다는 데 있었다. 모든 성인의 날All Saints' Day인 11월 1일 프리드리히 선제후는 성 유골을 전시하는 연례행사를 갖는 전통이 있었고, 그것을 루터가 이용한 것이었다. 그는 이 행사에 많은 군중이 모여든다는 것을 알고 있었다. 그래서 1517년 10월 31일 정오, 라틴 어로 된 *95개조 반박문Disputatio pro declaratione virtutis indulgentiarum*을 다른 신학자들의 글 옆에 붙였다. 그 밖에도 그는 아침나절에 군중이 몰려오면 배포할 독일어 반박문도 따로 준비해두었다. 그리고 나서 그중 한 장을 테첼의 순회공연 후원자 겸 공연의 숨은 수혜자인 알브레히트 마인츠 대주교에게 보냈다.

루터는 우호적인 서문으로 95개조 반박문의 포문을 열었다. "문학, 신학 석사 겸 신부 마르틴 루터는 믿음에 대한 충정과 그것의 의미를 명확히 하려는 마음에서 아래의 논제를 토론에 부치고자 합니다." 루터는 이 일을 하면서 자신의 논지가 이교적이라는 생각은 하지 않았다. 내용도 아직은 이교적이지 않았다. 교황이 참회자의 죄를 면해줄 권한, 다시 말해 '열쇠의 힘'을 지니고 있다는 사실은 루터도 인정을 했다. 그는 다만 면죄부를 마치 관광 상품처럼 팔고 다니면 참회의 가치가 추락하여 죄를 하찮게 본다는 점을 지적했을 뿐이었다.

그러나 루터가 제기한 두 번째 주장은 로마도 무시할 수 없었다. 그는 교황의 열쇠가 내세까지 도달하여 용서받을 수 없는 인간을 연옥으로부터 빼내주고 연옥에서의 속죄 형량까지 감해주는 것은 불가능하다고 말했다. 또 루터는 교황청의 면죄부 외판 의무를 덜어주면서 거기에 핵심을 찌르는 견해도 하나 덧붙였다. 돌이켜 보면 그것은 끔찍한 어린 시절을 보낸 그가 마음속에 계속 억눌러두었던 분노를 폭발시키는 첫 번째 계기가 되었던 것 같다. 루터는 교황을 정면으로 비판했다. 그것이 실로 숨 막히는 상황이었던 것은, 교황이 그것을 이교의 우두머리가 미리 계획한 중대 범죄행위로 해석할 수도 있었기 때문이다. 루터는 반박문에서 이렇게 썼다. "이 뻔뻔스러운 면죄부 설교로 인해 교황에 대한 존경심을 회복하기는 거의 불가능한 상황이 되었다. 이것은 학식이 아무리 높은 사람이라도 해결할 수 없는 문제이다. … 속인들은 이렇게 날카로운 질문을 던진다. 교황은 어찌하여 성당을 짓는다는 명목으로 … 수많은 영혼을 추저분한 속전贖錢을 받고 구해주면서, 거룩한 사랑과 그곳에 있는 영혼들의 절박한 필요를 위해서 연옥을 비워두지 못하는가?"

※

면죄부 판매 실적은 뚝 떨어졌다. 교황의 놋 상자 속으로 쨍그랑거리며 떨어지는 4분의 1플로린의 수도 날이 갈수록 줄어들었다. 면죄부 장사는 사실상 망한 것이나 다름없었다. 테첼이 가진 마술의 힘도 풀렸다. 루터의 새로운 마술—이에 대해서는 신적일 수도 있고 악마적일 수도 있다고 여론이 크게 양분되었다—이 힘을 발하기 시작했고, 그의 대담한 말들은 1500년대 초 기준으로 보면 경이적인 속도로 유럽 전역으로 퍼져나갔다.

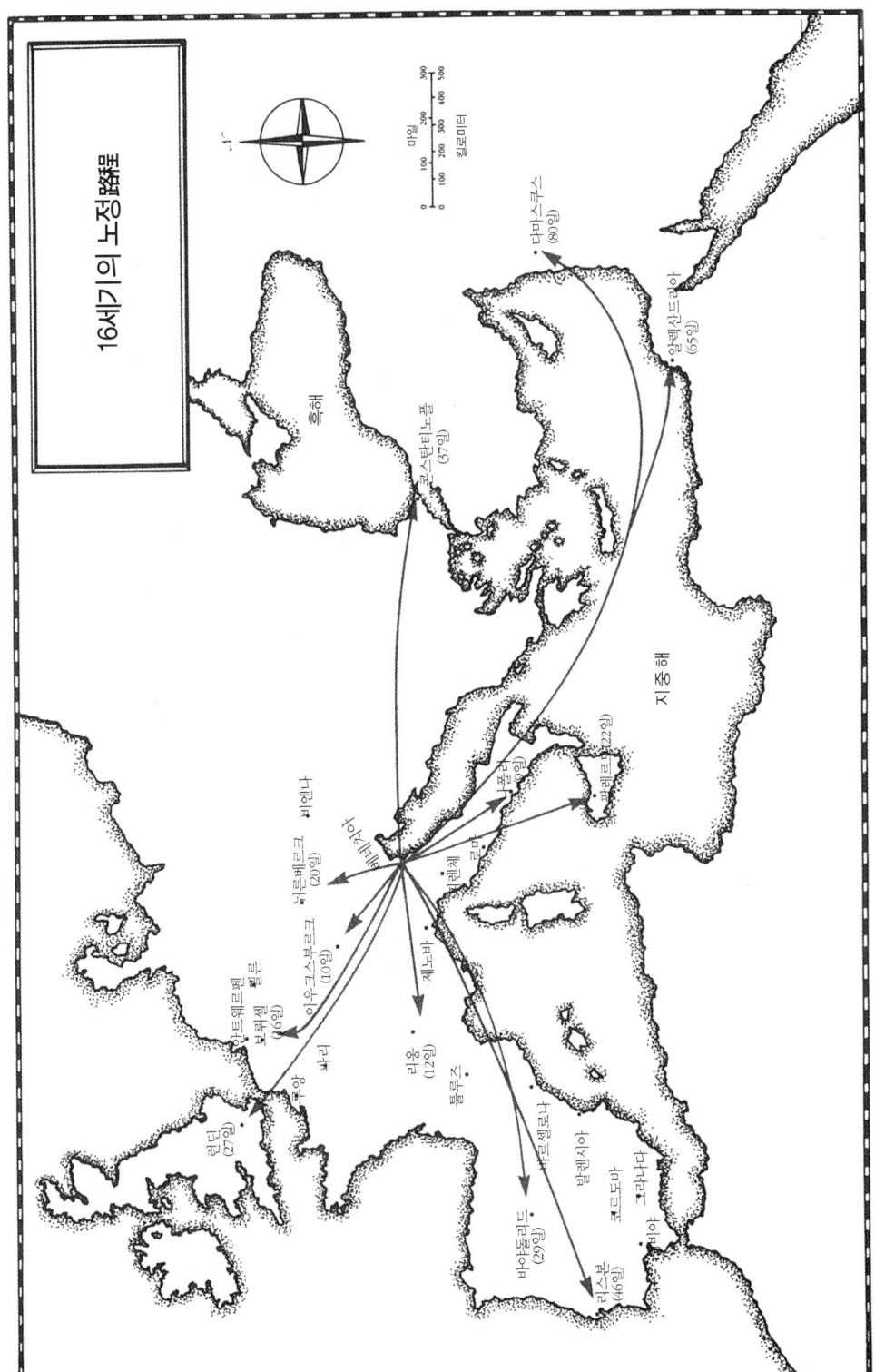

그로부터 1년 뒤 그 역사적인 사건에 대한 소식은 이제 유럽의 저 오지에까지 다다랐다. 느릿느릿 움직이는 윈압인쇄기를 제외하면 현재 우리가 알고 있는 통신수단은 그 당시에 존재하지 않았다. 소식을 전해주는 것은 여행자들이었고 여행이 얼마나 걸렸는지는 여행 기록으로 측정할 수 있다. 지금까지 남아 있는 여행 기록은 베네치아를 출발점으로 삼은 것이 가장 쓸 만하다. 그것을 기준으로 볼 때 베네치아에서 나폴리까지는 잘하면 아흐레 만에 도착했다. 리옹까지는 2주, 아우크스부르크, 뉘른베르크, 쾰른까지는 2주에서 3주, 리스본까지는 7주가 걸렸다. 해협의 날씨가 좋으면 런던은 한 달 만에 도착했다. 그러나 도중에 폭풍이라도 만나면 바다에 꼼짝없이 갇혀 있어야 했다. 잉글랜드 왕은 쾌청한 날씨에 보르도를 출발하여 12일 만에 런던에 도착했다.

그러나 소식도 소식 나름이어서 충격적인 소식은 입에서 입을 통해 이 마을 저 마을로 퍼져나가다 해협 너머까지 전파되었다. 루터가 95개조 반박문을 성 교회 문에 붙였을 때가 그랬다. 11월의 첫 주가 지나기도 전에 그를 지지하거나 비난하는 시위가 독일 전역에서 자생적으로 일어나기 시작했다. 루터는 결국 누구도 상상도 할 수 없었던 일을 해낸 것이었다. 그는 우주의 지배자를 욕보이고 있었다.

농민 신앙의 본질을 뚫고 들어가기는 쉽지 않았다. 농민 신앙은 초자연성에 바탕을 두고 있었다. 교구의 하급 성직자는 농민들에게 경멸의 대상이면서 애정의 대상이기도 했다. 주교와 대주교는 농민들의 관심을 끌지 못했다. 저명한 가톨릭 신자였던 요한네스 얀센(1829년~1891년. 종교개혁 시기의 독일 민족사를 써서 큰 논쟁을 불러일으킨 독일의 가톨릭 역사가—역주)은 교황에 대한 루터의 공격이 시작되기 전에 루터의 고향에 대한 연구를 했는데, 그곳의 고위 성직자들이 "설교와 영혼의 보호는 안중에도 없이 세속적 탐욕에만" 눈이 멀어 있었다고 썼다. 또한 그들은 같이 사는 정부에게만 충실한 사제들과 달리 성생활이 극도로 문란하여 때로는 연방의회나 제국 의회 참석차 출장을 다닐 때도 애첩들을 끼고 다닐 정도였다고 한다. 교황에 대한 농민들의 시각은 한마디로 정의하기 어렵다. 그들은 교황을 우러러보았다. 그러나 그것은 그리스도 대리자에게 보여주는 존경심이 아니었다. 그들은 교황을 위대한 마법사 정도로 여겼다. 그런데 그 막강한 힘이 아우구스티누스 수도회의 한 하급 수도사에 의해 침해당한 것이다. 농민들은 교황이 복수할 것으로 예상했다. 그 복수의 정도에 따라 교황에 대한 농민들의 충성도도 영향을 받을 것이었다. 교황이 가진 마술의 힘이 꺾이면 농민들은 그로부터 등을 돌릴 것이 분명했다.

루터는 조직화된 종교에 대해서만 공격한 것이 아니었다. 그는 그 밖의 다른 일, 즉 중세적 질서의 댐을 허물어버리는 일도 했다. 그는 1520년에서 1521년 사이에 성직은 성역이 아니므로 누구든 성직자가 될 수 있다는 이론을 도출해냈다. 게다가 단편적이나마 복음서의 내용이 유포되었다. 그러자 농민들은, 그리스도와 그 사도들이 그들의 이름을 빌어 발언하는 군주들이 아니라 억압받는 이들과 함께하려 한다는 사실을 알게 되었다. 중부 유럽에서 정치와 종교의 관계가 복잡하게 뒤얽혀 있는 점도 성직의 권위에 대항한 루터의 도전이 농부나 노동자들로 하여금 번영하는 독일의 부에 대한 자신들의 몫을 더 많이 요구하게 하는 기폭제로 작용하게 했다. 그로부터 얼마 지나지 않아 독일 농촌 마을에서는 루터를 농민의 후원자로 이야기하는 내용의 『카르스탄스 Karsthans』라는 소책자가 등장하기 시작했다. 농민들은 루터를 그들의 투사로 생각하고 있는 것이 분명했다.

상류층의 관점은 그들과 판이했다. 교황들이 연이어 재난을 초래하기 전까지만 해도 가톨릭 성직 계급과 현세적 삶의 질서에 대한 그들의 입장은 확고했다. 그들의 삶은 여전히 로마교회의 교리에 따라 움직였다. 그러나 바티칸의 부패와 성직자들의 추악한 비행을 보자 그들은 분노했다. 루드비히 파스토어의 말을 빌리면 "상류층"은, "교황청이 과세 문제에 있어서도 사람들에게 견딜 수 없는 압박을 가하여 … 교회와 교황청에 대해 헌신적인 사람들조차 불만을 갖게 했으므로, 재정적인 면으로 보면 로마에 대한 독일인들의 불만은 충분히 근거가 있는 것"으로 생각했다는 것이다. 그들이 지금 오스트리아, 보헤미아, 작센, 스위스 연방을 순회하고 있는 루터 문하생들의 설교에 귀 기울이고 있었다. 이 귀족들도 농민들과 마찬가지로 교황청의 강력한 대응을 예상하고 있었다.

※

1518년 4월 24일, 하이델베르크에서는 전 독일 아우구스티누스 수도회의 참사회가 열렸다. 이 회의에서 루터는 교구 신부의 책무를 면제받았다. 이것은 견책이 아니라 신뢰의 표시였기에 루터는 새롭게 얻은 자유를 만끽하며 스콜라주의를 거짓된 "영광의 철학"으로 엄밀하게 비난하는 내용의 연설을 했다. 이것이 책자로 인쇄되어 유럽 전역에 퍼져나가자 인문주의 사회를 비롯하여 광범위한 사회계층에서 논의가 이루어졌다. 인문주의 주창자들은 15세기 말부터 줄곧 루터와 같은 강단 있는 신학자가 나타나 고루하기 짝이 없는 이론으로 버젓이 철학 행세를 해온 스콜라철학을 반지성주의로 낙인찍어주기를 고대하고 있었다. 독일 학자들은 이제 스스로를 루터주의자라고 당당히 밝히는 전단을 뭉텅이로 찍어내고 있었다.

존 콜릿은 잉글랜드에서 반란이 임박했다고 보았는데 —그러나 이어지는 반란 기간 내내 교황에 대한 그의 충성심은 변함이 없었다— 교황청이 의로운 행위와 참회에는 관심이 없고 세금 쥐어짜는 것에만 혈안이 되어 있다고 판단했기 때문이다. 루터는 이제 스스로 르네상스 교황들로부터 이중의 고통을 받고 있는 수백만 신도들의 대변자가 된 것처럼 느끼고 있었다. 루터는, 신도들이 테첼과 같은 날강도에게 있는 돈 없는 돈 다 빼앗기고 법의 입은 사기꾼들에게 소중한 종교가 수난당하는 모습까지 보며 애통해하는 처지가 된 것이다. 이제부터 루터의 분노와 신도들의 분노는 하나가 될 것이고 그렇게 양측은 힘과 양을 결집하여 유럽이 일찍이 보지 못한 권위의 상징과 대결하게 될 것이었다. 또한 그들은 그리스도의 이름에 호소하게 될 것이었다. 그러나 초반 우세를 지켜가던 독일은 이 장면에서 독특한 양상을 드러냈다. 이것의 기원을 『신약성서』에서 찾지 않고 루터가 어린 시절 들었던 이교적 전설, 다시 말해 지크프리트가 용龍 파브니르에게 피투성이 도끼를 꽂는 것으로 정점을 맞은 「각피로 무장한 자이프리트의 노래 Das Lied vom huren Seyfrid」에서 찾았던 것이다.

루터는 도전장을 던졌다. 그러나 교황 레오는 그것을 대수롭지 않게 여겼다. 알브레히트 대주교는 분위기가 심상치 않게 돌아간다는 것을 직감하고 루터의 명제를 교황에게 보내 그를 단호히 처벌할 것을 요청했다. 레오는 루터의 도전을 오판했다. 그는 이번에도 그것을 아우구스티누스 수도회와 도미니쿠스 수도회 사이의 사소한 분쟁으로 판단했다. 그는 아우구스티누스 수도회의 총대리인 가브리엘 델라 볼타에게 아우구스티누스 비텐베르크 총책인 요한 폰 슈타우피츠를 통해 이 문제를 해결하라고 지시했다. 그러나 델라 볼타의 훈령은 책상 서랍에 처박혀 있었던 것이 분명하다. 이 문서는 슈타우피츠에게 전달되지 않았다. 교황청은 사실상 비텐베르크의 도전을 무시했던 것이다.

그러나 로마를 제외한 다른 지역에서는 격렬한 반응이 일어났다. 가톨릭 신학의 전통이 강했던 루뱅, 퀼른, 라이프치히 대학들은 루터의 명제를 맹비난하고 나섰다. 테첼도 자신이 중상모략당한 것으로 여기고 있던 터라 그 문제에 대해 답변하기로 작정했다. 그러나 그는 문맹인 데다 문제가 되고 있는 논점에 대한 지식도 희박한 상태였기 때문에, 도미니쿠스 수도회는 신학자 콜라트 빔피나를 공동 협력자로 지명하여 그로 하여금 「106가지 반명제 One Hundred and Six Anti-Theses」를 작성하도록 했다. 1517년 12월 테첼이 「반명제」를 들고 프랑크푸르트에 나타났다. 이 자리에서 그는 사죄하는 기색 하나 없이 구원의 염가 판매 행위를 당당히 변호했다. 훗날 『가톨릭 백과사전』은 그가 이렇게 주장한 것으로 묘사했다. 즉 구원의 염가 판매는 "정교한 학문에 못 미치는 단순한 신학적 의견에 확실하고 교리적이기까지 한 재가裁可"를 해준 행위였다는 것이다. 이듬해 3월 한 면죄부 외판원이 「반명제」 사본 8백 부를 들고 비텐베르크에 나타났다. 그러자 대학생들이 우르르 그에게 몰려들어 사본을 구입한 다음 시장 광장에서 불태웠다.

루터도 『면죄부와 은총 Indulgence and Grace』이라는 책자를 발간하여 반격에 나섰다. 그도 이제는 반항적인 기색이 역력했다. "내가 진실을 말하여 금전적 손해를 입은 자들이 나를 이단으로 부른다면 그들이 뭐라 하든 나는 상관하지 않겠다. 머리가 우둔하여 성서를 이해하지 못한 자들이나 그런 소리를 할 것이기 때문이다." 한편 교황청의 현자들은 테첼이 곤혹스러운 상황에 빠진 것을 알고 교황 레오에게 그를 면직시킬 것을 요청했다. 교황도 그들의 말을 듣고 당시 교황청에 근무하고 있던 작센의 명문가 출신의 젊은 사제 카를 폰 밀티츠를 접견했다. 그러고 나서 소동이 가라앉자 그를 독일로 보내 망신당한 탁발 수도사의 성직자복을 벗기게 했다.

❈

그러나 이제 와서 테첼을 포기하는 것은 ―독일의 정통 신학자들이 그를 맹렬히 싸고돌았다― 불가능했다. 대주교 알브레히트는 외판원의 과도한 행위를 사적으로 비난한 것이었지 그곳 가톨릭 지도층의 전체 입장을 표명한 것이 아니었다. 그들은 공공연히 결속을 다지며 로마와 타협하기를 거부했다. 로마의 한 독일인 대주교는 루터에 대한 이단 절차를 밟을 것을 촉구했고 도미니쿠스 수도회는 그의 즉각적인 고발을 요구했다. 당대 중부 유럽 최고의 신학자라 해도 좋을 잉골슈타트 대학의 부총장 요한 에크 박사(1486년~1543년-역주)는 소견서, 이른바 『오벨리스크 Obelisks』에서 루터의 명제는 "해독"을 퍼뜨려 믿음을 잃게 만드는 것이라며 맹공을 퍼부었다. 교황청 출판물 검열관도 그에 부응하여 『반박문 Dialogue』을 발행, "교황의 절대권"을 재확인했다. 쾰른의 신학자 야코프 반 호흐스트라텐(1460년~1527년-역주)은 루터를 화형에 처하라고 압박했다.

그러나 루터는 화형에 처해지지 않았고 계속해서 펜을 휘둘렀다. 에크의 문건이 나온 뒤인 1518년 4월, 그는 『95개조 반박문에 대한 해설 Resolutiones』이라는 다소 엉뚱한 내용의 책자를 발간했다. 이것의 표면적인 이유는 그의 신앙의 정통성과 교회에 대한 복종을 나타내는 것이었다. 교황에게 보낸 사본에서 루터는 이렇게 말했다. "내 모든 것을 송두리째 교황 성하께 바치나이다. 살리든 죽이든, 소환을 하든 파면을 하든, 승인을 하든 책망을 하든, 교황 성하 처분대로 하옵소서. 소생은 내면과 외면의 소리를 가리지 않고 교황 성하의 모든 소리를 그리스도의 소리로 인정하겠나이다." 그러나 이것은 뒤이어 나온 원본의 내용과 일치하지 않았다. 『해설』은 분명 교황의 절대권을 거부하면서 교황이 세계 공의회에 나와 답변해야 될 것임을 암시하고 있었다. 이어 루터는 성인 유골, 순례 여행, 성인의 힘에 대한 과도한 주장, 성도聖道를 모욕하는 말을 계속했다("로마는 … 지금 훌륭한 이들을 비웃고 있다. 진정한 바빌론 로마가 기독교계 그 어느 곳에서도 볼 수 없는 방식으로 최고의 주교들을 마구잡이로 욕보이고 있다."). 그는 교황의 면죄부 정책의 토대를 무효로 선언했다. 비텐베르크 수도사의 확신은 점점 깊어졌다. 확신이 깊어지자 독립심도 강해졌다.

레오는 경악했다. 면죄부를 단념하라고? 교황청이 파산할 지경인데도? 그럼 성 베드로 대성당의 개축 비용, 전비, 화려하고 우아한 연회 비용, 라파엘로, 로렌초 로토, 팔마 베키오(1480년경~1528년. 베네치아의 화가—역주), 페루지노(1450년경~1523년. 라파엘로의 스승이었던 초기 르네상스 시대의 화가—역주), 티치아노, 파르미자니노(1503년~1540년. 이탈리아의 화가—역주)의 후원금은 대체 어디서 충당하라는 거야? 교황청은 사방에서 날아드는 청구서 때문에 빚을 틀어막느라 정신을 못 차릴 지경이었다. 그런데 일개 수도사—그것도 탁발 수도사—가 바티칸의 주 수입원을 끊으려 하고 있는 것이다. 교황은 마르틴 루터를 로마로 소환했다.

루터는 로마에 가기를 거부했다. 소환에 응했다가는 자칫 화형을 당할지도 모를 일이었다. 예전에도 그런 일은 비일비재했다. 그렇지 않으면 교황은 루터를 이탈리아의 오지 수도원에 처박아둘 것이고 그러면 1년도 못 가 루터와 면죄부 사건은 사람들의 뇌리에서 사라질 것이었다. 루터는 로마에 가지 않기로 하고 프리드리히에게 독일 제후로서 자국민의 로마 송환을 막아줄 것을 호소했다. 프리드리히 선제후도 그것을 받아들였다. 그는 아우구스티누스 수도회의 이 논쟁적인 수도사를 좋아했다(루터가 비텐베르크 대학에서 회계를 담당했던 것도 그 한 가지 이유였다. 레오와 달리 루터는 대학을 결코 적자赤字 상태에 빠뜨리지 않았다). 막시밀리안 황제가 프리드리히의 청을 받고 그에게 해준 권고도 한몫을 했다. 이 합스부르크 가 황제는 살날이 다섯 달 밖에 남지 않았는데도 정치적 판단력은 예전 못지않게 날카로웠다. 합스부르크 가가 중부 유럽의 지배 왕조가 된 것도 왕조를 복잡하게 얽어놓을 줄 아는 그의 정치력 덕분이었다. 막시

교황 레오 10세(1475년~1521년)

밀리안은 독일 정치와 종교 간의 상호 작용을 면밀히 주시하고 있었다. "그 수도사 뒤를 잘 봐주게나." 막시밀리안은 루터를 로마교황에게 넘겨주는 것은 정치적 실책이 될 수 있다고 하면서 작센 선제후 프리드리히에게 그렇게 말했다. 그는 독일 전역에서 반성직주의 정서가 매우 강한 것으로 판단했다.

곧이어 열린 제국 의회도 막시밀리안의 의견을 수용했다. 막시밀리안은 아우크스부르크 제국 의회를 소집하면서 로마의 요청에도 답변했다. 레오가 오스만제국에 대한 십자군 결성 계획을 밝히면서 부가세를 징수하려고 했던 것이다. 제국 의회는 그것을 거부했다. 그것은 좀처럼 보기 힘든 행동이었으나 전례가 없지도 않았다. 프리드리히는 자국민으로부터 교황청 세금을 걷어 그 돈으로 비텐베르크 대학을 세우려고 했다. 귀족들도 그에 고무되었다. 바티칸이 군주들로부터 원하는 것은 돈, 돈, 돈밖에 없는 듯했다. 견진성사비, 성직 취임 후 받는 첫해의 수입, 교회법 소송비용 등 부가세 말고도 로마에 바쳐야 하는 세금은 허다하게 많았고 그것만으로도 제국은 허리가 휠 지경이었다. 뿐만 아니라 독일 제후들은 이전에도 교황청에 십자군 기금을 보내주었으나 돌아오는 것은 십자군 원정이 취소되었다는 소식뿐이었다. 그런데도 교황은 그 돈을 돌려주지 않고 다른 이탈리아 사업에 전용했다. 어찌 됐든 십자군 원정은 모두 실패로 돌아갔다. 게다가 군주들은 투르크 족을 두려워하지 않았다. 그들은, 기독교계의 진짜 적은 투르크 족이 아니라 그들 중의 일원이 말하는 소위 "로마에 버티고 있는 지옥의 개"라는 결론에 도달했다. 막시밀리안은 이단에 단호히 대처하겠다는 내용의 유화적인 서신을 교황에게 보냈다. 그래놓고는 프리드리히에게 루터의 뒤를 잘 봐주라는 당부를 한 것이었다.

레오는 고심 끝에 루터의 의사를 받아들였다. 루터의 로마 소환은 취소되었다. 그러나 레오는 소환을 취소하는 조건으로 루터에게 1518년 가을에 아우크스부르크에서 교황사절―도미니쿠스 수도회 소속의 카예탄 추기경(1469년~1534년. 본명은 토마소 데 비오)―을 만나라는 명령을 내렸다. 1518년 10월 7일 루터는 제국의 안전 통행권을 소지하고 아우크스부르크에 도착했다. 루터는 카예탄과는 상관없이 이 무렵 안전 통행권을 소지해야 될 만큼 생명의 위협을 느끼고 있었다. 카예탄 추기경은 신망도 높고 지적 명성도 하늘을 찔러 토마스 아퀴나스의 『신학 대전 Summa Theologica』 주석서를 무려 아홉 권이나 펴낸 인물이었다. 그러나 두 사람은 이 만남에서 아무런 결론도 내지 못했다. 양측 모두 논점을 명확히 하지 않아 두 사람의 면담은 실패로 끝났다. 루터는 교회의 개혁 의제를 토의하려고 했다. 그러나 추기경은 교회 조직의 서열에만 신경을 썼다. 게다가 그는 학자적 배경을 지녔으면서도 루터의 교수 신분을 인정하지 않으려 했다. 그는 도미니쿠스 수도회의 총회장이라는 자신의 직책에만 매달려 비텐베르크 수도사를 일개 하급 성직자로 취급하면서, 고위 성직자에게 복종의 서약을 했으니 그들을 공개 비판하는 것은 불가하다는 태도를 취했다. 카예탄은 계율을 어겼을 때 내려질 형벌만을 면담의 쟁점으로 제기했다.

카예탄은 사실상 결론을 내린 것이었다. 그는 루터에게 계율 위반자는 즉시 입장의 공식 철회를 발표하고 교황의 정책에 이의를 제기하지 않겠다는 서약을 하라고 했다. 루터는 퉁명스럽게 그것을 거절했다. 그러자 추기경은 격노하여 그를 내치고는 무조건 주장을 철회하지 않으려거든 두 번 다시 눈앞에 나타나지 말라는 엄명을 내렸다. 그리고 나서 그는 혼자 루터에 대한 비난의 글을 휘갈겨 쓴 다음 그것을 프리드리히 제후에게 속달로 보냈다.

이를 본 하인들이 작센의 추밀원 의원들에게 그 사실을 알렸다. 당시에는 첩자가 사방에 널려 있었다. 유럽의 모든 군주는 다른 나라 궁정에 첩자들을 조직적으로 침투시켰고 그중 가장 규모가 크고 유능한 첩자들이 바티칸에 박혀 있었다. 그러나 소문과 달리 카예탄은 루터를 체포하려 하지 않았다. 그래도 루터의 안전은 위태로웠다. 루터는 누군가 자신을 이탈리아로 압송해가려 한다는 정통한 소식을 전해 듣고 뒷문으로 건물을 살짝 빠져나와 농부의 달구지에 몸을 숨기고 급히 도시를 탈출했다. 간발의 차이로 잡힐 수도 있을 뻔한 아슬아슬한 순간이었다. 카예탄은 프리드리히에게 재차 편지를 보내 루터를 무장 경비대 감시하에 로마로 압송하라고 압력을 가했다. 선제후는 그의 말을 일축했다. 그렇게 해서 수도사는 발등의 급한 불을 껐다. 그러나 그것은 당분간 로마로 송환하지 않겠다고 결정한 나라에서 도망자의 신분으로 사는 불안정한 안전이었다.

루터는 비텐베르크에 돌아온 뒤 카예탄 추기경과 충돌한 장면을 생생히 기록하여 독일 전역에 배포했다. 그는 한 친구에게 이렇게 썼다. "대수로울 것 없는 문건이지만 받아주게. 바울이 말한 적그리스도가 로마 궁정을 지배하고 있다는 내 생각이 옳은지 그른지는 곧 판명이 나겠지." 루터와 그의 신봉자들의 언어는 갈수록 과격해졌다. 교황을 사적으로 언급하는 말도 불손해졌다. 교황은 루터에게 로마로 와서 고해할 것을 다시 촉구했다. 전에 없이 여비를 제공해주겠다는 말도 했다. 루터는 이번에도 비텐베르크에 있는 것이 안전하다는 결론을 내렸다. 그는 부쩍 위기감을 느꼈다. 교황과 고위 성직자들은 이단의 판결에 절대적 권한을 가지고 있었다. 유럽 군주들은 교황청이 이단자로 낙인찍은 사람은 지위 고하를 막론하고 교황청에 인도해줄 법적 의무가 있었다. 최근 들어 교황은 그 권한을 매우 신중하게 행사했다. 교황은 신성로마제국의 위상이 떨어졌으니 언젠가는 법을 우습게 아는 군주가 나타나 자신에게 도전하리라고 예상하고 있었다. 그러나 아직 그 시기는 오지 않았다. 그 조짐은 이제 시작일 뿐이었다. 어떤 군주도 이교도의 수뇌를 인도하라는 교황의 명령을 거부하지 않았다. 비텐베르크의 선동적인 교수가 저지른 죄보다 가벼운 죄를 지은 사람도 과거 수천 명이나 화형당한 전례가 있었다. 교황권에 도전하는 것은 이단이고 따라서 중범죄가 되는 것이 당연했다. 독일인 네 명이 이단자로 순교당한 일은 사람들의 뇌리에 아직도 생생히 남아 있었다. 그들의 범죄 내용과 루터의 범죄 내용은 놀랍게도 아주 흡사했다. 에르푸르트의 요한 폰 베젤도 루터처럼 면죄부를 인정하지 않고 대학의 강단에서 "나는 교황, 로마교회, 종교 회의를 경멸합니다. 나는 그리스도만을 숭배합니다."라고 말했다. 그 말을 한 다음 회개를 했음에도 불구하고 그는 처형당했다. 아우크스부르크의 욘과 레빈 형제 또한 면죄부를 날조라고 말한 죄로 유죄 판결을 기다리고 있었다. 면죄부, 사면, 연옥을 거부하고 성서만이 믿음과 구원의 원천이라 말한 신학자 베셀 간스포르트(1419년~1489년-역주)도 같은 상황에 처해 있었다.

루터는 훗날 간스포르트에 대해 이렇게 말했다. "내가 만일 그의 책을 전에 읽었더라면 나의 적들은 내 주장이 모두 그에게서 나온 것이라고 말했을 것이다. 우리 두 사람의 생각은 그 정도로 일치했다." 다른 사람들도 마찬가지였다. 따라서 그들이 중범죄를 저질렀다면 루터도 중범죄를 저지른 것이었다. 루터는 인쇄물, 강단, 설교단을 가리지 않고 바티칸을 무차별적으로 공격했다. 이제 남은 일은 공적인 교회 조직 앞에서 그것을 고백하는 것뿐이었다. 루터는 아우크스부르크에서 도망쳐온 지 여덟 달 후인 1519년 6월 27일, 라이프치히의 플라이센부르크 성안의 태피스트리로 화려하게 장식된 홀에서 우연치 않게 그 일을 하게 되었다.

사실 그는 라이프치히 논쟁에서 점잖게 발을 뺄 수도 있었다. 라이프치히 논쟁의 실질적인 당사자는 비텐베르크 대학의 선배인 안드레아스 보덴스타인(1480년경~1541년)이었기 때문이다. 출생지 이름에 따라 카를슈타트 교수로 알려진 그는 루터의 95개조에 대한 요한 에크의 논쟁적 소견서 『오벨리스크』가 나왔을 때 가톨릭 권력층과 충돌을 빚은 인물이다. 당시 루터는 아우구스티누스 수도회의 총회 참석차 하이델베르크로 떠나는 상황이어서 그 소견서 말미에 몇 자 끼적거리는 것으로 답변을 대신했다. 그러나 카를슈타트는 그 논쟁에 적극적으로 뛰어들어 379개의 명제를 작성했고 출판하기 전에 26개의 명제를 다시 추가했다. 그가 지금 에크의 도전을 받고 논쟁의 한가운데에 서 있었다.

※

토론장의 참석자들이 자리에 앉았다. 청중은 대부분 신학자와 귀족이었으나 비텐베르크 대학의 학생 대표단도 대거 참석해 있었다. 이들은 만약의 경우 불상사가 생기면 그들의 교수 편에서 싸우기 위해 곤봉으로 무장하고 있었다. 대학생들은 토론회의 사회를 맡은 작센 공작 게오르게를 예의 주시하고 있었다. 게오르게 공작은 선제후 프리드리히의 사촌이었으나 그와는 달리 지독한 보수주의자여서 루터에게도 적대적이었다. 그런 상황에서 루터가 라이프치히 공개 토론장에 모습을 드러낸 것은 성실함 때문이었다. 그는 투사였고 유능한 논쟁가였다. 카를슈타트는 탁월한 지식인이기는 했으나 그 두 가지 면이 부족했다. 대학자

에크는 그를 능히 거꾸러뜨릴 것으로 예상되었다. 루터도 그 점을 알고 있었다. 그러나 그는 최소한 에크에게 몇 개의 타박상이라도 입혀 토론장을 나가게 하고 싶었다.

막상 뚜껑이 열리자 결과는 누구도 예측하지 못한 에크의 압승으로 끝이 났다. 나중에 에크는 자신이 거둔 승리를 크게 자랑했다. 그의 말은 옳았다. 그것은 그의 승리였다. 에크는 카를슈타트를 도와주려고 논쟁에 끼어든 루터를 교묘한 책략으로 접근하지 못하게 가로막은 다음 진창에 빠뜨려 헤어나지 못하게 했다. 그 재앙은 1세기 전 교회의 대분열(세 명의 대립 교황이 있을 때였다)을 종식시키고 이단을 억압하기 위해 소집한 콘스탄츠 공의회(1414년~1418년-역주)에서 제기되었던 모호한 문제들을 둘러싼 논쟁으로 우연찮게 시작되었다. 이 논쟁의 흐름이 어디로 향하고 있는지 알지 못한 채 루터는 에크의 술수에 말려들어 그 공의회의 비극적 희생양이 된 보헤미아의 순교자 얀 후스(1372/73년~1415년-역주)에 대한 논쟁에 뛰어들었다.

체코 최초의 위대한 애국자 후스는 보헤미아 국교회의 설립을 꿈꾸고 있었다. 그는 사제 서품을 받은 뒤 유구한 역사를 지닌 프라하 대학의 총장 겸 철학과 학장이 되어 대학에서 주도적인 역할을 담당했다. 후스는 강의와 설교를 통해 보헤미아 민족의 정체성을 드높였다. 그런 그가 파문을 당한 것은 성직자들의 부정을 막으려다가 교회 권력층의 심기를 건드렸기 때문이었다. 그러나 그는 파문당한 상황에서도 보헤미아 왕 벤체슬라스 4세(체코 명은 바츨라프 4세)의 보호를 받으며 설교를 계속했다.

후스는 교회 권력층을 멀리하여 왕의 입지를 매우 불편하게 했다. 1411년 대립 교황 요한네스 23세는 전비 마련을 위해 체코에 면죄부 판매를 명령하는 교서를 내렸다. 이것을 본 후스는 속계의 전쟁에 교회 권력을 사용하는 것은 부당하다고 주장했다. 이것이 벤체슬라스가 후스에게 등을 돌리는 계기가 되었다. 벤체슬라스는 면죄부 판매 수익금을 나눠 갖기로 교황과 미리 약조가 되어 있었다. 신변이 위태로워진 후스는 몸을 숨기고 그를 숭배하는 농민들의 보호를 받으며 자신의 입지를 옹호하는 책자를 발간했다. 1414년 콘스탄츠 공의회가 열렸다. 당시 신성로마제국 황제로 선출된 헝가리 왕 지기스문트는 후스에게 안전 통행권을 제공해주면서 그를 공의회에 초청했다. 후스가 이 초청장을 받아들인 것은 자살 행위였다. 지기스문트는 후스를 배신하고 그의 신병을 교황에게 넘겨주었다. 그렇게 해서 적으로만 이루어진 배심원단에 의해 그는 이단을 선고받고 화형에 처해졌다.

루터가 만일 후스가 이단임을 인정하거나 혹은 그 문제에 대한 논쟁을 피해갔다면 그의 개혁 운동은 붕괴되고, 그 또한 학생들로부터 비겁하고 야비한 인물이라며 손가락질을 받았을 것이다. 그러나 루터는 후스를 이단으로 인정하지도, 논쟁을 회피하지도 않으면서 공의회의 결정이라고 다 옳은 것은 아니라고 답변했다. 루터는, 후스가 옳았고 그의 교리도 정통이었기 때문에 그와의 약속을 깨고 벌을 준 자들이 도리어 파렴치한 행동을 하고 교회를 욕보인 것이라고 말했다.

그것은 대담한 발언이었다. 또한 그것은 가시밭길을 예고하는 것이기도 했다. 면죄부를 둘러싸고 시작된 사소한 분쟁이 이제는 루터가 교황권에 도전하는 국면으로까지 치닫게 된 것이다. 그것은 루터 스스로 속죄하지 않고 회개하지 않은 배교자임을 전 유럽에 드러낸 행위였다. 루터도 그것을 알고 있었다. 루터는 학생들에게 둘러싸여 플라이센부르크 성을 떠나면서 극심한 마음의 동요를 일으키고 있었다.

라이프치히 논쟁에서 루터가 모욕을 당한 이튿날, 신성로마제국의 7선제후(마인츠·트리어·쾰른 대주교, 라인의 팔라틴 백작, 보헤미아 왕, 브란덴부르크 변경백, 작센 공작으로 루터의 후원자였던 프리드리히 3세)는 여섯 달 전에 죽은 막시밀리안 황제의 후임을 뽑기 위해 프랑크푸르트암마인(약칭 프랑크푸르트-역주)에 모였다. 교황 레오 10세는 현재 일고 있는 가톨릭교회의 내분은 안중에도 없이 대大막시밀리안의 후임자 문제에만 촉각을 곤두세웠다. 그것은 우선권을 두는 문제에서 교황의 상황 판단이 얼마나 잘못되었는지를 보여주는 증거였다. 역사가들은, 기독교계의 영적 수장인 교황이 그리스도 대리인으로서 단호한 행동을 취하기만 했어도 루터는 손쉽게 무너졌을 거라는 데 의견을 같이하고 있다. 그러나 그는 우물쭈물 헛되이 시간을 낭비하며 사소한 일에 골몰해 있었고 늦은 밤까지 책에만 파묻혀 지냈다.

레오 10세는 보르자 가 출신의 교황이 아니었다. 여러 면에서 그는 마르틴 루터보다 훌륭한 인물이었다. 메디치 가의 수장으로 시인이자 명예를 중시하는 인물이었고, 르네상스의 주요 후원자였으며, 예술의 권위자였고, 고전문학의 향기에 흠뻑 취한 학자였으며, 에라스무스의 풍자문을 껄껄대며 읽을 만큼 관대한 성품을 지닌 교황이었다. 인문주의자들도 도량 넓은 레오의 지배 방식을 높이 평가했다. 그 시대의 학자들은 라틴 어만을 사용하여 글 모르는 대중을 혼란에 빠뜨리지만 않으면 무엇이든 자유롭게 글을 쓸 수 있었다.

교황의 측근들은 레오의 3대 약점으로 깊이가 없고, 낭비벽이 심하고, 판단력이 부족한 점을 꼽았다. 레오의 판단력 부족은 그가 파멸한 원인이 되기도 했다. 또 그것은 교회의 파멸에도 심각한 영향을 끼쳤다. 교황의 단호한 대처가 없는 상황에서 비텐베르크의 종기는 하루하루 부위를 넓혀갔다. 그것도 모른 채 레오는 루터의 95개조 반박문이 비텐베르크 성 교회 문에 게시된 지 3년이나 지나서야 그것을 작성한 인물에게 최후통첩을 보냈다. 그동안 독일의 국내 사정은 급격히 변해 있었다.

레오가 교황으로서의 책임을 통감했다면 1517년이 가기 전 프리드리히 3세로 하여금 불온한 아우구스티누스의 수도사를 투옥하거나 화형시켜서 종교개혁의 숨통을 틀어막았을 것이다. 그러나 그는 그렇게 하지 않고 순전히 세속적인 이유로 프리드리히의 비위를 맞춰주었다. 이제 조만간 막시밀리안의 치세는 끝날 것이고 그러면 유럽 군주들 중 누구든 신성로마제국의 황제가 될 수 있었다. 잉글랜드의 헨리 8세, 프랑스의 프랑수아 1세, 에스파냐의 젊은 카를로스 1세가 유력한 후보자였다. 그들 모두 막강한 군주들이었다.

그중 헨리는 후보자 군에서 제외시켜도 무방했다. 다른 경쟁자들에 비해 재력도 떨어졌고 본인도 신성로마제국 황제라는 자리를 탐내지 않았기 때문이다. 이 정력적인 잉글랜드 왕은 허울뿐인 권력이 아닌 실권을 원했다. 또 그는 이름만 번지르르하지 신성로마제국의 광채가 빛을 잃고 있다는 것도 알고 있었다. 신성로마제국은 독일 *민족의 로마제국 die Romaisches Reich deutscher Nation*으로 더 잘 알려져 있었다. 이 제국은 7선제후가 지도자를 뽑아 군주권의 제한을 받는 느슨한 연합체였다.

그러나 헨리 8세와 달리 프랑스 왕과 에스파냐 왕은 제국 황제의 타이틀에 욕심을 냈다. 비록 상징에 불과했지만 신성로마제국 황제는 오랜 전통을 지니고 있었고 교황과도 여러 가지 면으로 밀접하게 연관되어 있었다. 막시밀리안 황제의 예에서도 드러났듯이 영리한 외교관은 제국의 위용만 잘 이용해도 많은 것을 얻을 수 있었다. 그러나 레오는 프랑수아와 카를로스 두 사람을 다 마음에 들어 하지 않았다. 새로운 황제는 능력만 있으면 독일을 통제할 수도 있었다. 그가 만일 프랑스나 에스파냐 중 어느 한 나라와 합칠 경우 1494년 이래(샤를 8세의 이탈리아 침공을 말한다. 이때 교황은 에스파냐, 베네치아, 밀라노 등과 신성동맹을 맺어 나폴리를 점령하고 있던 프랑스 군을 격퇴했다 - 역주) 불안하게나마 이탈리아 도시국가들을 지켜주고 있던 유럽의 힘의 균형은 깨질 우려가 있었다. 그런 이유로 교황은 나약한 군주를 원했고, 선제후들 중 고참인 프리드리히를 적임자로 내심 점찍어두고 있었다. 프리드리히가 루터를 후원해주는 것을 보고 아무 조치를 취하지 않은 것도 그 때문이었다. 다른 교황이라면 추기경을 비텐베르크로 보내 수도사와 흥정을 하게 하지도 않았을 것이고, —카예탄 추기경은 아우크스부르크의 임무를 잘못 알고 있었던 게 분명하다. 선례로 보아도 그것은 있을 수 없는 일이었다— 루터의 소책자가 비텐베르크에서 마구 쏟아져 나오도록 방치해두지도 않았을 것이다. 그러나 레오는 일편단심 프리드리히에게만 목을 매고 있었다. 심지어 폰 밀티츠를 비텐베르크로 보내 교황이 군주에게 수여하는 최고의 영예 '황금 장미the Golden Rose'를 수여하려고까지 했다. 레오는 그것이 프리드리히의 황제 선출 기회를 높여줄 것이라고 기대했다. 그러나 명예를 존중하는 프리드리히는 밀티츠를 내쳐 로마로 돌려보냈다.

그것은 에스파냐의 카를로스가 있다는 사실을 간과한 어리석은 행동이었다. 카를로스는 보르자가 교황이 된 방식, 다시 말해 돈으로 황제의 관을 사 카를 5세가 될 각오를 다지고 있었다. 그로 인해 빚더미에 앉기는 했지만 담보물을 많이 보유하고 있으니 크게 걱정할 필요는 없었다. 그는 에스파냐 본토 외에도 시칠리아, 사르데냐, 나폴리, 에스파냐의 해외 영토, 오스트리아 내 합스부르크 영토, 네덜란드, 플랑드르, 프랑슈콩테를 지배하고 있었다. 신성로마제국은 노후하기는 했어도 값이 만만치 않았다. 그가 뿌린 뇌물—황제 선출권을 시장에 내놓은 선제후들에게 준 뇌물—은 자그마치 85만 두카트에 이르렀다. 카를로스는 이 중 54만 3천 두카트를 푸거 가에서 빌렸다.

　루터가 반드시 필요로 한 독일의 힘은 대부분 거상巨商 푸거 가와 그 밖의 다른 상인들이 창출하는 새로운 부에서 비롯되었다. 이들 상인은 신분에 주눅 들지 않고 빌려준 돈은 반드시 제때 회수한다는 원칙을 가지고 있었다. 야코프 푸거 2세는 새로운 황제의 자금 상환이 늦어지자 그를 웃음거리로 만들겠다며 이렇게 위협했다. "폐하가 제 힘 없이 황제가 되지 못했으리라는 것은 세상이 다 아는 일입니다. 그것은 모든 대리인의 문서로도 알 수 있지요." 그러면서 그는 카를로스가 "빌려준 돈에 이자를 얹어 즉시 갚겠다는 지시"를 내리지 않으면 이미 말한 대로 망신을 주겠다는 통첩을 보냈다. 카를로스는 에스파냐에서 발생하는 각종 국왕 수입의 징세권을 넘겨주는 방식으로 그 돈을 갚았다.

※

　카를로스는 신성로마제국 황제로 선출되었다. 그러나 대관식은 1년 뒤에나 열릴 예정이었다. 그 기간이면 동맹을 만들어 선전포고를 하고 전쟁에서 승리를 거두어 왕조를 무너뜨릴 수도 있었다. 아니 황제 선출을 무효로 만들 수도 있었다. 레오는 프리드리히의 패배를 결코 인정하지 않고 그의 뒤를 계속 밀어주면서 교황으로서의 직무를 태만히 했다. 비텐베르크의 선동 행위는 대수롭지 않은 문제이니 조용히 타결되리라 믿고 끝까지 참아보리라 결심을 한 것 같았다. 루터 측의 모호한 태도도

카를 5세 신성로마제국 황제(에스파냐의 카를로스 1세. 1500년~1558년)

그의 결심에 부채질을 했다. 루터는 라이프치히 논쟁이 있기 전부터 심한 정체성의 위기를 겪고 있었다. 그는 교황권의 정의가 무엇인지, 그리고 자신과 그것의 관계가 무엇인지에 대해 치열한 고민을 했다. 1519년 1월에 알텐부르크에서 폰 밀티츠를 만난 루터는 그의 비판자들이 입을 다물면 자신도 침묵하겠다고 하면서 기독교계의 단결을 끝까지 유지하려고 했다. 성인에게 기도하고 연옥의 실재를 인정하는 것은 지혜로운 일이라는 것을 밝히는 내용의 공개적 발언을 할 생각도 하고 있었다. 루터는 더 나아가 자신의 추종자들에게 교회와 화해할 것을 권유하고 면죄부가 교회법상의 속죄를 면해준다는 것을 인정하려고도 했다. 또 그는 임종을 앞둔 테첼에게 두 사람 사이에 벌어진 일은 큰 문제의 사소한 부분에 불과하다면서 "그 일로 시작된 것이 아니었는데 엉뚱하게 이야기가 흘러갔다."라고 위로하는 편지를 보냈다. 심지어 3월에는 교황에게 복종의 서한까지 보냈다.

그것은 청년 루터로 되돌아온 모습, 가톨릭의 수도 로마를 처음 보고 감격하여 그 자리에 털썩 주저앉았던 스물여덟 살 수도사의 모습이었다. 독실한 순례자로 성물 앞에 무릎을 꿇고, 로마의 모든 교회 제단에 예배드리고, 스칼라 산타Scala Santa(성스러운 계단. 예수가 재판받을 때 무릎으로 기어 올라갔다고 함—역주) 성당을 무릎으로 기어 올라가던 시절의 루터의 모습이었다. 이번에도 루터는 그때와 똑같은 고양된 감정으로 교황에게 편지를 썼다. 그러자 바티칸은 어서 로마로 와서 고해하라는 즉각적이고 우호적인 반응을 보였다. 그러나 이 무렵 루터의 내적 갈등은 이미 치유된 상태였다. 루터는 레오의 제안을 다시 한 번 거부했다. 공공연한 변절자는 결국 로마보다는 비텐베르크가 안전하다는 결론을 내렸다. 그리고 내면의 어두운 그림자가 걷히자 그는 로마로부터 영영 등을 돌렸다. 루터는 역사의 창조자, 다시 말해 강퍅하고 사심 없고 경건하고 명석하고, 학식과 예술은 경멸해도 뚜렷한 신념과 순수한 미개척의 기독교에 대한 이상을 지닌 역사의 창조자로 거듭나고 있었다.

그는 그 같은 자신의 기질을 명쾌한 필치로 이렇게 표현했다. "나는 파벌, 악마와 싸우기 위해 이 세상에 태어났다. 그러므로 나의 책들도 논쟁적이고 호전적일 수밖에 없다. 그루터기를 잘라내고, 가시와 울타리를 걷어내고, 웅덩이를 메우고 거친 숲 속에 길을 내 신천지를 개척하는 것이 나의 할 일이다." 루터는 교황에 대한 충성을 재다짐한 지 한 달도 못 되어 프리드리히의 사서이자 자신의 친구인 게오르그 슈팔라틴(1484년~1545년-역주)에게 "교황이 적그리스도인지 사도인지 도무지 종잡을 수가 없다네."라고 쓴 편지를 보냈다. 그런 다음 좀 누그러지기는 했지만 여전히 과격한 투로, "영계와 속계에서 대중 종교개혁은 시작되어야 합니다."라고 제안하는 편지를 게오르게 작센 공작에게 보냈다.*

루터의 신봉자들도 루터처럼 성난 사람들이었다. 분노는 붉은 끈이 되어 루터 파를 하나로 결속시켰다. 그들의 모습은 점점 —특히 라이프치히 논쟁 이후— 비텐베르크에 본부를 두고 군가처럼 들리는 찬송가를 부르는 반군의 모습으로 변해갔다. 그들 중 일부는 논쟁적 문학에 크게 이바지하기도 했다. 그러나 그들의 지도자 루터가 분기탱천했을 때의 모습을 쫓아올 사람은 아무도 없었다. 루터는, 교황청이 가톨릭 교황의 중요성과 힘을 완강하게 주장한 반박문을 읽고 『에피토메 Epitome』를 발간하여 그에 맞섰다. 그는 로마를 "자줏빛으로 물든 바빌론"이라 말하고 교황청을 "사탄의 교회당"이라 묘사하는 것으로 공격의 포문을 열었다. 이것은 3년 전이라면 루터 스스로도 충격을 받았을 만큼 심한 비난의 말이었다. 하물며 이런 글을 쓴다는 것은 상상도 하지 못했을 것이다. 그러나 이것도 고작 서곡일 뿐이었다.

루터는 계속 이렇게 썼다. "교황은 악마의 직위이다. 악마가 교황 직을 만든 것이다. 교황은 사탄이다. 교황은 사탄의 우두머리이고 최고 권력자이다. 교황은 악의 화신이다. 악마가 교황의 모든 것을 지배한다. 악마는 교황의 사신邪神이다. 하나님의 분노로 악마는 로마에서 구역질이 나는 커다란 엉덩이로 우리에게 똥칠을 했다." 여기서 사탄이 교황의 배

---

* 루터가 역사 용어 '종교개혁Reformation'이라는 말을 처음으로 쓴 것이 이때이다.

설물인지 교황이 사탄의 배설물인지는 확실치 않다. 그러나 둘 중의 하나인 것만은 분명하다. 루터의 글은 계속되었다. "로마 가톨릭 신자들"이 흥분을 가라앉히지 않는 한 —그가 절제하는 말투로— 진정한 기독교인들은 "무력의 띠를 두르고 … 말이 아닌 칼로 문제를 해결하는 수밖에 없다. … 도둑을 교수형시키고, 강도를 베어 죽이고, 이단자를 불태워 죽이는 마당에 우리라고 지옥의 수문장, 추기경, 교황에게 칼을 쓰지 말라는 법이 있는가? 하나님의 교회를 끝없이 타락시키는 이 추악한 로마의 소돔을 공격하여 그들의 피로 우리의 손을 씻으면 안 된다는 법이 있는가?"

교황이 아무리 무한한 인내심을 지녔다 해도 이것은 정도가 지나쳤다. 백번 양보하여 면죄부 남용에 대한 항거를 이단이라 매도하는 것은 규칙에 얽매인 고지식한 사람들뿐이고, 요한 에크가 라이프치히 논쟁에서 루터의 허를 찌른 것도 교회가 자랑으로 내세울 게 못 되는 선례에 기반을 둔 것이라 해도 살인을 선동하는 것은 용납할 수 없는 행위였다. 교황과 추기경을 죽이자고 말하는 것은 무식한 속인이라도 대역죄에 해당하는 중범죄였다. 그런데 하물며 뛰어난 신학자가 그런 말을 한 것이었다. 이렇게 되면 교황도 이단자를 단죄하는 수밖에 딴 도리가 없었다. 게다가 그해 6월 로마에는 요한 에크가 와 있었다. 그는 파문의 힘에 공개적으로 의문을 제기한 루터의 새로운 설교 사본과, 루터주의자들이 중부 유럽과 스위스에 종교적 이견을 퍼뜨리고 다닌다는 세세한 보고서를 지니고 루터를 잡기 위해 부랴부랴 그곳에 온 것이었다. 교황도 신성로마제국 황제 카를 5세의 대관식이 다가오자 그 문제는 포기하고 루터에 대한 행동 개시에 들어갔다. 레오는 1520년 6월 15일에 교황이 "주님의 포도밭을 침범한 멧돼지"의 치명적인 위협을 받고 있다는 선언과 함께 루터의 교설 중 41개조에 반대하는 교서 《주여 내쫓으소서 Exsurge Domine》를 공포했다. 그와 더불어 루터의 서적을 불사르라는 명령을 내리고 그에게는 회개하여 신앙을 다시 받아들일 것을 촉구했다. 루터에게는 60일의 기한이 주어졌다. 그 기간에 로마로 와서 이단을 공개적으로 철회하라는 것이었다.

60일이 지났다. 그러나 루터는 비텐베르크에서 꼼짝도 하지 않았다. 교황청은 파문장을 발표했다. 그러나 그것은 교황이 서명하지 않은 것이었고, 공식적인 《파문 교서 Decet Romanum pontificem》에도 이르지 못했다. 그래도 어찌 됐든 루터는 이름이 거명되고 정죄를 받은 것이었다. 이제부터 모든 기독교인은 그의 말을 듣거나 이야기하거나 심지어 그를 쳐다보는 것도 금지되었다. 루터가 모습을 드러내는 곳은 오염된 곳으로 간주되어 예배가 중단되었다. 교회가 그를 도망자로 선포함에 따라 국왕, 제후, 귀족들은 그들의 영토에서 루터를 추방하거나 로마로 송환해야 했다.

루터는 통렬한 소책자로 그에 맞섰다. 그때 로마에서 자신의 서적이 불태워지고 있다는 소식이 들렸다. 그 말을 들은 루터는 더욱 격렬한 저항을 하기로 마음먹었다. 그는 동료 교수들에게 "신실하고 학구적인" 비텐베르크 대학생들을 비텐베르크 시 엘스터 문밖에 소집해달라고 요청했다. 다음 날인 12월 10일 아침, 모인 학생들은 화톳불을 피우고 도서관의 책들을 불 속에 던져 넣었다. 마지막으로 루터가 교황의 교서 《주여 내쫓으소서》를 불 속에 던져 넣고 이렇게 중얼거렸다. "네가 하나님의 진리를 더럽혔으므로 하나님이 너를 이 불로 파멸시키기를 원하노라." 그 불은 해질 녘까지 계속 타올랐다. 루터는 이튿날에도 학생들을 소집했다. 그러고는 교황청의 권위를 포기하지 않는 자는 누구도 구원받지 못하리라고 선언했다. 윌 듀랜트는 훗날 "수도사가 교황을 파문했다."라고 썼다.

※

교황의 교서를 불태우는 것은 중대한 범죄행위였다. 그러나 교서 자체가 불법이었으므로 그는 범법 행위를 한 것이 아니었다. 바티칸은 극심한 혼란의 와중에 내부에 배반자가 있다는 사실을 모르고 있었다. 60일의 카운트다운은 《주여 내쫓으소서》가 공포된 날인 6월 15일부터 시작되었고 루터는 8월 14일에 정죄되었다. 그러나 교회법에 따르면 이 유예기간은 루터가 교서를 전해 받은 뒤부터 효력이 발생하도록 되어 있었다. 게다가 루터가 있는 곳의 방해 활동은 무척 효과적이었다.

루터는 교황의 교서를 7월 말 전까지는 받았어야 했다. 여름이 건조했으므로 아무리 굼뜬 사절이라도 로마에서 비텐베르크까지 7주면 닿을 수 있었다. 그런데 루터는 10월 10일에야 그것을 전달받았다. 사실 지연 자체는 별 문제가 아니었다. 루터는 교황의 교서만 태운 것이 아니라 다리들도 불태웠던 것이다. 지연 사태가 심각했던 이유는 전달을 방해한 자들의 신분 때문이었다. 바티칸에서 일하는 독일 대주교들은 교황의 교서를 넉 달 가까이 손에 움켜쥐고 있었다. 그들의 행동은 독일 국민의 의지를 반영한 것이었다. 루터는 논점의 정당성으로 위기를 벗어난 것이 아니었다. 그는 전 유럽을 휩쓸며 독일에서도 불기 시작한 현상, 다시 말해 떠오르는 민족국가들이 신성로마제국의 힘이 약해지면서 생긴 정치적 공백을 메워준 현상으로 위기를 벗어난 것이었다.

알프스 산맥을 사이에 둔 유럽인들 사이의 긴장감은 에스파냐와 포르투갈 사이의 적대감보다도 높았다. 일이 그렇게 된 역사도 더 길었다.

중부 유럽에는 알라리크가 그들의 조상을 이끌고 로마를 유린한 5세기 이래 줄곧 교황에 대한 경건함과 적대감이 공존하고 있었다. 또 중부 유럽은 6세기 뒤 교황 그레고리우스 7세가 그들의 지도자 하인리히 4세를 엄동설한 카노사에서 사흘 동안이나 기다리게 한 뒤 용서해준 사건도 생생히 —그리고 쓰라리게— 기억하고 있었다. 독일 권력Obrigkeit은 3백여 명의 제후들이 나눠 갖고 있었다. 그러나 독일 민족Volk은 하나의 언어, 하나의 문화를 공유했고 공통의 정체성도 생겨나고 있었다. 당시 그들의 익명성은 과장된 측면이 있었다. 그러나 그들은 이제 독일인임을 자각하고 있었고 카노사의 굴욕과 그 밖의 다른 환부도 들추어져 아물고 있었다.

보르자 가의 알렉산데르 6세가 교황으로 있던 1500년의 희년禧年이후 로마에 갔던 독일 순례자들이 브렌네르 고개(오스트리아와 이탈리아 사이 알프스 산맥을 통과하는 중요한 고개—역주)를 넘어 독일로 돌아왔다. 이들은 독일로 돌아오면서 바티칸에서 벌어지는 난잡한 주연, 교황의 타락상, 사람 죽이는 추기경, 교황청의 이교 의식, 로마 도심에서 매춘 행위를 하는 수녀 등 그곳에서 본 갖가지 비행에 얽힌 이야기도 한 보따리 가지고 왔다. 그러나 독일 반성직주의는 그런 소문들보다 한층 깊은 곳에 뿌리를 두고 있었다.

새로운 민족성으로 하나가 된 독일인들은 바티칸의 오만함을 더 이상 받아들이지 못했다. 교황청의 규정은 모든 군주가 교황 승인을 받아야만 적법하도록 정해놓았다. 이론적으로 교황은 자기 비위에 맞지 않으면 황제, 국왕, 제후를 마음대로 갈아 치울 수 있었다. 이유를 밝힐 의무도 없었다. 성직자들은 훗날의 외교관들처럼 치외법권 대상이었다. 법의 집행관은 강간이나 살인죄로 성직자를 체포하지 못했고 민사법과 교회법 사이의 분쟁이 일어나면 교황의 명령에 따라 성직자에게 유리한 판결이 내려졌다.

막시밀리안은 바티칸과 거의 절교 상태에 있었다. 그는 베네치아 인들의 방해로 1508년에 로마에서 열린 자신의 대관식조차 참석하지 못했다. 피사 공의회(교권의 중심을 교황보다 공의회에 둘 목적으로 바티칸에 반대하는 추기경들을 중심으로 열린 공의회 - 역주)는 그런 그에게 교황 직을 제의하기도 했다. 그는 당시에는 그 제의를 거절했으나 1년 뒤에는 독일 교회를 로마로부터 분리하는 문제를 잠시 고려했다. 그러다 독일 제후들의 지지를 받기 힘들 것으로 판단되자 포기하고 그에 대한 차선책으로 신학자 겸 인문주의자 야코프 빔펠링(1450년~1528년 - 역주)으로 하여금 교황에 대한 독일의 불만 사항을 작성하도록 했다.

그것은 독일 납세자, 사업가, 귀족들의 재산을 바티칸이 조직적으로 갈취하는 것에 대한 항거를 주 내용으로 하고 있었다. 막시밀리안은 교황이 독일에서 올리는 수입이 자신이 얻는 수입의 백배도 넘을 것으로 추정했다. 그것은 물론 과장이었다. 그러나 새로운 독일 사회를 이끌어가는 주동력인 사업가들은 독일 내 수도원 기업들―교황청의 면세 규정에 따라 세금 한 푼 안 내고 돈벌이를 하는―을 그들의 경쟁자로 여기고 있었다. 루터가 그곳에 도착하여 불만에 찬 독일 국민들을 선도하기 전부터 마인츠 대주교의 총대리인은 이미 이탈리아의 추기경에게 항의 서한을 보내고 있었다. "교황청은 이곳에서 세금을 너무 가혹하게 징수합니다. 납부의 연기조차 안 되는 실정입니다. … 전쟁 세도 독일 성직자들과 상의 한마디 없이 부과했어요. 법적인 문제도 독일에서 처리해도 될 것을 종교재판소로 서둘러 이첩해버립니다. 교황청은 독일인을 마치 돈 많고 멍청한 야만인 정도로 취급하며 갖가지 술책으로 돈을 우려냈어요. … 독일인들은 그렇게 몇 년간 죽어지내며 가난과 비참한 운명을 한탄해왔어요. 그러나 이제 독일 귀족은 미몽에서 깨어나 속박의 굴레를 벗고 잃었던 자유를 되찾으려 하고 있습니다."

이에 대해서는 독일 사제들은 물론 고위 성직자들도 동의를 했다. 마인츠의 대주교 선제후 베르톨트(1442년~1504년-역주)는 이렇게 썼다. "이탈리아는 수시로 재물을 강탈하여 독일 성직 사회를 고갈시킬 것이 아니라 봉사에 합당한 보상을 해주어야 할 것이다." 그러나 그의 의견은 무시되었다. 독실한 기독교인과 교회 권력층 사이의 관계는 갈수록 악화되었다. 루터를 만나기 위해 알텐베르크에 간 칼 폰 밀티츠는 독일인 절반 이상이 바티칸에 적대적인 것을 알고는 경악했다. 작센 인들의 교황에 대한 감정이 어찌나 살벌했던지 밀티츠는 사람들의 질문을 가급적 피하고 교황 대리인이라는 신분을 감추어야 했다.

한 가톨릭 역사가는 "로마교회와 성직 계급에 대한 증오심으로 촉발된 혁명적 기운이 독일 여러 지역 사람들의 마음을 사로잡고 있었다. … 대중 사이에 오랜 기간 암묵적으로 형성된 '성직자에게 죽음을!'은 이제 그 시대의 구호가 되었다."라고 썼다. 그런데도 교황은 그 사실을 모르고 있었다. 그러나 교회 권력층은 독일인들의 불만이 극에 달했다는 것을 알고 있었고 그래서 흥분한 그들의 감정에 불을 붙이기보다는 독일을 종교재판에서 면제시키는 방법으로 사태를 무마하려고 했다. 그러나 루터가 95개조 반박문을 성 교회 문에 게시하기 전해인 1516년에 교황청의 가장 유능한 추기경이 이미 유럽의 중심부에서 조만간 폭동이 일어나리라는 것을 교황에게 경고했었다.

그는 히에로니무스 알레안데르라는 라틴 어 이름을 가진 베네치아 태생의 지롤라모 알레안드로였다. 당시 마흔 살의 한창 나이였던 그는 마치 교수처럼 보였는데 둥근 눈썹, 날카로운 눈매, 꽉 다문 입술을 가진 훤칠한 미남이었다. 실제로 그는 교수로 보일 만했다. 알레안드로는 빼어난 지식인이었다. 추기경이 되기 전에는 파리 대학의 총장을 지낸 인문주의자였고, 에라스무스의 친구였으며, 고전어에 두루 능통했고, 베네치아와 오를레앙에서 강의도 한 유럽의 쟁쟁한 지식인이었다. 또 그는 행동을 우선시하여 그에 걸맞게 루터의 첫 적수가 되기도 했다. 알레안드로는 오스트리아를 공식 방문하는 동안 독일에서 폭동이 일어나리라는 것을 예감했다. 그는 그곳 사람들이 로마에 대항할 만한 강력한 지도자가 나왔으면 한다고 말하는 것을 누차 들었기 때문에 그 이야기를 교황에게 들려주기도 했다.

교황은 보통 기독교계의 어떤 지역에 중요한 의미를 지니는 교서를 공포할 때는 명망 있는 특사를 파견하여 그곳 인구 밀집 지역에 교서 사본을 게시하도록 하는 것이 관례였다. 《주여 내쫓으소서》도 그런 종류의 교서였으므로 레오는 당대의 저명한 두 성직자, 알레안드로와 요한 에크를 독일 지역에 루터의 불명예를 공포하는 전권대사로 임명했다. 에크는 특사로 임명되는 것이 개인적 영예이기도 하고 1년 전 라이프치히에서 거둔 통쾌한 승리도 있고 하여 의기양양하게 독일로 향했다.

그러나 알레안드로는 예감이 좋지 않아 특사가 되는 것을 달갑지 않게 여겼다. 두 사람이 특사로 임명된 주에 독일에서 교황청으로 소식이 날아왔다. 두 사람이 독일에서 변변찮은 대접을 받게 되리라는 것이었다. 루터는 로마에서는 지위가 강등되었으나 이탈리아 북부에서는 많은 지지를 받고 있었다. 루터의 지지자들 중에는 신성로마제국 7선제후 중의 한 사람인 프란츠 폰 지킹겐, 신학자 멜란히톤, 시인 라자라스 슈펭글러, 뉘른베르크 시의원, 그리스 고전 작품의 라틴 어 번역자 빌리발트 프리크하이머도 있었다. 그 밖에 알브레히트 뒤러는 루터를 위해 기도드렸고, 카를슈타트는 성서를 찬양하고 교황, 사도들, 성전, 공의회는 깎아내리는 내용의 『작은 정경正經 De canonicis scripturis libellus』을 발간하여 루터의 대의를 지원해주었다. 심지어 마인츠 대주교 알브레히트마저 반항아들에게 흥미를 느낄 정도였다.

하지만 이들은 뛰어나기는 해도 보수적이었다. 그러나 울리히 폰 후텐은 뛰어나면서도 보수적이 아니었기 때문에 새로운 루터 파를 대변하는 통렬하고 논쟁적인 글을 썼다. 그는 고대 게르만 작품을 발간하여 독일인들에게 로마교회로부터의 독립을 고취시키려고 했다. "로마가 세계 최고의 군사 대국이었을 때조차 우리 조상들은 그들에게 복종하는 것을 수치스럽게 여겼습니다. 그런데 지금 독일인들은 욕망과 사치에 물든 나약한 노예들에게 머리를 조아리는 것은 물론 도둑질까지 당하며 그들의 음탕함을 충족시켜주고 있어요." 에라스무스는 그에게 침묵하고 있을 것을 권했다. 그러나 계관시인의 태도는 날이 갈수록 격렬해졌다. 그러다 1520년 봄 급기야 『대화집 Gespräche』을 펴내기에 이르렀다. 이 작품에서 후텐은 바티칸을 "거대한 흡혈 동물"이라 부르며 독일 교회의 독립을 요구했다. 그는 이렇게 썼다. "교황은 산적 두목이고, 그 산적 떼가 교회의 이름을 팔아먹고 있다. … 로마는 음란의 바다, 더러운 진창, 끝없는 악의 소굴이다. 그렇다면 우리도 방방곡곡 힘을 결집하여 인류 공통의 재앙을 파괴해야 되지 않겠는가?"

II. 중세의 붕괴

에크와 알레안드로는 신중하게 움직였다. 되벨른, 토르가우, 라이프치히에서는 붉은 글씨로 선명하게 날인된 교황의 벽보가 찢겨져나갔다. 그 모습에 에크는 큰 충격을 받았다. 라이프치히에서 그런 일이 일어나리라고는 상상도 못했기 때문이다. 불과 1년 전 가톨릭의 본거지인 이곳에서 그는 루터와 논쟁을 벌여 대승을 거두었다. 그는 그 어떤 기준에 비춰봐도 라이프치히에서 존경받아 마땅한 인물이었다. 그러나 비텐베르크의 이단자들은 선례 따위는 간단히 무시했다. 사실 에크가 플라이센부르크 성의 태피스트리로 화려하게 장식된 홀에서 루터를 욕보인 것은 커다란 실수였다. 에르푸르트 대학에서는 교수들은 물론 성직자들까지 에크와 알레안드로, 그리고 교황의 교서에 코웃음을 쳤다. 나중에는 학생들까지 나타나 남아 있던 교서 사본을 강물에 집어던졌다. 그 모습에 에크는 공포감을 느껴 도망을 쳤다.*

알레안드로는 침착함을 유지했다. 적어도 그 당시에는 그랬다. 그러나 6개월여가 지나자 그도 간담이 서늘해지는 것을 느끼며 헤센(헤세라고도 함)에서 교황청에 이런 편지를 보냈다. "독일의 모든 지역에서 로마에 반기를 들고 있습니다. … 교황님의 《파문 교서》도 웃음거리가 되고 있어요. … 고해성사 받기를 거부하는 사람도 많이 생겨나고 있습니다. … 마르틴 루터의 머리 위에는 후광이 그려져 있어요. 사람들은 그 그림에 입을 맞춥니다. 게다가 어찌나 잘 팔려나가는지 저는 하나 사려고 해도 구할 수가 없습니다. … 독일인들이 칼을 들이대고 제게 이를 가는 형편이라 밖에 나가지도 못합니다. 바라건대 교황님께서 제게 전대사全大赦

---

* 이것은 루터가 공부하고 가르친 에르푸르트와 비텐베르크 대학에서만 나타난 현상이고 독일의 다른 대학들은 여전히 로마에 충실한 태도를 보였다.

(죄에 대한 유한한 벌을 모두 취소할 수 있는 사면-역주)를 부여해주셨으면 합니다. 그리고 제 신변에 무슨 일이 생기면 동기간을 좀 잘 보살펴주십시오."

한편 비텐베르크의 루터는 매우 흡족한 기분이었다. 1520년 6월 11일에 -《주여 내쫓으소서》가 공포되기 나흘 전- 그는 슈팔라틴에게 이런 편지를 썼다. "주사위는 던져졌네. 나는 지금 로마 인들이 내게 보인 호의만큼이나 그들의 분노를 경멸하고 있어. … 그들과는 두 번 다시 화해하는 일이 없을 걸세. … 내 모든 것을 비난하고 불태우고 싶으면 그렇게 하라고 해. 나도 그들에게 똑같이 해줄 테니까. … 나는 이제 두렵지 않아. 나는 기독교 개혁에 대한 책을 독일어로 쓰려고 하네. 적그리스도라고 부르는 것도 마다하지 않고 교황을 직접 겨냥해서 쓸 생각이야."

※

책을 독일어로 쓰려고 하네. … 마르틴 루터는 호감이 가기보다는 기벽이 심한 모순덩어리의 수수께끼 같은 인물이었다. 그러나 그는 바보는 아니었다. 처음에는 바보 취급을 받기도 했지만 1520년대 내내 상황은 그가 원하는 방향으로 돌아갔다. 그것은 교황의 행동이 굼뜬 데도 원인이 있었지만 루터가 지닌 본능적인 정치 감각 때문이었다. 그는 독일 전역에서 맹렬히 일고 있는 *지배 민족*Herrenvolk의 감정을 간파했고 그것을 창조적으로 이용했다.

앞서 언급한 대로 중세의 특권계급은 로마제국처럼 언어 엘리트주의로 대중을 무지한 상태로 남겨두었다. 로마제국의 상류층은 라틴 어의 자연스러운 리듬과 조화가 잘 이루어지지 않는데도 굳이 그리스 어의 형식과 문법을 고집했다. 때문에 로마제국의 일반 시민들은 깊이 있는 책을 읽지 못했다. 그 상황이 중세에서도 반복되어 라틴 어는 특권층의 언어가 되었다.

같은 맥락에서 공통의 언어를 가진 새로운 세계가 태동하려고 하는 시점에 그것을 방해한 이들이 바로 인문주의자들이었다. 고전 문화의 숭배자들은 토스카나 어나 이탈리아 어 같은 방언으로 글을 쓴 단테, 페트라르카, 보카치오에 대해 맹렬하게 비난을 퍼부었다. 그러나 시대는 그들에게 등을 돌리고 있었다. 마키아벨리, 아리오소토(1474년~1533년. 『성난 오를란도』를 쓴 이탈리아의 시인-역주), 카스틸리오네와 같은 16세기 이탈리아 지성인들은 토스카나 어와 라틴 어를 함께 썼다. 일부 유럽 지역-프랑스, 카스티야, 포르투갈, 그리고 이들 나라에는 못 미치지만 잉글랜드도-에서도 공문서에 자국어가 등장했다.

그러나 유럽의 다른 지역에서는 여전히 라틴 어 사용이 대세여서 고위 성직자, 학자, 귀족층을 제외한 일반인들은 그들의 지배자가 공포하는 발표문, 법규, 선언서를 단 한 자도 읽지 못했고 교회 기도서, 찬송가, 종교 의식도 읽지 못했다. 물론 『구약성서』와 『신약성서』도 읽지 못했다. 당대에 나온 서적과 정치 소책자 역시 까막눈인 그들에게는 아무 의미가 없었다. 잉글랜드의 존 가워(1330년경~1408년. 초서와 동시대인으로 중세 영국의 시인-역주), 제프리 초서, 윌리엄 랭런드(1330년경~1400년경. 『농부 피어스』의 저자로 추정되는 중세 영국의 작가-역주), 그리고 도버 해협 건너 프랑수아 비용(1431년~1463년경. 프랑스의 서정 시인-역주)의 작품과 같은 몇몇 예외가 있기는 했다. 그러나 프랑수아 비용은 드문 경우에 속했다. 다른 프랑스 인들은 진지한 '문학'에 통속어는 어울리지 않는다는 생각으로 라틴 어를 지나치게 고집하여 대수사학자라는 조롱을 받았다.

루터의 고향에서 나온 작품은 제바스티안 브란트의 걸작 『바보들의 배』(1494년)가 전부였다. 그러나 브란트는 인문주의자가 아니었고 그의 작품도 르네상스의 산물이 아니었다. 그것은 오히려 중세적 사고가 마지막으로 구현된 작품이라 하는 것이 마땅했다. 독일인들은 속어 문학을 발전시켰으나 구텐베르크의 계승자들이 펴낸 책들은 교구사제가 들려주는 설교조차 이해하지 못하는 사람들을 위해, 형편없는 작품을 병만 바꿔서 담은 가벼운 오락물—민담, 고대 왕들의 서사시, 브룬힐트에 관련된 판타지 작품 등—에 국한되었다. 설교도 알아듣지 못하는 사람들이었으니 3년 전 비텐베르크에서 제기되어 신성로마제국의 새로운 황제를 잠 못 이루게 한 중요한 논쟁을 이해할 수는 없었을 것이다.

작센, 오스트리아, 헤센, 포메라니아, 바이에른, 실레지아, 브란덴부르크, 베스트팔렌의 귀족들 —다가올 겨울에 루터의 운명을 결정짓게 될 소제후들— 대부분도 농부들 못지않게 언어에 있어서는 불리한 입장에 있었다는 것이 루터에게 중요한 요소로 작용했다. 라틴 어 교사는 부유층만 둘 수 있었다는 말이다. 물론 그 무렵 중부 유럽에는 부자들이 있었다. 그러나 그들은 상업에 종사하고 있었고 전통적으로 상인은 귀족이 되지 못했다. 때문에 후텐의 통렬한 글도 그들에게는 농부들이 그랬던 것처럼 무의미했다. 그러나 상인들도 농부들처럼 어렸을 때 배운 글이라면 쉽게 이해할 수 있었다. 정교하고 균형 잡히고 논리적인 라틴 어는 학자들의 전유물이었다. 따라서 루터가 쉬운 독일어로 이야기하면 라틴 어보다 한층 효과적이고 설득력 있게 독일인들의 심금을 울릴 수 있었다.

※

독일어로 쓴 루터의 첫 작품 『선행에 대한 설교 Sermon von den guten

Werken』는 교황의 교서 《주여 내쫓으소서》가 공포되고 난 지 며칠 후인 1520년 6월에 발간되었다. 뒤이어 「독일 민족의 그리스도 교도 귀족들에게 보내는 연설 An den christlichen Adel deutscher Nation」*을 시작으로 「그리스도 교도의 자유에 대하여 Von der Freiheit eines Christenmanschen」까지 루터의 반항적인 논문 세 편이 연달아 발표되었다. 이 논문들은 로마 가톨릭교회의 가식, 성사, 신학적 해석, 기독교 용무의 수행에 대한 냉정한(때로는 과도하게) 비판을 주 내용으로 하고 있었다.

또한 이 세 편의 논문은 교황에게 맹렬한 공격을 가하고("거룩하기보다는 죄 많으신 분, 오 교황이시여, 이 말이 들리십니까? 하늘나라에 계신 하나님이 머지않아 곧 당신을 권좌에서 끌어내려 지옥의 나락으로 떨어뜨릴 것입니다!") 독일인의 애국주의에는 꾸밈없이 호소하는 특징이 있었다. 루터가 말한 내용으로 볼 때 로마가 지은 죄는 성서나 신학적인 데 있지 않고 이탈리아 제국주의자들이 독일에게 가한 착취, 특히 경제적 착취에 있었다는 것을 알 수 있다. 루터는 로마가 독일에서 강탈해간 돈이 매년 30만 길더에 이른 것으로 추산했다. 루터는 "지금 우리는 그 문제의 핵심에 다다랐다."라고 썼다.

당초 루터가 성 교회 문에 95개조 반박문을 게시했을 때 사람들은 그 문제의 핵심이 면죄부에 있는 것으로 생각했다. 그때부터 루터는 줄곧 가톨릭의 7성사(세례, 견진, 성체, 고해, 병자, 신품, 결혼 성사-역주) 중 세례, 성체, 고해의 세 성사만 취하고 화체설과 나머지 네 성사는 배격하는 태도를 취했다. 그에 따라 루터가 터뜨리는 불만은 신학자들보다는 푸거

---

* 원제는 An Open Letter to the Christian Nobility of the German Nation Concerning the Reform of the Christian Estate이다.

가에 더욱 해당되는 이야기였다. "교황이 재산을 강탈하고 도둑질하는 행위를 우리 독일인들이 참아야 될 이유가 어디 있는가? … 도둑의 목을 매달고 강도의 머리를 베는 마당에 로마의 탐욕이라고 그냥 넘어갈 수 있는가? 교황은 이미 대도大盜가 되었거나 앞으로 대도가 될 소지가 있는 인물이다. 게다가 그것은 모두 그리스도와 성 베드로의 거룩한 이름으로 행해지고 있다! 그런데도 그것을 계속 참으란 말인가?"

다른 사람은 몰라도 루터는 더 이상 참을 수 없었다. 그는 교황사절들이 독일 땅에서 추방되기를 원했고, 독일 성직자들도 바티칸에 더는 충성하지 않기를 바랐으며, 마인츠 대주교가 주축이 된 독일 민족 교회의 설립을 원했다. 루터의 생각은 이제 신학자, 아니 적어도 로마 이외의 신학자들은 엄두도 내지 못할 영역으로 들어서고 있었다. 1520년 10월 6일 알레안드로와 에크가 불안한 마음으로 독일 지역을 순회하며 교황의 교서를 담벼락에 붙이고 그것이 찢어지는 광경을 바라보고 있을 때 루터는 라틴 어와 독일어로 된 선언문을 발표하고 있었다. 예수 그리스도가 창건한 교회는 도덕과 신앙이 썩은 상태로 1천 년 동안이나 족쇄에 묶여 교황에게 감금되어 있었다고 주장하는 내용이었다. 루터는 결혼 성사를 거부했다. 그는 성 불능인 남자와 결혼한 여자는 아이가 생길 때까지 다른 남자와 관계를 맺을 수 있어야 하고 그렇게 해서 생긴 아이는 남편 자식으로 키울 수 있어야 한다고 말했다. 남편이 그것을 거부하면 아내는 그와 이혼할 수 있어야 한다고도 주장했다. 말은 그렇게 하면서도 루터는 이혼보다는 중혼을 분별 있는 행위로 생각했다. 그는 글의 말미에 교황에 대한 도전 의지를 다시 한 번 분명히 밝혔다. "소문에 듣자 하니 교황이 새로운 교서와 저주를 내려 나의 회개를 요구한다 하는데 … 그게 사실이라면 나는 이것을 회개 대용으로 쓰고 싶은 마음이다."

폰 밀티츠는 놀랍게도 이 글을 읽은 뒤에도 여전히 비텐베르크의 루터와 로마교황이 화해할 수 있을 것으로 믿었다. 1520년 10월 11일, 작센의 이 젊은 성직자는 교황의 대변인 자격으로 그럴듯한 제안을 하나 들고 비텐베르크에 나타났다. 루터가 교황에 대한 악의적 공격 내용을 부정하고 합리적 개혁안을 제시하는 내용의 편지를 레오에게 보내면 자신도 교황의 교서를 철회하도록 애써보겠다는 것이었다. 루터는 이 제안을 받아들여 자신의 논쟁을 무례하게 받아들이지 말 것을 요청하는 편지를 레오에게 보냈다. "교황님이 결백하다는 것은 세상이 다 아는 일이고 또 그토록 높으신 어른을 제가 공격한다는 게 가당키나 한 일입니까?" 그러고 나서 루터는 이렇게 말했다.

하지만 이른바 로마교황청이라 불리는 교황님의 관할구역에 대해 말하자면, 그곳이 바빌론이나 소돔보다 더 퇴폐적이라는 것은 교황님이나 다른 어느 누구도 부정하지 못할 것입니다. 게다가 그곳은 악행이 극에 달한 곳으로 알려져 있어 저는 그 점을 경멸했던 것입니다. … 로마교회는 방탕한 도둑들의 소굴, 음란한 매음굴, 죄악, 죽음, 지옥의 왕국이 되었습니다. … 또 어떤 자들은 교황님께 성서 해석의 권한이 있는 것으로 잘못 알고 교황님의 이름을 팔아 교회에서 사악한 행동을 할 계획을 세우고 있습니다. 그리고 애석하게도 사탄은 이미 전임 교황들의 시기에 그자들의 손을 빌려 세력을 크게 확장시켰습니다. 간단히 말해 교황님은 입에 발린 말을 하는 사람을 믿지 말고 바른 말을 하는 사람을 믿으라는 것입니다.

루터는 이제 구원의 희망이 없어졌다. 이것은 광신자의 말이었다. 교황청 저 깊숙한 곳에서는 서기와 추기경들이 교황의 《파문 교서》를 내릴 준비를 하고 있었다. 그러나 어찌된 일인지 교황의 《파문 교서》는 1521년 1월 말까지도 레오의 서명을 받지 못했고, 그 넉 달 뒤 루터와 교황청이 마침내 결별하게 되었을 때에도 독일에는 그것의 사본 한 장 도착하지 않았다. 그것을 방해하는 자들이 교황청 내에 아직 굳건히 자리 잡고 있었는지는 알 수 없는 일이다.

알고 보면 그것은 절차상의 문제일 뿐이었다. 교황의 첫 교서로 루터는 이미 기독교계에서 법률의 보호를 박탈당한 추방자가 되어 유럽 군주들의 수배를 받는 처지에 있었다. 하지만 실제로는 모든 군주가 그와 반대되는 행동을 하고 있었다는 사실, 아니 로마교황청이 루터를 체포하도록 그들을 다그치지 않았다는 사실도 알레안드로의 입장에서는 참을 수 없는 일이었다. 알레안드로는 그 부당성에 몹시 화가 났다. 그래서 그들의 주동자인 작센 선제후 프리드리히를 궁지에 몰아넣기로 결심했다. 그는 1520년 10월 23일 쾰른에서 프리드리히를 만났다. 당시 프리드리히는 매우 곤란한 상태에 있었다. 예정대로라면 그는 스무 살 된 카를 5세의 신성로마제국 황제의 대관식이 열리는 아헨에 있어야 할 몸이었다. 카를의 대관식이 중요했던 이유는 그것이 전 기독교계를 대표하는 통일 제국, 즉 중세적 꿈을 이루는 제국의 마지막 대관식이었기 때문이다. 프리드리히에게도 그 점은 중요했다. 그래서 기꺼이 (돈으로 매수당하지 않고도) 카를에게 표를 던졌고 1년 내내 대관식을 손꼽아 기다리고 있었다. 그러나 그는 당시 기준으로는 고령인 예순 가까운 나이인 데다 평생 식탐한 대가를 톡톡히 치르고 있었다. 프리드리히는 영양 과다로 인한 통풍으로 발이 퉁퉁 부어 몸을 움직이지도 못하고 신음을 토해내며 쾰른 대학 외곽 숙사에 누워 의과대학 교수의 간호를 받고 있었다.

그럼에도 그는 알레안드로를 성대히 맞아주었다. 그는 교황사절을 정중하게 대했고 34년간 작센을 지배했던 노련함으로 결단이 요구될 때의 행동도 잘 알고 있었다. 프리드리히가 가진 현명공이라는 호칭은 그냥 붙여진 것이 아니었다. 그는 책임을 분산시킬 방법을 알고 있었다. 알레안드로가 그에게 루터의 체포를 요구하자 그는 조언이 필요하다면서 마침 가까운 곳에서 강의하고 있던 에라스무스를 그곳으로 불렀다. 그는 이 위대한 인문주의자가 루터와 같은 관점을 가지고 있고 따라서 그것을 더욱 조리 있게 말할 수 있으리라고 생각했다.

그의 생각은 적중했다. 에라스무스는 알레안드로에게 그동안 저지른 비행으로 교회의 명성이 심하게 훼손되었다는 사실은 온 세상이 다 아는 일인데, 찢어진 성의를 꿰매려는 노력을 가상히 여기지는 못할망정 벌을 주는 것은 옳지 못하다고 하면서 루터 체포의 부당성을 이야기했다. 그러자 선제후가 그럼 루터의 과오를 말해보라고 했다. 에라스무스는 곤혹스러운 표정으로 루터가 범한 두 가지 큰 과오를 지적했다. "교황 직을 공격한 것이 첫 번째이고, 수도사의 밥줄을 끊으려 한 것이 두 번째올시다."《주여 내쫓으소서》에 대해서는 진의가 의심스럽다고 말했다. 아무리 봐도 그것은 점잖은 교황의 입에서 나올 말이 아니라는 것이었다. 가톨릭 역사가 루드비히 파스토어는 에라스무스가 이때 교황청의 음모에 혐의를 두는 듯한 말을 한 것으로 이야기했다. 프리드리히는 에라스무스의 말을 듣고서야 알레안드로에게 본심을 털어놓았다. 루터가 교황의 교서에 항소했으니 그동안은 자유라는 것이었다.

프리드리히는 거기서 그치지 않고 재판이 로마가 아닌 독일에서 열릴 것이라고 말했다. 이에 격분한 알레안드로는 아헨으로 쫓아가 카를 5세 신임 황제에게 호소했다. 그러나 카를마저 프리드리히의 결정을 인정하여 그를 놀라게 했다. 카를도 흔쾌히 그런 것은 아니었다. 그가 그렇게 행동한 데에는 몇 가지 이유가 있었다. 그는 신성로마제국 황제로서의 권력 사용에 많은 제약을 받고 있었다. 그것은 그가 독일과 상황이 판이한 에스파냐 왕도 겸하고 있었기 때문이다. 에스파냐에는 로마교회에 도전하는 자들이 많지 않았다. 에스파냐의 고위 성직자들이라면 카를이 이단의 우두머리에게 관대한 처분을 내리는 것을 결코 용납하지 않았을 것이다. 게다가 에스파냐-프랑스 전쟁을 앞두고 있는 카를로서는 교황과 동맹을 맺어 군대에 필요한 자금을 지원받아야 할 입장이었다. 하지만 카를은 프랑크푸르트암마인에서 황제로 선출될 때 프리드리히에게 해준 약속이 있었다. 독일인을 자국에서의 공정한 청문회 없이 정죄하지 않겠다는 약속을 한 것이다. 카를은 이렇게 복잡한 사연을 안고 있었다. 따라서 프리드리히의 결정을 따라야 할 입장이었다. 카를은 알레안드로에게, 루터는 1521년 1월 27일 보름스 제국 의회에서 재판을 받게 될 것이라고 말했다.

❦

만하임 북서쪽 16킬로미터 지점 라인 강 좌안에 위치한 고대 도시 보름스는 로마제국, 교회, 민간 신화의 역사가 풍부하게 녹아든 곳이다. 「니벨룽겐의 노래 The Nibelungenlied」도 훈 족이 보름스를 파괴한 것을 노래한 서사시이다. 전임 황제 막시밀리안은 26년 전 보름스에서 제국 의회를 열고, '영구 란트 평화령(평화와 치안 유지를 목적으로 제정한 법률이었으며 이 법률의 제정으로 결투 행위는 영구히 금지되었다-역주)'을 제정했다.

그런데 지금 '란트 평화령'이라는 말의 아이러니가 제국의 포고령으로 보름스에 모여든 의원들의 마음을 무겁게 짓누르고 있었다. 제국 의회는 신성로마제국의 대주교, 주교, 군주, 백작, 변경백, 자유도시 대표들로 구성되어 있었다. 보름스는 4세기 동안이나 자유도시의 지위를 누리고 있었다. 그러나 이들 의원들의 마음은 평화와 거리가 멀었다. 스무 살 된 황제에게는 실망스럽겠지만 그들의 신경은 온통 마르틴 루터의 운명이라는 하나의 의제에만 쏠려 있었다. 물론 카를도 이곳에서 이단 교수를 재판하여 유죄 판결을 받게 하고 싶었다. 그러나 카를이 제국 의회를 연 목적은 루터의 재판에 있지 않았다. 그의 목적은 다른 데 있었다. 그의 목적은 임박한 프랑스와의 전쟁에 대비하여 자국민을 동원하고, 제국의 행정력과 도덕적 질서를 강화하고, 투르크 족으로부터 헝가리를 보호하기 위해서 지원이 반드시 필요한 바티칸과의 결속을 다지는 데 있었다.

카를이 교황의 전비 지원을 받으려는 계획은 첫 회의가 열리기도 전에 무산될 위기에 빠졌다. "독일 귀족들의 대의회는 루터의 대의에 박수를 보내며 지지했다."라고 한 가톨릭 역사가는 기록했다. 황제와 알레안드로는 그 모습에 경악했다. 알레안드로 역시 그곳이 로마를 비난하는 내용의 전단으로 뒤덮여 있었다고 썼다. 그 전단들 중에는 보름스에서 몇 킬로미터밖에 떨어지지 않은 에베른부르크의 폰 지킹겐 성에서 쓴 울리히 폰 후텐의 것도 있었다. 후텐은 교황사절과 로마 대표들에게 독일 땅을 떠날 것을 요구했다. "이 더러운 돼지들 썩 물러가라! 악랄한 면죄부 판매원들은 이 성소를 떠나라! 너희들의 불경한 손으로 제단을 더럽히지 말라! … 정직하게 사는 사람들을 굶주리게 만들고 경건한 목적에 쓰여야 될 돈을 사치, 방탕, 허영에 탕진하는 나쁜 것들 같으니. 우리의 불만은 이제 극에 달했다. 저 약동하는 자유의 숨결이 느껴지지 않는가?"

카를 황제의 고해신부인 프란체스코 수도회의 장 글라피옹은 이에 불안감을 느끼고 프리드리히의 사서 슈팔라틴을 은밀히 만났다. 이런 상황에서 루터와 싸워봤자 그것은 로마교회의 자살 행위밖에 안 될 것 같았다. 유일한 해결책은 타협뿐이었다. 그는 슈팔라틴에게 루터가 요구하는 교회 개혁 사항의 상당 부분은 그도 옳다고 인정한다는 점을 시인했다. 실제로 그는 카를 5세에게 가톨릭교회의 '지나친 권력 남용'을 멈추지 않으면 황제도 천벌을 면치 못할 것이라고 경고했다. 글라피옹은 슈팔라틴에게 제국의 힘으로 가톨릭의 폐해는 5년 안에 깨끗이 사라지게 될 것이라고 장담했다. 또 그는 루터도 결백하지 않다는 점을 지적했다. 글리피옹은 루터가 쓴 『교회의 바빌론 유수에 관한 서곡 Babylonian Captivity』(루터가 성직자와 학자를 염두에 두고 교회 혁명을 위해 집필한 책—역주)을 생각하면 "머리끝에서 발끝까지 채찍질과 몽둥이질을 당하는 것" 같다고 말했다. 슈팔라틴은 글라피옹의 의견서를 기마병 편으로 비텐베르크에 보냈다. 3주 후 기마병은 거부 답변을 가지고 돌아왔다.

어찌 됐든 프란체스코 수도사인 글라피옹이 황제나 교황에게 호의적인 발언을 할 입장은 아니었다. 그렇게 되자 알레안드로도 더는 흥정할 마음이 없어졌다. 그는 1521년 3월 3일에 제국 의회에 나타나 루터에 대한 즉각적인 정죄를 요청했다. 그의 요청은 거부되었다. 이제는 독일 전역에 이름이 알려진 '비텐베르크의 수도사'도 청문회를 할 권리가 있다는 것이 이유였다. 이번에도 날랜 기마병이 '루터의 증언을 요청하는' 황제의 초청장을 지니고 작센으로 향했다. 카를은 초청장에, "안전 통행권이 있으니 폭력이나 훼방 따위는 걱정하지 않아도 된다."는 점을 덧붙였다.

비텐베르크에 있는 루터의 친구들은 카를의 초청장을 믿지 않았다.

친구들은 후스도 그 말을 믿었다가 배신당했다는 것을 잘 알고 있었다. 그들의 의심은 현실로 드러났다. 황제의 가정교사였다가 추기경이 된 위트레흐트의 아드리안 뵈이엔스가 카를에게 루터가 제국 의회로 접근하면 붙잡아 로마로 이송할 것을 요구한 것이다. 황제는 그의 요구를 거절했다. 한편 첩자로부터 그 소식을 전해들은 슈팔라틴은 서둘러 루터에게 보름스로 오지 말라는 소식을 보냈다. 루터는 그의 말을 듣지 않았다. "지붕의 기와만큼이나 많은 악마가 보름스에 우글거린다 해도 나는 그곳에 갈 것이오." 1521년 4월 2일, 루터는 군중의 환송을 받으며 길을 떠났다. 비텐베르크의 교수 40명도 군중 속에 있었다. 2주 후에 루터는 보름스에 도착했다. 완전 무장한 독일 기사들이 시퍼런 칼을 휘두르며 그를 제국 의회까지 호위해 들어갔다. 거리의 군중은 그 광경을 보고 환호했다. 알레안드로는 그 모습에 마음이 몹시 언짢았다. 그러나 아드리안 뵈이엔스의 실패한 음모의 관점에서 보면 그 호위는 결코 지나친 것이 아니었다.

제국 의회의 위용은 대단했다. 트리어 대주교의 앞잡이인 요한 폰 데어 에켄 재판관 앞에는 소박한 옷차림의 수도사 루터가 앉아 있었고 그 뒤로는 제국 의회 의원들이 자리해 있었다. 제국 의회 의원들은, 꽃무늬 자수로 장식된 의복으로 장성한 고위 성직자들과 소매가 불룩한 짧은 모피 겉옷, 어깨를 누벼 만든 비단 셔츠, 벨벳 정장, 환한 색상의 바지, 리본과 보석으로 장식한 코드피스(그 안에는 심이 들어 있었다. 독일인들이 말하는 이른바 _그로스티프퉁grosstiftung_, 즉 허벅지 사이가 불룩해진 모습으로 나타나지 않는 귀족은 웃음거리가 되기 십상이었다) 등 가장 세련된 그 시대 스타일로 멋을 낸 속인 군주 및 외교관들로 구성되어 있었다. 작위가 있는 속인들은 크고 작은 갖가지 관을 쓰고 있었다. 제국 의회 의장으로 최고 재판관이 된 카를 5세는 황제의 관을 썼고, 고위 성직자는 주교관을 썼으며, 자치 도시 시민들은 모피와 깃털 달린 모자를 썼다.

　루터는 머리에 아무것도 쓰지 않아 머리를 짧게 깎은 모습 그대로였다. 그런데도 그에게서는 위엄이 느껴졌다. 그곳에 모인 사람들도 그것을 인식하는 듯했다. 에켄이 탁자에 놓인 책 더미를 가리키며 루터에게 그 안에 담긴 이단적 내용을 철회하라고 말했다. 그러자 루터는 자신의 공적 생활에서 처음으로 주저하는 모습을 보였다. 그러고는 천천히 고개를 끄덕이며 그것들이 이단임을 인정했다. 그러나 철회하는 문제는 … 시간이 좀 더 필요하다고 말했다. 황제는 그에게 하루의 말미를 주었다. 그날 밤 제국 의회 의원 몇 명이 루터가 묵고 있는 간소한 숙소를 은밀히 찾았다. 후텐도 근처 폰 지킹겐 성에서 가져온 전단을 루터에게 보내주었다. 그것들은 모두 루터에게 소신을 굽히지 말 것을 간청하는 내용이었다.

　이튿날 아침, 루터는 그들의 말대로 소신을 굽히지 않았다. 에켄이 그에게 다시 한 번 철회를 요구했다. 루터는 성직자들의 비행을 기록한 자신의 글은 정당하다고 항변했다. 그 순간 여러 나라의 언어를 구사하는 카를이 소리쳤다. "아니다*Immo!*" 루터는 힐책하듯 카를에게 말했다. "제가 이 시점에서 주장을 철회하면 더 심한 횡포와 불경을 조장하는 것이 됩니다. 그것도 신성로마제국의 강요로 철회했다고 생각해 보십시오. 상황은 걷잡을 수 없이 더욱 나빠집니다." 그러고 나서 루터는 잠시 숨을 고른 뒤 성서에 반하는 내용이면 어떤 것이라도 철회할 용의가 있다고 말했다.

　그 말을 기다리고 있었다는 듯 에켄이 말했다. "마르틴, 성서만 믿겠다고 하는 당신의 그 말은 이단자들이 늘 입에 달고 다니는 말이오." 그러면서 그는 성서 해석의 권한은 공의회와 교황청에만 있다는 점을 덧붙였다. "당신에게는 거룩한 정통 종교에 이의를 제기할 권한이 없습니다." 그것은 "로마교회가 정의를 내린 사항이고 … 교황과 황제는 논쟁이 끝없이 일어나는 것을 막기 위해 그것의 논의를 금지시킨 것입니다." 그 말을 한 다음 에켄이 다시 루터에게 물었다. "자, 당신 서적과 그 안에 담긴 오류 내용을 철회하겠소, 안 하겠소?"

그때까지 두 사람은 라틴 어로만 대화를 나누었다. 그러나 이제 루터는 독일어로 이야기하기 시작했다. 그는 교황의 권위와 회의 때마다 모순을 드러내는 공의회의 권위를 자신은 인정하지 않는다고 말했다. 그는 아무것도 철회하지 않겠으며 철회하려 해도 양심이 허락하지 않는다고 말했다. 그렇게 하는 것은 안전하지도 못할 것이라는 알쏭달쏭한 말도 덧붙였다. 루터는 "이것이 내 입장이고 그 밖의 다른 어떤 일도 나는 할 수 없습니다(Hier stehe Ich, Ich kann nicht anders)."라는 말로 끝을 맺었다. 그런 다음 몸을 돌려 홀로 의사당을 나갔다.

토머스 칼라일(1795년~1881년. 영국의 역사가—역주)은 루터의 이 행위를 "근대 인간사의 가장 위대한 순간"이라고 썼다. 루터는 몰라도 젊은 카를의 인생에서 그것이 가장 놀라운 순간이었던 것만은 분명하다. 신성로마제국의 황제를 감히 힐난하다니! 기라성 같은 교회 권력층에게 칼을 들이대다니! 이튿날 카를은 신성로마제국의 7선제후를 소집하여 이단적 수도사의 '거짓 가르침'에 보다 신속히 대응하지 못한 것에 유감을 표하는 프랑스 어 선언문을 자신이 직접 써서 크게 읽어주었다. 카를은 그들에게, 루터는 자신이 발행한 안전 통행권으로 고향에 돌아갈 수는 있어도 여행 도중 설교를 한다거나 선동 행위를 하는 것은 금지한다고 말했다. "짐은 그를 악명 높은 이단자로 고발할 작정이오." 그는 이렇게 말한 다음 "따라서 귀공들도 나의 뜻을 따라줄 것으로 믿는다."라고, 안 해도 될 말을 덧붙였다.

7선제후 중 네 명만 카를의 뜻에 응했다. 그것은 더욱 놀라운 일이었다. 카를에게 반대한 선제후들 중에는 현명공 프리드리히와 라인 강 서부 선제후령의 루드비히도 있었다. 그날 밤 농부의 신발—독일 혁명의 상징—이 그려진 벽보가 보름스 시청 문 앞과 보름스 시 전역에 등장했다. 주교들은 신변에 위협을 느끼고 루터에게 제발 의회와 화해할 것을 간청했다. 루터는 그들의 청을 뿌리치고 일주일 후 귀향길에 올랐다. 그에게는 교황 레오가 발행해준 제국의 안전 통행권이 있었다. 그러나 그것은 여행 열흘째로 접어드는 날 시효가 만료되었다. 그것을 안 프리드리히는 5월 6일 노상강도 떼로 변장시킨 병사들로 하여금 매복 공격을 가장하여 루터를 납치하도록 했다. 병사들은 루터를 튀링겐 숲의 아이제나흐 근처 바르트부르크 성으로 데리고 갔다. 그곳에서 루터는 융커 게오르크라는 가명으로 숨어 지냈다.

보름스의 루터 지지자들도 의사당을 빠져나가기 시작했다. 루터가 종적을 감춘 날 보름스에서는 잔여 의회만 남아 회의를 속개했다. 카를은 그 사실에도 아랑곳하지 않고 회의를 주재하며 낙담한 알레안드로가 작성해준 루터에 대한 통렬한 비난의 글을 발표했다. 카를은 루터가 특히 "결혼 성사, 고해 성사, 화체설을 부정했다."라고 지적하면서 이렇게 말했다. "그자는 자유의지를 부정한 이교도요. 수도사의 탈을 쓴 악마가 지난날의 과오를 끌어 모아 악취 나는 웅덩이에 집어넣었다가 또 다른 과오를 만들어낸 것입니다. … 그자의 교의는 반항, 분열, 전쟁, 살인, 강도, 방화, 기독교계의 붕괴만 조장할 뿐이오."

카를은 수도사와 공모자들을 체포할 것을 명령했다. 그의 명령에 따라 루터 일당에 대한 추적이 시작되었다. 알레안드로는 루터의 글이 '사람들의 뇌리에서 사라지게' 하기 위해 그의 서적도 불사르도록 했다. 보름스에 남은 제국 의회 의원들은 카를의 칙령을 통과시켰다. 3주 뒤 보름스 칙령이 발표되었다. 한편 교황 레오는 프랑스와 에스파냐의 전쟁 준비 상황을 예의 주시하고 있다가 프랑스에서 에스파냐로 편을 바꾼 다음 에스파냐를 부추겨 선제공격을 하도록 했다. 카를이 보름스 제국 의회에서 얻은 성과는 그게 전부였다.

    카를이 독일에 남아 있었다면 그는 누구의 도전도 받지 않고 수월하게 법을 집행할 수 있었을 것이다. 그의 첩자들이 바르트부르크 성에서 수배자를 찾는 것도 시간문제였을 것이다. 루터를 찾아낸 것은 결국 루터의 지지자들이었다. 그러나 법의 집행은 어차피 불필요한 상황이었다. 루터는 기질상 숲 속에 무한정 처박혀 지낼 사람은 아니었다. 그는 몇 달 바르트부르크 성에서 숨어 지낸 뒤 은신처를 빠져나와 비텐베르크의 설교단에서 여덟 번이나 설교를 했다. 카를은 이미 독일을 떠난 뒤였다. 카를은 프랑스와의 전쟁에 정신이 팔려 10년 동안이나 중부 유럽을 비워두었다. 그가 독일로 돌아왔을 때는 이미 예전의 독일이 아니었다. 유럽은 변해 있었다. 유럽 대륙의 어딘가를 이어주고 있던 연결 부품─레오나르도 다 빈치의 설계도에도 나와 있을 수상한 장치의 하나─이 다른 것으로 교체되어 있었다. 독일 제후와 프랑스 왕은 물론 교황도 루터를 단죄하는 데 필요한 힘을 그에게 주지 않으려고 했다. 루터와 루터가 벌이는 운동도 세력이 강화되어 쉽사리 단죄할 수 있는 상황이 아니었다. 그럼에도 카를은 기를 쓰고 루터의 힘을 꺾으려고 했다. 그것은 헛된 노력이었다. 중세의 기독교는 그와 함께 스러지게 되어 있었다.

❦

　루터는 보호자의 설득에 못 이겨 바르트부르크의 은신처로 되돌아왔다. 그는 그곳에서 수염을 기르고 기사처럼 변장한 채 융커 게오르크로 다시 살아갔다. 그러나 그는 잠을 잘 이루지 못하는 데다 폭식을 하여 몸이 뚱뚱해지고 환각에도 곧잘 시달렸다. 악마가 나타나 악취를 내뿜자 자신도 "방귀를 뀌어" 악마를 물리쳤다고 호위병들한테 이야기할 만큼 상태가 심각했다. 그는 슈팔라틴에게도 종교 서원誓願에 관한 글을 보내 성직자의 독신 생활을 사탄의 계략이라고 비난하면서 성욕의 자유로운 발산을 주장했다(슈팔라틴은 당황하여 이 소책자를 숨겨두고 공개하지 않았다). 이렇게 몇 달을 보낸 끝에 루터는 마침내 마음을 다잡고 종이 속에 파묻혀 그리스 어 신약을 독일어로 번역하여 자신의 죄를 씻어보려고 했다. 그래도 여전히 안절부절 마음의 평정을 되찾지 못했다. "여기서 이렇게 썩어 지내느니 이글거리는 석탄불에 타 죽는 것이 낫겠다. … 나는 싸우고 싶다."

　사실 루터는 치열한 싸움의 한복판에 있었다. 루터의 운동은 북부 유럽을 휩쓸고 있었다. 이 운동은 뉘른베르크가 중심이 된 자치도시들에서 시작하여 작센, 브란덴부르크, 프로이센, 뷔르템베르크, 헤센, 브라운슈바이크(일명 브룬스윅―역주), 안할트, 스위스 절반을 거쳐 스칸디나비아 반도에까지 이르렀다. 이탈리아와 에스파냐는 전향의 징조를 보이지 않았다. 아일랜드도 잉글랜드가 루터 쪽으로 기우는 것을 보고는 미동도 하지 않았다. 아일랜드는 잉글랜드가 하는 것은 무조건 반대하는 나라였다. 그러나 보헤미아, 트란실바니아, 오스트리아, 심지어 폴란드에서도 가톨릭은 한동안 가망 없는 신앙처럼 보였다. 전향자들은 전혀 예상치 못한 곳에서도 나왔다. 막시밀리안의 손녀딸 이사벨―신성로마제국 황제 카를 5세의 누이―도 루터 파로 전향한 사람들 중 하나였다. 프랑스 왕도 루터 파의 포교를 허용하고 연옥의 존재를 부정하면서 교황에게 적대적인 태도를 보였다. 그러나 그는 결코 남몰래 프로테스탄트가 되지는 않았다.*

초기 프로테스탄트의 힘은 상인, 반성직주의자, 중산층 지식인으로부터 나왔다. 특히 중산층은 인문주의 교육의 영향으로 가톨릭이 미신에 뿌리를 두고 있는 것으로 생각했다. 독일은 유럽의 다른 나라들과 달리 프로테스탄트 운동의 힘이 귀족층으로부터 나왔다. 이들은 로마교회에 대한 충성을 끊은 뒤의 첫 조치로 토지와 수도원 등 그들 영토 내에 있는 교회 재산을 몰수했다. 이것이 로마와의 관계를 끊는 데 결정적인 힘으로 작용하여 군주의 조세수입은 하루아침에 크게 불어났다. 추방된 교황 및 감독 주교 대리인의 자리에 행정관을 임명하자 군주에 대한 백성들의 신망은 더욱 두터워졌다. 그러나 이 모든 일에 백성들은 무관했다. 모든 것은 군주의 결정으로 이루어졌다. 백성들은 군주가 결정하는 종교를 믿어야 했다. 16세기에 종교적 관용―역사적 분파를 받아들여 결국은 인정했다―을 주제로 열린 각종 제국 의회나 종교회의들은 피지배자가 아닌 지배자의 권리에 관한 것이었다. 개인의 종교적 자유는 아직 몇 세기를 더 기다려야 했다. 추상적 개념으로도 그것은 아직 존재하

---

* 이 시점에서 '프로테스탄트'라는 말을 쓰기에는 좀 이른 감이 있다. 이 말은 그 후 8년 뒤에나 등장한다. 1529년에 열린 슈파이어 제국 의회에서 기독교계는 3년 전에 허용해주었던 루터 파에 대한 종교적 관용을 취소하는 결정을 내렸다. 이에 소수파가 항의하자 이들을 프로테스탄트라 불렀다. 그런데도 여기에 프로테스탄트라는 말을 쓴 것은 종교개혁이 시작될 때부터 모든 프로테스탄트가 루터 파는 아니었기 때문이다.

지 않았다.

만일 백성들에게 종교의 선택권이 주어졌다면 엄청난 혼란이 초래되었을 것이다. 그렇지 않아도 프로테스탄트들은 혼란의 아수라장을 이루고 있었다. 가톨릭에서 프로테스탄트로 전향한 사람들은 일정 원칙에 있어서는 이미 합의를 본 상태였다. 교황 지배의 거부, 라틴 어가 아닌 속어의 사용, 성직자 독신 생활의 포기, 순례 여행의 폐기, 성모마리아와 성인들에 대한 숭배의 거부, 옛 성직자들에 대한 규탄 등이 그것이었다. 그러나 종교 혁명은 프로테스탄트 옹호자들도 자극했다. 그에 따라 분열도 빨리 나타났고 분열의 골은 깊어만 갔다. 이윽고 프로테스탄트들 간의 맹렬한 싸움이 시작되었다.

당대의 가장 유명한 프로테스탄트 교의―그것은 또 그 시대가 현대로부터 얼마나 동떨어져 있는지를 보여주는 극명한 예였다―는 예정설이었다. 예정설은 선하고 악한 행동의 주관자는 전지전능한 하나님이고 인간은 그에 대한 선택권이 없다는 내용의 교의이다. 궁극적 결정론자였던 루터는 도덕적 자유의 개념을 이해하지 못했다. 그는 『노예 의지론 De servo arbitrio』(1525년)에서 이렇게 썼다. "인간의 의지는 짐을 진 짐승에 비유할 수 있다. … 하나님은 변함없고 영원하고 유효한 의지로 모든 것을 예견하고 예정하고 이룩하신다. 청천벽력 앞에 자유의지는 산산이 부서져 먼지로 가라앉는다."

예정설과 의견을 달리하는 사람들은 이것을 읽고, 인간이 자신의 행동으로 운명을 바꿀 수 없다면 ―다시 말해 구원이나 저주가 미리 예정되어 있다면― 사악한 유혹에 저항할 이유, 인간의 조건을 개선시키기 위해 피땀 흘려 노력해야 될 이유, 심지어 교회에 다닐 이유는 어디에 있느냐고 반문했다. 그들의 반론은 끝없이 이어졌다. 그러나 합리적이지는 못했다. 그러다 보니 프로테스탄트주의는 시초부터 분열의 양상을 보였다. 루터 교가 생겨나자 신교가 생겨났다. 새로 등장한 프로테스탄트 주창자들—스위스의 울리히 츠빙글리, 프랑스 태생의 장 칼뱅, 스코틀랜드의 존 녹스—은 각기 다른 종파를 형성했다. 그들은 예배에 대한 관점도 달랐고, 로마교회에 적대적인 것 못지않게 다른 종파에도 적대적이었으며, 가톨릭에 버금갈 만큼 억압적이었다. 재세례파, 메노파, 보헤미아파, 침례교회 선구파, 조합교회파, 장로교회파, 유니테리언 파가 당대에 생겨난 대표적 종파들이다.

이들 종파는 당대의 시대정신에 맞게 자신들의 영적 재탄생의 축포를 요란하게 터뜨렸다. 기나긴 공격은 반격으로 이어졌고 그것은 다시

스위스 제네바의 종교개혁 기념상

공개 처형으로 이어졌다. 이단자의 화형이 절정의 인기를 누렸다. 농부들은 1백 리만 가면 자신들과 같은 기독교인이 불길에 휩싸여 몸부림치다 죽는 광경을 볼 수 있었다. 그들은 그 광경에 야유를 보냈다. 열에 들뜬 구경꾼들은 살이 타는 냄새를 맡으려고 화형대에 가까이 다가갔다가 머리털을 그슬리거나 얼굴에 화상을 입기도 했다. 우리에게는 낯설어 보이지만 당대에는 일상적으로 일어났던 죽음에 매료된 이 같은 현상은 궁극적으로 대량 학살, 더 나아가 나라의 국경을 초월하여 유혈이 낭자한 종교전쟁으로 발전했고 다음 시대까지 이어졌다.

※

16세기에 그리스도의 이름으로 기독교인들끼리 죽고 죽이는 일이 어느 정도나 심각하게 자행되었는지는 정확히 알 수 없다. 그러나 살상이 처음부터 무자비하게 시작되었던 것은 분명하다. 보름스 제국 의회가 열린 지 1년 만에 지킹겐은 트리어 대주교—이 인물은 성직보다는 전투에 더욱 뛰어난 기량을 보이며 지킹겐에게 치명적인 부상을 입혔다—의 군대와 전쟁을 벌였다. 그 4년 뒤에는 4, 50만 명에 이르는 독일인들이 살해되거나 처형되었다. 그들은 신앙 때문에 죽은 것만은 아니었다. 그들의 살해 욕구는 오랫동안 잠재되어 있었다. 종교 혁명이 일어나기 전에도 기독교인들은 그들 지배자들 못지않게 잔인한 면이 있었다. 그들은 쇠사슬에 묶인 곰을 구덩이에 던져 넣고 아사 직전의 개들을 풀어놓아 산 채로 뜯어먹게 하는, 독일인들이 *베렌헤체Bärenhetze*라고 부르는 오락을 즐겼다. 구경에만 그치지 않고 구덩이 속으로 뛰어드는 사람도 있었다. 그들은 광란의 살인극을 고대하고 있었고 보름스는 그것을 제공해주었다. 결과가 어찌 됐든 그것은 상관없었다. 보름스 의사당으로 자진하여 루터를 호위해 들어갔던 기사들도 회개하라는 교회의 요구를 루터가 거부하지 않으면 그를 죽일 작정이었다.

    루터 승리의 소식이 독일 전역에 퍼졌을 때도 소동이 일어났다. 에르푸르트에는 4월 말경에 그 소식이 전해졌다. 그러자 폭도들은 교회 소유 가옥 40채를 파괴했고, 소작 장부를 불태웠으며, 도서관을 무너뜨렸고, 대학에 난입하여 인문주의 학자를 살해했다. 비텐베르크에서도 폭도들이 칼과 돌을 들고 예배가 진행 중인 교회로 난입하여 성모마리아 상 앞에 무릎 꿇고 앉은 여자들을 돌로 때리고 사제를 밖으로 내쫓았다. 이튿날은 한 무리의 학생들이 비텐베르크 시 프란체스코 수도원의 제단을 파괴했다. 뒤이어 비텐베르크의 아우구스티누스 수도회의 지도자는 그 루터기 연단에 올라, 자신의 뒤를 따라 농촌 지역으로 몰려가 학생들이 하듯 가톨릭 성상, 제단, 성화들을 도끼로 찍어서 불길에 내던지자고 호소했다. 루터의 친구 카를슈타트 교수는 학생들을 이끌고 비텐베르크 교회들을 공격하여 벽에서 십자가와 성화를 뜯어내고 그것을 말리려는 사제들에게 돌을 던졌다. 또 카를슈타트는 민간인 복장을 하고 독일어로 미사를 드리면서 신도들로 하여금 그들 손으로 직접 성찬배의 포도주를 마시고 빵을 먹게 하는 성찬식을 가졌다. 그것은 로마 가톨릭의 관점에서 보면 신성모독적인 행위였다. 그것도 모자라 그는 종교의식에서 음악을 금지하도록 비텐베르크 시의회를 설득했고 수도사와 사제도 결혼이 필요하다고 역설하면서 자신의 마흔 살 생일에 열다섯 살 난 소녀와 결혼하여 스스로 모범을 보이기도 했다.

    루터도 이런 혼란을 틈타 튀링겐 숲의 은신처를 박차고 나왔다. 루터는 폭력에 대해 늘 이중적인 태도를 취했다. 「독일 민족의 그리스도 교도 귀족들에게 보내는 연설」만 해도 평범한 프로테스탄트는 물론 후텐조차 쓸 수 없는 선동적인 논문이었다. 그런데 지금 그 같은 폭력적 사태에 직면하여 루터는 몸을 사렸다. 결과적으로 그것은 혁명가가 범한 잠깐의 실수로 판명이 났지만 어찌 됐든 그의 말은 인상적이었다. 루터는 설교단에서 이렇게 말했다. "폐단은 폐단의 원인을 제거한다고 하여 없어지는 게 아닙니다. 남자들도 술과 여자로 얼마든지 망할 수 있어요. 그렇다고 술과 여자를 금지시켜야 되겠습니까? 해, 달, 별이 경배받는다고 하여 그것들을 하늘에서 뽑아버려야 되겠습니까?"

루터의 지시로 비텐베르크에서는 신구新舊의 성찬식이 모두 허용되었고, 원하는 사람은 십자가, 성상, 성가도 신봉할 수 있게 되었다. 찬송가를 직접 작곡하기도 한 루터는 그런 요소가 신도의 마음에 위안이 된다는 것을 알고 있었다. 비텐베르크 시의회도 이전 결정을 번복하고 카를슈타트를 도시에서 추방했다. 카를슈타트는 비텐베르크에서 수모를 당하자 그곳에서 가까운 오를라뮌데로 자리를 옮겨 루터를 "탐욕스러운 성직자 … 비텐베르크의 새로운 교황"이라고 비난했다. 군중은 그의 말에 동요하기 시작했다. 그러자 현명공 프리드리히는 소요를 우려하여 —아닌 게 아니라 곧 일어날 것만 같았다— 루터에게 시민들이 분별심을 가질 수 있는 설교를 하도록 했다. 루터도 열심히 노력했다. 그러나 오를라뮌데 시민들에게는 신성한 것이 아무것도 없었고, 그들에게 종교 혁명의 정신을 고취시킨 사람도 그 점에서는 예외가 아니었다. 시민들은 루터의 말을 듣기를 거부하면서 돌을 던지고 진흙 칠을 하여 그를 도시에서 내쫓았다.

그 소식은 토마스 뮌처(1490년 이전~1525년—역주)에게도 전해졌다. 루터 파였던 그는 이제 재세례파가 되어 있었다. 뮌처는 그 소식을 듣고 책자를 발행하여 자신의 전 우상을 "음란과 음주"에 빠져 지내는 "부도덕한 수도사", "거짓말쟁이 박사"라고 불렀다. 그는 공개적으로 농민 봉기를 선동했다. 그러자 루터는 『평화를 위한 권면 Ermahnung zum Frieden』이라는 소책자를 발행하여 농민들에게 자제를 요청했다. 농민들은 그의 간청에도 아랑곳없이 봉기를 일으켰다. 봉기가 진압되자 ―이 봉기로 10여만 명의 농민이 목숨을 잃었다― 카를슈타트가 주동자로 몰려 기소될 위험에 빠졌다. 카를슈타트는 아이러니하게도 루터에게 보호를 요청했다. 루터는 그를 재빨리 구해주었다. 카를슈타트는 투쟁에 신물이 났다. 그런데다 논쟁으로 목이 쉬고 어린 아내까지 칭얼거리자 교수의 본업으로 되돌아갔다. 15년 뒤 그는 바젤에서 무명의 교수로 세상을 하직했다. 뮌처는 카를슈타트에 비해 운이 좋지 못했다. 그는 작센에서 농민 봉기를 이끌었다. 그의 농민군은 노련한 군대의 상대가 되지 못했다. 농민군이 패하자 중세적 피의 잔치가 시작되었다. 이 유혈극으로 5천여 명의 농민이 목숨을 잃었다. 농민 3백여 명은 그들의 아내들이 봉기 조장자로 의심받고 있던 사제 두 명의 머리를 두드려 패기로 동의한 뒤에야 목숨을 건졌다. 뮌처는 죽도록 고문을 당하고 참수되었다.

※

루터도 다른 사람들처럼 에라스무스가 쓴 『우신 예찬』의 열렬한 애독자였다. 당시 이 고매한 인문주의자는 루뱅의 '트릴링구알 대학'에서 그리스 어, 라틴 어, 히브리 어 교수로 바쁜 나날을 보내고 있었다. 1519년 3월 18일 루터는 에라스무스에게 그의 지지를 간곡히 요청하는 편지를 보냈다. 그것은 루터가 에라스무스라는 사람을 전혀 모르고 있음을 보여주는 전혀 뜻밖의 간청이었다. 에라스무스는 1519년 5월 30일 루터에게 이런 답장을 보냈다. "교황을 대놓고 책망하기보다는 교황의 권위를 악용하는 무리를 비난하는 것이 현명한 처사일 거요. … 오래된 제도는 하루아침에 뿌리 뽑히지 않습니다. 무차별적인 비난보다는 조용한 논의가 효과적일 거요. 선동적인 행위를 피하고 냉정함을 유지하세요. 분노하지 말고 누구도 미워하지 마십시오."

에라스무스는 루터를 옹호했다. 작센의 프리드리히 선제후에게도 「에라스무스의 공리 Axiomata Erasmi」라는 글을 보내 복음서를 사랑하는 사람이라면 비텐베르크의 수도사를 미워하지 못할 것이라고 말했다. 또 그는, 기독교인들은 복음서의 진실을 알 권리가 있으므로 그들을 억압해서는 안 된다는 말도 덧붙였다. 에라스무스는 로렌초 캄페지오 추기경에게도 장문의 편지를 보내 이렇게 말했다. "여행을 다녀보니 됨됨이가 괜찮은 사람일수록 루터에게 적대적이지 않았습니다. … 진실을 알려면 모든 사람이 두려움 없이 마음속의 생각을 털어놓도록 해야 합니다. 어느 한쪽을 옹호하는 자는 주교관을 씌워주고 옹호하지 않는 자는 체포와 화형으로 다스려서는 진실을 알 수 없지요." 이 무렵에는 에라스무스도 《주여 내쫓으소서》가 가짜가 아닌 진짜라는 사실을 알고 있었다. 그럼에도 그는 "교황의 교서가 레오 10세답지 않은 부당하고 어리석은 행위이고 그것을 발표하러 간 자들―에크와 알레안드로― 때문에 상황은 더욱 악화되었다."라고 믿고 있었다. 에라스무스는 이렇게 결론지었다. "나는 과거에도 그랬고 앞으로도 변함없이 로마교황청의 충실한 신자로 남아 있을 것입니다. 그러나 본인뿐 아니라 대다수의 사람들도 그렇게 생각하리라고 봅니다마는 광포함의 수위를 낮추면 문제는 더욱 잘 해결될 것입니다."

그러나 광포한 행동은 교황청의 비판자들이 더 많이 저지르고 있었다. 에라스무스에 대한 루터의 오판이 심각했다면 루터에 대한 에라스무스의 오판은 한층 더 심각했다. 루터는 에라스무스가 보낸 5월 30일자 답장을 도무지 이해할 수 없었다. 그것은 합리적인 학자가 불합리한 근본주의자에게 해준 조언이었다. 따라서 루터에게는 그것이 아무짝에도 쓸모없는 조언이었음은 물론 이해도 되지 않았을 것이다. 비텐베르크 시민들의 마음을 일깨우려는 설교를 할 때 루터의 입이 거칠었던 것은 그의 성격 때문이었다. 루터는 독설이 입에 배어 있었다. 그는 에라스무스와 기질이 정반대인 사람이었다. 그는 불같은 성격에 선동적이고 잘 격분하는 타고난 증오자로, 에라스무스가 하지 말라고 하는 모든 것을 하는 사람이었다. 그것이 루터의 매력이었다. 또 그것은 그가 지닌 천재성의 일면이기도 했다. 에라스무스는 부당함을 혐오했으나 아무런 결과도 얻지 못했다. 루터는 부당함을 혐오하여 위대한 결과를 얻었다. 에라스무스가 사색적인 인간이라면 루터는 직관적인 인간이다.

그러나 직관은 행동을 유발시키는 동인이기는 했지만 일시적이기 때문에 위험의 소지를 안고 있었다. 게다가 루터의 정의감은 선별적이었다. 루터는 농민 봉기에 격분하면서도 초기 프로테스탄트주의의 과도한 분출에는 침묵을 지켰다. 그것이 유럽 지성인들의 심기를 불편하게 했다. 인문주의자들은 에르푸르트 폭도들이 단순한 방관자에 지나지 않은 인문주의 학자를 살해한 것을 불길한 징조로 받아들였다. 피에 굶주린 시대에는 으레 그렇듯 지성인들은 공포에 사로잡혀 어찌할 바를 몰랐다. 그들은 로마교회의 부정을 폭로하고 중세의 미신을 맹목적으로 받아들이지 않도록 사람들을 계몽하여 개혁에의 길을 열어놓았다. 그러나 감정이 앞선 종교개혁자들은 그들의 공을 깨닫지 못했다. 깨닫기는커녕 자칭 '루터주의자', 즉 루터 추종자들은 '츠비카우 도그마Zwickau Dogma(츠비카우는 독일 작센 주에 있는 도시 이름이고, 이곳 예언자들과 토마스 뮌처에 의해 재세례파 운동이 일어났다—역주)'를 받아들이고 있었다. '츠비카우 도그마'는 그것이 생겨난 도시 이름을 따서 붙여진 이름이다. 루터주의자들은, 하나님은 단순한 사람들에게 단순한 언어로 직접 말씀을 전달하기 때문에 본능적으로 이해할 수 있고, 따라서 진정한 기독교인은 학문은 물론 읽고 쓰는 것도 배울 필요가 없다고 생각했다. 카를슈타트는 지성인이었음에도 자신의 서적을 제일 먼저 파기하고 진정한 신자라면 농사나 노동으로 살아가야 한다고 설파했다. 카를슈타트의 동료이자 후견인이었던 게오르게 모르는 교수 직을 버리고 문맹자에게 설교하는 즐거움을 택했다. 비텐베르크 대학생들도 적지 않은 수가 학문의 추구에 흥미를 잃고 장인이 되었다.

과거 루터를 옹호한 인문주의자들은 루터주의자들의 행위에 식상하여 등을 돌렸다. 루터주의자들은 편협했고, 학문을 경멸했으며, 종교적 예술품을 불살랐고, 고전 문화를 이교적인 것으로 배격했으며, 로마교황이 쓰는 야만적 방법, 즉 서적을 불사르고 파문에 부치고 화형에 처하는 행위를 서슴지 않았다. 루터주의자에게 등을 돌린 인문주의자들은 다음과 같다. 프랑크푸르트암마인의 참사회장 요한네스 코클라이우스, 루터의 서적을 불사르다 도중에 멈추었다 하여 이단자로 재판정에 선 요한네스 로이힐린, 뉘른베르크의 상인이자 학자였으며 뒤러의 친구였고 에라스무스로부터 "독일 최고의 자랑"이라는 칭호를 들었으며 루터를 공개적으로 변호한 죄로 파문까지 당했던 빌리발트 프리크하이머, 고타의 콘라두스 무티아누스 루푸스, 에라스무스.

바티칸은 학자들을 보호하고, 라틴 어와 그리스 어에 국한된 현상이기는 했지만 고전 학문의 잃어버린 보고를 찾을 수 있도록 그들을 후원해주었다. 인문주의자들도 교회의 개혁에는 동의했다. 그러나 예정설,

지옥, 악마, 중세적 신앙으로의 반동적 회귀와 다를 바 없는 초자연주의에 광분하는 프로테스탄트주의는 그들이 기대한 개혁이 아니었다. 무티아누스는 루터를 "비텐베르크의 샛별"이라 불렀다. 그러나 듀랜트에 따르면 루터는 예전의 루터가 아니었다. 그는 '미치광이처럼 날뛰려고' 작심한 듯이 행동했다. 무티아누스처럼 초기에는 루터 찬미자였던 코클라이우스도 루터에게 이런 글을 썼다. "그리스도의 말씀 어디에도 귀하가 지금 행하는 일은 나와 있지 않습니다. 귀하는 칼, 유혈, 살인으로 협박하는 것으로도 모자라 '적그리스도', '매음굴', '악마의 둥지', '쓰레기 구덩이', 생전 듣지도 보지도 못한 부정한 말들로 극악한 행위를 저지르고 있어요. 루터여, 그리스도는 귀하에게 이런 일을 하도록 가르치지 않았습니다!" 프리크하이머는 이렇게 썼다. "복음주의자 악당들에 비하면 교황의 악당들은 이제 고결해 보이기까지 한다. … 수치를 모르고 통제 불능으로 지껄이는 것을 보니 루터는 아무래도 미쳤거나 악령에 홀린 것 같다."

에라스무스도 그 말에 동감했다. 그러자 루터는 "점잖고 예의 바르게 행동하면 만사가 해결될 것이라고 생각하는" 돈 키호테적 망상가라고 그를 비난했다. 에라스무스는 그 말에 불쾌감을 느꼈다. 그는 당대 최고의 석학이었고 본인 스스로도 그렇게 믿고 있었다. 그런 그를 루터주의자들은 루터보다 더욱 심하게 몰아세웠다. 심지어 그를 변절자로 매도하는 사람도 있었다. 훗날의 한 비평가의 말을 빌리면, "진리를 파헤칠 만한 지식은 있으나 그것을 입증할 만한 수준에는 이르지 못한 구걸하는 기생충"이라는 비아냥거림도 있었다. 또 어떤 사람들은 그를 교황의 돈으로 먹고사는 바티칸의 끄나풀이라고 비난했다. 그것은 심히 부당한 말이었다. 루뱅의 에라스무스가 로마의 미켈란젤로처럼 가톨릭의 부에 의존하여 살았던 것은 사실이다. 의식주와 서적 구입비 등을 로마교황청에 충성하는 대주교, 귀족, 신성로마제국 황제로부터 받는 연금으로 충당했던 것도 사실이다. 그러나 에라스무스는 지적 독립을 유지하는 조건하에서만 그들의 지원을 받아들였다. 그는 그 원칙을 끝까지 고수했다. 프리드리히가 쾰른의 숙사―이곳에서 에라스무스는 알레안드로를 격분시키면서까지 루터를 구해주었으나 그로부터 고맙다는 말 한마디 듣지 못했다. 알레안드로는 자신을 격분시킨 에라스무스를 결코 용서하지 못했다―에 머물고 있을 때 그는 교황의 볼모가 아니라는 점을 분명히 보여주었다. 그러나 그것도 아직은 하나의 징후일 뿐이었다. 종파 간 갈등이 첨예해지면서 에라스무스의 용기는 더욱 빛이 났다.

※

물론 에라스무스에게도 약점은 있었다. 그도 학자들이 흔히 범하는 과오를 저질렀다. 그는 논리의 힘을 과대평가했다. 에라스무스는 지성인은 합리적일 것이라는 판단하에 유럽 엘리트들과 맺고 있는 자신의 교분―신성로마제국 황제, 교황, 프랑스의 프랑수아 1세, 잉글랜드의 헨리 8세, 이탈리아 군주들, 독일 제후들, 잉글랜드의 대법관, 그리고 유럽 대륙의 거의 모든 지성인―을 이용하면 사태를 변화시킬 수 있을 것이라고 믿었다. 그도 개인적으로는 가톨릭을 미신의 혼합물로 보았다. 그러나 그는 사회적 질서와 개인의 도덕성을 강제할 수 있는 제도로서 로마 가톨릭을 대신할 것은 없다고 생각했다. 에라스무스가 날로 격화되는 기독교계의 내분에서 본 것은 광기뿐이었다. 그는 자신의 지혜로 그 결점을 보완하면 가톨릭의 하부 구조는 안정될 수 있을 것으로 믿었다. 현재 루뱅에 있는 한스 홀바인의 유화는 그러한 에라스무스의 내면을 절묘하게 포착하고 있다. 두건에 가려진 두 눈, 얇은 입술, 긴 코를 가진 얼굴에 근엄한 표정을 짓고 있는 그림 속의 에라스무스는 지적 오만의 전형이라고도 할 만하다. 그는 "누구도 내 이론을 평가하지 못한다. 천사라도 그것만은 용납하지 못한다."라고 썼다.

그러나 그는 슬기로웠다. 유럽 무대에서 종교적 위기를 그처럼 명료하게 꿰뚫어본 사람은 없었다. 물론 에라스무스가 자신이 그 위기에 해답을 제시할 수 있을 것으로 생각한 것은 착각이었다. 그러나 다른 해답도 쓸모없었을 것이라는 사실은 여전히 유효하다. 또한 프로테스탄트나 가톨릭이나 당대인들 모두 그를 나약하게 보았으나 그는 결코 나약한 인물이 아니었다. 에라스무스는 루터의 제안을 거부하여 스스로 고립을 자초했다. 무식한 가톨릭 신학자들이 그를 철저히 불신했던 것이다. 그들은 루터의 변절 때문에 에라스무스를 비난한 것이 아니었다. 그들은 에라스무스를 루터의 대필가로 의심하기까지 했다. 에라스무스는 루터에게 이렇게 썼다. "그자들은 귀하가 내 도움을 받아 글을 썼다는 의혹을 떨쳐버리지 못하고 있습니다. 그들의 말을 빌리면 나는 루터 파의 기수(*벡실라리우스*)가 된 것이지요. 나는 그자들에게 귀하는 모르는 사람이고, 귀하의 책도 읽지 않았으며, 따라서 귀하의 책에 찬성도 반대도 하지 않는다는 점을 분명히 밝혔습니다. 비판의 목소리를 높이기 전에 책을 먼저 읽어볼 것을 권했지요. … 그런데도 막무가내였습니다. 그자들은 미치광이처럼 날뛰었어요. … 나는 그들에게 증오의 표적이 되었습니다."

에라스무스에 대한 그들의 증오심은 날로 높아졌다. 그것은 에라스무스가 보인 이중적인 태도 때문이었다. 그는 "로마교회를 대체할 만한 [훌륭한] 대안이 나타날 때까지는 로마교회를 지킬 것"이라고 말했다. 그러면서도 가톨릭 개혁에 대한 언급을 계속하고 서약을 지키지 않는 사람들에 대한 비난도 멈추지 않았다. 그는 바티칸을 향해 변화라면 무조건 반대하는 교황의 태도는 몰상식한 행위라고 하면서 관용을 베풀 것을 주장했다. 그에 대한 방안도 제시했다. 교회 재산이 지나치게 많다고 하면서 경작지는 그곳에서 농사짓는 사람들에게 넘겨주고, 성직자의 결혼도 허락해주고, 성찬식 형식도 바꿀 필요가 있다고 말했다. 예정설은 터무니없는 것으로 보면서도 사제들이 열린 마음으로 연구와 토론을 하는 것이 바람직하다는 의견을 내놓았다. 성생활이 문란한 수녀와 음란한 수도사, 도둑질하는 수도사, 사기 행위를 일삼는 수도사, 음주하는 수도사에 대해서는 특단의 조치를 취할 것을 권했다. 그는 "많은 수도원들이 순결의 덕목을 잃고 있으며 수녀원은 나라에서 운영하는 매음굴이 되어버렸다."라고 말했다.

※

에라스무스는 교황 레오 10세와 계속해서 서신을 주고받았다. 후임 교황들인 하드리아누스 6세(재위 1522년~1523년-역주)와 클레멘스 7세와도 마찬가지였다. 이들 교황 모두 교황청에 에라스무스를 정중히 대할 것을 지시했다. 그러나 교황들의 지시는 무시되었다. 종교 분쟁의 농무濃霧는 세속 전쟁의 농무보다 한층 짙었다. 무지한 로마의 신학자들과 각 나라 교구의 강경파들은 점증하는 배교적 상황을 반대자들의 숨통을 조일 수 있는 기회로 보았다. 그 현상은 특히 가톨릭 전통이 강한 루뱅에서 심했다. 에라스무스의 동료 교수들마저 그 일에 가세했다. 1520년 10월 8일에 알레안드로가 그곳에 도착하여 루터의 파문을 발표하자 에라스무스에 대한 그들의 의혹은 더욱 깊어졌다. 알레안드로는 에라스무스가 프로테스탄트 봉기를 막후에서 지휘하는 주모자라는 말을 퍼뜨렸다. 대학교수들은 교황사절도 그것을 좋아하리라 생각하고 최고의 석학을 추방시킬 준비를 하고 있었다. 그러나 에라스무스가 그것을 예상하고 도시를 먼저 떠나버렸다.

에라스무스는 그때만 해도 아직 교황에게 우호적이었던 쾰른으로 자리를 옮겼다. 그러나 에라스무스를 은밀한 루터주의자로 몰아세우는 소문은 끊이지 않고 그를 괴롭혔다. 낯선 이들은 에라스무스를 보고 다가와 그가 낳은 달걀을 루터가 부화시켰다고 주장했다. 그들에게 에라스무스는 이렇게 비아냥거렸다. "맞소이다. 그러나 내가 낳은 달걀은 암탉이었으나 루터가 그것을 싸움닭으로 만들어놓았어요." 1521년 말 무렵 에라스무스는 그런 사람들 때문에 치를 떨 지경이 되었다. 11월 중순 그는 마침내 그동안 받던 연금을 포기하고 라인 강 상류의 스위스 바젤로 이동하여 인문주의자들 틈에 둥지를 틀었다. 그는 그곳에 와서야 비로소 숨을 돌렸다. 다른 곳에서는 사제들이 그를 변절자로 몰아세웠으나 스위스에는 여러 형태의 프로테스탄트가 공존했으므로 시달림을 받지 않았다.

그러나 가톨릭은 스위스에서도 시달림을 받았다. 바젤의 군중은 복음주의 사제들의 부추김을 받아 폭동을 일으키고 인근의 가톨릭교회로 난입하여 종교적 성상을 파괴했다. 공교롭게도 에라스무스는 그때 종교적 성상의 숭배를 배격하는 내용의 글을 발표했다 "성상은 상징에 불과하다는 것을 사람들에게 일깨워줄 필요가 있다. 가능하면 성상 없이 그리스도를 향해 직접 기도하는 것이 바람직하다." 에라스무스는 그 말만 한 것이 아니었다. 그는 "모든 것은 중용을 유지해야 한다."라는 말도 덧붙였다. 그러나 과도하게 날뛰는 무법자들은 에라스무스가 신봉하는 예절의 얇은 종잇장마저도 갈가리 찢어놓았다. 그는 그 모습에 정나미가 떨어져서 또다시 이삿짐을 꾸렸다. 그는 이번에는 가톨릭 성향이 강한 오스트리아의 프라이부르크임브라이스가우로 옮겨갔다. 이즈음에는 기독교계도 뭐가 뭔지 알 수 없는 지경이 되어 그의 경제적 후원자를 보고 뜻밖이라고 여기는 사람은 아무도 없었다. 에라스무스의 경제적 후원자는 바로 푸거 가였다. 푸거 가는 충실한 가톨릭 신자였지만 가톨릭 전통이 강한 베네치아의 프로테스탄트들도 은밀히 지원해주고 있었다.

그러나 에라스무스는 그곳에서도 평화를 얻지 못했다. 그에 대한 오스트리아 인들의 여론은 양분되었다. 프라이부르크임브라이스가우 시의회는 유럽 최고 지성의 이주를 반기며 막시밀리안 황궁에 그의 거처를 마련해주었다. 그러나 그곳 사람들은 에라스무스가 자신들 사이에 있는 것을 알고 분개했다. 에라스무스가 목가적인 스위스에 머물고 있을 때 이교도 사냥꾼들은 유럽 대륙 전역에 그의 이름을 먹칠하고 다녔다. 그들은 후대에도 다시 등장하는 예의 그 익숙한 수법으로 인류 역사상 가장 오래되고 가장 음흉한 속담의 하나인 "아니 땐 굴뚝에 연기 나랴(Es gibt keinen Rauch ohne Feuer)."를 유럽 여러 나라의 말로 중얼거리고 다니며 에라스무스를 이교도들의 우두머리로 지목했다.

이 무렵 에라스무스는 나이 일흔을 바라보고 있었다. 그는 노인들에게 흔히 나타나는 담석증, 궤양, 통풍, 이질, 호흡기 질환, 관절염, 췌장염 등 각종 질병으로 고생하고 있었다. 그런데다 사람들의 의심까지 받게 되자 그는 질식할 것만 같았다. 에라스무스는 생애 마지막으로 또 한 번 바젤로 피신을 했다. 그는 그곳에서 거짓말에 시달리며 몇 년간 방황하다가 요한 프로벤의 아들 예롬 프로벤의 집에서 영면했다. 요한 프로벤은 에라스무스의 라틴 어 번역판 성서를 최초로 출판한 학술 서적 인쇄업자였다.

　에라스무스는 자신이 생전에 경멸한 모든 것, 다시 말해 공포, 적의, 과도함, 무지, 야만성의 순교자로 생을 마쳤다. 그런데 그의 순교는 죽어서도 끝나지 않았다. 그는 자신의 생명이 다해가고 있다는 것을 알면서도 사제나 고해신부를 부르지 않았다. 그가 종부성사를 거부했다는 소문은 에스파냐 인들의 귀에도 들어갔다. 그 소식에 종교재판소는 다시금 활기를 띠고 에라스무스의 저작물들을 면밀히 분석하기 시작했다. 그런 다음 인문주의의 최고 권위자에 대한 단죄 절차에 들어가 공식적인 탄핵의 발판을 마련했다. 8년 뒤 로마교황청은 에라스무스에게 이단의 누명을 씌워 파문했다. 교황 바오로 4세(재위 1555년~1559년—역주)는 에라스무스의 모든 저작물을 '금서 목록'에 올렸다. 그는 추기경으로 있을 때 종교재판소를 전면 개편한 반동적인 교황이었다. 그렇게 해서 한때는 교황에게 즐거움을 선사하기도 했던 에라스무스의 글은 세상에서 사라지게 되었다. 그의 글을 읽는 가톨릭 신자는 생명이 위험해질 수도 있었다.*

※

　에라스무스는 프로테스탄트 혁명의 희생양이 된 유럽 최고의 지성인이었다. 그렇다고 에라스무스 혼자만 희생양이 된 것은 아니었다. 인문주의자들은 가톨릭과 프로테스탄트로 종교의 전선이 양분되자 둘 중 어느 한쪽의 인질이 될 수밖에 없었다. 더러는 양쪽 모두의 인질이 되는 경

---

* 1560년대에 트리엔트 공의회는 에라스무스의 거의 모든 작품에 대해 금지된 구절 대부분을 뺀 삭제판 발간을 허용했다.

우도 있었다. 이성은 의심의 대상이 되었고 관용은 변절로 받아들여졌다. 지난날 보름스 제국 의회에서 용케 살아남은 루터는 현명공 프리드리히와 프로테스탄트주의 옹호자들의 보호를 받았다. 가톨릭 신자들은 교황 국가들의 동정적인 군주들의 도움으로 수도원이나 신성로마제국 내에 무수히 흩어진 성역에서 은신처를 찾았다. 그러나 지식인들은 옹호자를 갖고 있지도 못했고 창칼이 번뜩이는 유럽에서 비무장 상태로 남아 있기 일쑤였다. 때로는 모든 사람이 그들의 적으로 느껴지기도 했다. 지식인 대부분이 그 혼란의 영향을 받았다. 그들 중 일부는 에라스무스처럼 이 나라 저 나라를 떠돌아다녔고, 어떤 사람들은 처형당했으며, 또 어떤 사람들은 고문으로 사지를 절단당하거나, 코를 베이거나, 이마에 낙인찍히거나, 손목을 잘리거나, 펜치로 젖꼭지를 뽑혔다.

종교 혁명의 초기 인문주의자들은 대부분 성직자였다. 고위 성직자들은 이들 중 저명한 이들을 '이단자 사냥꾼'으로 만들어 가톨릭 반혁명을 이끄는 자들을 잡아들였다. 프랑스 도시 모Meaux의 주교 브리소네는 교구 성직자들 중에 프로테스탄트 무리가 있다는 낌새를 알아차리고 에타플의 르페브르를 총대리인으로 임명하여 그런 자들을 발본색원하도록 했다. 일흔 살 가까운 고령이었던 르페브르는 파리 대학에서 철학을 가르쳤고 물리학, 수학, 아리스토텔레스 윤리학에 대한 책을 저술했으며, 사도 바울의 서간문을 라틴 어로 번역한 지식인이었다. 그의 옛 제자들—브리소네 주교도 그중 한 명이었다—치고 그를 존경하지 않는 사람이 없었다.

그러나 르페브르는 제의를 입고 미사를 집전하는 성직자이기에 앞서 인문주의자였다. 그는 중세의 신화적 요소를 걷어내고 『신약성서』 원전의 보다 완벽한 해석을 제안했다. 그런 생각으로 그는 성서의 프랑스 어 번역 작업에 착수했고 루터와 마찬가지로 신학 문제의 최종 결정은 교황의 칙령이 아닌 복음서로 내려야 한다고 믿었다. 또 르페브르는 주교들이 낮에는 사냥으로 소일하고 밤에는 음주, 도박, 창녀와 음란 행위를 하는 것으로 지새우는 것은 "수치스러운" 일이라고 말할 만큼 거침없는 인물이기도 했다. 그가 든 예는 모두 모의 주교들이 당시에 받고 있던 비난이었다. 이렇게 되자 이단자 사냥꾼이 졸지에 이단자로 탄핵받는 상황, 그것도 소르본 대학에 의해 탄핵받는 상황이 되었다. 르페브르는 파리에서 도망쳐 스트라스부르와 블루아로 피신처를 옮겨 다녔다. 그러다 나바라 왕국의 왕비로 종교 혁명 때 인문주의 망명객들을 보호해준 네라크 궁정 앙굴렘의 마르가리타에게 몸을 의탁했다. 그는 그곳에서 학문에 매진하다 5년 뒤 평화롭게 숨을 거두었다.

마르가리타의 보호를 받은 인물들 중 르페브르는 성공을 거둔 경우였다. 그러나 실패로 돌아간 일도 있었고 그 대표적인 예가 보나방튀르 데 페리에르와 에티엔 돌레였다. 마르가리타는 이들에게도 최선을 다했다. 그러나 노력한 보람도 없이 두 사람은 리옹에서 비명횡사했다. 데 페리에르는 시운時運이 나빴던 죄밖에 없다. 만일 그가 쓴 『고대의 유쾌하고 익살맞은 4편의 대화 Cymbalum mundi』(1537년)가 루터의 개혁이 있기 전에 나왔다면 교황청도 못 본 체 그냥 넘어갈 수 있었을 것이다. 동료 인문주의자들을 겨냥하여 라틴 어로 쓴 이 작품은 성서 속에 나타난 모순, 이단자를 박해하는 것에 대한 혐오, 기적에 대한 조롱 등 다른 작품들과 비교하여 하등 새로울 것이 없는 내용이었다. 신랄하기로 따지자면 같은 내용을 담고 있는 에라스무스와 독일 이단자들의 풍자문이 더 심했다. 그러나 문제는 시기였다. 바야흐로 편협함의 시기였다는 말이다. 그의 작품은 소르본의 마녀 사냥꾼과 프로테스탄트 파의 칼뱅, 양쪽의 공격을 모두 받았다. 그러고 나서 그 책은 파리의 교수형 집행인에 의해 공개적으로 불태워졌다. 마르가리타도 데 페리에르를 더는 감당하기 어렵게 되어 네라크 궁정에서 추방했다. 전해지기로는 그는 도망자가 되어 협박과 추적에 시달리다 스스로 목숨을 끊었다고 한다. 데 페리에르가 시운이 나빴다면 돌레는 죽음을 자초한 경우였다. 키케로 학자 겸 인쇄업자였던 그는 남몰래 '금서 목록'에 올라 있는 책들을 출판하다가 종교재판소에 소환되어 유죄 선고를 받았다. 그는 마르가리타의 중재 노력에도 불구하고 화형을 당했다.

　인문주의자들 중에는 희생양이 된 사람도 있고 봉기의 주동자가 된 사람도 있었다. 그러나 어느 경우가 됐든 붙잡힌 사람들은 모두 끔찍한 죽음을 맞았다. 봉기를 주동한 이들은 순교자가 되었다. 그러나 주동자의 죽음이나 추종자의 죽음이나 무의미하기는 매한가지였다. 미카엘 세르베투스(1511년경~1553년-역주)는 에스파냐 태생의 신학자 겸 의사로, 자신의 작품 『그리스도교 회복 Christianismi restitutio』에서 예정설을 신성모독으로 일축하고 하나님은 스스로 비난하는 자만을 비난한다고 썼다. 그런데 그는 예정설을 계시의 말씀으로 믿는 칼뱅에게 그 책을 보내는 어처구니없는 실수를 범했다. 칼뱅은 세르베투스가 다니는 교회가 어디인지를 알아두었다가 예배 보고 있는 그를 덮쳐서 잡았다. 프로테스탄트 종교회의는 세르베투스에게 약한 불로 서서히 태워 죽이는 화형을 선고했다. 그제야 세르베투스는 자신의 실수를 깨닫고 관용을 호소했다. 그는 생명을 부지하려고 그런 것이 아니었다. 그도 살아남지 못하리라는 것은 알고 있었다. 그는 다만 화형이 아닌 참수로 죽고 싶어 마지막 호소를 한 것이었다. 종교회의는 그의 호소를 거부했다. 세르베투스는 끝내 화형에 처해져 불 속에서 30분 동안이나 고통을 받다가 숨을 거두었다.

가톨릭교회도 무자비하기는 마찬가지였다. 그들은 울리히 츠빙글리의 사지를 찢어 마른 인분 더미 위에서 태워 죽였다. 마르틴 루터도 츠빙글리를 자신의 경쟁자로 여겼기 때문에 소름 끼치는 그의 죽음을 "우리의 승리"라고 말하는 잔인한 면모를 보여주었다. 화형당한 스위스 사제는 기독교계를 시커멓게 덮고 있는 암흑 속에서도 젊은 시절, 그리스 어를 독학으로 익혀 『신약성서』 원전을 읽었고 타키투스, 대大플리니우스, 호메로스, 플루타르코스, 리비우스, 키케로, 카이사르에 대해서도 해박한 지식을 보유하고 있었다. 그러나 그것을 기억하는 사람은 아무도 없었다. 그들은 오직 츠빙글리가 "교황보다는 소크라테스나 세네카의 영원한 운명"을 택하겠다고 말한 것만을 기억했다.

그러나 종교 분쟁의 역사에서 가장 매혹적인 인물은 뭐니뭐니해도 울리히 폰 후텐이었다. 그는 가장 비극적인 인물이기도 했다. 그는 인문주의자, 프랑켄의 기사, 풍자문 작가, 중부 유럽 최초로 통일 독일에 대한 비전을 가진 학자들 중 한 사람이었다. 또한 루터와 마찬가지로 라틴어를 포기하고 현재 쓰이고 있는 독일어의 형성에도 이바지했다. 보름스 제국 의회가 열린 다음 해에 발간된 후텐의 문답집 『작은 대화집 Gesprächbüchlein』은 신학자들보다는 오히려 언어학자들에게 기여한 바가 컸다. 그러나 후텐은 골수 인문주의자였다. 그러다 보니 대다수의 다른 종교개혁 열광자들처럼 그도 판단보다는 열정이 앞섰다. 게다가 운이 없게도 지킹겐 선제후 편에 섰다가 그가 패배하는 바람에 무일푼으로 도망하는 처지가 되었다. 그는 농가에서 음식을 훔쳐 먹으며 스위스로 도주를 했다. 스위스에 도착해서는 에라스무스가 있는 바젤로 직행했다. 그러나 동료 인문주의자의 지원을 기대했던 후텐의 예측은 보기 좋게 빗나갔다. 그의 과격한 언사는 중용과 관용을 설파하는 인물의 심기를 불편하게 했다. 게다가 후텐은 소심하여 루터를 도와주지도 못한 겁쟁이라고 에라스무스를 비난한 적이 있었다. 그 독설의 피해자가 바젤에서 후텐을 맞아들이기를 거부하고 있었다. 독일인의 몸을 녹여주기에는 자신이 가진 난로의 열이 너무 미약하다는 것이 이유였다.

후텐은 치밀어 오르는 분노에 앓고 있는 성병까지 심해지자 자포자기 상태에 빠져 들었다. 그는 위신이고 체면이고 다 팽개치고 파렴치한 수법을 쓰기로 했다. 에라스무스를 중상하는 비열한 소책자(『훈계』)를 써놓고 돈을 안주면 배포하겠다고 그를 협박한 것이다. 화가 난 에라스무스는 그의 청을 거부했다. 후텐은 비밀리에 그것을 배포했다. 그 사실을 안 바젤의 성직자들이 시 원로들에게 논쟁가를 추방하라고 요구하여 후텐은 바젤에서 쫓겨났다. 바젤에서 쫓겨난 그는 뮐루즈로 가서 그곳 인쇄소에 원고를 넘겼다. 그러자 이번에는 군중이 그를 쫓아냈다. 1523년 여름 후텐은 이곳저곳을 떠돌다 취리히에 발을 들여놓았다. 그곳에서도 사정은 나을 게 없었다. 시의회는 그를 추방했다. 후텐은 땡전 한 푼 없는 사회의 추방자로 오갈 데 없는 처지가 되었다. 그는 취리히 호수에 떠있는 한 섬으로 기어 들어가 그곳에서 서른다섯 살의 창창한 나이에 매독으로 죽었다. 그가 남긴 것은 펜 한 자루가 전부였다. 그것은 1년 전만 해도 값진 물건이었으나 이제는 아무 쓸모도 없었다.

※

모든 프로테스탄트 정부는 경직된 교리로 대중을 지배했다. 그것은 로마도 일찍이 보지 못한 —지금까지는— 억압적 방식이었다. 그중에서도 특히 장 칼뱅이 지배하는 제네바는 극렬한 억압의 표상이었다. 도시

국가 제네바는 프로테스탄트의 로마였고, 냉혹한 독재적 인물을 수반으로 다섯 명의 목사와 12명의 속인 원로로 구성된 종교회의가 지배하는 사실상의 경찰국가였다. 장 칼뱅은 외모, 기질, 신념의 모든 면에서 루터의 등을 돌리게 만든 그 사치스럽고 방탕한 교황들과 대척점에 선 인물이었다. 칼뱅은 왜소한 체구에 엷은 수염을 기른 얼굴에서 유독 눈빛만 차갑게 빛을 발하는, 유머를 모르는 성마른 인물이었다. 그는 사소한 비판에도 격분을 참지 못했다. 누가 자신의 신학 이론에 이의라도 제기하면 '돼지', '얼간이', '쓰레기', '빌어먹을 놈', '병신', '치사한 놈' 등의 온갖 욕설을 퍼부었다. 어느 날 아침 그는 자신을 '야비한 위선자'로 욕하는 내용의 전단이 설교단에 붙어 있는 것을 보았다. 얼마 지나지 않아 용의자 한 명이 붙잡혔다. 용의자가 범인이라는 증거는 어디에도 없었다. 그런데도 칼뱅은 밤낮없이 한 달 동안 그를 고문하여 자백을 받아냈다. 그런 다음에 고통에 못 이겨 비명을 지르는 용의자를 말뚝에 묶어 발에 못질한 다음 참수하여 죽였다.

칼뱅은 극단적 행위를 이렇게 정당화시켰다. "가톨릭 신자들이 미신의 방어에 저토록 광분하고 있는데 그리스도의 심판관들이 명백한 진리를 열을 다해 지키지 않는다면 그 또한 부끄러운 일 아니겠는가?" 이것은 프로테스탄트든 가톨릭이든 종교개혁 심판관들의 의식구조를 그대로 드러내는 말이었다. 칼뱅은 마태복음의 예수마저 이단으로 정죄했을 것이다.* 1542년에 수립된 칼뱅의 조지 오웰적 신정국가 체제에서는 지진, 번개, 홍수를 일으키는 하나님의 행위도 사탄의 행위로 간주되었다

---

* 마태복음 5장 39절과 44절에는 이런 내용이 적혀 있다. "나는 너희에게 이르노니 악한 자를 대적지 말라. 누구든지 네 오른편 뺨을 치거든 왼편도 돌려대며. 나는 너희에게 이르노니 너희 원수를 사랑하며 너희를 핍박하는 자를 위하여 기도하라.

(루터도 같은 생각이었다). 또 칼뱅은 코페르니쿠스를 사기꾼으로 매도했고 예배 참석을 의무화했으며 자신도 일주일에 서너 번 교회에 나가 장황한 설교를 했다. 성찬식 참여를 거부하면 범죄자로 취급했다. 종교회의도 종교와 도덕을 따로 구분하지 않았다. 종교회의는 원하면 누구라도 소환을 했고, 신앙을 저버린 사실이 있는지 조사했으며, 주기적으로 신자의 집을 탐방하여 칼뱅의 하나님을 욕보이지 않는다는 사실을 확인하고는 했다. 음식의 가짓수와 의복 색깔도 법률로 정해놓았다. 의복의 종류는 극단적인 계층 사회답게 당사자의 신분에 따라 결정되었다. 하나님의 자식은 운명이 예정되어 있으므로 모든 사람은 자신의 위치를 알아야 한다는 것이 칼뱅의 생각이었다. 법규에는 계층에 따른 의복의 질과 활동 범위가 자세히 기록되어 있었다.

상류층—물론 성직자이다—조차도 오락이 허용되지 않았다. 칼뱅주의자들이 근면하게 일했던 것은 허용된 한도 내에서 그것밖에 달리 할 일이 없었기 때문이다. 그들에게는 '연회'도 금지되었고 춤, 노래, 회화, 조각, 성물, 교회 종, 오르간, 제단의 촛불도 금지되었다. 그 밖에 '추잡하거나 반종교적인' 노래, 연극 무대에 서고 관람하는 것, 입술연지 바르는 것, 장신구, 레이스, '천박한' 의상을 입는 것, 윗사람에게 막말하는 것, 사치스러운 오락, 욕설, 노름, 카드놀이, 사냥, 음주,『구약성서』에 등장하지 않는 인물의 이름으로 자식의 이름을 짓는 것, '부도덕하고 반종교적인' 서적을 읽는 것, 결혼으로 맺어진 성관계를 제외한 모든 성관계가 금지되었다.

칼뱅주의자들은 관대하다는 것을 보여주기 위해 초범자는 질책으로 끝내고 재범자는 벌금으로 다스렸다. 그러나 그 다음에도 법을 우습게 알았다가는 큰코다치기 십상이었다. 종교회의는 보호관찰, 집행유예,

사회 복귀 같은 것을 염두에 두지 않았다. 칼뱅 역시 사람들이 평소에도 지역 봉사 활동을 즐긴다고 생각하여 그것을 형으로 인정하지 않았다. 때문에 파문 선고를 받고 지역사회에서 추방되는 것은 매우 끔찍한 형벌로 간주되었다. 물론 좀 더 자유로운 시대를 산 사람들은 그것을 끔찍하게 여기지 않았을 것이다. 그 밖에도 형벌의 종류는 무수히 많았고 그 중에는 범죄 못지않게 이상야릇한 형벌도 있었다. 갓 태어난 아들의 이름을 클라우드로 짓겠다고 고집을 부리다가 나흘간 옥살이를 한 남자도 있었다. 머리를 '야하게' 위로 틀어 올린 여자도 나흘간 옥살이를 했다. 부모에게 손찌검을 한 자식은 그 즉시 참수되었다. 처녀가 아이를 가지면 발견 즉시 물에 빠뜨려 죽였기 때문에 낙태는 정치적 논쟁거리조차 되지 못했다(아이 아버지로 확인된 남자도 같은 운명을 당했다). 제7계명(간음하지 말라)을 어긴 자도 극형으로 다스렸다. 칼뱅 집안에서도 의붓아들 부부가 동시에 간통을 하다가 네 명 모두가 처형당하는 불상사가 일어났다. 아들은 다른 여자와 함께 잠을 자다가 발각되었고 며느리는 낯선 남자와 건초 더미 뒤에서 일을 벌이다 발각되었다.

물론 덕은 법으로 다스려지지 않았다. 맹목적인 칼뱅 추종자들은 그것이 가능하고 종교회의의 도덕적 속박도 잘 작동되고 있다고 주장했다. 로마 가톨릭이었다가 프로테스탄트로 개종하여 제네바에 망명해 살고 있던 이탈리아 성직자 베르나르디노 오키노(1487년~1564년—역주)는, "지난날 여러 곳에서 보았던 숱한 부정, 음란, 타락된 행위를 이곳에서는 찾아볼 수 없다."라고 썼다. 그러나 그것은 제네바의 실상을 모르고 한 소리였다. 제네바에서도 그런 일은 비일비재했다. 그 증거는 시의회의 기록에도 나타나 있다. 오키노가 설교한 교회에도 혼전에 임신한 여성이 부지기수였다. 그런 여성들은 용케 남에게 들키지 않고 임신 상태

장 칼뱅(1509년~1564년)

를 유지하고 있다가 아이를 낳으면 교회 계단이나 숲길에 버리기도 했고, 아이 아버지를 세상에 알려 억지 결혼을 하기도 했으며, 때로는 미혼모로 살기도 했다. 아무리 칼뱅주의자라도 죄 없는 어린 것들을 고아로 만들 수는 없었던 것이다.

그러나 칼뱅주의자들은 그 밖의 다른 문제에 있어서는 단호했다. 이단은 일급 범죄였다. 그것은 마법보다도 흉악한 범죄였다. 마법사들은 그 차이가 무엇인지 알지 못했다. 칼뱅주의자들은 제네바에 역병이 창궐하자 사탄을 꾀어 그곳 사회에 고통을 안겨주었다 하여 제네바 여인 14명을 화형에 처했다. 이단자의 평균 수명은 그보다 더 짧았다. 영혼이 육신보다 더 가치가 높았던 것이다. 교회를 열심히 다니지 않는 사람은 화형당할 각오를 해야 했다. 대다수 사람들과 종교적 신념이 다른 것도 제네바나 다른 신정국가에서는 용납되지 못했다. 개인의 판단을 존중하여 시작된 가톨릭 반대 운동이 그것을 전면 부정하는 상황에 이르렀으니 그것이야말로 종교개혁 최대의 아이러니가 아닐 수 없었다. 이단은 하나님에 대한 죄악, 국가에 대한 반역으로 간주되었다. 따라서 이단자는 극심한 고통이 가해지는 죽음으로 신속히 단죄되었다. 한 역사가는 이렇게 썼다. "이단을 이런 식으로 처단해야 한다고 말한 가톨릭이 스스로 이단이 되었다."

※

교황도 모범적인 가톨릭은 아니었지만 가톨릭이었다. 게다가 이단에 대한 관점도 바뀌지 않았으니 프로테스탄트 봉기에 대한 교황의 대응은 무척 신속할 것으로 예상되었다. 봉기의 규모도 압도적이었다. 그러나 레오는 그것을 알아차리지 못했다. 보름스 제국 의회가 끝난 뒤에도 그는 아무것도 배운 것이 없었다. 레오는 기독교계의 극단적인 분열을 여전히 '수도사들 간의 하찮은 말다툼' 정도로 여기고 모든 성직자는 『교회 권력에 관한 개요 Summa de ecclesiastica potestate』(1326년)에 의해 통제되고 있다고 느꼈다. 그것은 앙코나의 아우구스티누스(1243년~1328년. 토마스 아퀴나스의 제자로 아우구스티누스 수도회의 신학자—역주)가 작성한 것을 2세기 전 교황 요한네스 22세(재위 1316년~1334년—역주)가 공포한 것으로 교황은 지상에서 하나님의 대리인이므로 설사 중죄를 지었다 해도 신자들은 그에게 복종해야 한다고 규정한 책자였다.

물론 레오는 중죄인은 아니었다. 그러나 그는 학문, 풍요로운 삶, 메디치 가 수장으로서의 역할, 전쟁의 수행보다도 종교를 낮게 취급했다.

그는 역사적으로 몇 손가락 안에 들 정도로 낭비가 심한 사람이었다. 당시 교황청의 회계관이었던 메디치 가의 프란체스코 아르멜리니 추기경은 레오가 7년 동안 교황 자리에 있으면서 500만 두카트를 쓰고 80만 두카트 이상의 빚을 남긴 것으로 기록했다. 이 중 얼마만큼의 돈이 카를로스 5세의 군대에 지급되었는지는 알 수 없다. 그러나 레오는 프로테스탄트에 내심 공명하고 있던 프랑수아 1세 ―레오는 그 사실을 전혀 모르고 있었다― 때문에 프랑스의 패배를 원한 것이 아니었다. 교황 율리우스처럼 현실적인 정치 목적 때문도 아니었다. 카를로스 5세는 비코카에서 프랑스 군에 대승을 거둔 것을 정점으로 전쟁에서 승리를 거두었다. 그 승리로 교황은 기껏 이탈리아 북부의 두 지방만을 얻었을 뿐이었다. 그것은 프로테스탄트에게 잃은 독일, 스위스, 스칸디나비아와는 비교할 수도 없이 초라한 몫이었다.

그럼에도 레오는 그것을 구실로 축연을 열지 못해 안달을 했다. 1521년 11월의 마지막 날 밤 레오는 수많은 친족이 참석한 가운데 포도주, 샴페인, 도박, 음악, 연극, 곡예, 불꽃놀이가 어우러진 성대한 연회를 밤새도록 개최했다. 조카 셋과 사촌 둘도 레오가 수여해준 추기경 모자를 쓰고 연회에 참석했다. 레오는 늘 그렇듯이 이번에도 즐거운 시간을 보냈다. 그의 기준에 비춰봐도 비용이 터무니없이 많이 나왔다는 것이 문제라면 좀 문제였다. 새벽녘이 되자 손님들이 하나 둘씩 자리를 뜨기 시작했다. 레오도 몸 상태가 좋지 않다면서 연회장을 떠났다. 그는 몸에 으슬으슬 한기를 느꼈다. 정오 무렵에는 신열이 나기 시작했다. 그 열이 저녁에 레오의 목숨을 앗아갔다.

향년 마흔여섯 살이었다. 레오는 파산한 상태로 세상을 하직했다. 아르멜리니가 금고를 열어보니 장례식 때 쓸 양초 살 돈도 부족했다. 하는 수 없이 그는 지난번 추기경의 장례식 때 쓰다 남은 동강 양초들을 사용했다. 농담 좋아하는 사람들은 교황이 더 오래 살았더라면 로마도 팔아먹고, 그리스도도 팔아먹고, 나중에는 자기 자신도 팔아먹었을 것이라고 우스갯소리를 했다. 레오는 위대한 그림과 조각의 후원자였고 그것은 가치 있는 일이었다. 그러나 음산했던 그해 12월, 고인이 된 교황을 좋게 말하는 사람은 거의 없었다. 당대의 역사가 프란체스코 베토리(1474년~1539년-역주)는 레오를 프로테스탄트 이단자들에 대한 조치를 엄정히 하지 못해 '교황의 위신을 땅에 떨어뜨린' 인물로 기록했다. 거리의 로마 시민들은 후임 교황을 선출하기 위해 교황청으로 향하는 추기경들을 향해 야유를 보냈다.

   그들의 경멸은 기우에 그쳤다. 추기경단은 근 1세기 만에 처음으로 제대로 된 교황을 선출했다. 그것은 추기경들이 의도하지 않은 전혀 예상 밖의 결과였다. 교황 선출은 3자 대결 구조로 치달으며 해결의 기미가 보이지 않았다. 그러자 누군가가 돌파구를 찾기 위해 카를 5세의 어린 시절 스승이었던 위트레흐트의 아드리안 뵈이엔스 추기경을 후보자로 지명했다. 그는 그때 추기경 회의에 나와 있지도 않은 상태였다. 각 파벌은 경쟁 상대를 누르려고 잔머리를 쓰다가 자기들 꾀에 넘어가 이름도 없는 추기경을 덜컥 선출하게 되었다. 그 인물이 역사상 최초의 네덜란드 출신 교황 하드리아누스 6세였다.* 로마 인들은 그를 즉각 '야만인'으로 부르기 시작했다. 그러나 하드리아누스는 야만인이 아니었다. 그는 루뱅 대학 교수를 역임한 가톨릭이 진정 필요로 하는 개혁가였다.

---

* 또 그는 1978년 폴란드 출신의 카롤 보이티와가 요한 바오로 2세 교황이 되기 전까지 마지막 비非이탈리아 계 교황이었다.

교황이 된 하드리아누스는 추기경들에게 첫 연설을 하면서 로마교회의 타락은 극에 달해 "죄악에 물든 자들이 자신들이 저지른 죄의 악취조차 맡을 수 없는" 지경이 되었다고 입바른 소리를 했다. 이어 그는 전임 교황 아래 성직자들은 "거룩한 것을 욕되게 하고 계명을 어기고 모든 상황을 악화시켰다."라고 말했다. 추기경들은 그렇게 말하는 교황을 무표정하게 바라보았다. 하드리아누스는 계속해서 여러 가지 조치를 단행했다. 면죄부 판매를 중지하고, 성직 매매를 근절하고, 교황청 예산을 삭감하고, 자격 있는 사람만 사제 서품을 받도록 했다. 그러나 그의 명령이 제대로 수행된 적은 없었다. 하드리아누스는 자신을 둘러싼 이탈리아의 문화적 장벽을 결코 극복하지 못했다. 그가 하려고 하는 일은 매번 교황청 내 이탈리아 성직자들의 텃세에 밀려 제동이 걸렸다. 그렇게 1년을 보낸 뒤 그는 누구 하나 애통해하는 사람 없이 "무시당한 교황"이 되어 숨을 거두었다고 베토리는 기록했다.

✽

교황이 숨을 거두자, 이탈리아 추기경들은 자신들의 실수를 만회할 기회가 그토록 빨리 찾아온 것에 감사하며 동족 이탈리아 인들에게로 눈길을 돌렸다. 그들은 레오 10세의 사촌 줄리오 데 메디치 추기경을 교황 클레멘스 7세로 선출했다. 클레멘스는 나약하고 우유부단한 인물이었다. 그는 카를 5세와 프랑수아 1세를 싸움 붙인 뒤, 그 틈에서 어부지리를 얻으려고 두 나라와 비밀조약을 맺었다. 그러나 사전에 그것이 들통 나는 바람에 양측으로부터 되레 불신만 사 이탈리아는 황량한 전쟁터가 되었다. 당시 롬바르디아 지방을 여행한 잉글랜드 인 두 명은 파비아의 아이들이 굶주리는 참상을 고국에 전하며 이렇게 덧붙여 썼다. "옥

수수와 포도 나무가 무성하게 자라야 할 이탈리아 최대의 곡창지대가 황무지로 변하여 들녘을 지나는 내내 농부나 아낙네 한 명 구경하지 못했고, 분주해야 될 큰 고장에서도 행색 추레한 행인 대여섯 명만 나다닐 뿐이었다."

클레멘스는 파괴에 취약한 것은 정작 영원의 도시라는 사실, 자신들과 같은 기독교인들이 서고트 족의 로마 유린을 되풀이할지도 모른다는 생각은 하지 못하는 듯했다. 그는 프랑스와 동맹을 맺어 신성로마제국 황제에게 충성을 다하는 로마 인들을 분개시켰고, 메디치 가 교황으로서 전대로부터 물려받은 적 또한 적지 않았다. 그중에서도 특히 폼페오 콜로나 추기경은 강적이었다. 분란을 잘 일으키고 타인에 대한 증오심

교황 클레멘스 7세(1478년~1534년)

도 강했던 이 추기경은 야망이 하늘을 찔러 교황의 삼중관에 잔뜩 눈독을 들이고 있었다. 그러다 급기야 클레멘스의 암살 음모까지 꾸몄다. 그는 1526년 황제파 군대를 이끌고 바티칸을 습격하여 교황청 직원 몇 명을 살해했다. 클레멘스는 비밀 통로로 빠져나가 간신히 목숨을 구했다. 그 통로는 이런 일에는 수완이 한층 뛰어났던 보르자 가 교황이 탈출을 대비하여 만들어놓은 것이었다.

클레멘스는 흉악한 추기경과 타협을 하여 황제파 군대를 철수시켰다. 그런 다음 자신에게 면죄를 주고 용병을 고용하여 콜로나의 영지를 쑥대밭으로 만들어놓았다. 클레멘스는 추기경을 이긴 것으로 생각하여 의기양양한 기분에 자축까지 했다. 그러나 그것은 황제파 군대가 저지른 신성모독적 행위를 모르고 한 행동이었다. 그들은 클레멘스가 교황청의 비밀 통로로 빠져나가자 교황의 제의를 입고 성 베드로 광장을 확보하고 다니며 그리스도의 대리인을 마구 조롱했다. 교황청의 국무원장은 잉글랜드―그곳에서는 독실한 가톨릭 신자인 헨리 8세가 교황의 안위를 걱정하고 있었다―의 교황사절에게 보낸 편지에 "우리는 지금 파멸의 위기에 처해 있다."라고 썼다.

파멸의 원인은 카를 5세의 군대에 있었다. 그들은 프랑수아 1세 군대에게 승리를 거둔 뒤 군기가 빠지고 배도 곯고 급여도 지급받지 못한 상태에서 알프스 산맥을 넘어와 이탈리아 북부를 휘젓고 다녔다. 프랑스의 배교자 부르봉 공작의 지휘를 받고 있던 이들은 중부 유럽의 용병이 선두 그룹을 형성한 가운데 독일 보병들의 구호, "높이! 높이!(Hoch! Hoch!)"를 우렁차게 외쳤다. 훗날 전 유럽을 공포에 떨게 할 구호였다. 이들 프로테스탄트 게르만 족들은 교황 클레멘스를 프랑수아 1세의 이단적 동맹자로 매도하여 공격하는 듯했으나 사실 그들의 꿍꿍이는 다른 곳에 있었다. 그것은 탐욕이었다. 지휘관은 이들에게 피렌체와 로마에서 약탈과 포로들의 몸값으로 한밑천 두둑이 잡게 되리라는 언질을 미리 해두었다. 카를은 이 사실을 모르고 있었던 것 같다. 그는 성 베드로의 후계자인 교황을 경외했다. 그래서 여덟 달의 휴전을 허락해주는 조건으로 적으로부터 6만 두카트를 받아 그것을 병사들에게 나누어주었다. 그러나 그것으로는 부족했다. 신성로마제국의 병사들은 배신당했다는 생각에 미친 듯이 날뛰며 폭동을 일으키고, 메디치 가 교황들에게서 피해를 당한 이탈리아 군주들로부터 자유로운 통행을 보장받는 것은 물론 음식까지 제공받으며 기독교 왕국의 수도로 진군해 들어갔다. 1527년 5월 6일, 그들은 로마로 쳐들어갔다. 공격의 과정에서 첫 번째 희생자가 속출했다. 그중에는 부르봉 공작도 들어 있었다. 그는 로마 성벽에 있던 한 저격병에게 살해되었다. 그의 죽음으로 폭도들의 군기가 잡히리라는 희망은 영영 사라졌다. 폭도들은 집집마다 약탈을 하고 다니며 반항하는 사람은 모조리 죽였다. 건물들에는 불을 질렀다. 이어 죽음의 잔치가 시작되었다.

 클레멘스와 다수의 추기경, 그리고 교황청 직원들은 산탄젤로 성으로 피신했다. 위기일발의 아슬아슬한 탈출이었다. 한 추기경은 바구니 안에 몸을 숨기고 있었는데, 격자문이 덜컹 내려앉기 전에 간발의 차이로 바구니가 성채 안으로 끌어당겨져서 화를 면했다. 로마 시민들은 속수무책으로 화를 당했다. 병사들은 연령의 고하를 막론하고 길거리에서 여자만 보면 강간을 했고, 수녀들은 매음굴로 끌고 갔으며, 사제들에게도 성폭행을 했고, 일반인들은 살해했다. 그런 식으로 일주일 동안 피의 잔치를 벌였다. 로마의 티베르 강에는 2천 구의 시신이 둥둥 떠다녔다. 또 다른 시체 9,800구는 매장을 기다리고 있었다. 그 밖에도 수천 구의

로마의 산탄젤로 성

 시신이 풍선처럼 몸이 부풀어 오르고 쥐와 굶주린 개 떼가 살점을 뜯어 먹어 내장이 드러난 채 파괴된 도시의 폐허 속에 어지럽게 널려 있었다.
 돈에 눈이 어두워 그곳에 온 병사들은 소기의 목적을 달성했다. 그들이 몸값으로 받은 돈만 3백만 두카트 내지 4백만 두카트에 이르렀다. 부자들은 매질을 한 다음 몸값을 받고 풀어주었다. 돈이 없어 몸값을 지불하지 못한 사람은 죽도록 고문을 했다. 약탈은 거기서 끝나지 않았다. 병사들은 돈이 될 만한 것은 그냥 내버려두는 법이 없었다. 무덤을 파헤쳐 보물을 꺼내갔고, 성물에 박힌 보석을 빼내갔으며, 수도원, 왕궁, 교회도 뒤져 귀중품과 금은으로 만든 기물을 싹쓸이해갔다.
 용병들은 신성모독 자체를 즐기며 파괴적 행위를 일삼기도 했다. 그들은 말[馬] 밑에 깔아줄 필사본만 남겨놓고 기록 보관소와 도서관을 모조리 불사르고 바티칸을 마구간으로 만들어놓았다. 어떤 용병은 교황복 차림으로 나귀를 타고 어슬렁거렸고 또 다른 용병은 추기경복에 빨간 모자를 쓰고 곤드레가 되어 미사를 집전하는 흉내를 냈다. 그들은 이런 짓거리를 여덟 달 동안이나 계속했다. 그러다 식량이 바닥나고 역병이 창궐하는 것을 보고서야 마침내 행동을 멈추었다. 그렇게 영광의 도시 로마를 피비린내 나는 도살장으로 바꿔놓은 다음 그들은 도시를 떠났다.

로마의 약탈 소식은 전 유럽에 퍼졌다. 프로테스탄트들은 그것을 신의 징벌로 생각했다. 가톨릭 신자들 중에도 그렇게 생각하는 사람이 있었다. 카를 5세 군대의 한 장교는 "가톨릭과 교황청에 천인공노할 일이 벌어진 것"에 통탄을 금치 못하면서도 "그 모든 일은 교황청의 횡포와 혼란에 대해 하나님이 심판을 내린 것으로 모든 사람이 믿고 있다."라는 결론을 내렸다. 9년 전 아우크스부르크에서 루터를 만난 카예탄 추기경도 그 말에 동감을 표하며 무거운 마음으로 이렇게 탄식했다. "세상의 소금이 되어야 할 우리가 이 지경으로 타락하여 이제는 허울뿐인 의식을 행하는 것 이외에는 아무 쓸모도 없는 존재가 되어버렸구나."

※

그러나 가톨릭 권력층에 속한 성직자들은 로마의 약탈을 다른 각도로 바라보았다. 그들은 그것을 프로테스탄트 이단자들의 진면목이 드러난 것으로 판단했다. 약탈을 자행한 군대의 절반이 에스파냐 가톨릭 신자라는 사실은 무시되었다. 그들은 자신들도 이제 가톨릭 하나님에 반항한 자들 못지않게 과격하고 편협하고 무자비하게 행동하리라 마음먹었다. 아이작 뉴턴 경(1642년~1727년. 17세기 과학혁명을 대표하는 영국의 물리학자, 수학자—역주)의 제3법칙(작용·반작용의 법칙)이 발견되려면 아직 한 세대가 남았는데도 그것은 이미 효력을 나타내고 있었다. 로마는 프로테스탄트들의 행동에 이에는 이의 법칙으로 맞서기로 했다. 가톨릭 반대자들에 대한 로마의 반작용은 교회 분리주의자들에 대한 반작용 못지않았다. 고문, 마예4열형(죄인을 처형 장소로 데리고 나와 목을 매단 다음 목숨이 붙어 있을 때 내장을 꺼내 면전에서 불태운 다음 목을 자르고 몸체를 네 동강 내는 잔인한 형벌—역주), 교수형, 참수형, 화형 등 똑같은 모습을 한 똑같은 운명이 로마를 배신한 사람들을 기다리고 있었다. 그 시대 세상은 아직 불로만 밝혀질 뿐이었다. 기독교의 진정한 성인은 프로테스탄트, 가톨릭 할 것 없이 모두 불에 타서 검게 변한 순교자가 되어버린 듯했다.

계몽된 가톨릭 신자들은 교회의 내적 개혁을 촉구했다. 성직자들의 타락, 고위 성직자들의 사치스러운 생활 태도, 주교들이 교구를 비워두는 행위, 교황청의 족벌주의 등, 선한 기독교인들을 조상의 신앙에서 멀어지게 한 병폐를 뜯어고쳐야 한다고 주장했다. 최소한 교황은 경건한 생활 태도를 유지하고, 선행을 펼치고, 성찬식을 통한 그리스도의 존재 확인, 성모마리아의 거룩함, 베드로의 신성과 같은 프로테스탄트 공격에 직면한 믿음을 재확인하는 헌신적 삶으로 되돌아가야 한다고 말했다.

그러나 바티칸은 꿈쩍도 하지 않았다. 가톨릭은 반동, 억압, 로마를 등진 지배자들에 대한 군사적·정치적 행동을 하여 체통을 지키려고 했다. 그리고 희생양 만들기가 공식 정책이 될 때는 으레 그렇듯이 이번에도 그 책임은 유대인에게로 돌아갔다. 교황청은 로마의 유대인에게 유대인 거주 지역인 게토에서만 살 것과 다윗의 별을 달도록 명령했다. 가톨릭 군주들에게도 구세주의 이름으로 전쟁을 일으키거나 그게 힘들면 프로테스탄트 군주의 궁정이나 성에 자객이라도 보낼 것을 요구했다.

또 교황청은 교서를 줄줄이 발표하여 프로테스탄트의 견해들—믿음으로서만 의롭게 된다는 의인설, 주±의 만찬의 찬미, 사제 결혼의 타당성—을 비난했다. 그럼에도 반항의 신앙은 수그러들 줄을 몰랐다. 1530년, 카를 5세는 교황청의 요구에 부응하여 교회 재산을 몰수한 제후들에 대한 법적 행동을 취하도록 제국 대법원에 법령을 하달했다. 제후들에게는 재산을 자진 반납할 수 있는 유예기간을 여섯 달 주었다. 그러나 누구도 재산을 반납하지 않았다

에스파냐 종교재판소는 잔인하기로 악명이 높았다. 그러나 1542년

가톨릭 개혁을 풍자한 루터주의자들의 그림

종교개혁과 싸우기 위해 설치된 로마의 종교재판소는 그보다 더 잔인한 공포의 기관이 되었다. 여섯 명의 추기경 위원회, 즉 종교재판 성의회는 가톨릭의 범주를 벗어나는 모든 일탈적 신앙을 탄압하고 지식인들에 대한 철저한 감시를 시행했다. 그렇게 되자 기독교계의 분열을 막는 데 도움이 될 만한 최소한의 조치를 원한 개혁의 옹호자들마저 이단 용의자로 몰리는 결과가 초래되었다. 제아무리 기세등등한 가톨릭 신자도 위원회의 판결을 피해갈 도리가 없었다. 나폴리의 진보적 성직자는 돈에 물든 교회 재판소에 넌더리를 내며 나폴리 민사 재판소에 교회 성직자들을 고발하려고 했다. 그러자 위원회는 성직자는 속인 법정에 설 수 없다고 규정한 성직자의 특별 면책을 위반한 죄로 그를 파문에 부쳤다. 진보적인 조반니 모로네 추기경도 정통 가톨릭이 아니라는 날조된 혐의로 투옥되었다. 타락한 가톨릭을 거의 정상으로 돌려놓은 또 다른 추기경은 합스부르크 가와 프랑스와의 전쟁을 미연에 막으려다가 바티칸과 충돌을 일으켰다. 종교재판소는 그를 로마로 소환하여 이단자의 죄를 씌워 인생을 파멸시켰다. 톨레도의 대주교도 에라스무스를 공개적으로 찬양했다는 이유로 17년형을 선고받고 지하 감옥에 수감되었다. 클레멘스 7세가 죽은 뒤에는 또 다른 에라스무스의 찬양자—교황의 비서였던 피에트로 카르네세키—가 화형에 처해졌다.

교황청은 신성로마제국 황제를 비롯하여 대부분의 가톨릭 군주들이 이단자를 지나치게 관대하게 대하는 것으로 생각했다. 특히 프랑수아 1세에 대한 교황청의 실망감은 이만저만이 아니었다. 그러던 차에 1547년 프랑수아 1세가 퐁텐블로에서 사망하고 그 후임으로 잔인하기 이를 데 없는 가톨릭 신자, 앙리 2세(재위 1547년~1559년-역주)가 즉위하자 교황청은 기쁨을 감추지 못했다. 게다가 앙리 곁에는 열렬한 종교재판관이자 그보다 더욱 독종인 정부 디안 드 푸아티에(이름만 정부였을 뿐 사실상 왕비 노릇을 하며 궁정을 휘젓고 다녔기 때문에 정비 카트린 드 메디시스는 그 그늘에서 헤어나지 못했다—역주)가 있었다. 두 사람은 곧 힘을 모아 프랑스의 이단자들을 처단하기 위한 대전략을 수립했다. 그 전략에 따라 프로테스탄트 서적의 인쇄, 판매는 물론 서적을 소지하는 것까지 엄벌에 처해졌다. 이단 사상의 옹호자는 극형에 처해졌다. 밀고자에게 재판이 끝난 사형수의 재산 3분의 1을 준다고 하자 밀고자가 횡행했다. 이단자에 대한 재판은 화형실로 알려진 특별위원회가 주관했다. 그 조치가 취해진 지 3년도 지나지 않아 프랑스 인 60명이 화형에 처해졌다. 대학 총장으로 파리 고등법원 재판관을 겸하고 있던 안느 뒤 부르는 트리엔트 공의회(1545년~1563년—역주)에서 가톨릭의 정통 교리가 채택될 때까지라도 처형을 일시 중단할 것을 제안했다. 앙리는 그를 체포했다. 그리고 당연히 그를 화형에 처하려고 했다. 그러나 운명의 조화—프로테스탄트들은 이것을 하나님의 조화로 여겼다—로 그 뜻을 이루지 못했다. 앙리 2세는 1559년 마상 시합을 하다 창을 맞고 죽었다. 왕비, 정부, 교황은 앙리의 죽음을 애도했다. 뒤 부르는 애도하지 않았다. 그러나 그도 루터주의의 순교자로 생을 마감했다.

※

로마는 앙리 2세를 찬양하며 그에게 크나큰 축복을 내려주었다. 그러나 루터가 부상한 이후 12년간 로마의 사랑을 가장 많이 받은 군주는 누가 뭐라 해도 잉글랜드의 헨리 8세였다. 헨리는 과연 교황의 기도에 대한 응답인 듯했다. 금빛 수염의 준수한 용모와 건장한 체구 역시 기혼, 미혼 여성들의 간절한 기도에 대한 응답이었다는 사실은 로마에 아무 영향도 끼치지 않는 듯했다. 교황청은 호색적인 왕에 대해 왈가왈부할 입장이 아니었다. 그보다는 헨리가 형의 죽음으로 왕위 계승자가 되기 전까지는 사제 수업을 받고 있었다는 사실이 더욱 중요했다.

1509년 헨리는 잉글랜드의 왕으로 즉위했다. 이 무렵 그는 성서를 자유자재로 인용할 수 있는 실력을 갖추고 있었다. 실제로 그는 비텐베르크의 수도사가 성 교회 문에 95개조 반박문을 게시하자 『마르틴 루터에 반대하여 7성사를 주장함 Assertio septem sacramentorum contra M. Lutherum』 (1521년)이라는 소책자를 발행하여 그를 맹비난했다. 그 책자는 아마 리처드 페이스(1482년경~1536년. 헨리 8세의 외교관과 비서관을 지낸 인물—역주)나 로체스트의 주교 존 피셔가 대필해주었을 것이다. 어쩌면 에라스무스가 써주었을 가능성도 있다. 어찌 됐든 헨리는 이 책자에서 "그자는 대체 얼마나 독한 뱀이기에 교황의 권위를 횡포라 부르는 것인가?"라고 물은 뒤, "지상의 대제사장, 최고 재판관 … 유일무이한 그리스도 대리자 로마교황에게 복종하지 않는" 자에게는 그 어떤 형벌을 가해도 지나치지 않을 것이라고 말했다.

그러자 루터는 그만의 독특한 어법으로 헨리를 "미련퉁이, 미치광이… 거짓의 왕, 하나님의 수치인 잉글랜드 왕"이라 부른 뒤 "가증스러운 벌레가 나의 하나님께 악의에 찬 거짓말을 했으니 나 또한 잉글랜드의 군주에게 그 자신의 오물을 뒤집어씌우는 것이 마땅하리라."라고 말했다. 이어 루터는 런던 도심에서 활동 중이던 프로테스탄트 협회, 크리스천 형제회를 후원해주었다. 카를 5세의 군대가 로마를 약탈하기 1년 전, 반가톨릭 책자를 배포하는 활동을 벌이고 있던 이 협회는 윌리엄 틴데일(1495년경~1536년—역주)의 저 유명한 『신약성서』 영역으로 정점을 맞이했다. 바티칸으로서는 그것이 물론 치욕이었다. 서른네 살의 틴데일은 그 일 때문에 교황과 그 당시만 해도 아직 가톨릭 신자였던 헨리의 원수가 되었다.

틴데일은 인문주의자였다. 그에 얽힌 이야기는 그 당시 성직자와 지식인 사이의 적대감이 얼마나 깊었는지를 보여주는 사례가 될 수 있다. 잉글랜드의 인문주의자들은 헨리 8세의 즉위를 환호하며 반겼다. 마운트조이 경은 '[국왕]이 지식인에게 갖고 있는 각별한 애정'에 대한 글을 에라스무스에게 보냈다. 토머스 모어 경은 헨리 8세를, "잉글랜드 역사상 학문의 조예가 가장 깊은 군주"로 칭송하면서, "철학과 아홉 뮤즈(그리스 신화에서 여러 가지 예능을 관장한 아홉 여신—역주)의 향기 속에서 자란 국왕이니 더 말해 무엇하리요?'라고 말했다. 헨리는 에라스무스에게 로마를 떠나 잉글랜드에 정착할 것을 권유했다. 헨리의 그와 같은 태도는 국왕에 열광하는 잉글랜드 학자들의 기대를 뒷받침해주는 듯했다. 그런 군주가 신앙과 이성 사이의 양 갈래길에서 신앙을 선택하리라고는 생각도 할 수 없었다.

그러나 에라스무스는 헨리의 초청에 응하여 잉글랜드에 오기는 했으나 왕의 얼굴을 도무지 볼 수가 없었다. 게다가 종교 혁명이 격화되자 헨리는 가톨릭에만 신경을 집중했다. 대법관 모어는 국왕의 독려로 크리스천 형제회 회원을 비롯한 이단자들을 투옥했다. 잉글랜드 지식인들을 대경실색하게 만든 틴데일 사건도 에라스무스가 반동적인 이단자 우두머리들과 보조를 맞추는 원인이 된 듯했다.

윌리엄 틴데일은 옥스퍼드와 케임브리지에서 고전어를 공부할 때부터 『신약성서』 번역을 염두에 두고 있었다. 그는 1521년에 사제 서품을 받자마자 곧바로 번역에 착수했다. 1521년은 보름스 제국 의회에서 루터가 탄핵을 당한 해였다. 가톨릭 신자인 친구가 틴데일에게 "교황의 법없이 사느니 차라리 하나님의 법을 포기하는 것이 나을 걸세."라고 말하자 그는, "하나님이 목숨을 살려주신다면 나는 곧 밭을 가는 소년이 자네보다 성서에 대해 더 많은 것을 알게 해줄 수 있어."라고 응수했다.

틴데일이 이승의 삶에 가치를 두었다면 친구의 말을 귀담아들었을 것이다. 에라스무스도 라틴 어와 그리스 어 대역본 복음서를 펴냈다. 그러나 그의 복음서는 모든 사람이 읽을 수 있는 책이 아니었기 때문에 문제 될 것이 없었다. 틴데일이 번역서를 낸 것은 에라스무스와 차원이 다른 위험한 행동이었다. 로마교회는 『신약성서』의 독자층이 넓어지는 것을 원하지 않았고 또 허용하지도 않았다. 성서 연구는 교회 권력층만이 누릴 수 있는 특권이었다. 그 특권으로 교회는 성서의 구절을 멋대로 해석하여 궤변을 정당화하고, 세속 정치를 후원하고, 교황을 옹호했다.

틴데일은 성서를 번역한다 해도 잉글랜드에서는 출판업자를 찾지 못할 것이라는 말을 수차례 들었다. 그래서 그는 원고 뭉치를 들고 가톨릭 전통이 강한 독일 쾰른의 인쇄업자를 찾아갔다. 틴데일이 그곳에서 완성된 원고를 조판하려고 할 때, 그 소식을 전해들은 사제가 성서 번역이 가져올 파장을 깨닫고 쾰른 시 당국을 설득하여 인쇄를 못하게 만들었다. 틴데일은 원고를 들고 도주하는 범죄자 신세가 되었다. 우체국이 있었다면 우체국마다 그를 수배하는 방이 나붙었을 것이다. 프랑크푸르트 교구의 수석 사제는 잉글랜드의 울지 추기경과 헨리 8세 국왕에게 틴데일이 성서를 인쇄하려다 못하게 된 사실을 통보했다. 두 사람은 틴데일을 중죄인으로 선포했다. 잉글랜드의 모든 항구에는 파수병이 배치되었다. 파수병들에게는 틴데일이 항구에 들어오는 즉시 체포하라는 명령이 떨어졌다.

그러나 도망자는 성서의 인쇄에만 관심을 둘 뿐 일신상의 자유에는 별로 관심을 두지 않았다. 틴데일은 잉글랜드로 가지 않고 프로테스탄트 색채가 짙은 보름스로 갔다. 그는 1525년에 그곳에서 인쇄업자 페터 쇠퍼를 만나 8절판으로 된 『신약성서』를 발간했다. 틴데일은 인쇄된 『신약성서』 6천여 부를 잉글랜드로 반입하려다 사람들에게 발각되었다. 그는 이후 4년간 종적을 감추었다가 이제는 괜찮으리라 믿고 안트웨르펜에 정착했다. 그러나 그것은 자신이 한 일의 심각성과 잉글랜드 군주의 집요함을 과소평가한 행위였다. 잉글랜드의 첩자들은 틴데일의 뒤를 계속 밟고 있다가 드디어 그를 체포했다. 헨리는 그를 브뤼셀 근처 빌보르드 성에 수감하도록 했다. 틴데일은 이단자 재판에서 유죄 선고를 받고 공개적으로 교수형에 처해졌다. 잉글랜드 당국은 그의 어리석음에 현혹된 사람들에게 경종을 울리는 의미로 틴데일의 유체를 화형주에 묶어 불태웠다.

그러나 사람들은 왕의 경종을 무시했다. 양서를 죽이는 것은 불가능했고 성서도 물론 양서였다. 게다가 틴데일의 번역은 꽤 훌륭했다. 훗날 그것은 제임스 왕 역본(흠정역 성서)의 밑바탕이 되었다. 토머스 모어가 『이단에 관하여 Dialogue Concerning Herecies』에서 보름스에서 찍은 틴데일의 『신약성서』의 번역이 오류라고 말했음에도 불구하고, 이 책은 잉글랜드로 계속 밀반입되어 사람들에게 전파되었다. 런던 주교는 신도들을 이단에 물들게 하므로 그 책이 팔리는 것을 용납할 수 없다고 보았다. 그는 판매용으로 나온 그 책들을 모두 구입하여 성 바울 성당에서 공개적으로 불태웠다. 캔터베리 대주교는 그것으로도 성이 안 찼다. 첩자들이 아직도 비공식적으로 남아 있는 책이 많다고 전해준 것이다. 프로테스탄트 귀족들은 자신들의 저택을 공공 도서관으로 만들어놓고 틴데일의 성서를 사람들에게 빌려주었다. 대주교는 주교들을 소집하여 남아

잉글랜드 국왕 헨리 8세(1491년~1547년)

있는 성서—사람의 영혼을 위험에 빠뜨리는 책자—를 모조리 압수할 것을 지시했다. 이에 각 주교구는 민병대를 조직하여 저명한 학자의 집을 수색했고, 밀고자에게 상금을 주었으며, 예수 그리스도를 믿는 사람들이 그리스도의 말씀을 접하지 못하게 하라는 경보를 발령했다.

로마는 헨리가 루터주의자와 잉글랜드 이단자들에게 가한 공격을 높이 평가했다. 헨리도 그것을 예상하고 바티칸이 그에 상응하는 보상을 해주면 기꺼이 받겠다는 뜻을 내비쳤다. 로마교황은 에스파냐 왕에게 "가톨릭 군주Catholic Sovereign", 프랑스 왕에게는 "최상위 기독교 군주 Most Christian"라는 칭호를 부여해주었다. 헨리도 그 정도 선에서 성의 표시를 해주기를 내심 기대했다. 레오는 헨리와 후임 잉글랜드의 왕에게 *신앙의 수호자Defensor Fidei*라는 호칭을 부여했다. 헨리는 그것을 잉글랜드의 모든 주화에 새겨 넣도록 했다. 십여 년 뒤 교황청은 그것을 간절히 돌려받고 싶어 했으나 왕이란 본시 한번 받은 물건을 돌려주는 법이 없으므로 잉글랜드의 군주들은 그때부터 지금까지 신앙의 수호자라는 호칭을 계속 사용해오고 있다.*

※

사람들은 헨리 8세와 마르틴 루터를 종교개혁의 선도자로 묶어 생각하는 경향이 있다. 하지만 두 사람이 그 사실을 알았다면 몹시 분개했을 것이다. 실제로 두 사람은 같은 부류가 아니었다. 루터가 신학의 반항아였다면 헨리는 한 가지를 제외한 모든 면에서 철저한 가톨릭이었다. 그가 로마의 주권을 거부한 것은 종교적 이유가 아닌 정치적 이유, 다시 말해 군주의 대권이라 생각하는 것에 교황이 제동을 걸었기 때문이었다. 그 점이라면 헨리는 할 말이 많고 교황은 할 말이 없을 것 같지만 실상은 그렇지 않았다. 남녀 관계의 치부가 드러나면 흔히 일어나는 일이듯 양측의 동기는 생각보다 혼탁했다.

그것의 직접적인 동기는 1527년 헨리가 캐서린 왕비와의 18년 결혼 생활을 끝내려는 데 있었다. 캐서린은 에스파냐의 페르난도 2세와 이사벨 1세 사이에 태어난 아라곤의 카탈리나였다. 후대인들은 왕비를 내치려는 헨리의 동기를 이해하기 힘들겠지만 당시에는 충분히 있을 수 있

---

* 엘리자베스 2세 영국 여왕의 공식 호칭은 '하나님의 은총으로 브리튼, 북아일랜드, 기타 영토로 이루어진 연합 왕국의 여왕, 영국 연방의 수장, 신앙의 수호자가 된 엘리자베스 2세'이다.

는 일이었다. 중세 군주는 백성들의 종마가 되어 나라에 왕위 계승자를 제공할 의무가 있었고 헨리에게는 특히 그것이 중요했다. 잉글랜드에서는 요크 가문과 랭커스터 가문이 30년간이나 장미전쟁을 벌였고 헨리가 태어나기 불과 6년 전에야 그 전쟁이 끝났다. 때문에 튜더 왕조는 여전히 불안정한 상태에 있었고 그런 상황에서 헨리가 후사 없이 죽는다면 잉글랜드는 또다시 피비린내 나는 내전에 휘말릴 가능성이 컸다.

불행하게도 마흔두 살의 캐서린 왕비는 건강한 남아를 임신할 능력이 없는 것으로 드러났다. 그녀의 유일한 핏줄은 공주뿐이었다. 헨리는 문제가 자신에게 있지 않다는 것을 알고 있었다. 1519년에 그는 에라스무스의 후원자인 마운트조이 경, 즉 윌리엄 블런트의 누이인 그의 첫 정부 엘리자베스 블런트에게서 서출 아들을 얻었다. 간통이기는 했지만 이 일과 헨리의 다른 정사는 관습으로 인정되었다. 왕의 혼사가 정치적으로 결정되는 마당에 어느 한쪽이 다른 곳으로 눈을 돌리는 것은 당연하다는 것이 당시의 불문율이었다. 그러나 이번에는 다른 이유도 있었다. 헨리는 왕비가 아들을 가질 수 있을 것으로 생각하고 두 사람 소생인 딸 메리를 프랑스 왕자와 약혼시켰다. 따라서 헨리가 후사 없이 죽는다면 잉글랜드의 왕은 메리가 되는 것이었고, 만일 그녀의 남편이 프랑스 왕이 되는 날에는 브리튼 섬이 사실상 프랑스의 한 지방으로 전락하게 될 우려가 있었다.

헨리가 캐서린과의 결혼을 무효로 선언하려면 교황의 동의가 필요했다. 그러나 그것은 문제 될 것이 없었다. 교황이 특면을 부여하는 것은 드문 일이 아니었다. 교황은 흔히 결혼의 결함을 찾아 결혼을 무효로 만들거나 이혼을 허락하는 방법으로 그것을 시행했다. 헨리의 경우 결혼의 결함은 실제로 존재했다. 그는 자신의 형 아서 공의 미망인과 결혼했던 것이고 잉글랜드 교회법에는 레위기 20장 21절의 전례에 따라 그 같은 결혼을 인정하지 않았다. 『신약성서』 레위기 20장 21절에는 이렇게 쓰여 있다. "누구든 그 형제의 아내를 취하면 더러운 일이라 … 그들이 무자하리라." 바티칸은 당시 특면을 부여하여 헨리와 형수의 결혼을 허가했다. 그러나 교황이 성서가 금하고 있는 일을 마음대로 허락해도 되는 것인지는 의문의 여지가 있었다. 게다가 왕비가 아이를 갖지 못하는 상황이 되자 성서의 예언은 맞아떨어지는 것도 같았다. 헨리는 교황의 특면은 위법이고 따라서 캐서린과 자신의 결혼도 위법이라고 말했다. 잉글랜드와 유럽의 신학자들도 같은 의견이었다.

그러나 로마는 당시 복잡한 정치 문제에 연루되어 있었기 때문에 잉글랜드 왕의 이혼을 반길 입장이 아니었다. 교황 클레멘스 7세는 약탈당한 로마를 복구하느라 비지땀을 흘리고 있었다. 게다가 그는 자신이 저지른 실수로 인해 매우 복잡한 상황에 처해 있었다. 만일 교황이 헨리의 요구를 들어주면 그는 헨리보다 더욱 강력한 신성로마제국 황제와 부닥칠 위험이 있었다. 카를 5세 황제의 영토는 전 유럽에 퍼져 있었다. 또 그의 군대는 밀라노, 부르고뉴, 나폴리, 나바라를 두고 프랑스와 싸워 두 번이나 이긴 전력이 있었다. 카를 5세는 이론의 여지없는 이탈리아의 지배자였다. 그는 문자 그대로 바티칸을 포위하고 있었기 때문에 지리적 근접성만으로도 교황에게 충분히 위협이 될 만했다. 교황이 왕의 간통 문제에 깊이 관여하고 있을 때에는 두말할 여지가 없었다. 클레멘스는 카를의 포로였다. 따라서 카를 황제의 의견이 큰 비중을 차지하게 될 것은 자명했다. 그 의견이 강력한 것일 때는 더욱 그랬다.

이번에 카를의 의견은 강력했다. 미래의 교황 하드리아누스는 카를의 가정교사로 있을 때 어린 그에게 교황에 대한 깊은 경외감을 심어주었다. 하지만 캐서린은 그의 이모였다. 카를은 캐서린이 아서의 미망인이라는 이유로 헨리와의 결혼이 법적으로 무효일 뿐 아니라 근친상간이기도 하다는 주장에 몹시 분개했다. 바티칸이 이 이론을 받아들이면 캐서린은 버림받은 첩실로 지위가 강등되고 잉글랜드의 법정 상속인인 그녀의 딸 메리도 서출이 되는 것이었다. 반대로 교황이 헨리의 요구를 거부하면 그의 계획은 물거품이 되는 것이었다. 물론 그것은 헨리가 로마교회와 결별하지 않는다는 조건하에서의 이야기였고, 헨리가 공개적으로 입장 표명을 하기 전까지는 누구도 그 가능성을 염두에 두지 않았다. 그런데 막상 헨리가 로마교회와 결별하는 것이 현실로 나타나자 잉글랜드의 저명한 가톨릭 신자들은 큰 충격을 받았다. 그들은 신앙과 군주 사이에서 양자택일해야 하는 곤혹스러운 상황에 빠져 들었다. 헨리를 아는 사람치고 그가 신하들의 딜레마에 공감해줄 것으로 기대하는 사람은 아무도 없었다. 실제로 그는 공감해주지 않았다. 인문주의자 후안 루이스 비베스는 캐서린을 옹호하는 발언을 했다가 메리의 가정교사 자리에서 물러나고 궁정에서도 추방되었다.

　헨리의 선왕들이라면 로마와의 단절은 꿈도 꾸지 못했을 것이다. 그러나 헨리는 결단의 사나이였고, 그 단호함은 그가 캐서린 왕비의 후임으로 선택된 귀족 집안의 한 처녀에게 혼이 나갔다는 사실로 더욱 강화되었다. 헨리는 반짝이는 눈동자에 긴 머리를 늘어뜨린 열아홉 살의 생기발랄한 앤 불린에게 얼이 쏙 빠져 있었다. 이 부분에서 헨리는 판단력을 상실했다. 외적으로 보면 앤 불린은 왕비의 요건을 갖추고 있었다. 그녀는 공작의 손녀이자 자작의 딸로 파리의 교양 학교를 나와 처음에는 나바라의 마르가리타 왕비의 시녀를 지냈고 잉글랜드로 돌아온 뒤에는 캐서린의 시녀로 있었다. 앤은 명랑하고 재기가 넘쳤다. 또 그런 반면 경망스럽고 이기적이고 도발적이었다.

　헨리도 그녀의 성적 매력에 이끌렸다. 블린 가의 여자들은 넘치는 성욕으로 유명했다. 앤의 어머니와 언니도 벌거벗고 왕의 침대로 올라가 그를 즐겁게 해준 전력이 있었다. 게다가 앤은 잠자리 기술에 있어 그들을 압도했다. 헨리는 성적 매력이 넘치는 이 여인이 아이를 낳기에 적합한 체격을 갖추고 있다고 생각했다. 따라서 교황이 캐서린과의 결혼을 무효로 선언하고 그가 앤과 결혼하여 그녀를 왕비로 만들어준 뒤 자기 자식을 갖게 하면, 잉글랜드의 다음 후계자를 얻는 것은 어렵지 않을 것이라고 생각했다. 그러나 헨리는 당시 앤이 어린 나이임에도 자기 못지않게 화려한 남성 편력을 자랑하고 있다는 사실을 모르고 있었다. 앤은 헨리를 유혹하기 전에도 시인 토머스 와이어트와 나중에 노섬벌랜드 백작이 된 헨리 퍼시를 비롯하여 수많은 애인을 두고 있었다. 햄프턴 궁전의 한 역사가가 "난잡하기 이를 데 없는 연회"라고 말한 모임들에서도 그녀는 기혼, 미혼 가릴 것 없이 모든 남자 조신의 거리낌 없는 상대가 되어주었다. 실제로 헨리가 그녀를 왕비로 점찍었을 때 앤과 퍼시는 이미 비밀리에 결혼한 사이였다는 증거가 남아 있다.

　그로 인해 ―뒤이어 숱하게 벌어진 그와 똑같은 일들도 마찬가지― 캐서린을 내치려는 헨리의 결정은 역사상 가장 추잡한 이혼의 과정을 보여주었다. 그러나 어차피 헨리는 앤 불린이 없었다 해도 다른 여자를 찾아 나섰을 것이다. 그는 앤이 열일곱 살이던 1514년부터 왕비를 갈아치울 마음을 먹고 있었다. 1514년 캐서린의 침소에 발길을 끊은 뒤부터는 앤의 언니 메리 불린과 동침을 했다. 헨리는 그로부터 3년이 흐른 뒤에야 앤을 정부로 삼고 로마의 특면을 받는 문제를 처음으로 알아보기 시작했다.

헨리는 대법관 울지 추기경에게 자신의 희망을 충족시킬 권한을 부여해주었다. 울지는 아들을 바라는 왕의 여망에 공감하여 프랑스 왕 루이 12세의 딸 르네 왕녀를 왕비 후보자로 점찍어두고 있었다. 그는 앤을 탐탁지 않게 여겼다. 울지 역시 앤이 바람둥이라는 사실을 알고 있었다. 그 무렵에는 아마 헨리도 앤의 바람기에 대해 떠도는 소문을 들었을 것이다. 그러나 자존심이 강한 그로서는 왕비가 되려는 여자가 감히 부정한 마음을 가질 수도 있다는 것을 받아들이지 못했을 것이다. 그러니 부정한 짓을 저지르는 것은 두말할 나위가 없었다. 게다가 헨리는 앤과 사랑에 빠져 있었다.

앤 불린(1507년~1536년)

울지도 헨리가 원하는 일을 반드시 성사시킬 필요가 있었다. 그는 한때 무소불위의 권력을 휘둘렀으나 당시에는 벌이는 일마다 실패를 거듭하여 애를 먹고 있었다. 울지는 전쟁을 일으켜 하원과 상인들의 인심을 잃었고, 독선적 태도로 일관하여 성직자들을 분개시켰으며, 카를 5세를 배격하고 프랑스와 동맹을 맺는 외교 정책으로 재앙을 초래했다. 그가 좀 더 현명한 인간이었다면 그런 사정을 고려하여 주제넘은 행동을 하지 않았을 것이다. 그러나 그는 잉글랜드 왕실이 '국왕의 대사'라 부르는 중대 사안에 시큰둥한 태도를 보였다. 그러자 성질 급한 헨리는 울지 추기경을 무시하고 내무 대신 윌리엄 나이트를 로마에 보냈다. 나이트는 클레멘스 교황을 만나 헨리의 문제를 제기하며 그와 캐서린의 결혼을 무효로 해줄 것을 강력히 촉구했다. 그것은 잉글랜드에서 결정할 사안이라는 점도 지적했다. 교황도 그 말에 동의했다. 나이트는 클레멘스에게 성직자를 재판관에 임명하여 최종 판결을 내리게 하자고 제안했다. 나이트는 울지를 염두에 두고 있었다. 교황도 그것을 알고 있었다. 또 그는 지난해 카를 5세의 군대가 로마를 약탈할 때 그와 추기경들이 산탄젤로 성에 일곱 달이나 숨어 지낸 일도 기억하고 있었다. 그 군대가 여전히 로마를 포위하고 있었고 지휘관은 잉글랜드 왕비의 조카 카를 5세였다. 클레멘스가 만일 나이트가 말한 안을 받아들이면 카를의 분노를 살 것이 분명했다. 그렇다고 잉글랜드의 울지 추기경을 무시할 수도 없는 노릇이었다. 클레멘스는 생각 끝에 추기경 두 명이 재판을 주재하도록 했다. 그는 그렇게 결정해놓고는 이탈리아 추기경 로렌초 캄페기오를 제2의 재판관으로 임명했다. 그것은 울지의 얼굴에 먹칠을 하는 행위였다. 게다가 앤까지 그에게 등을 돌리자 울지는 하루아침에 몰락의 길을 걷게 되었다. 헨리는 화이트홀에 있는 울지의 관저를 몰수하고 종교와 관계없는 그의 관직을 모두 박탈했다. 하지만 요크 주교구는 그대로 보유하게 해주었다. 1년 뒤 헨리는 그의 체포를 명령했다. 울지는 병든 몸을 이끌고 런던으로 오는 도중 숨을 거두었다.

한편 캄페기오 추기경은 잉글랜드 왕의 태도가 요지부동이라는 사실을 알게 되었다. "왕은 앤에게 완전히 홀려 있다. 눈도 멀고 귀도 멀었다. 그의 마음속에는 온통 앤 생각뿐이다. 그녀 없이는 한시도 견디지 못한다." 그런 와중에도 헨리는 제멋대로이기는 하지만 기민하게 일을 처리해나갔다. 유럽 전역의 가톨릭 학자들로 법률 자문단을 구성한 다음 그들이 만장일치로 자신을 지지하게 하여 교황 대리와 맞섰다. 캄페기오 추기경도 잉글랜드에 가임 왕비가 필요하다는 사실을 인정했다. 그는 캐서린에게 수녀원에 들어갈 것을 권유했다. 그녀도 동의했다. 단 헨리도 수도원에 들어가야 한다는 단서를 붙였다. 추기경은 이 말에 기분이 상했다. 그도 그것이 진담이 아니라는 사실은 알고 있었다. 헨리에게 청빈, 순결, 복종의 계율을 부과한다는 것 자체가 사리에 맞지 않는 이야기였다. 그러나 추기경은 이 부분에서 중요한 것을 깨닫지 못했다. 캐서린이 황제 조카와 그의 포로가 된 교황을 등에 업고 고집을 부리는 행위는 이제부터 잉글랜드가 가톨릭으로부터 점점 멀어지게 되리라는 것을 암시하는 것이었다.

※

헨리는 결과야 어찌 됐든 막무가내로 일을 밀어붙이는 참을성 없는 인물로 알려져 있다. 그러나 그도 마음을 단단히 먹고 일을 실현시키려고 할 때에는 놀랄 만한 인내심을 보여주었다. 헨리가 독실한 가톨릭 군주의 모습으로 루터를 비난한 것이 1521년이었다. 1522년 앤 불린은 열

다섯 살의 나이에 캐서린 왕비의 시녀가 되었고 헨리의 눈길을 사로잡게 되었다. 헨리는 그때 이미 캐서린의 불임에 대해 고민을 하고 있었다. 그런데도 그는 5년이 지나서야 그녀와의 결혼을 무효로 만들 방안을 은밀히 강구하기 시작했다. 교황은 카를 5세의 압력 속에 헨리의 청원을 6년간이나 모른 척하고 덮어두었다. 1533년 헨리는 이제는 스물여섯 살의 성숙한 여인이 된 앤과 결혼하여 교황의 파문을 당했다. 1534년 영국 의회는 왕위 계승법을 통과시켰다. 그것은 헨리와 캐서린의 결혼을 무효로 선언하고, 앤을 새로운 왕비로 인정하고, 두 사람의 결혼에 이의를 제기하는 사람을 극형으로 다스리고, 국왕의 모든 신하는 헨리에게 충성을 다짐하도록 정한 법이었다. 그리고 이에 대해 왈가왈부해서도 안 되었다. 이제 남은 것은 앤에 대한 헨리의 환멸뿐이었다.

당초 헨리는 교황이 그의 요청을 신속히 받아들여 캐서린과의 결혼을 무효로 해줄 것으로 기대했다. 전례를 비추어봐도 그것이 타당하다고 보았던 것이다. 1528년 런던에 온 캄페기오도 같은 생각을 가지고 있었다. 그러나 교황은 미적미적 결단을 미루어 헨리의 속을 태웠다. 캄페기오는 이탈리아 추기경이 런던에서 보잘것없는 존재라는 것을 알고 있었다. 그가 캐서린에게 유리한 판결을 내리는 즉시 국왕은 그를 추방할 것이었다. 그래서 그는 어떻게 하는 게 좋을지 교황에게 지시를 내려달라고 요청했다. 클레멘스는 허둥지둥 답장을 보내왔다. 거기에는 당시 그가 처한 무기력한 상황이 그대로 드러나 있었다. "명시된 명령 없이는 절대 판결을 내리지 마시오. … 그렇게 되면 카를 황제가 심한 타격을 받게 되어 모든 희망은 물거품이 되고 황제의 부하들이 지배하고 있는 로마도 초토화를 면치 못할 것이오. … 가능하면 판결을 오래 끌도록 하세요." 이것을 비롯하여 갖가지 교묘한 수법으로 교황이 그동안 번 시간이

5년이었다.

그러나 이제는 벌 시간이 없었다. 헨리는 교황의 특면을 예상하고 그리니치에 있는 자신의 왕궁 옆에 앤을 위한 호화로운 저택까지 마련했다. 조신들은 앤이 이미 왕비라도 된 듯 그녀에게 보고를 했다. 구경꾼들도 캐서린을 무시하고 앤의 집 창가로 모여들었다. 헨리는 한낮이 되어 그리니치를 떠나는 일이 부쩍 잦아졌다. 그러나 교황의 정책으로 이들의 동거 관계는 위험에 빠졌다. 이 문제는 앤이 아이를 가진 사실이 밝혀지면서 더욱 복잡해졌다. 헨리는 케임브리지 대학의 신학자 토머스 크랜머(1489년~1556년—역주)로 하여금 장문의 의견서를 작성하게 하여 협상 팀을 서둘러 로마에 파견했다. 그래도 교황은 머뭇거렸다. 앤의 존재는 부각되고 있었는데 결정된 것은 아무것도 없었다. 왕비의 몸에서 태어나지 않은 아이는 장차 헨리의 계승자가 될 수 없었다.

헨리는 더 이상 지체할 수 없었다. 그는 크랜머를 캔터베리 대주교로 임명했다. 그런 다음 그에게 엄청난 권한을 부여해주고 대주교가 가진 직책의 범위를 가능한 한 넓게 해석하도록 지시했다. 크랜머도 발 빠르게 대응하여 교황은 특면을 내릴 자격이 없다는 결정을 내렸다. 그는 캐서린을 이혼녀로 선언하고 헨리와 앤을 비밀리에 결혼시켰다. 그리고 1533년 5월 성령강림 주일에 웨스트민스터 홀에서 성대한 의식을 갖고 임신 7개월에 접어든 스물여섯 살의 앤에게 왕관을 씌워주었다.

이제 교회의 분리는 불가피한 상황이 되었다. 헨리는 크게 격앙되어 있었다. 그는 의회의 특별 회의를 소집했다. 그러고는 의원들의 반성직주의 감정을 이용하여 —신임 대법관 토머스 모어의 반대에도 불구하고— 성직자들의 권한을 축소하고, 교회에 부과하는 세금을 늘리고, 성직자가 취임 후 로마에 지급하는 첫해의 수입을 5퍼센트로 깎는 내용의 법률을 통과시켰다. 이 중 마지막 법령은 교황에 대한 일종의 반항 행위여서 교황청은 그로 인해 심각한 타격을 받았다. 그러자 클레멘스는 헨리의 이혼 청원을 받아놓고 몇 년간 허송세월하면서 만들어놓았던 헨리의 《파문 교서》를 이번에 공포했다.

헨리도 격렬하게 맞받아쳤다. 잉글랜드 의회는 헨리의 주도로 32개의 종교 관련 법률을 통과시켰다. 그에 따라 잉글랜드에서 로마로 흘러가던 돈은 전면 중단되었고 교회 재산도 몰수되었다. 가톨릭은 그것을 잉글랜드 토지의 20퍼센트 가량으로 추산했다. 그 밖에 헨리는 수도원을 억압하고 자국민의 종교적 청원은 캔터베리 대주교나 국왕에게 하도록 했으며, 성직자는 사제 서품을 받기 전 국왕에게 반드시 충성 서약을 하고 주교와 대주교는 국왕이 지명한 사람만 될 수 있도록 규정했다. 이런 조치를 취한 다음 헨리는 마지막으로 수장령(1534년 11월)을 발표하여 스스로 영국 국교회의 수장이 되었다. 이로써 로마와의 관계는 완전히 단절되었다.

울지의 후임으로 대법관이 된 토머스 모어 경도 한동안은 헨리의 뜻을 따라주었다. 하지만 그는 늘 갈등하는 두 충절 사이에서 괴로워했다. 모어는 헨리의 신하이면서 독실한 가톨릭 신자였다. 이렇게 두 충절 사이에서 괴로워하던 끝에 그는 국왕의 얼굴을 자주 보지 않는 것이 상책이라는 결론을 내리고 1532년 대법관 직을 사임했다. 그래도 소용없었다. 명성이 자자한 그가 숨을 곳은 없었다. 국왕도 그의 동태를 면밀히 주시했다. 그의 개인적 위기는 1534년 봄에 찾아왔다. 헨리는 신하들에게 수장령에 대한 복종 서약을 요구했다. 그것은 교황을 부인하고 헨리에 대한 충성을 맹세해야 하는 것으로, 모어로서는 받아들이기 힘든 요구였다. 성직자들은 대부분 굴종적으로 서약을 했다. 모어도 저항하지는 않았다. 그는 그저 침묵으로 일관할 뿐이었다. 모어는 복종 서약과 서약한 자들 중 어느 것도 비난하지 않았다. 그러나 언행으로는 왕에게 변함없는 충성을 바치면서도 그는 로마를 부인하지 않으려 했다. 그것은 커다란 위험을 감수하고 있는 헨리에게 치명적인 침묵이었다. 헨리가 아무리 강력한 군주라 해도 그 강력함은 그의 치세에 국한된 것이었다. 또한 루터를 지지해준 독일 민족주의처럼 새롭게 각성된 잉글랜드의 민족주의가 헨리를 지지해주었다고는 하나 교황이 잉글랜드 왕국을 파문에 부치고 백성들을 영원의 불길 속에 던져 넣는다면 잉글랜드에서 봉기가 일어나지 않으리라는 보장이 없었다. 이런 위급한 상황 속에서 헨리가 망설일 이유는 없었다.

모어는 앤과 헨리의 결혼에 반대하여 왕비의 즉위식에도 참석하지 않는 대역죄를 이미 지은 몸이었다. 그 같은 대역죄를 계속 용인해주면 사람들은 국왕을 나약하다고 생각할 것이 분명했다. 하물며 왕의 신망을 한 몸에 받고 있는 전직 대법관으로 잉글랜드의 공적 생활에서 가장 영향력이 큰 인물일 때는 두말할 나위가 없었다. 헨리는 냉혹한 군주와 왕권 상실이라는 양 갈래 길에서 결단을 내려야 했고, 이런 상황에서는 그도 다른 선택의 여지가 없었다. 모어는 대역 죄인으로 런던탑에 투옥되었다.

모어도 그동안의 침묵을 깨고 재판정에서는 마침내 입을 열었다. 그는 교회의 분리를 비극적 범죄행위로 규정하고 양심상 자신은 그것의 공범자가 될 수는 없었다고 토로했다. "속인이 교회의 수장이 되는 것"도 받아들일 수 없다고 말했다. 모어는 당대 최고의 언변을 자랑하는 인물이었으나 법정이 소란스러워 그의 목소리는 들리지도 않았다. 그러나 판결이 이미 나 있는 상황에서 재판은 어차피 형식적인 행위에 불과했다. 재판관들 중에는 앤의 아버지, 앤의 삼촌, 앤의 형제 로치퍼드 경도 포함되어 있었다. 그들은 모어에게, '목을 매달아 내장을 드러내고 능지처참을 하는' 대역 죄인에게 가하는 극형을 선고했다. 이것은 모어의 쭈그러든 시신을 네 동강을 내 런던 부둣가에 썩도록 방치해두는 것을 의미했다.

그것은 헨리도 받아들이기 어려운 극형이었다. 헨리는 앤이 뾰로통해 있는 것—그녀는 울지에 이어 토머스 모어에게도 원한을 잔뜩 품고 있었다—을 알면서도 그것을 참수형으로 바꾸었다. 국왕을 그토록 충성스럽게 보필했던 모어는 이제 죽음을 앞두고 있었다. 모어는 고개를 높이 쳐들고 형장으로 향했다. 형장으로 올라가는 도중 계단이 주저앉을 듯 삐거덕거리자 모어가 왕의 관리에게 손을 뻗치며 조용히 말했다. "올라가는 걸 좀 도와주게나, 내려오는 것은 요령껏 어찌 해보겠네." 그는 형장의 끔찍한 모습에 눈을 가리고 쥐죽은 듯 숨죽이고 있는 군중에게 "왕의 충실한 신하이기에 앞서 하나님의 충실한 종으로, 가톨릭교회의 신앙 안에서 가톨릭교회의 신앙을 위해 죽는" 자신의 증인이 되어달라고 말했다. 토머스 모어는 그렇게 죽었다. 참수된 그의 머리는 런던교에 못 박혔다.

잉글랜드는 충격에 빠졌다. 대법관 모어가 국왕과 국가에 반역죄를 지었다고 믿는 사람은 아무도 없었다. 에라스무스는 "그의 영혼은 눈[雪]보다 순수했고, 그의 재능은 잉글랜드의 과거에도 없었고 앞으로도 없을 비범한 것이었다."라고 친구의 죽음을 애도했다. 바티칸은 모어를 기독교의 순교자로 선언했다. 교황은 얼마 안 가 그를 시복하여 성자의 반열에 올렸다.

❧

　모어가 처형당한 지 1년도 지나지 않아 앤 불린도 처형대의 이슬로 사라졌다. 그녀가 왕비로 있었던 1천 일은 재앙의 연속이었다. 재앙이 극에 달해 교황의 위신까지 올라갈 정도였다. 사람들은 그것을 잉글랜드의 반항적 군주에게 내린 신의 징벌로 해석했다. 앤에게서 후사를 얻으리라 믿었던 헨리의 확신은 보기 좋게 빗나갔다. 앤의 첫 소생은 캐서린과 마찬가지로 여자 아기였다. 그것은 그녀의 책임이 아니었다. 그렇다고 그녀에게 신체적 결함이 있었던 것도 아니었다. 앤은 왕비가 되고 나서 딴사람이 된 듯했다. 명랑한 성격은 온데간데없이 사라지고 거만한 몸짓에 짜증 섞인 앙탈과 오만 가지 쓸데없는 요구만 많아 헨리를 지치게 했다. 캐서린은 그나마 성격이 온화하기는 했다. 헨리는 그녀가 그리워지기 시작했다. 캐서린이 죽자 헨리는 눈물을 흘리며 조정에 애도할 것을 지시했다. 앤은 그것도 거부했다. 앤은 두 번째 아기—조산인 데다 기형의 정도가 심한 남자 아기였다—를 사산했다. 헨리는 앤을 더 이상 찾지 않았다. 그러면서 친구들에게 앤이 자신에게 마술을 걸었고 아이가 기형으로 태어난 것이 그 증거라고 말했다. 헨리는 앤의 불 같은 질투에도 아랑곳없이 그녀의 시녀인 귀족의 딸 제인 시모어*에게 눈길을 돌리기 시작했다.

---

* 헨리의 세 번째 왕비로 그 시대의 몇 안 되는 정숙한 여인들 중의 하나였다. 서머싯 공작 에드워드 시모어의 누이였던 그녀는 왕비 앤이 살아 있을 때는 헨리의 구애를 받아들이지 않았다. 단 둘이 있을 때에도 말을 걸지 못하게 했고, 편지나 선물을 보내면 열어보지도 않고 되돌려보냈다. 왕비가 된 뒤 그녀가 한 첫 번째 행동은 캐서린이 낳은 딸 메리와 헨리를 화해시킨 것이었다.

훗날 앤에 대해 써놓은 글이 사실이라면 그녀는 남편의 바람기에 시비 걸 자격이 없는 여자였다. 선서된 증언에 따르면 그녀는 딸을 낳고 몸이 회복되기도 전에 바람을 피우기 시작하여 3년간의 결혼 기간 내내 부정한 행동을 계속했다고 한다. 마음에 드는 남자가 있으면 그의 발밑에 손수건을 떨어뜨려 유혹했다고 한다. 남자가 손수건을 집어 얼굴을 닦으면 유혹에 응한다는 뜻이었다. 그러면 시녀가 한밤중에 그를 은밀히 앤의 처소로 인도했다.

이 이야기는 날조되었을 가능성—나중에 전해진 바에 따르면 왕비와 동침한 죄로 기소된 남자들의 몇몇은 동성애자였다고 한다—도 있다. 그러나 당시에는 그 사실이 분명히 드러나지 않았다. 기록에는 헨리가 앤이 부정한 행동을 하는 것을 알았던 것으로 되어 있다. 헨리가 손수건 이야기를 전해 듣고 그 일이 일어나기를 기다리고 있다가, 밤에 무장한 시종을 데리고 그녀의 침소로 난입하여 현장을 덮쳤다는 것이다. 대법관은 앤을 런던탑에 투옥하고 그녀의 죄상을 읽어주었다. 그녀는 무릎을 꿇고 흐느끼면서 결백을 주장했다.

예심에서 왕의 침전 기사 시종 세 명과 궁중 음악인 한 명이 "왕비와 성관계"를 맺었음을 실토했다. 노섬벌랜드 백작이 된 헨리 퍼시도 앤과 깊은 관계에 있었음을 고백했다. 마지막으로 앤의 형제 로치퍼드 경이 피고석에 끌려나왔다. 그것은 충격이었다. 토머스 모어에게 유죄를 선고했던 로치퍼드는 누이와 성교한 혐의로 기소되었다. 그의 죄상은 설득력 있는 것으로 알려진 증거, 즉 로치퍼드의 아내의 증언에 의해 뒷받침되었다. 궁중 음악인은 앤의 아버지도 포함된 배심원들 앞에서 유죄를 인정했다. 평민인 그는 교수형을 당하고 침전 기사 시종 세 명은 참수되었다.

그로부터 사흘 뒤에 앤 남매의 재판이 열렸다. 배심원은 앤의 삼촌인 노퍽 공작을 재판장으로 한 26명의 귀족으로 구성되었다. 노퍽 공작은 간통과 근친상간 죄로 남매에게 사형을 언도했다. 두 피고는 요즘 시각으로 보면 놀랄 정도로 자신들의 운명을 담담하게 받아들였다. 그것은 아마 횡사가 흔하고 내세에 대한 믿음이 강했던 그 시대의 특징 때문이었을 것이다. 앤의 나이 이제 스물아홉 살이었다. 그녀는 용서를 비는 기도를 올린 다음 사형 집행인에게 될 수 있으면 목을 빨리 쳐달라고 부탁했다. 그러면서 빈정대듯 "듣자하니 사형 집행인은 목 치는 기술이 능숙하다 하고 나 또한 가는 목을 가졌으니" 그것으로 위안을 삼겠다고 말하며 소리 내어 웃었다. 그녀는 구경 나온 군중에게는 왕을 위해 기도해달라고 말했다. "그분은 이 세상에서 가장 관대하고 자애로운 군주이십니다. 제게도 더할 나위 없이 훌륭하고 너그러운 군주이셨고요." 그녀와 로치퍼드는 몇 분 간격으로 참수되었다. 서열상 앤이 먼저 칼날을 받았다.

왕자를 얻으려는 헨리의 열망으로 초래된 거대한 사건의 소용돌이는 흥미롭게도 잉글랜드 역사상 매우 특기할 만한 두 명의 여자 군주를 배출하는 결과를 가져왔다. 캐서린의 딸 메리는 어머니가 당한 수모의 와중에서 용케 살아남아 그 수모에 책임이 있다고 생각되는 사람들에게 잠시 복수극을 펼쳤다. 처음에는 카를 5세에 대한 두려움이 감지되었다 (카를 5세와 잠시 약혼했던 사실을 말하는 것이다—역주). 캐서린이 이혼당한 뒤 잉글랜드 의회는 메리를 서출로 공포했다. 그 후 제인 시모어가 헨리의 아들—장차 에드워드 6세가 될 인물—을 낳자 종전의 입장을 바꿔 메리를 왕위 계승자로 복귀시켰다. 그렇게 해서 그녀는 헨리 8세와 에드워드 6세가 사망한 뒤 그 뒤를 이어 여왕 메리 1세(재위 1553년~1558년—역주)

가 되었다.

메리는 군주로서 백성들의 사랑을 받지 못했다. 본인도 그것을 원하지 않았다. 대중의 인기는 그녀의 우선순위에서 빠져 있었다. 후안 루이스 비베스는 메리의 가정교사 역할을 충실히 담당했다. 그녀는 로마 가톨릭을 결코 포기하지 않았고, 캐서린이 죽을 때 임종조차 지키지 못 하게 한 광적인 프로테스탄트들 또한 용서하지 않았다. 그녀는 시계를 거꾸로 돌려 종교개혁의 뿌리를 뽑으려고 했다. 그것은 불가능한 일이었으나 그녀는 사력을 다해 그것을 행하려고 했다. 메리는 로마교회에 줄곧 충실한 태도를 보인 레지날드 폴 추기경을 자신의 국정 고문으로 임명했다. 교황은 그를 메리의 교황 특사로 임명했다. 폴도 메리처럼 쓰라린 기억을 갖고 있었다. 헨리의 이혼 문제로 국왕과 설전을 벌이다, 그의 면전에 대고 지옥에 갈 것이라는 말을 했던 것이다.

그것은 명백한 대역죄였고, 따라서 신속히 응징되었다. 격노한 헨리는 현상금까지 내걸고 그를 잡으려고 했다. 폴은 신속하게 도망가서 붙잡히는 것을 모면했다. 그러나 그의 어머니와 형제는 참수되었다. 그가 이제 메리의 국정 고문이 된 것이다. 메리는 폴의 권고로 잉글랜드에 교황의 주권을 다시 수립하려고 했다. 그 첫 조치로 메리는 이단 처벌법을 부활시켰다. 메리의 명령으로 크랜머 대주교가 화형당했다. 저명한 프로테스탄트 신자들인 니콜라스 리들리와 휴 래티머도 순교했다. 헨리의 뜻에 따라 로마교회를 떠났다는 이유만으로 3백 명 이상의 잉글랜드 인들이 처형되었다. 아마도 헨리와 더불어 메리가 행한 가장 중요한 업적은 16세기의 여느 유럽 국가 못지않게 잉글랜드도 야만적일 수 있다는 사실을 보여준 것일 것이다. 지금도 그녀는 피투성이 메리Bloody Mary로 기억되고 있다.

오를레앙의 소녀 열사(잔 다르크—역주)가 15세기의 대표적 인물로 자리를 굳건히 지키고 있는 가운데 유럽에서는 16세기 절반이 지나도록 그녀를 능가할 만한 여걸을 아직 배출하지 못했다. 여성 영웅이 사실상 전무한 상태였다. 그러던 중 1558년 놀라운 운명의 장난으로 한 여자가 나타났다. 너저분한 구시대를 청산하고 활기찬 새 시대를 연 인물로 이름을 남기며 잉글랜드 역사상 가장 위대한 군주의 반열에 올라서게 될 그녀는 다름 아닌 앤 불린의 딸이었다. 토머스 모어 경도 거들떠보지 않았던 왕비의 즉위식이 거행될 때 세상 밖에 나올 날을 고대하며 앤의 뱃속에서 놀고 있던 그 아이였다. 바티칸은 그 아이가 태어난 날 그녀를 사생아로 선포했다. 앤이 처형되자 —헨리와 결혼할 때 앤은 이미 퍼시와 사실혼 관계에 있었기 때문에 간통과 근친상간 죄는 물론 중혼 죄도 성립한다는 판결이 내려진 뒤의 일이다— 캔터베리 대주교는 로마와 협의하여 그 아이를 서출로 공포했다.

왕실 법관들은 앤이 잉글랜드의 정부에 의해 공공의 창녀로 선언되었다는 이유로 —따라서 그녀를 캐서린보다 한층 낮은 서열에 두었다. 캐서린은 이혼녀치고는 비교적 높은 위상을 지니고 있었다— 헨리의 두 번째 결혼에 법적 구속력이 없다는 결론을 내렸다. 헨리와 앤의 결혼은 애당초 없었던 일이 되었다. 두 사람 사이의 유일한 혈육인 세 살배기 천덕꾸러기 딸의 법적 지위도 덩달아 사라졌다. 그러나 그녀의 이복형제 메리처럼, 아니 오히려 그녀 덕분에 앤의 딸도 망각의 구렁텅이에서 벗어나게 되었다. 메리를 적자로 복원시켜준 것이 선례가 되었던 것이다. 잉글랜드 의회는 제인 시모어가 아이를 낳은 뒤에 죽자 헨리의 의지에 따라 세 명의 배다른 아이 모두를 적자로 인정하고 왕위 서열을 수립했다. 제인 시모어의 아들 에드워드를 서열 1위, 캐서린의 딸 메리를 2위, 앤의 딸 엘리자베스를 3위로 결정했다.

엘리자베스는 1558년 스물다섯 살의 나이에 잉글랜드 여왕으로 즉위했다. 여왕이 된 그녀는 프로테스탄트와 헨리의 수장령을 부활시키고 45년 동안 잉글랜드를 눈부시게 통치했다. 그 시대 유럽 귀족의 특징이었던 부모의 성적 과도함이 빚어낸 비극의 소산이라는 점—난잡한 성행위, 서출의 범람, 궁궐 대기실에서 일어나는 일회성 성교—에서 그녀가 긴긴 세월 배우자 없이 독신으로 지낸 것은 어쩌면 현명한 처사였는지도 모른다. 그녀는 처녀 여왕Virgin Queen이었다.

III · 고독한 영웅

Ⅲ. 고독한 영웅

    1519년 9월 20일, 에스파냐의 산 루카르 데 바라메다 항구는 몹시도 소란스러웠다. 카피탄 헤네랄 페르디난드 마젤란이 세계 일주 항해에 나설 소형 선박 다섯 척에 마지막으로 식량을 싣는 작업을 한창 독려하는 중이었다. 다섯 척의 배는 산 안토니오 호, 트리니다드 호, 콘셉시온 호, 빅토리아 호, 산티아고 호였다. 마젤란은 최근 산티아고 기사단에서 기사 작위도 받은 터였다. 안달루시아 인들은 이 항구와 세비야를 출발하여 과달키비르 강(에스파냐 남쪽을 흐르는 이 나라에서 두 번째로 긴 강—역주)을 따라 내려가는 선단을 플로타flota, 즉 에스콰드라escuadra라고 불렀다. 함대라는 뜻이었다. 이 함대의 함장은 군인이었다. 따라서 군인인 그에게 이것은 일개 함대가 아닌 무적함대였다. 선단의 정식 명칭은 몰루카 함대였다. 그러나 이름만 함대였을 뿐 20년 전 크리스토퍼 콜럼버스가 그의 생애 세 번째로 이곳을 떠나 대서양 횡단 길에 나섰던 소함대의 위용에도 훨씬 못 미치는 초라하고 낡은 선단이었다.

    마젤란 함대는 초라한 외양과는 달리 항해에는 아무 문제가 없었다. 그가 세심하게 정비를 해둔 덕이었다. 나이 사십을 바라보는 마젤란은 16세기의 가장 위대한 탐험가가 되려 하고 있었다. 그래서인지 그는 깐깐함을 넘어 괴팍스럽기까지 했다. 배의 널빤지 하나, 밧줄 하나 대충 넘어가는 법이 없었고 썩은 목재를 교체하는 일, 아마포로 돛대 밧줄과 돛을 만드는 과정도 일일이 점검했다. 돛에는 에스파냐의 수호성인 성 야고보의 십자가를 그려넣었다. 다섯 척의 배는 모두 손질이 많이 필요했다. 알고 보면 이 소형 선박―다섯 척 중에 선체가 가장 큰 산 안토니오 호의 배수량이 120톤이었다―들은 14세기의 외돛 상선과 아라비아 해역에서 쓰인 다우선(무역 범선)의 변형인 횡범의 3본 마스트선, 즉 *나오 nao*(15~16세기 에스파냐, 포르투갈에서 사용된 무장 상선―역주)였다. 따라서 특별한 주의를 기울이지 않으면 난파될 위험이 컸고, 그래서 이물에서 고물까지 배의 곳곳을 물샐틈없이 살피며 묵은 때를 벗기고 부실한 곳을 수리했다. 이 복잡한 과정을 끝낸 이 꼬장꼬장한 함장은 2년간의 항해에 필요한 비축품을 점검하는 중이었다. 이때만 해도 그는 이번 항해에 3년이 소요되리라는 것과 자신이 이번 항해에서 살아 돌아오지 못하리라는 것을 상상도 하지 못했다.

마젤란의 외모는 특이한 점이 없었다. 그는 포르투갈의 하급 귀족 출신이었다. 그러나 하체에 무게중심이 실린 땅딸한 체격에 거무스름한 피부를 가진 것이 겉으로 보면 영락없는 농사꾼이었다. 가죽처럼 질긴 피부, 검고 텁수룩한 수염, 수심에 잠긴 듯 커다란 눈에는 우수가 서려 있었다. 오래전 일이라 생각도 나지 않는 어떤 싸움에서 코뼈가 부러져 코도 내려앉아 있었다. 몸은 전쟁의 상처로 얼룩져 있었고 모로코 인들과 싸운 전투에서 당한 부상으로 다리도 절룩거렸다. 마젤란은 과거 그처럼 무모한 인간이었다(생의 마지막 순간에 그는 또 한 번 그런 행동을 보여주게 된다). 그러나 그는 충동적이지는 않았다. 충동적이기는커녕 냉정해 보일 정도로 신중하게 행동했다. 그는 자신의 역량을 자신만을 위해 꼭꼭 숨겨두고 고독을 즐기며 정적인 삶을 살았다. 그러나 함대 사령관으로

III. 고독한 영웅

서의 그는 매우 혹독한 면이 있었다. 동료 선장의 말을 빌리면 "무지하게 혹독한" 사람이었다. 부하 선원들은 마젤란의 혹독함을 좋아하지 않았다. 그러나 그들도 마젤란의 능력이 탁월하다는 것과 당대의 다른 함장들과 달리 작업의 성과가 좋으면 즉각 보상을 해주었다는 것만은 인정했다. 그 점 때문에 그는 선원들 사이에서 인기가 높았다.

혈통에 대한 자부심이 강하고 신중하고 야심만만하고 고집 세고 저돌적이고 비밀스럽고 강철 같은 의지를 지닌 카피탄 헤네랄, 즉 제독은 누구와도 공유하지 않는 자신만의 이상에 사로잡혀 있었다. 이 노련한 선장에게는 그의 부하들도 모르는 숨겨진 면이 있었다. 그는 꿈속에서 사는 몽상가였다. 야만과 폭력의 시대에 그는 영웅을 믿었다. 16세기에 그런 종류의 낭만은 완전히 사라지지는 않았지만 한물간 현상이었다. 소년 마젤란은 중세 발라드의 빈번한 소재가 된 11세기의 영웅 엘 시드(1043년경~1099년. 반전설적인 에스파냐 민족의 영웅. 본명은 로드리고 디아스 데 비바르―역주)를 알고 있었음이 분명하다. 아서 왕의 이야기에도 매료되었을 것이다. 맬러리의 『아서의 죽음』의 여러 판본은 접하지 못했겠지만 캐멀롯에 대해서도 들어 알고 있었을 것이다. 중세 기사도에 대한 신화는 대대손손 이어져 수세기 동안 유럽에 존속해 있었다. 아서는 베일에 싸인 실존 인물이었다. 그는 독일 작센의 침입자들과 싸워 12번 승리를 거두고 539년 캄란 전투에서 살해된 영국의 전투 지휘자였다. 프랑스의 서정 시인 크레티앵 드 트루아가 1170년에 소개한 영웅적 기사 랜슬롯은 그보다 현실성은 떨어지지만 마젤란 같은 소년들에게 환상을 심어주기에는 충분했을 것이다. 트루아는 성배전설의 첫 판본으로 알려진 『페르스발: 성배 이야기 Perceval, ou Le Conte du Graal』를 쓴 것으로도 유명하다. 또 이 이야기는 1203년 독일 시인 볼프람 폰 에셴바흐의 『파르치발 Parzival』에도 인용되었다. 트루아와 폰 에셴바흐의 작품은 포르투갈을 비롯하여 유럽 여러 나라의 언어로 번역되었다. 그 밖에 다른 작품들도 있었다. 1210년 고트프리트 폰 슈트라스부르크는 『트리스탄과 이졸데 Tristan und Isolde』를 남겼다. 1225년에는 프랑스의 기욤 드 로리스가 오비디우스의 시 「사랑의 기술」을 원용하여 『장미 이야기 Roman de la Rose』 전편前篇을 썼고 다음 세기에는 초서가 그것을 영어로 번역했다. 1370년경에는 아서의 우아한 조카를 다룬 시적 우화 『가웨인 경과 녹색 기사 Sir Gawain and the Green Knight』가 잉글랜드에 등장했다.

호기심 넘치는 사나이 마젤란이 읽은 책들은 그 밖에도 많았다. 그는 1245년 교황 인노켄티우스의 사절로 중앙아시아의 카라코룸을 방문한 조반니 데 피아노 델 카르피니(이탈리아 프란키스쿠스 수도회의 수도사—역주)의 견문기와, 마르코 폴로가 1296년 감옥 동기에게 헌정한(중국 여행을 마치고 베네치아에 돌아온 뒤 베네치아와 제노바 간에 벌어진 전쟁으로 제노바 군의 포로가 되어 감옥살이할 때의 이야기이다—역주) 책도 탐독을 하며 그곳에서 현실을 보았다. 그러나 소형 선박 다섯 척으로 이루어진 함대 사령관에게 지속적으로 영감을 불어넣은 것은 역시 콜럼버스의 업적과 이후에 진행된 지리상의 발견이었다. 다른 유럽인들도 물론 그들의 뒤를 따르는 꿈을 꾸었다. 그러나 마젤란이 그들과 다른 점은 앞서 간 이들과 경쟁하려는 확고한 의지를 가지고 그것을 실행하여 영웅이 되었다는 것이다. 에라스무스를 비롯한 인문주의자들도 훌륭한 사람들이었다. 그러나 그들은 작가, 공론가空論家였다. 마젤란은 행동에 최고의 가치를 두었다. 그는 조지 메러디스(1828년~1909년. 빅토리아 시대의 영국 소설가—역주)가 "지배자의 역할을 하는 것이야말로 멋진 운명"이라고 한 말에 백번 공감했을 것이다. 그리고 지배자가 되려고 노력하는 마젤란에게 무엇보다 값

Ⅲ. 고독한 영웅

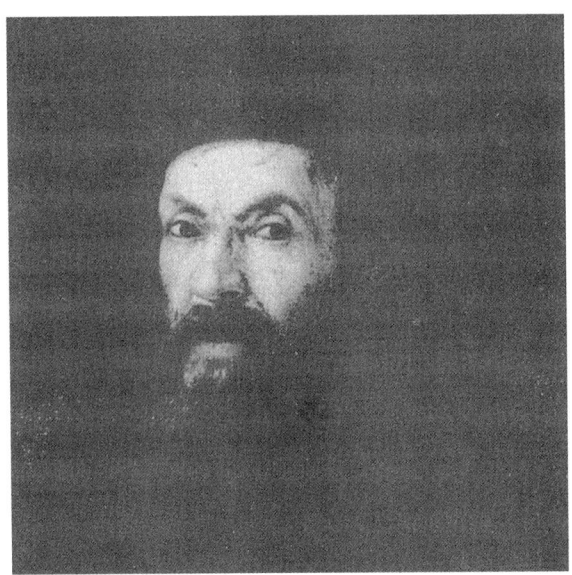

페르디난드 마젤란(1480년경~1521년)

진 자산은 남다른 그의 의지였다. 마젤란은 실망과 좌절은 이겨낼 수 있었다. 그러나 패배는 용납하지 못했다. 아니, 그는 패배를 어떻게 하는지조차 몰랐다.

그러나 마젤란은 아직 원하는 꿈을 이루지 못했다. 명성을 갈망하면서도 지나치게 고지직한 태도 —가식적인 행동도 못했고 요령도 없었다— 때문에 명예를 부여할 위치에 있는 사람들의 지원을 받지 못하고 번번히 놓쳤다. 리스본 궁정에서도 그런 일이 있었다. 허례허식으로 가득 찬 궁중 예법을 무시했다가 일을 그르치고 만 것이다. 얄빠진 국왕 주변에 있는 도회풍의 대신들은 그를 서투른 촌뜨기로 보았다. 당시 마젤란은 절도죄의 누명을 쓰고 그것의 결백을 입증하고 난 뒤 마누엘 1세 포르투갈 국왕을 알현하러 갔었다. 세계 일주 탐험을 위한 지원을 받기 위해서였다. 포르투갈과 에스파냐는 몰루카 제도(향료 제도)에 잔뜩 눈독을 들이고 있었다. 마젤란은 자신을 도와주면 그곳을 포르투갈령으로 만들어주겠다고 국왕을 설득했다. 그러나 예법을 모르는 서툰 태도 때문에 일을 그르치고 말았다. 허례가 심한 마누엘은 신하들이 아첨하는 것을 좋아했다. 마젤란은 그런 궁정 의례를 모르고 이야기의 본론부터 풀어놓은 것이다. 국왕은 마젤란을 거칠게 내쳤다. 국왕은 신하들이 킥킥대고 웃는 가운데 등을 돌리고 앉아 나가는 사람의 얼굴을 쳐다보지도 않았다. 그것도 모자라 이제 더 이상 그를 필요로 하지 않는다는 말도 덧붙였다. 다른 탐험가를 물색해보겠다는 말이었다. 오로지 자신의 이상을 실현하는 것에만 골몰해 있던 마젤란은 포르투갈에서 일이 틀어지자 에스파냐의 국왕 카를로스 1세에게 도움의 손길을 청했다. 나이 열여덟 살의 카를로스 1세 국왕은 그로부터 얼마 뒤에 신성로마제국의 카를 5세 황제로 선출된다. 1518년 3월 22일 카를로스는 그와 그의 미친 어머니 후아나의 명의로 된 국왕 계약서, 즉 *카피툴라시온*에 서명했다. 마젤란의 탐험 비용을 부담하겠다는 것과 이번 탐험에서 발견되는 영토의 총독으로 그를 임명한다는 내용이었다.

그것이 마젤란이 이번 탐험을 하게 된 이야기의 전말이었다. 마젤란은 이제 이 배 저 배 돌아다니며 선원 265명이 쓸 비축품 목록을 챙기고 있었다. 비축품 목록은 이랬다. 1) 쌀, 콩, 밀가루, 마늘, 양파, 건포도, 크고 작은 술통(700여 통), 앤초비(200배럴), 꿀(5,402파운드), 소금에 절인 돼지고기(3톤). 2) 식량 대용으로 쓸 물고기 잡이용 그물, 작살, 낚시. 3) 항해에 필요한 아스트롤라베(천체 관측 기구로 고도 측정 기기―역주), 모래시계, 나침반. 4) 대포 발사용 쇠와 돌, 적국 해안에 닿았을 경우 전투할 때 쓸 창, 대못, 방패, 투구, 흉갑 수천 벌. 5) 난파에 대비한 목재, 수지, 타르, 밀랍, 누수 방지용 뱃밥, 굵은 밧줄, 닻 네 짐. 6) 동방 원주민들에게 줄

거울, 종, 가위, 팔찌, 오색 머릿수건, 반짝이는 유리그릇 등…. 비축품 목록 조사는 끝없이 이어졌다. 제독의 관심은 줄어들 줄을 몰랐다.

※

한편 로마에서는 미켈란젤로가 〈모세 상 Moses〉과 시스티나 대성당의 천장화를 완성해놓고, 그의 우상인 단테에게 소네트를 헌정하고 있었다. 세바스티아노 델 피옴보(1485년경~1547년. 이탈리아의 화가—역주)의 〈크리스토퍼 콜럼버스 Christopher Columbus〉는 물감이 채 마르지도 않은 상태였다. 티치아노도 〈성모 승천 The Assumption〉을 이제 막 끝낸 참이었다. 라파엘로는 레오 10세와 추기경단의 초상화를 그렸고, 뒤러는 교황 및 군주들과 막역한 사이인 독일의 거상 야코프 푸거의 소화상을 그렸다. 프랑스 앙부아즈 근처의 작은 성에서 예순일곱 살로 영면한 레오나르도 다 빈치 묘의 흙도 아직 굳지 않은 상태였다. 막시밀리안 1세 신성로마 제국 황제는 예순 살에 비너노이슈타트에서 숨을 거두었다. 면죄부 외판원 요한 테첼은 라이프치히에서 쉰네 살로 생을 마감했다. 청순한 미모를 자랑했던 루크레치아 보르자는 서른아홉 살에 이탈리아 북부에서 숨을 거두었다. 그녀는 신앙생활과 아들 조반니의 교육에 전념하며 말년을 보냈다. 알렉산데르 6세가 조반니의 아버지 겸 할아버지였다.

야코프 푸거는 아직 살아 있었다. 그러나 그도 나날이 쌓여가는 돈에 묻혀 죽을 날을 기다리고 있었다. 당시 그의 재산은 2,032,652길더에 육박한 것으로 추정되었다. 잉글랜드에서는 대법관 울지가 햄프턴 궁전으로 이사를 막 끝내놓고 있었다. 토머스 모어의 『유토피아』, 알렉산더 바클리(1476년경~1552년. 영국의 시인—역주)의 「세상의 우매한 자들의 배 The Shyp of Folys of the Worlde」(제바스티안 브란트의 「바보들의 배」를 개작한 것이다―역주), 마키아벨리의 『군주론』도 발간되어 현재까지 명성을 이어오고 있다. 에라스무스에게 다시 한 번 성공을 안겨준 『대화집』도 큰 인기를 누렸다. 그의 유명세에 힘입어 풍자극과 도덕극도 덩달아 유행했다. 극작물 중에는 피테르 도를란트 반 디에스트의 『에브리맨 Everyman』, 존 스켈턴(1460년경~1529년. 영국 튜더 왕조 시대의 시인, 풍자 작가―역주)의 『장엄 Magnificence』, 질 비센테(1465년경~1536/37년. 포르투갈의 극작가―역주)의 『명예극 Auto da Glória』(1516년)이 대성공을 거두었다.

반면 코페르니쿠스의 「작은 주석」과 에스파냐와 포르투갈 간에 신세계를 배분하는 내용이 담긴 보르자 가 교황의 교서들은 그 시대의 가장 인기 없는 읽을거리가 되었다. 프랑스와 에스파냐는 이탈리아에서 벌어질 전쟁에 대비하여 군비 경쟁에 열을 올렸다. 루터가 비텐베르크 성 교회 문에 95개조 반박문을 게시한 지 2년이 지났건만 유럽의 군주들은 여전히 전쟁보다 한층 중요한 투쟁인 종교 혁명이 격화되고 있는 조짐을 무시하고 있었다. 루터는 이제 「독일 민족의 그리스도 교도 귀족들에게 보내는 연설」이라는 논문을 책자로 발간하여 독일 귀족들에게 로마에 궐기할 것을 부르짖으려 하고 있었다.

※

마젤란이 이 모든 일을 어느 정도 알고 있었는지는 알려져 있지 않다. 아마 거의 모르고 있었을 것이다. 그는 세상 돌아가는 것에 대해 무관심했다. 설사 관심이 있었다 해도 그 변화를 따라잡지 못했을 것이다. 루터가 보름스 제국 의회에 모습을 드러낼 당시 그는 누구의 손길도 미치지 못하는 바다에 있었다. 때문에 그는, 그와 같은 가톨릭 신자들에게는 더할 수 없는 비극이 된 기독교계의 분열도 알지 못한 채 객지에서 숨을 거두었다. 마젤란이 그런 일들에 대해 알았다면 자신의 한목숨을 바쳐서라도 로마교회를 지키려고 했을 것이다. 그는 그 밖의 다른 격변들은 자신과 무관하다고 여겼을 것이다. 그러나 그것은 잘못된 생각이었다. 그 모든 일은 모자이크를 이루고 있었다. 마젤란의 탐험도 그것의 일부였다. 역사는 관계없는 것들의 무질서한 나열로 이루어지는 것이 아니다. 모든 것은 영향을 주고받는다. 현재에는 느끼지 못하지만 시간이 지나면 그 모습이 뚜렷해진다. 전체 그림을 놓고 보면 무늬가 드러난다는 말이다.

이제 마젤란 시대의 무늬는 분명해졌다. 그중의 가장 선명한 것이 중세의 파괴이다. 르네상스 인문주의자들은 중세를 *중간 시대medium aevum*라 불렀다. 이 역사적인 붕괴는 수없는 사건들과 영향들이 만들어낸 결과이다. 사건들과 영향들이 상호 작용을 일으키며 야만족이 로마를 유린한 이래 유럽 최대의 격변을 일으킨 것이다.

르네상스를 파괴한 종교 혁명은 중세의 기다란 밧줄 가운데 색깔이 가장 짙은 한 가닥 줄에 불과하다. 1453년 오스만제국(메메드 2세)의 콘스탄티노플 함락, 인문주의자들이 새롭게 발견한 고전 문화의 진가와 그로 인해 운을 다하게 된 스콜라철학, 비기독교 학문과 기독교를 융합시키려고 한 중세의 노력도 기다란 밧줄의 일부를 이루고 있다. 교회가 교육의 독점권을 상실하자 르네상스 유럽은 이성과 신앙 사이의 이어질 수 없는 간극을 인식하게 되었다. 대중은 여전히 독실한 기독교인으로 남아 있었다. 그러나 지식인들은 이성적 사고를 하는 것에서 마음의 안정을 찾았다.

한편 상업의 발달, 특히 잉글랜드와 독일의 경제적 부흥으로 중산층과 상인 계층이 부쩍 늘어났다. 오만한 성직자들은 이들의 힘과 영향력이 날로 증대되는 것에 분노했다. 성직자들은 로마교황의 초국가적 권위가 민족국가의 대두와 강력해진 군주국들의 도전을 받게 되는 것에 격분을 참지 못했다. 인쇄술의 발달, 문자 해득률의 증가, 속어판 성서의 보급으로 세속주의도 확산 일로를 걸었다. 이 모든 힘이 의심을 증폭시키고, 회의주의를 낳고, 규범을 느슨하게 하고, 전통의 편안함과 유지를 어렵게 만들었다. 특징적 문명으로서의 기독교계가 힘을 잃는 가운데 근대 유럽이 서서히 모습을 드러내기 시작했다.

이 모든 것이 변화를 의미했다. 중세인들은 그것에 분개했다. 이 무렵 진보의 속도가 가장 느린 학문이 지리학이었다는 사실도 그렇게 보면 우연이 아니다. 성서에 묘사된 천지창조는 하나님의 권위에 관련된 문제였으므로 비판을 초월해 있었다. 이탈리아의 종교개혁자 피에트로 마르티레 베르밀리(1500년~1562년-역주)는 말했다. "창세기에 묘사된 천지창조를 잘못된 것으로 받아들이면 그리스도가 약속한 다른 모든 것도 무의미하게 되고 우리 종교의 생명력도 잃게 된다."

코페르니쿠스의 힘은 그보다 한층 강력했다. 성서에는 만물이 인간의 소용을 위해 창조된 것으로 묘사되어 있다. 그런데 지구가 우주의 한낱 점에 불과하다면 인간의 지위는 어떻게 되겠는가? 당연히 강등될 수밖에 없다. '위'와 '아래'가 의미를 잃으면, 다시 말해 위아래가 24시간마다 바뀌면 천국도 사라지게 되는 것이다. 1575년 예롬 볼프(1516년~1580년. 독일의 역사가, 인문주의자-역주)는 티코 브라헤(1546년~1601년. 덴마크의 천문학자-역주)에게 "기독교에 가해지는 공격 중 가장 위험한 것이 무한대로 넓고 깊은 우주일세."라는 글을 써 보냈다.

마지막으로 유럽 대륙 너머 낯선 땅이 발견되고 ─마젤란 탐험이 정점이었다─ 그로 인해 전 세계로 시야가 넓어짐으로써 새로운 시대가 열리게 되었다. 그 밖에 지리상의 발견은 지구의 성격을 규정하는 교황의 교리에도 손상을 주어 교황의 명성에 흠집을 내는 또 다른 요인이 되었다. 그 동안 로마교회는 모든 사람이 그리스도의 신성을 믿는 것을 근거로 교회의 가르침이 진리라는 주장을 펼 수 있었다. 중세에는 그것이 먹혀들었다. 그러나 지리상의 발견 이후 상황은 달라졌다. 항해자, 여행자, 신대륙 정복자, 심지어 선교사들까지 새 소식을 부지런히 전해준 덕분에 유럽인들은 낯선 곳의 사람들이 기독교가 아닌 다른 종교를 믿고 있고, 그 사람들은 그것을 대수롭지 않게 여기고 있다는 사실을 알게 된 것이다.

※

중세의 암흑시대, 성서를 문자 그대로 해석하는 교회의 태도는 6세기의 수도사 코스마스(생몰 연도는 알 수 없고, 6세기에 알렉산드리아에서 활동했던 상인, 여행가, 신학자로 알려져 있다. 훗날 수도사가 되었다.—역주)가 쓴 『그리스도교의 지지학 Topographia Christiana』에 나오는 어처구니없는 사실을 승인하는 결과를 낳았다. 코스마스는 인도를 여행했고 다른 지역에 대해서도 풍부한 지식을 보유하고 있었던 것이 분명했는데, 지구가 사각형의 평면으로 이루어져 있고 하늘이 그 위를 덮고 있으며 하늘의 상층부에 천국이 있다는 믿음을 가지고 있었다. 또한 사각형 평면의 중앙에는 예루살렘, 그 주위에는 천국의 네 강으로 땅이 비옥해진 에덴동산이 놓여 있다고 생각했다. 지구보다 크기가 한층 작은 태양은 북쪽에 있는 원뿔형의 산 주위를 돌고 있다고 여겼다. 그의 주장은 근거가 희박하여 많은 사람이 믿지 않았으나 —가경자可敬者 비드는 지구가 둥글다고 주장했다— 코스마스는 그들을 경멸했다. 로마도 코스마스에 공명하여 반대자의 주장을 몰상식한 것으로 일축했다.

그리스도의 초기 교부教父들이 그런 초보적인 사실조차 일축했다는 것은 고대의 지식이 얼마나 깊이 매몰되어 있었는지를 보여주는 증거가 된다. 아리스토텔레스는 그리스도가 태어나기 3백 년 전에 이미 지구가 구형이라는 결론을 내렸다. 월식 현상이 일어나는 것을 보고 달에 원형의 그림자를 드리우는 것은 구형체밖에 없을 것으로 여긴 것이다. 아테네 인들은 인도와 에스파냐의 존재를 알고 있었다. 그러나 당시에는 지리와 과학적 지식이 전무했기 때문에 아리스토텔레스도 착오를 일으켰다. 그는 물보다 땅이 무겁고 그런 상태에서 땅덩어리들이 균형을 유지하려면 이베리아 반도와 인도 아대륙의 거리는 멀지 않을 것이므로 두 대륙 사이에는 땅이 존재하지 않는다는 추론을 이끌어냈다. 다시 말해 남북 아메리카 대륙이 존재하지 않는다고 여긴 것이다. 그것은 나아가 콜럼버스가 착오를 일으키는 원인이 되기도 했다. 이후 다른 탐험가들은 그것에 의문을 나타냈고 그 진실을 마젤란이 규명해낸 것이다.

아리스토텔레스의 지구 구형론은 고대 지리학의 시금석이 되었다. 그리스 인들은 지구를 다섯 부분으로 나누고, 그중 둘은 인간의 거주가 불가능한 한대, 둘은 온대, 나머지 하나는 적도 지역일 것으로 생각했다. 중세에 그리스 인들을 계승한 알베르투스 마그누스(1200년경~1280년. 도미니쿠스 수도회의 주교 겸 철학자로 토마스 아퀴나스의 스승이었다—역주)와 로저 베이컨(1214년경~1294년. 경험주의를 제창한 영국의 철학자, 과학자—역주)은 훗날 적도 지역은 열기 때문에 생명의 유지가 불가능한 것으로 결론지었다. 적도 지역에서 인간이 생존하기는 불가능하다고 본 그들의 믿음은 15세기까지도 흔들림 없이 받아들여졌다.

로마 인들이 지리학에 미친 영향은 거의 없었다. 플리니우스(23년~79

년, 『박물지』를 쓴 로마의 학자―역주), 마크로비우스(395년~423년. 로마의 신플라톤주의 문헌학자, 철학자―역주), 아그리파(기원전 64/63년~12년. 로마의 초대 황제 아우구스투스 황제의 부관―역주)가 미미한 영향을 끼쳤을 뿐이다. 그러나 로마제국 변방에 위치한 알렉산드리아에서는 아리스토텔레스 사후 4세기 뒤 프톨레마이오스와 히파르코스(?~기원전 127년 이후. 그리스의 천문학자, 수학자―역주)가 중심이 된 이집트 천문학파가 지리학에 대해 활발한 연구를 벌였다. 그들이 계산한 지구 둘레(25,000 지리 마일)는 놀랄 만큼 정확했다. 그 밖에도 그들은 지구를 360도로 나누었고, 지표면에 위선과 경선을 그었으며, '위도 측정용' 아스트롤라베를 발명하여 마젤란을 비롯한 후대 탐험가들이 항해에 사용할 수 있는 길을 열어주었다. 이 기구는 엘리자베스 시대까지 이용되었다.

그러나 알렉산드리아의 천문학자들도 그리스 인들처럼 오류를 범했다. 그들은 지구를 움직이지 않는 우주의 중심이라 생각했다. 중세 지리학자들에게 큰 영향을 미친 프톨레마이오스의 『지리학 안내 Geógraphiké hyphégésis』만 해도 아시아를 실제보다 훨씬 멀리 뻗어나간 것으로 단정했다. 그로 인해 콜럼버스를 비롯한 탐험가들은 또다시 오류를 범하게 되었다. 콜럼버스는 이 이론을 근거로 서쪽으로 배를 계속 타고 가면 아시아에 닿으리라는 확신을 굳혔다. 그의 마음속에 파고드는 그 밖의 다른 의혹은 프랑스의 추기경 겸 신학자이자 나바라 대학의 학장이었던 피에르 다이(1350년~1420년―역주)의 『세계의 형상 Imago mundi』이 모두 해결해주었다. 다이는 서쪽으로 항해를 계속하면 인도에 닿을 수 있다는 아리스토텔레스의 관점을 믿고 있었다. 『세계의 형상』은 콜럼버스가 침대 머리맡에 두고 늘 읽었던 책이다. 여백에 어지럽게 낙서된 그의 책은 세비야의 콜럼버스 도서관에 지금까지 보존되어 있다.

중세의 기나긴 암흑시대 동안 그리스의 학문과 알렉산드리아의 학문은 중동의 이슬람 학자들이 보존했다. 르네상스 초기에 인문주의자들이 고대 작품을 발굴해낸 곳도 그곳이었다. 보르자 추기경(교황 알렉산데르 6세-역주)의 초기 비판자였던 교황 피우스 2세도 그것을 열심히 연구하여 『역사 Historia rerum ubique gestarum』를 썼다. 알고 보면 이것은 프톨레마이오스 이론의 재탕에 불과했으나 그 나름으로 중요한 면이 없지 않았다. 초창기 작품이었음에도 불구하고 아프리카 주항이 가능하다는 놀라운 결론에 도달했던 것이다. 피우스는 눈으로 볼 수는 없지만 적도가 존재한다고 믿었고 당대인들도 그것을 이의 없이 받아들였다. 그 무렵에는 지구 구형설과 지구를 기후대로 나눈 그리스 인들의 관점도 무리 없이 수용되었다. 그것을 부정하는 자들은 성서를 문자 그대로 해석하는 사람들뿐이었다.

※

그러나 그것은 학자들의 생각이었다. 대중은 여전히 지구가 평평하다고 믿고 있었다. 수평선 너머 세계에 대한 그들의 인식도 신화적 지식에서 나온 것이 대부분이었다. 이 신화적 지식의 출처는 호메로스, 방랑자의 낭만적 모험담, 알렉산드로스 대왕과 사도 토마의 전설, 기원전 4세기 페르시아 궁정에서 의사로 활동했던 그리스 인 크테시아스, 플리니우스와 가이우스 율리우스 솔리누스의 거짓 이야기, 14세기에 폭발적 인기를 누린 존 맨더빌의 날조된 이야기『기사, 존 맨더빌 경의 여행기 Voyage and Travels of Sir John Mandeville, Knight』등 실로 다양했다. 당시의 앵글로 프랑스 어로 쓰어진『기사, 존 맨더빌 경의 여행기』는 여행자들의 실제 기행문을 맨더빌이 자신이 쓴 것처럼 개작한 것이었다. 그런

III. 고독한 영웅

데 이 이야기들은 허구였음에도 어찌나 실감나게 씌어졌는지 사람들은 마르코 폴로의 실화는 믿지 않고 '존 맨더빌 경'(판본에 따라 '기사, 조한 맨드빌'로 표기된 것도 있다)의 가짜 이야기를 믿는 일도 종종 벌어졌다.

당대의 사람들을 사로잡은 중세 신화는 대부분 아시아를 배경으로 하고 있었다. 13세기 중반 몽골제국에 의한 팍스 타타리카가 이루어지기 전까지만 해도 유럽인들 중 바그다드 동쪽을 여행한 사람은 아무도 없었다. 십자군과 순례자들이 팔레스타인과 시리아에 대한 정보를 이따금씩 전해주었을 뿐 오리엔트― '카타이(중세 유럽에서 북중국을 가리키던 말―역주)' ―는 여전히 유럽인들에게 신비하고 매혹적이고 부가 넘치는 곳으로 알려져 있었다. 유럽인들은 그곳 어딘가에 파라다이스가 있을 것으로 생각했다. 그것은 신비한 동방에 대한 중세인들의 의식을 잘 반영해주는 것이었다. 가령 칭기즈 칸의 무시무시한 전쟁들에 대한 소식이 1221년 유럽 대륙에 처음 전해지고 난 뒤 오랜 세월이 흐르자 유럽인들은 그를 이교도 개종에 헌신적인 기독교 군주로 착각하게 되었다.

어수룩한 사람들은 곡과 마곡(요한계시록 20장 8절에 나오는 사탄에 미혹되어 하늘나라에 대항하는 두 나라―역주), 긴 이빨과 털북숭이 몸을 가진 정글족, 그리핀, 난쟁이족과 싸운 황새, 드러누워서도 그림자를 만들고 한쪽 발로 태양을 가리는 사람, 개처럼 컹컹 짖는 개의 머리를 가진 사람, 솔로몬 왕이 보석을 얻었다는 부유한 나라 오빌 등 터무니없는 이야기들을 곧이곧대로 믿었다. 그러나 오빌도 중세인들의 환상 속에 존재하는 전설적인 수많은 나라 중 하나였을 뿐이다. 그 밖에도 중세인들은 플라톤이 언급한 사라진 대륙 아틀란티스, 엘도라도, 황금의 강을 뜻하는 리오도로, 모노모타파 왕국 이야기를 사실로 믿었고, 시볼라의 일곱 황금 도시가 있는 섬은 무어인 지배하의 에스파냐에서 도망친 일곱 명의 주교가 대서양에서 발견했다는 착각을 하고 있었다. 또한 그들은 아일랜드 북서쪽 해안에서 매혹의 섬을 발견했다고 알려진 성 브렌던(484/86년~574년. 켈트 족의 성인, 대수도원장, 전설적인 대서양 항해의 주인공—역주)의 신기루 같은 이야기를 철석같이 믿고, 성 브렌던 섬에 대해서도 환상의 나래를 폈다. 마젤란 시대의 지도책에는 그런 곳들이 수두룩하게 표시되어 있었다. 포르투갈의 항해왕 엔리케는 시볼라의 일곱 황금 도시에 상륙했다고 말하는 선장을 만나기도 했다. 사람들은 1755년까지도 성 브렌던 섬이 카나리아 제도 서쪽 5도 부근에 위치해 있는 것으로 믿고 있었다. 역시 상상의 섬인 브라질 록은 1873년이 되어서야 영국 해도에서 사라졌다.

이런 유령 같은 지역들이 미지의 세계를 항해하는 탐험가들을 혼란에 빠뜨리고 잘못된 길로 이끌었다. 많은 배가 탐험에 나섰다가 돌아오지 못한 것도 당시의 조악한 지도를 보면 놀랄 일이 아니다. 그런 지도로 뭔가를 찾았다는 것이 놀라울 뿐이다. 아프리카는 인도에 인접한 지역으로 표시되어 있었고 인도양과 홍해는 수역이 좁은 바다로 그려져 있었다. 이집트와 에티오피아는 아시아에 속해 있었다. 지도책에는 '인도 에티오페', '인도 이집티'와 같은 황당무계한 지역들이 등장하는가 하면, 현재 프랑스 국립 도서관에 보관되어 있는 14세기 카탈로니아 지도책에는, 그리핀이 우글거리는 섬, 곡과 마곡의 왕국, 인도와 중국 사이에 있는 피그미 족의 나라, 말레이 반도로 추정되는 '이아나' 섬, 망망대해에 버젓이 떠 있는 또 다른 섬 '트라파보나' 등 온갖 잡동사니 지역이 가득 적혀 있다.

Ⅲ. 고독한 영웅

※

　미지의 세계를 탐험한 모험가들이 비단 유럽 대륙 중앙에서만 나왔던 것은 아니다. 다른 지역의 유럽인들은 몰랐겠지만 유럽 대륙 서쪽과 북쪽에 있던 사람들도 암흑시대부터 줄곧 미지의 세계를 탐험했다. 아일랜드 인들은 6세기부터 오크니 제도, 셰틀랜드 제도, 페로 제도를 찾아 그 지역들에 뿌리를 내리고 살았다. 아일랜드 인들은 그 섬들보다 훨씬 먼 곳까지 진출했던 것이 분명하다. 그것은 9세기에 아이슬란드를 점령한 바이킹 족이 그곳에 이미 들어와 있던 아일랜드 인들을 발견한 사실로도 알 수 있다. 뒤이어 노르웨이 인들의 탐험이 시작되었다. 노르웨이의 에리크는 세계에서 가장 위험하다는 뱃길을 1천 마일(1,600킬로미터) 항해하여 10세기 말에 그린란드에 상륙했다. 1000년경에는 에리크의 아들 레이브가 북아메리카 대륙에 도착했다. 이것은 유럽 팽창의 전주곡이 될 만했다. 그러나 유럽 팽창의 첫 단계로 보기는 힘들었다. 당시에는 아일랜드조차 발견되지 않은 상태여서 스칸디나비아 반도 이남의 유럽인들은 바이킹 족을 동양인만큼이나 낯선, 따라서 개화되지 않은 이교적 약탈자쯤으로 얕잡아 보았다. 노르웨이 인과 켈트 족의 탐험이 계속 이어지지 못한 것도 한 요인이 되었다. 그들의 이야기는 탐험가들 사이에서만 회자되었을 뿐 유럽 대륙 전체에는 영향을 주지 못했다.

　중동은 그것과는 다른 문제였다. 유럽인의 대다수는 아시아에 대해 무지했다. 그런 상황에서도 일부 사람들은 3세기 동안이나 중동 언저리를 맴돌며 피땀 흘려 열심히 일했다. 그들은 상인이었고 그 점이 중요했다. 그것은 앞으로 탐험의 주요 동기가 호기심이 아닌 돈벌이가 되리라는 것을 예고하는 것이었다. 그들은 제노바 인, 베네치아 인, 그리고 이들에는 다소 못 미치는 피사 인이었다. 이들은 크게 성공을 거두었고 그것이 이탈리아 번영의 원동력이 되었다. 같은 맥락에서 이후에 찾아온 그들의 쇠퇴―에스파냐 인과 포르투갈 인들이 오리엔트에 이르는 새로운 방법을 찾아냄으로써―는 이탈리아 번영에 치명타가 되었다. 이어진 경제 불황은 종교 혁명이 로마에 미친 영향 못지않게 이탈리아 말기 르네상스에 많은 영향을 끼쳤다.

동양의 물품은 십자군 시대―1100년부터 거의 1300년경까지―를 시작으로 세 가지 주요 통로를 통해 서양으로 유입되었다. 하나는 북중국과 중앙아시아를 거쳐 흑해 연안으로 연결되는 대상로, 즉 육로를 통하는 것이었고, 나머지 두 통로는 인도양을 거쳐 중동으로 연결되는 해로였다. 화물은 아라비아 반도 남단을 돌아 예멘을 거쳐 홍해로 올라가 그곳에서 다시 육로로 알렉산드리아 항구나 가자 항구로 실어 나르는 방법을 쓰거나, 페르시아 만으로 올라가 그곳에서 대상로를 이용하여 레반트(지중해 동부 연안을 가리키는 명칭―역주)로 실어 나르는 방법―이것은 수익성이 좋은 향료 무역에 주로 이용되었다―을 썼다. 업자들은 각각의 장소에서 기다리고 있다가 이 물품들을 이탈리아, 남프랑스, 이베리아 반도로 실어갔다. 거기서부터는 짐마차를 이용하여 북유럽으로 운반해갔다.

이탈리아 상인들은 이 수익성 좋은 무역을 선점하기 위해 치열한 경쟁을 벌였다. 3년간의 항해 기간 동안 다우선 다섯 척 중 한 척만 살아 돌아와도 선주는 큰 부자가 되었다. 후추, 계피, 생강, 육두구가 가득 들어찬 자루는 선원의 목숨을 걸 만큼 가치가 높았다. 아라비아에서 선적되는 물건들은 그 외에도 용현향(향유고래에서 얻는 향료의 원료―역주), 사향, 장미 기름, 비단, 다마스크 천, 금, 인도산 다이아몬드, 실론산 진주가 있었다. 아편도 포함되었을 가능성이 높다. 영리한 상인들은 현지인들에게 형편에 맞춰 뇌물을 주는 것도 잊지 않았다. 중동에서 전쟁이 일어나면 어느 한쪽 편을 들어 훗날을 기약했다. 편을 든 쪽이 승리를 거두면 특혜를 받으리라는 것을 알기 때문이었다. 베네치아 인들은 그런 방식으로 제4차 십자군이 57년 동안 콘스탄티노플에 라틴제국을 건설하고 있을 때 교역상의 특혜를 톡톡히 누렸다. 그러나 미카엘 팔라이올로구스가 콘스탄티노플을 수복한 1261년 이후—즉 미카엘이 미카엘 8세 팔라이올로구스 비잔틴 황제가 된 이후—에는 특혜를 모두 상실했다. 베네치아 인들의 세력이 약화되자 이번에는 제노바 인들이 팔라이올로구스 황가와의 관계를 돈독히 하는 방법으로 레반트 무역의 주도권을 잡았다. 그들은 콘스탄티노플을 교두보로 페르시아 북부, 크림 반도, 저 멀리 흑해와 카스피 해 연안까지 진출했다. 또 제노바 인들은 부지런하고 재간이 많았다. 그래서 몽골제국이 붕괴하는 과정에서도 중앙아시아에 있던 제노바 중개상들은 살아남을 수 있었다. 제노바 인들은 아프리카에서도 나일 강을 따라 수단 북부의 둔쿨라까지 치고 올라갔다. 튀니지를 박차고 나와 사하라 사막과 니제르 분지를 탐험하기도 했다. 한편 베네치아 인들은 이집트 무역의 독점권을 확보했다. 그들의 화물은 몰루카 제도, 말레이 반도, 인도의 말라바르 해안 등 남아시아로부터 왔다. 15세기 무렵에는 니콜로 데 콘티(1395년경~1469년—역주)와 존 캐벗(1450년경~1499년경. 본명은 조반니 카보토. 이탈리아 인이었으나 나중에 런던으로 이주하여 헨리 7세의 후원을 받아 탐험했다—역주)과 같은 베네치아 인들이 서양에서 동양으로 직접 침투해 들어갔다.

    그런 상황에서도 탐험가들은 대서양에 계속 군침을 흘렸다. 옛 교역로는 지나치게 번거로웠다. 인도산 향료가 소비자의 손에 들어오려면 적어도 12단계를 거쳐야 했다. 중동에서 멀리 떨어진 상인일수록 손해가 컸다. 위치상 에스파냐와 포르투갈이 특히 불리했으나 이탈리아도 불리하기는 마찬가지였다. 상인들은 어떻게든 직항로를 찾으려고 했다. 1291년 제노바 선박이 처음으로 지브롤터 해협을 통해 이베리아 반도의 항구들을 거치고 영국 해협을 건너 네덜란드 해안에 도착했다. 포르투갈과 에스파냐가 해상 무역으로 돈을 벌기 위해서는 아시아로 통하는 새로운 항로를 찾는 것부터 해야 했다. 그것은 소심한 사람은 감당할 수 없는 큰 도전이었다. 지브롤터가 첫 돌파를 당한 그해 우글리노 비발도와 구이도 비발도라는 제노바 인 형제가 아프리카 남단을 발견하고 회항하여 인도에 반드시 닿고야 말겠다는 당찬 계획을 세웠다. 그런 다음 용감하게 지브롤터 해협을 건너 남쪽으로 향했으나 그것으로 끝이었다. 그들로부터는 끝내 아무 소식도 들려오지 않았다. 희망봉의 미스터리가 풀린 것은 그 다음 세기였다. 그 무렵 이탈리아는 교역의 주도권을 상실했다.

※

14세기의 저명한 잉글랜드 인이 탐험의 역사에서 전혀 예상치 못한 역할을 하게 된 것이 이때였다. 제프리 초서가 바로 그 주인공이었다. 모든 시대의 작가들이 그렇듯이 초서도 때로는 생계를 위해 부업거리를 찾아 나서야 했다. 1368년 그는 왕의 기사가 되었고 나중에는 왕의 보좌관이 되었다. 초서는 궁정에서 지내는 동안 왕족과 친밀한 관계를 맺었다. 그중에는 에드워드 3세 국왕의 손녀딸이자 곤트의 존의 딸인 필리파도 있었다. 초서는 취미 삼아 항해술을 연구했다. 그는 스스로를 "아는 것 없이 옛 점성가들의 작품을 수집이나 하는 사람"으로 낮추어 이야기했다. 실제로 그가 쓴 『아스트롤라베 소고 Treatise on the Astrolabe』(1391년)는 8세기의 아라비아 천문학자 메사할라의 『아스트롤라베 소고 Composito et operato astrolabii』의 라틴 어 번역본을 개작한 것이었다. 그럼에도 초서는 항해술을 열심히 연구했고 그 열성은 다른 사람에게도 전이되었다. 젊은 필리파가 그것에 매료된 것이다. 그녀는 초서의 항해술 강의에 심취했고 나중에 포르투갈의 왕비가 된 뒤에는 아들에게도 그것을 전수해주었다. 아들도 어머니처럼 항해술 연구에 관심이 많았다. 그리고 어른이 된 뒤 그것을 직접 실행에 옮겼다. 그가 바로 저 유명한 항해왕 엔리케(1394년~1460년)이다. 엔리케 본인은 항해를 거의 하지 않고 다른 방식으로 많은 기여를 했다. 탐험 여행을 후원해주고, 해상 무역을 독려하고, 포르투갈 범선을 개발하고, 처음에는 사하라 사막 이남 아프리카, 그 다음에는 동방과 교섭하여 이슬람 세력의 허점을 찌르기 위한 대전략을 수립했다. 이슬람은 그의 도전을 이겨냈다. 그러나 그 과정에서 엔리케에게 고무된 선원들이 포르투갈 해상 제국을 수립했고 이후 그것은 인도 및 동인도 제도를 지배하는 세계 최대 규모로 발전하여 유럽의 교역을 150년간이나 지배했다.

돌이켜보면 그들의 성과는 기적으로 느껴질 만큼 놀라운 점이 있었다. 당시의 항해술은 초서와 엔리케 왕자 같은 사람들의 노력이 있었다고는 해도 거의 주먹구구식이었다. 엔리케 왕자가 항해 기구를 개량해주었다고 하니 그 이전 상황이 어떠했을지는 짐작이 가고도 남는다. 위도는 잉글랜드의 크로스스태프, 포어스태프, 혹은 마젤란이 쓰던 백스태프 등 아스트롤라베의 각종 변형 기구로 측정되었다. 그리고 이 모든 기구는 그것들의 원조 격인 이집트 기구와 마찬가지로 태양과 수평선 사이의 각을 재는 원시적 사분의였다. 일급 점성가는 경험으로 경도를 측정했다. 그러나 그것은 육지에 있을 때의 이야기이고 바다에서는 배의 경도를 측정할 방법이 없었다. 경도를 측정하기 위해서는 별의 위치를 볼 줄 알아야 하는데 그러려면 정확한 시간을 알아야 했다. 하지만 시계가 없었으니 그것은 불가능했다. 평형 바퀴와 실 태엽이 갖춰진 시계는 다음 세기 중반에 발명되었다. 물론 선장은 나침반을 가지고 있었고 추측항법으로 계산도 했다. 그러나 자북磁北과 진북眞北의 차이를 아는 사람이 없었고 추측항법 또한 조류에 의해 많은 오차가 발생했다.

12세기의 지리학자 알 이드리시 시대에 시칠리아 인들은 아랍인들에게서 항해법을 배워 제노바 인들에게 전수해주었다. 제노바 인들은 그것을 다시 에스파냐 인들과 포르투갈 인들에게 가르쳐주었다. 그러나 지중해 해안이 지도에 표시된 뒤에도 그곳을 넘어 모험하려는 사람은 드물었다. 지도에 해안선이 표시되어 있다 해도 수심은 나타나지 않았다. 이처럼 정보가 부재하고 부정확한 지식이 범람하다 보니 귀환의 희망을 품고 미지의 바다를 탐험하는 노련한 선원들은 특별 대우를 받기 마련이었다.

항해사들은 탐험 과정을 꼼꼼히 기록했다. 탐험 대장의 희망—낯선 땅에 갔다가 무사히 돌아오는 것—이 이루어지면 그 항해 기록은 말할 수 없이 귀중한 자료가 되었다. 그것은 항해를 나갔다 돌아올 때까지의 매 단계를 상세하게 기록한 항해 일지였다. 거기에는 조류, 암초 등의 장애물, 수로, 항구와 갑 사이의 나침반 방위, 바람의 세기와 방향, 선장이 침로를 지킨 날짜의 수, 수리를 위해 배를 기울어지게 한 때, 민물을 발견한 곳, 길(길이의 단위로 한 길은 여덟 자 또는 열 자로 약 2.4미터 또는 3미터임—역주)로 측정된 수심, 매듭으로 측정된 배의 속도(로그를 배 밖으로 던져 배가 앞으로 나아가면서 로그에 연결된 밧줄이 뒤로 풀려나가게 해놓고 모래시계의 모래가 다 비워지면 밧줄에 표시된 매듭의 수를 세어 측정하는 방법) 등 구체적인 정보가 빼곡히 기록되어 있었다. 그 일지에는 시시각각 변하는 바다의 색깔까지, 항해에 관련된 모든 것이 수록되어 있었다. 그렇게 해놓으면 다른 항해사들이 나중에 같은 목적지를 찾게 될 때 유용하게 쓸 수 있었다.

항해 일지는 손으로 써서 상급자의 감독하에 각국 언어로 번역되었다. 그러나 새로운 무역로를 개척한 항해 일지가 인쇄업자의 손으로 들어가는 예는 거의 없었다. 그러기에는 그 가치가 너무 컸다. 항해 일지는 때로는 매각되기도 했고 때로는 국가 기밀 사항으로 공포되기도 했다. 내용을 누설하는 사람은 극형에 처해졌다. 값비싼 희생 끝에 얻은 한 선장의 정보를 경쟁 관계에 있는 다른 선장이 도용하는 것을 막기 위해서였다. 항해는 일단 길이 한번 발견되면 위험을 최소화할 수 있었다. 그러나 처녀항해의 위험성은 아무리 강조해도 지나치지 않았다.

이 모든 것이 유럽의 한 구석진 곳에서 이루어졌다는 사실이 그저 놀라울 따름이다. 이전까지만 해도 포르투갈과 에스파냐는 서양 문명에 별로 이바지한 것이 없었다. 물론 이후 5세기 동안 두 나라는 걸출한 예술가 몇 명을 배출했다. 그것을 제외하면 두 나라는 이렇다하게 내세울 공적이 없었다. 그러나 때는 이제 이베리아 반도의 시대였다. 불과 30년—단 한 세대— 만에 수백 척의 선박이 리스본, 팔로스, 산 루카르 항을 떠나, 태초 이래 수천 년 동안 인간이 발견한 그 모든 지역을 능가하는 새로운 세계를 발견한 것이다.

그러나 그들의 첫 탐험은 무척 조심스럽고 또 띄엄띄엄 이루어져서 전체적으로 보면 별로 대수로울 게 없었다. 포르투갈의 경우 엔리케 왕자가 죽은 1460년 무렵에는 변변찮은 지역 여섯 곳을 발견하는 데 그쳤다. 포르투갈 해역에 있는 아조레스 제도, 마데이라 제도, 카나리아 제도와 북아프리카의 카보베르데 갑, 세네갈 강, 세우타 항이 그곳들이다. 주앙 데 산타렘이 적도를 넘어 무사히 귀환한 첫 번째 유럽인이 된 것은 엔리케 왕자가 죽은 지 11년 뒤였다. 그로부터 다시 11년이 지나서야 디오고 캉은 콩고 강 어귀를 발견했다. 그리고 1486년 엔리케 왕자의 첫 탐험이 있은 지 반세기 후 마침내 바르톨로뮤 디아스(1450년경~1500년-역주)가 중요한 곳을 발견했다. 디아스는 거대한 폭풍과 싸우다 아프리카 남단을 돌게 되었다. 그는 앞으로 나아가면 반드시 인도가 나오리라는 확신을 갖고 항해를 계속하려고 했다. 그러나 지친 선원들이 반항하여 그곳에서 회항했다. 포르투갈 국왕 주앙 2세는 그의 공적을 치하하고 아프리카 남단에 희망봉이라는 명칭을 부여했다. 그러나 포르투갈 인들은 실망스럽게도 그의 항로가 갖는 중요성에 관심을 보이지 않았다. 그것은 수로만으로 인도에 닿아 향료, 향수, 비단, 약품, 금, 보석 거래에서 중동 상인을 누를 수 있는 획기적인 사건이었다.

그로부터 6년 뒤 탐험의 주도권은 포르투갈에서 에스파냐로 넘어갔다. 에스파냐 인들은 무어인의 마지막 보루를 정복하고 나서 새로운 모험거리를 찾아 나섰다. 유럽인들은 아시아의 여러 곳을 지나다니는 아랍 상인들을 통해 인도, 중국, 일본, 동인도제도 등 아시아의 주요 해안에 대한 개략적 지식을 갖게 되었다. 피렌체 학자 파올로 토스카넬리는 동방이 리스본 서쪽 3천 해리 지점에 놓여 있는 것으로 결론지었다. 토스카넬리의 주장으로 제노바의 콜럼버스는 자신의 생각에 더욱 확신을 갖게 되었다. 그는 탐험을 위해 50만 마라베디(에스파냐의 옛 화폐 단위-역주)의 기금을 조성했다. 그런 다음 에스파냐의 왕실 재무관리 루이스 데 산탄헬을 자기편으로 끌어들였다. 산탄헬은 대서양을 횡단하여 동방에 도달하려는 콜럼버스의 탐험 계획에 1백만 마라베디(약 14,000달러)를 투자하도록 국왕을 설득하는 데 성공했다.

전해지기로는 제노바의 탐험가는 추측항법에 의한 항해를 시작하면서 선원들을 향해 이렇게 소리쳤다고 한다. "앞으로! 앞으로!" 그리고 1493년 초 그는 탐험을 성공적으로 마쳐 기독교계를 깜짝 놀라게 했다. 이사벨과 페르난도는 바르셀로나에서 성대한 환영연을 열어 그를 축하해주었다. 두 사람은 콜럼버스에게 인도총독 및 대양의 제독Almirante del Mar Océano이라는 호칭을 부여해주고 동방을 찾는 탐험을 계속하도록 독려했다. 그러나 그는 동방을 찾지 못했다. 그가 찾은 것은 아시아가 아닌 바하마 제도의 산살바도르 섬이었다. 그럼에도 콜럼버스는 인도를 발견하려는 집념을 결코 꺾지 않았다. 이후 그는 세 번이나 신세계로 돌아왔으면서도 그 뜻을 굽히지 않았다. 콜럼버스는 신세계의 원주민을 인디언이라 불렀다. 그때부터 카리브 해에 있는 섬들은 서인도제도로 알려지게 되었다. 1496년 그는 쿠바 섬을 도는 데 실패했다. 부하 선원들은 기상 조건의 악화를 실패의 원인으로 이야기했다. 그러나 그는 그렇게 믿지 않았다. 그는 쿠바 섬이 동양의 한 반도여서 돌지 못한 것으로 생각했다. 콜럼버스는 그것을 말레이 반도라고 추정했다.

그의 주장은 계속 옳은 것으로 받아들여졌다. 한편 1495년에 즉위한 포르투갈의 마누엘 1세는 에스파냐에게 탐험의 주도권을 빼앗긴 것 때문에 속을 끓이고 있었다. 마누엘은 에스파냐의 성공에 대해 시기하던 중 디아스가 한 말도 있고 해서, 바스코 다 가마(1460년~1514년-역주)에게 네 척의 배를 주고 희망봉을 돌아 인도를 항해하도록 했다. 다 가마는 여러 가지 면에서 그 시대를 구현한 인물이었다. 그러나 매력적인 인물은 아니었다. 그는 우람한 체구에 잔혹한 성격을 갖고 있었고 원주민을 겁주어서 낯선 곳을 지배하려고 했다. 아랍 선박에 고의로 불을 내 3백여 명의 선객을 산 채로 불태워 죽인 일도 있었다. 그 배 안에는 아녀자들도 타고 있었다. 그런데도 국왕은 포르투갈을 세계 강국의 반열에 올려놓은 공을 치하하여 그를 제독으로 임명했다. 1497년 11월 22일 다 가마는 디아스가 발견한 희망봉을 돌았고, 거기서 아랍 지도와 아랍 항해사까지 대동한 다음 항해를 계속하여 아프리카 동부 해안의 모잠비크와 케냐를 발견했다. 이어 그는 인도양을 가로지르는 23일간의 항해를 한 끝에 인도 남서쪽 캘리컷(현 인도의 코지코드—역주) 해안에 도착했다.

※

　포르투갈은 마침내 인도로 가는 새로운 항로를 발견했다. 이탈리아를 거쳐 이집트, 아라비아, 페르시아를 통해 가는 옛 항로를 이용하면서 매번 치러야 했던 값비싼 요금과 화물을 옮겨 싣는 번잡함으로부터 해방된 것이다. 이 상업의 혁명—혁명이라 부를 만했다—은 1세기 이상이나 엄청난 경제적 파장을 몰고 왔다. 콜럼버스와 그의 후계자들이 이후 신세계에서 발견한 것보다도 더 큰 파장이었다. 에스파냐 항해자들이 카리브 해의 '서인도제도' 속에서 허우적거리고 있을 때 리스본의 은행들은 새로운 항로에서 돈을 갈퀴로 긁어모으고 있었다. 포르투갈은 16세기 초까지도 대서양 건너편에 어떤 가능성이 있으리라고는 생각하지 못했다. 거기에 생각이 미쳤을 때도 마누엘의 대신들은 희망봉을 도는 배들이 창출해내는 시장에만 정신이 팔려 있었다.

　1509년 아폰수 데 알부케르케가 포르투갈령 인도총독으로 부임했다. 그는 민간인 총독이라기보다는 군인에 가까운 인물이었다. 힌두교도 및 무슬림과 싸워 인도의 고아와 아라비아 해의 아덴 항을 점령, 요새화했는가 하면 실론에 상륙했고 그곳에서 다시 동인도 향료 무역의 중심지인 말레이 반도의 말라카를 점유했다. 그는 말라카 한 곳에서만 2천5백만 달러어치의 약탈품을 본국으로 실어 보냈다. 총독 나리는 아시아의 취약한 지역 곳곳을 누비고 다녔다. 그는 홍해에 20척의 배를 파견했고, 1512년에는 인도네시아 셀레베스 섬과 몰루카 제도에 포르투갈 국기를 꽂았다. 포르투갈의 영토 확장은 계속 탄력이 붙었다. 1516년에는 두아르테 코엘료가 타이와 남베트남의 통상 문호를 열게 했고 이듬해에는 페르낭 페레스 데 안드라데가 베이징 및 광둥에서 중국 본토에 관한 통상 협정을 맺었다.

한편 지구 반대편에서는 콜럼버스가 신세계를 연달아 발견하며 동방에 대해 날로 깊어가는 자신의 지식을 본국에 속속 보내주고 있었다. 그러나 부하 선원들 사이에서는 의혹이 점점 증폭되어갔다. 아무리 봐도 그곳은 아시아가 아닌 것 같았다. 1490년 무렵 그들은 온두라스, 베네수엘라, 뉴펀들랜드, 북아메리카 본토를 발견했다. 1500년에는 포르투갈 탐험가 가스파르 코르테-레알이 현재의 캐나다 지역인 래브라도에 상륙했다. 같은 해 페드로 카브랄은 희망봉을 향해 가다가 폭풍우를 만나 표류하던 중 우연히 브라질을 발견했다. 카브랄은 브라질에 포르투갈 국기를 게양했다. 그러나 비센테 이아네스 핀손은 그곳이 에스파냐 땅이라고 주장했다.

파나마, 콜롬비아, 아마존 강의 입구가 발견되자 아메리카 대륙의 기나긴 해안선이 드디어 그 모습을 드러내기 시작했다. 나머지 진실을 밝히는 일은 메디치 가에 고용된 피렌체 상인 아메리고 베스푸치(1454년~1512년－역주)에게 돌아갔다. 베스푸치는 에스파냐에서 일하고 있다가 탐

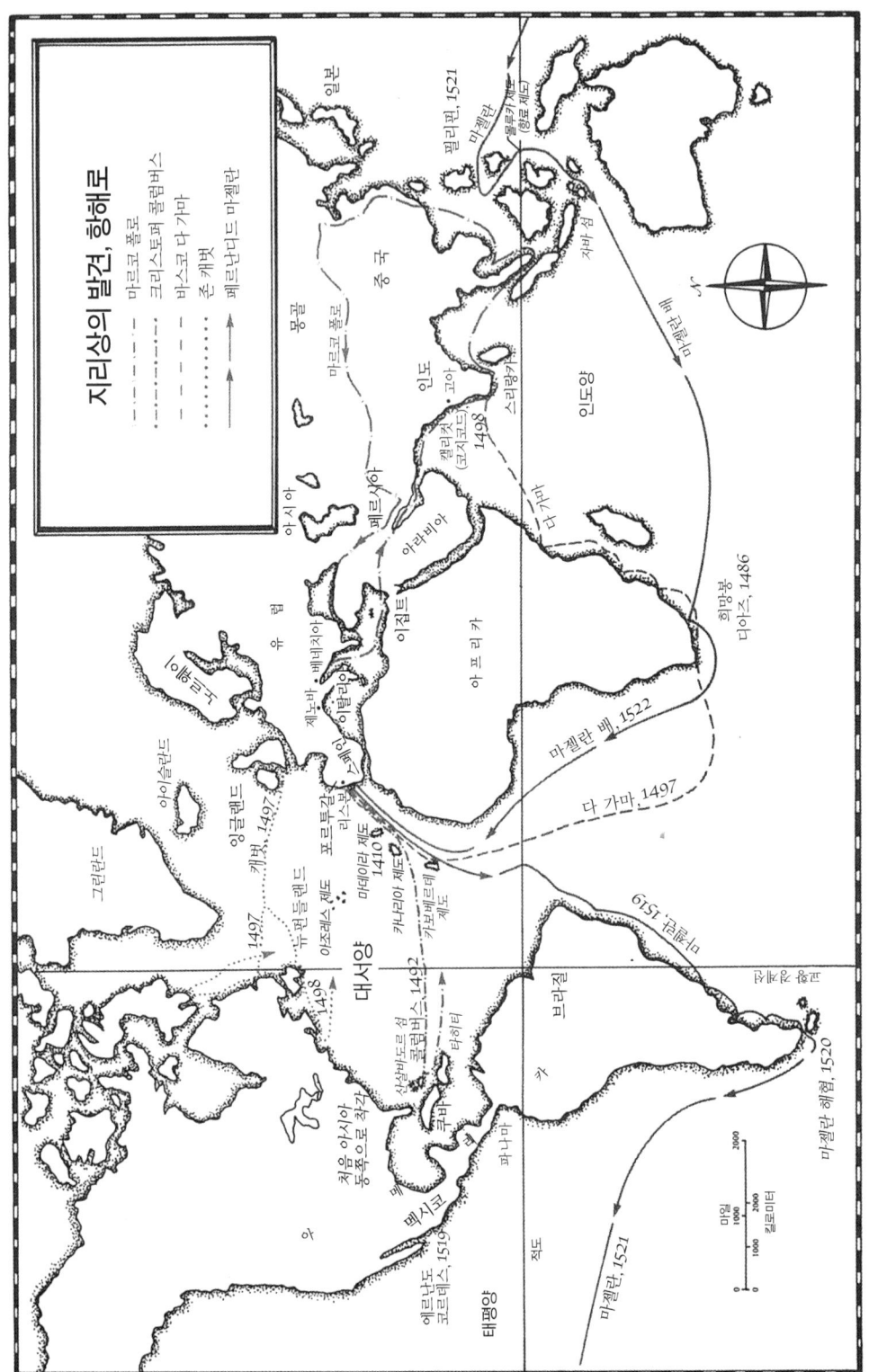

험 병에 걸려 포르투갈의 지원을 받아 서쪽으로 항해하게 되었다. 베스푸치는 1497년 6월 16일 이탈리아에 있는 친구들에게 편지를 보내, 자신이 *신세계novo mondo*라고 명명한 곳을 네 번 항해했고 그중 한 번의 항해에서 새로운 대륙의 본토에 상륙했다는 말을 했다. 사람들은 나중에 그의 주장에 의문을 제기했다. 그러나 콜럼버스와 에스파냐 정부는 베스푸치의 말을 신빙성 있는 것으로 받아들여 그에게 수석 항해사의 지위를 부여했다. 1507년에는 프랑스 생디에 대학의 마르틴 발트제밀러 우주 지리학 교수가 서반구가 그려진 최초의 지도를 작성하고 그곳을 '아메리카'라고 명명했다. 30년 뒤 메르카토르(1512년~1594년. 지도 제작에 혁신을 가져온 플랑드르의 지도학자-역주)도 발트제밀러를 따라 서반구를 아메리카로 불렀다. 그러나 그 무렵 신세계는 이미 하나의 대륙 이상이라는 사실이 밝혀졌다.

    1510년경 아메리카 대륙은 이제 거의 다 맞춰진 거대한 조각 그림의 모습을 하고 있었다. 존 캐벗은 잉글랜드 국왕 헨리 7세의 후원을 받아 북아메리카 동부 세인트로렌스 강을 탐험했다. 그 밖의 다른 사람들도 북쪽의 사바나 강에서 현재의 찰스턴까지 북아메리카 동부 해안을 측량했다. 1513년 4월 2일에는 에스파냐 탐험가 후안 폰세 데 레온이 불로장생에 대한 중세적 꿈을 좇아 아메리카 대륙 남쪽 4백 마일 지점에 상륙했다. 그는 그곳을 플로리다(부활절을 의미하는 Pascua Florida[Flowery Festival]에서 따온 말이다)라 이름 짓고 에스파냐 영토로 선언했다. 다른 에스파냐인들도 아르헨티나 영토에 대한 권리를 주장하고 멕시코 만을 탐험하여 유카탄 반도에 에스파냐 국기를 게양했다. 1520년 무렵 몬테수마 2세(1466년~1520년-역주)는 에스파냐의 정복자 에르난 코르테스를 따뜻하게 맞아주는 치명적인 실수를 범했다. 그렇게 해서 그는 멕시코 최후의 아스텍 황제가 되었다.

이 모험가들은 모두 애국심에 불타 있었다. 그러나 그들의 주목적은 여전히 다른 데 있었다. 그들은 신비한 동방을 찾고 있었다. 느닷없이 나타난 신세계는 입맛을 돋워주는 전채 요리일 뿐이었다. 이 무렵 콜럼버스는 신용을 완전히 잃은 상태였다. 그러나 궁금증은 여전히 풀리지 않았다. 인도로 생각했던 곳이 아메리카라면 인도는 대체 어디 있는 것일까? 새롭게 발견한 대륙 너머에는 어떤 세계가 펼쳐져 있을까? 탐험가들의 항해 일지에 따르면 16세기 초 그들의 몇몇은 해답에 얼추 근접해 있었던 것 같다. 1501년 에스파냐의 로드리고 데 바스티다스가 파나마의 대서양 해안을 탐험했다. 이듬해 말에는 콜럼버스가 마지막으로 대서양 항해에 나섰다가 강력한 폭풍을 맞아 선원들과 함께 파나마 지협 해안가에 나가떨어졌다. 그것은 콜럼버스도 난생 처음 당하는 최악의 폭풍이었다. 그의 일지에는 부하 선원들이 "괴로움을 참다못해 차라리 죽어 고통이 끝나기를 바랄 정도"였다고 기록되어 있다. 콜럼버스와 녹초가 된 부하 선원들은 불과 40마일(64킬로미터) 앞에 태평양이 있는 것도 모르고 훗날 파나마 운하가 될 지점의 동쪽 끝과 가까운 항구에서 크리스마스와 새해를 맞았다. 7년 뒤 에스파냐 정복자들은 다리엔(파나마 지역)에 식민지를 건설했다. 그러나 그들도 파나마 지협을 건너지는 못했다.

바스코 누네스 데 발보아(1475년~1517년-역주)는 그 지협을 건넜다. 서른여덟 살의 바스코 누네스 데 발보아는 1513년 9월 25일 로드리고 데 바스티다스가 이끄는 에스파냐 탐험대의 일원으로 참가하여, 그 유명한 다리엔 정상에 올라 눈 아래 펼쳐진 태평양을 바라보았다. 그리고 나흘 뒤에 그는 엉금엉금 밑으로 내려와 태평양 해안에 도착, 그곳을 '남해(마르델수르Mar del Sur)'라 부르고 '그곳과 그 일대 해안 영토'를 에스파냐

1513년 태평양을 발견한 발보아

국왕에게 헌정했다. 발보아의 행위는 터무니없는 것이기도 했고 또 어떤 면으로 보면 불경한 짓이기도 했다. 다시 말해 그것은 콜럼버스의 첫 항해가 있은 뒤 알렉산데르 6세 교황이 마련한 교황청 지침에 위배되는 행위였다. 보르자 교황은 에스파냐 인으로서 당연히 에스파냐에 관대했다. 그러나 포르투갈이 세운 새로운 제국의 존재도 부정할 수 없었다. 그러기에는 탐험에서 차지하는 포르투갈의 역할이 너무 컸다.

그래서 교황은 1493년 아소르스 제도 서쪽 1백 리그(리그는 길이 측정 단위인데 1리그를 약 4.8킬로미터로 측정) 지점과 카보베르데 제도 사이에 경계선을 그어 경계선 동쪽의 비기독교 지역은 포르투갈이 차지하고 경계선 서쪽은 에스파냐가 차지하도록 하는 교서를 발표했다. 그러자 이번에는 잉글랜드의 헨리 7세가 발끈하고 나섰다. 그는 교황의 지배권을 인정하지 않고 자신만의 제국을 건설한 다음 캐벗을 그 제국의 초대 건설자로 임명했다. 리스본과 바야돌리드(페르난도와 이사벨이 결혼식을 올린 곳-역주)*도 여러 복잡한 사정 때문에 교황의 결정에 불만이 많았다. 이렇듯 나라들 사이에는 일촉즉발의 긴장감이 흐르고 있었다. 그러던 차에 토르데시야스 조약(1494년)이 체결되었다. 이것은 경계선을 카보베르데 제도 서쪽으로 270리그(약 805마일) 이동하는 내용이었다. 또한 발견한 지역에 대해서는 교황이 결정한 방침을 받아들이되 향후 발견하는 지역, 그러니까 서쪽 항해에서 발견하는 지역은 에스파냐가 차지하고 동쪽 항해에서 발견하는 지역은 포르투갈이 차지하도록 하는 내용도 포함시켰다. 그러나 이것도 만족스럽지는 못했다. 당사국들은 지구가 둥글다는 사실을 간과하고 있었다. 따라서 양국의 탐험가는 충돌할 수밖에 없었고 몰루카 제도(향료 제도)는 동서 어느 쪽에도 속하지 않는 어정쩡한 지역이 되었다. 포르투갈이 그곳을 점령하고 권리를 주장하자 에스파냐는 불만을 드러냈다. 모두가 그곳을 탐냈다. 마젤란은 그 난국을 기회로 보았다.

※

아메리카 대륙에서 이 같은 소동이 벌어지고 있는 동안 마젤란은 지구 반대편에서 군인의 길을 걷고 있었다. 마젤란과 같은 군인들은 포르

---

* 페르난도와 이사벨의 결혼으로 아라곤 왕국과 카스티야 왕국이 하나로 통합되어 왕실이 옮겨 다녔으므로, 왕실의 수도는 이 밖에 카스티야의 아란다 데 두에로도 될 수 있고 아라곤의 바르셀로나도 될 수 있다. —역주

투갈 무역이 번창하고 있는 그곳에서 마누엘 국왕의 식민지 영토 팽창을 위해 싸웠다. 그는 아프리카, 인도, 말라카, 모잠비크 등지를 옮겨 다니며 1505년부터 7년간 포르투갈 군대에서 복무했다. 포르투갈이 인도양의 무슬림 세력을 꺾은 것도 이 즈음이었다. 마젤란은 이처럼 전투와 항해 양쪽 모두에서 두각을 나타내고 있었다.

그 기간 동안 마젤란은 틈틈이 부둣가를 거닐며 오키나와와 같은 먼 지역에서 온 아시아의 항법사, 항해사들과 말문을 트고 조류, 바람, 나침반 기록 등에 대해 물어보았다 그것들은 항해 중에 기록을 계속하고 있었다면 일지에 나타나 있을 내용이었다. 마젤란은 그런 방법으로 인도네시아 군도에 대해 유럽의 어느 항해사 못지않은 풍부한 지식을 갖게 되었다. 그는 신세계에 관한 소식, 특히 발보아의 태평양 발견 소식에도 관심을 나타냈다. 마젤란도 유럽의 다른 항해사들과 마찬가지로 파나마 서쪽의 새로운 바다는 매우 협소할 것으로 믿고 있었다. 따라서 그에게는 대서양에서 마르델수르 너머로 선박이 통행할 수 있는 해협, 즉 물길(포르투갈 어로는 우 브라소 두 마알o braço do mar, 에스파냐 어로는 엘 파소el paso인 통로를 누군가는 찾게 될 것이었다)을 통해 그곳에 도달하는 법을 알아내는 것이 최대의 관건이었다.

그동안 반구의 육지 장벽에 여러 차례 시험해본 결과는 매우 실망스러웠다. 파나마 지협은 세계의 그 어느 곳에서도 찾아볼 수 없을 만큼 폭이 좁았다. 북위 60도 지점의 래브라도로부터 남위 30도 지점의 브라질 남부에 이르기까지 아메리카 대륙은 흙과 돌로 이루어진 견고하고 위협적인 전선이었다. 대륙 북부에서는 현 캐나다 본토에 해당하는 지역의 위쪽, 크고 작은 수천 개 섬들이 북서항로에 대한 기대를 부풀려놓고 있었다. 그 기대는 4세기 동안이나 여러 사람의 가슴을 설레게 하다가 마침내 노르웨이 탐험가 로알 아문센(1872년~1928년-역주)에 이르게 되었다. 아문센은 1906년부터 1909년까지 수많은 해협을 탐험했다. 그러나 꽁꽁 언 바닷길과 북극의 여러 악조건 때문에 실용성이 없다는 것만을 발견했을 뿐이었다. 대부분의 항해사들은 4세기 전에 북쪽은 이미 단념한 상태였다. 만일 그 대륙의 어딘가에 틈이 있다면 남쪽에 있으리라는 것이 중론이었다. 그러나 남쪽의 탐험가들도 좌절하기는 마찬가지였다. 초기의 몇몇 지도들에는 남아메리카 대륙이 저 멀리 남극 대륙까지 뻗어 있는 것으로 표시되었다.

그것이 1517년 10월 20일, 마흔 살가량 된 마젤란이 포르투갈 국적을 버리고 수로 안내인 여러 명과 말레이시아 인 노예 엔리케를 데리고 세비야에 도착했을 때의 상황이다. 그는 에스파냐 국왕을 위해 일하겠다는 제의를 하려고 그곳에 온 것이었다. 그런데 막상 그곳에 와보니 빅토리아 시대의 교훈적 이야기에나 나올 법한 장면이 벌어지고 있었다. 누더기 딕(미국의 작가 호레이쇼 앨저의 소설 제목이자 주인공 이름-역주) 혹은 충직한 프레드가 혼란한 도시의 복잡함에 어리벙벙해 하면서 그들을 벗겨 먹으려고 혈안이 된 사기꾼들을 물리치고, 인정 많은 사람을 만나기도 하고, 실망스러운 일을 겪기도 하다가 마침내 용기와 배짱으로 모든 것을 이겨내는 상황 같은 것 말이다.

물론 마젤란은 사기꾼을 만나지는 않았다(나중에는 만난다). 그러나 세비야, 특히 콘트라타시온*은 분명 혼란스러웠다. 그곳은 탐험에 돈을 투자하려는 상인과 선장들이 만나 국왕 관리의 감독하에 협상을 벌이는

---

* 1503년 이사벨 여왕이 건립한 무역관으로 이후 에스파냐와 아메리카 대륙의 점령 지역 간의 교역을 관할했고 나중에는 아프리카 노예 거래, 선적 일정과 항로의 통제, 관세 징수, 왕실 수입 관리 등도 맡아보았다.-역주

곳이었다. 포르투갈의 탐험가도 그래서 그곳을 찾은 것이었다. 콘트라타시온 건물은 모험가, 수로 안내인, 노련한 선원들이 북적이는 술집들에 둘러싸여 있었다. 그들 중에는 콜럼버스, 코르테-레알, 존 캐벗, 존 캐벗의 아들 세바스천 캐벗과 함께 항해한 사람들도 있었다. 그들 모두는 지도와 항해 계획서를 손에 들고 있었다. 그리고 그들은 한결같이 카를로스 국왕과 재정 후원자를 부자로 만들어주겠다고 큰소리쳤다. 조력자가 필요했던 마젤란은 그곳에서 디에고 바르보사를 만났다. 디에고는 에스파냐에 귀화한 포르투갈 인으로 마젤란 집안과도 막역한 사이였다. 그는 14년간 에스파냐에서 에스파냐 국왕을 위해 일했다. 디에고는 마젤란을 보자마자 호감을 보였다. 선원인 그의 아들 두아르테도 마젤란을 좋아했다. 디에고의 딸 베아트리스는 마젤란과 사랑에 빠져 짧은 구애 기간을 거친 뒤 그와 결혼했다.

 마젤란은 이렇게 새로 생긴 가족의 지원을 받으며, 포르투갈 인 점성가 루이 팔레이로와 리스본에서 함께 작성한 항해 계획서를 콘트라타시온에 제출했다. 그것은 에스파냐 왕이 재정 지원을 하면 그가 서쪽으로 지구를 반 바퀴 도는 항해를 하여 몰루카 제도에 도착한다는 항해 계획서로, 성공을 거두면 국왕에게 몰루카 제도를 바친다는 내용이었다. 세 명의 국왕 관리로 구성된 통상 위원회는 마젤란의 항해 계획에 퇴짜를 놓았다. 그런데 심의가 끝나기 무섭게 후안 데 아란다라는 통상 위원 한 명이 마젤란에게 따로 만나자는 기별을 해왔다. 콘트라타시온의 중개인 아란다는 마젤란의 항해 계획에 관해 좀 더 알고 싶은 것이 있었다. 사업가이기도 했던 그는 포르투갈로부터 몰루카 제도를 빼앗는 것에 군침이 돌았던 것이다. 아란다는 마젤란으로부터 항해 계획에 대한 이야기를 자세히 듣고 나더니 국왕의 지원을 받아주겠다고 약속했다. 단 그 항해에서 발생하는 수익의 8분의 1은 자신의 몫으로 해달라는 단서를 붙였다. 그해 겨울 아란다는 카스티야 챈설러(왕의 옥새를 관리하는 고위직이다—역주)와 몇 번의 까다로운 협상을 벌여 추밀원 관리들의 지지를 얻어내는 데 성공했다. 마젤란은 팔레이로에게 에스파냐로 오라는 편지를 띄웠다.

⁂

이듬해 초 추밀원의 동의를 얻은 카를로스 국왕이 바야돌리드에서 항해자들을 접견했다. 이 자리에서 마젤란과 팔레이로는 당시에는 향료 제도로 알려진 인도-태평양 제도, 즉 몰루카 제도가 교황이 설정한 경계선의 에스파냐 쪽에 속해 있다는 점을 분명히 밝혔다. 또 두 사람은 인도양과 순다 해를 거쳐서 가는 포르투갈 항로가 불필요하게 길다는 점을 지적하면서 서쪽으로 항해하면 항로가 훨씬 짧아지리라는 점도 이야기했다. 물론 이것은 남쪽에서 아메리카 대륙의 장벽을 넘어야 하는 것을 의미했으나 두 사람만이 알고 있는 남아메리카 통로를 이용하면 충분히 가능하다고 말했다. 카를로스 국왕은 이들의 말을 믿고 항해를 지원해주기로 약속했다. 그는 지원 약속을 문서로 만들어주었다. 그런 다음 마젤란에게 기사 작위를 수여하고, 자신이 몰루카 함대Armada de Molucca라 명명한 탐험대의 제독(카피탄 헤네랄)으로 그를 임명했다.

마젤란의 탐험은 그렇게 시작되었다. 아니 기록은 그렇게 전하고 있다. 그러나 마젤란의 탐험이 그렇게 쉽게 성사되었을 리는 없다. 마젤란은 그날 콘트라타시온에 항해 계획서를 제출한 수백 명의 청원자들 중 한 명이었을 뿐이다. 그런 그가 다른 후보자들을 물리치고 최후의 승자가 될 수 있었던 것은 바르보사 가족, 아란다, 추밀원, 국왕을 매료시키는 능력에 있었던 것이 아니다. 사실 그는 그들을 매료시킬 만한 것이 없었다. 그가 승자가 될 수 있었던 것은, 선장과 항해자로서의 뛰어난 자질이 있는 그 분야의 전문가임을 그들에게 보여주었기 때문이다.

그는 남해에 대해 해박한 지식을 갖고 있었다. 그는 몰루카 제도에 한 번도 가본 적이 없었지만 그의 친구인 포르투갈 인 선장 프란시스쿠 세랑으로부터 들어 그곳에 대해 많은 것을 알고 있었다. 세랑은 몰루카 제도가 마음에 든다면서 그곳에서 가정도 꾸리고 따뜻한 날씨도 즐기며 여생을 마치기로 한 친구였다. 그는 몰루카 제도의 상황을 자세히 알려주는 장문의 서정적인 편지를 친구에게 보내주었다. 마젤란은 그것을 바야돌리드의 에스파냐 인들에게 보여주었다. 그는 그 편지 덕분에 서반구 바다를 항해해본 적은 없지만 풍부한 지식을 갖게 되었다고 말했다. 또 마젤란은 아프리카, 아시아, 그 밖의 다른 섬들에 파견되어 일했던 포르투갈 귀족으로 리스본의 그 유명한 보고寶庫에도 마음대로 들락거렸다. 그는 에스파냐로 귀화하기 전, 그 보고에서 아메리카 대륙을 탐험한 포르투갈 인들의 항해 일지와 여행 일기, 항해 방향에 관련된 자료 등을 자세히 읽었고 그렇게 해서 축적된 지식은 온전히 그의 것이 되어 있었다.

그러나 에스파냐 궁정인들의 마음을 사로잡은 것은 뭐니뭐니해도 확신에 찬 마젤란의 태도였다. 다른 청원자들은 추측성의 말을 했다. 그러나 그는 안다고 분명히 말했고 그의 단호한 태도는 확신에서 나온 것이었다. 그는 몰루카 제도가 에스파냐에 속한다는 것을 절대적으로 믿었다. 그의 말은 팔레이로가 직접 만들어 가지고 온 지구의로 뒷받침되었다. 두 사람은 발보아의 바다로 나아갈 수 있는 전설상의 열려라 참깨, 그 비밀의 항로를 정확히 알고 있다는 것을 에스파냐 궁정인들에게 납득시켰다. 그 말을 들은 국왕이 그러면 지구의에는 왜 그것이 표시되어 있지 않느냐고 묻자 마젤란은 극비 사항이기 때문에 밝힐 수 없다고 말했다.

  마젤란은 진정 그렇게 믿고 있었다. 그러나 그것은 위험한 확신이었다. 괄레이로의 지구의에는 결함이 있었다. 물론 그것은 상쇄 오차(서로 다른 방향의 오차가 같은 크기로 발생하여 없어질 수도 있는 오차―역주)여서 경도 계산은 4도 빗나가는 데 그쳤으나 그 정도만으로도 신뢰감을 잃기에는 충분했다. 몰루카 제도는 에스파냐가 아닌 포르투갈에 속해 있었다. 따라서 그 지역에 대해 아는 사람이 많아질수록 리스본의 주장은 더욱 거세어질 것이 분명했다. 그보다 더 중요한 것은 마젤란이 대서양과 태평양을 잇는 해협을 발견할 수 있다고 주장한 것 역시 오판이었다는 사실이다. 5세기가 지난 지금은 두 사람의 착오가 무엇이었는지 분명히 드러난다. 하지만 당대에는 두 사람의 주장이 그럴듯해 보였다. 그 실수는 포르투갈 왕실 전속 지도 제작자 뉘른베르크의 마르틴 베하임이 그린 지도에서 비롯되었다. 요한네스 쇠너가 만든 지구의에도 착오가 있었다. 끝으로 마젤란이 리스본에서 세비야로 옮겨오기 직전이나 혹은 옮겨온 직후에 대서양 서쪽에서 들려온 소식도 착오를 일으키게 한 원인이 되었다. 지도와 지구의에는 두 대양 사이에 남쪽 항로가 그려져 있었다. 나중에 드러난 사실로 볼 때 베하임과 쇠너는 엉뚱한 곳에 남쪽 항로를 그려 넣은 것이 분명하다. 그러나 남아메리카 해안을 항해하고 있으면서 말레이 반도에 접근하고 있는 것으로 착각했던 에스파냐의 후안 디아스 데 솔리스(1470년~1516년―역주)가 현 부에노스아이레스로 이어지는 깔때기 모양의 거대한 하구를 발견했던 1516년에는 두 사람의 주장이 옳은 것으로 인정되었다.

디아스 데 솔리스는 인디언에게 살해되었다. 그러나 탐험대의 일부 선원은 목숨을 부지하여 본국으로 돌아왔다. 그들이, 세바스첸 캐벗이 훗날 라플라타 강으로 명명한 곳에 대해 전해준 말이 마젤란에게는 마치 조각 그림 맞추기의 마지막 조각처럼 들렸을 것이다. 사실 지금 보아도 깔때기 모양의 강어귀―실제로는 거대한 두 강의 하구이다―는 외해로 착각할 만하다. 강어귀의 너비가 220킬로미터에 이르고 서쪽 강기슭 또한 270킬로미터의 내륙을 이루고 있으니 그렇게 볼 수도 있었던 것이다. 따라서 에스파냐와 포르투갈을 가로지르는 과디아나 강(이베리아 반도에서 가장 긴 강 중 하나이다―역주), 로마의 테베레 강, 라인 강에 익숙해 있는 유럽인들로서는 다르다넬스 해협이나 지브롤터 해협과 같은 그들이 잘 아는 대해협과 그곳을 충분히 견주어볼 만했다. 그러나 그것은 오판이었다. 그들에게 오도된 마젤란의 생각 역시 오판이었다. 그러나 설득력 있는 실수는 역사에서 종종 중요한 역할을 할 때가 있고 이번이 바로 그런 경우였다. 마젤란이 진실을 알았다면 그는 확신을 갖지 못했을 것이다. 확신이 없었으면 카를로스와 추밀원의 의원들 앞에서 우물쭈물했을 것이고, 자신감 없는 청원자를 의원들은 거들떠보지 않았을 것이다. 그들이 거부하지 않았다 해도 이번 탐험의 필수 요건인 마젤란의 강철 의지는 결정적으로 꺾였을 것이다.

※

포르투갈 당국이 바야돌리드에서 벌어졌던 일을 얼마나 알고 있었는지는 알려져 있지 않다. 아마도 거의 몰랐을 것이다. 그러나 포르투갈 보고의 극비 사항에 정통해 있는 노련한 항해사가 카스티야 궁정의 의뢰를 받아 몰루카 제도를 포르투갈로부터 가로채려 하고 있다는 사실만으로도 충분했다. 마젤란은 이미 선단을 구성하고 있었다. 마누엘이 그것을 얼마나 불안하게 느꼈는지는 에스파냐 주재 포르투갈 대사 알바로 다 코스타에게 그 탐험의 방해 공작을 하도록 지시를 내린 사실만으로도 잘 알 수 있다. 그러나 역사에는 다행스럽게도 코스타는 멍청이었다. 그는 마젤란을 협박하려고 했지만 그것이 통하지 않자 에스파냐 왕을 압박하고 나섰다. 그는 에스파냐 왕에게 포르투갈은 에스파냐의 계속적인 탐험 지원을 이웃 국가에 대한 비우호적 행위로 간주할 것이라고 하면서, 마젤란과 팔레이로가 포르투갈로 돌아오지 못하는 것도 세비야가 출국 허가를 내주지 않기 때문이라고 주장했다. 하지만 그것은 나중에 거짓으로 들통이 나 변변치 못한 대사의 면직으로 끝이 났다. 그럼에도 탐험을 저지하려는 포르투갈의 방해 공작은 그치지 않았고 몇몇 공작은 실제로 큰 부담이 되기도 했다. 마젤란이 선원들을 고용하는 자리에 포르투갈 영사 세바스티안 알바레스가 나타나 그들에게 선원 취업을 포기하도록 강요한 것이다. 또 그는 에스파냐 선장 네 명을 구석으로 끌고 가 제독이 에스파냐 국기를 내리고 포르투갈 국기를 게양한 다음 함대를 이끌고 포르투갈로 망명할 계획을 세우고 있는 이중 첩자라며 악성 유언비어를 퍼뜨리기도 했다.

이 악성 씨앗이 비옥한 토양을 좀먹었다. 마젤란은 네 명의 선장을 고용했는데, 그중 한 명만 경험 있는 전문 항해사이고 나머지 세 명은 풋내기 항해사였다. 군주의 총애를 받는 카스티야 궁정 대신들 또한 자신들이 외국인에게 밀려 부차적 지위에 머무르는 것에 분개했다. 이렇게 함대가 출항하기 전부터 마젤란의 탐험은 갖가지 난관에 부딪치고 있었다. 알바레스가 비열한 책략—탐험은 지극히 위험하고 선박 또한 항해에 부적합하다는 소문을 계속 퍼뜨렸다—을 쓰는 바람에 선원 모집도 난항을 거듭했다. 천신만고 끝에 고용한 선원들은 부둣가 떠돌이들이었다. 그들은 병들고 누추한 몰골로 엉터리 각 나라의 말—에스파냐 어, 포르투갈 어, 이탈리아 어, 독일어, 영어, 심지어 아랍 어까지—을 주절거리고 다녔다. 그것도 모자라 세비야 항의 관리들까지 나서서 포르투갈 인을 함대 승무원에서 제외시키려고 했다. 그중에는 마젤란의 매부인 두아르테 바르보사, 이베리아 반도 최고의 조타수들 중 한 사람인 에스테방 고메스 등 마젤란의 친척도 있었다.

마젤란의 계획은 자꾸 차질을 빚었다. 주문한 장비가 오지 않았고 카를로스와 추밀원도 약속한 자금을 지불하지 않았다. 마젤란은 다시 한 번 인내심을 발휘하여 국왕과 국왕 대리인에게 간청하여 자금을 받아내는 데 성공했다. 그러자 가장 골치 아픈 문제가 그를 기다리고 있었다. 항해 경험이 전무한 팔레이로가 공동 함장을 시켜 달라고 생떼를 쓰는 것이었다. 그것은 불가능한 요구였다. 마젤란이 팔레이로의 요구를 들어주었다면 아마도 기나긴 항해의 첫 구간도 넘어서지 못했을 것이다. 마젤란이 그의 요구를 어떻게 물리쳤는지는 알 수 없다. 팔레이로를 정신이상자로 내몰았다는 기록도 있고 황제가 팔레이로를 2차 탐험대 대장으로 임명했다는 기록도 있다. 물론 2차 탐험 같은 것은 없었다. 어찌 됐든 팔레이로는 지도와 천체 관측도를 마젤란에게 넘겨주었다. 그리하여 마침내 1519년 9월 20일 다섯 척의 배는 순풍에 에스파냐 수호성인 성 야고보의 십자가가 그려진 돛을 올리고 서쪽으로 항해를 시작했다.

마젤란 제독은 그의 기함인 *트리니다드* 호에 서서 멀어져가는 에스파냐 땅을 바라보았다. 그러고 나서 장인인 디에고 바르보사가 마지막에 손에 쥐어준 쪽지를 펼쳐보았다. 그것은 에스파냐 귀족 세 사람이 음모를 꾸미고 있다는 사실을 전해주는 내용이었다. 주동자는 부르고스

주교와 허물없는 사이이고 항간에는 그의 서출이라는 소리도 들리는 산 안토니오 호의 선장 후안 데 카르타헤나였다. 그 쪽지에는 때가 되면 카르타헤나가 폭동을 일으키려 한다는 내용이 적혀 있었다.

※

바르보사가 괜한 소리를 한 것은 아니었다. 선장들이 마젤란에게 적대감을 품고 있는 것은 사실이었다. 그들 중 한 사람은 함대가 세비야를 출발하기도 전에 마젤란과 대판 싸움까지 벌인 터여서 그가 계획된 항로를 발표하고 나면 에스파냐 인들이 곧바로 마젤란을 제거할 가능성도 있었다. 따라서 장인의 경고는 백번 지당한 말이었고 그것은 이번 항해에서 마젤란의 리더십을 시험해볼 수 있는 첫 기회이기도 했다. 마젤란은 아무 내색도 하지 않았다. 그렇다고 그들의 마음을 안심시켜주는 말을 한 것도 아니다. 끈기와 철저함이 마젤란의 성격적 특징이라면, 속을 내보이지 않는 치밀함, 냉혹한 규율, 어떤 희생을 치르더라도 하급자의 복종을 이끌어내려는 의지 또한 그의 성격적 특징이었다. 폭동의 음모를 꾸미는 것과 단순한 적대감은 달랐다. 전자는 범죄행위이지만 후자는 범죄행위가 아니다. 또한 그들이 전적으로 불합리한 것만은 아니었다. 그들은 국왕의 권한을 위임받은 관리였다. 따라서 항해에 나서면 제독의 신임을 받고, 지도를 제공받고, 향후 진로는 물론 가장 중요한 항로의 위치를 알아야 한다고 생각하는 것이 당연했다.

그러나 마젤란은 그들에게 아무 정보도 주지 않았고 아무 말도 하지 않았다. 그는 적대감을 밖으로 분출시키되 당하지만은 않겠다는 속셈으로 그들과 일정 거리를 유지하고 있었다. 그는 에스파냐에서 브라질까지 10주가 걸린 첫 항해 구간에서도 네 척의 선박 선장들에게 기함 뒤를 따르라는 말 이외의 다른 말은 하지 않았다. 늦은 오후가 되면 기함 *트리니다드* 호의 뒷부분 내물림에 등불을 달아놓았다. 그러면 나머지 배—*산 안토니오* 호(선장 카르타헤나), *콘셉시온* 호(선장 가스파르 데 케사다), *산티아고* 호(선장 후안 세라노), *빅토리아* 호(선장 루이스 데 멘도사)—들은 규정에 따라 등불을 주시하고 있다가 해질 녘 보내주는 깜박이 불빛 신호를 보고 기함 후미로 다가와 야간 3교대 경계에 대한 명령을 받았다.

에스파냐 귀족들은 격분을 참지 못했다. 그들 중 최고참이고 가장 큰 배의 선장이기도 한 카르타헤나가 그들의 대변자를 자임하고 나서며 마젤란에게 항의했다. 그러나 그는 타박만 줄 뿐 달리 할 수 있는 것이 없었다. 선장들은 마젤란의 항해 방향에 당혹해했다. 신세계로 직항할 줄 알았는데 북위 27도 지점에 이르러 그가 돌연 방향을 바꾸었기 때문이

에스파냐를 출발하는 마젤란의 몰루카 함대

다. 이제 그들은 아프리카 해안을 돌고 있었다. 마젤란이 방향을 바꾼 데에는 그럴 만한 이유가 있었다. 세비야를 출발하기 전에 믿을 만한 정보원으로부터 불길한 소식을 전해 들었던 것이다. 포르투갈의 마누엘 국왕이 그의 항해를 막으려고 소함대 둘을 발진시켰다는 것이다. 그래서 브라질로 가는 직항로는 그들이 가로막고 있을 것으로 예상하고 항로를 바꾼 것이었다. 마젤란이 선장들에게 그 이야기를 해주었다면 그들도 납득했을 것이다. 그러나 마젤란은 천성이 말이 없는 데다 그렇지 않더라도 선장들을 믿지 않았으니 설명 따위는 하지 않았을 것이다. 카르타헤나가 갑판에서 큰 소리로 마젤란에게 가는 방향을 묻자 마젤란이 대답했다. "잔말 말고 따라오기나 하시오(¡Que le siguiessen y no pidiessen más cuenta)!"

이 말에 화가 머리끝까지 치민 카르타헤나는 특유의 방법으로 보복을 했다. 사흘 동안 해질 녘 행사에 코빼기도 보이지 않고 자기 대신 조타수를 갑판으로 내보내 관례를 무시하고 마젤란을 제독이 아닌 함장으로 부르게 한 것이다. 마젤란은 그런 치졸한 행동에는 신경도 안 쓰고 기함으로 선장들을 모두 모이게 했다. 카르타헤나는 이번에도 딴죽을 걸고 나왔다. 마젤란은 또다시 그를 무시했다. 사실 마젤란은 일부러 그의 반항적 행동을 유도한 것이었다. 그리고 일이 계획대로 흘러가자 ―카르타헤나가 분을 참지 못하고 마젤란의 명령을 더는 따르지 않겠다고 소리를 지른 것이다― 그를 체포했다. 마젤란은 카르타헤나에게 "당신은 이제 죄수요."라고 한마디 한 뒤 가까이 있는 위병에게 그를 넘겼다. 카르타헤나의 후임에는 또 다른 에스파냐 관리 안토니오 데 코카를 임명했다. 세 명의 다른 에스파냐 선장들은 멍하니 그 광경을 바라보고만 있었다. 그렇게 그 순간은 끝이 났다. 제독으로서의 마젤란의 권위는 적

III. 고독한 영웅

어도 당분간은 지켜질 수 있게 되었다.

  1519년 11월 29일 화요일 트리니다드 호의 조망대에 브라질 해안의 모습이 나타났다. 그리고 2주 후 다섯 척의 배는 18년 전 포르투갈 인들이 발견한 리우데자네이루 만으로 진입했다. 마젤란은 누구에게도 자기 속내를 털어놓는 법이 없었다. 그러나 한 청년하고는 유독 많은 이야기를 나누었는데 그와 대화를 시작한 곳이 바로 리우였다. 항해가 끝난 뒤 마젤란 전기(『최초의 세계 일주』가 책 제목이다—역주)를 쓰게 될 이 청년은 베네치아 시의회의 대표로 배에 승선한 베네치아 귀족 안토니오 피가페타였다. 피가페타가 이번 항해에서 맡은 일은 탐험의 과정을 지켜보고 베네치아를 위해 향료 무역에 관한 보고서를 쓰는 것이었다. 그러나 그는 곧 염불에는 흥미를 잃고 그의 우상이 된 제독에게만 관심을 쏟기 시작했다. 항해 일지도 제독의 일거수일투족을 기록하는 것으로 시작했다. 마젤란이 리우에서 파인애플을 처음 맛보았다든지, 그곳 원주민들을 기독교로 개종시켰다는 이야기 등이 그런 것이었다.

  선원들은 따뜻한 날씨와 원주민 여자들에게 반해 그곳에 무작정 눌러 있고 싶어 했다. 그런 선원들의 기분에도 아랑곳없이 제독은 또다시 항해를 재촉했다. 쇠너의 지구의에는 당시 리오 데 솔리스로 불리던 리오 데 라플라타(라플라타 강)가 남쪽 1천 마일(1,600킬로미터) 지점에 놓여 있는 것으로 표시되어 있었다. 그렇기 때문에 마젤란은 한시바삐 그 중요한 통로를 찾으려 했던 것이다. 함대는 해안가를 끼고 2주간 항해하여 산타마리아 곶을 넘어섰다. 그러자 그들이 몬테비디—현 우루과이의 몬테비데오—라 부른 나지막한 언덕 너머에 있는 거대한 강어귀가 조망대에 모습을 드러냈다. 선원들은 건너편에 육지가 보이지 않자 뛸 듯이 기뻐했다. 피가페타는 선상 일기에 그들이 그토록 기뻐한 것은 그것이 전

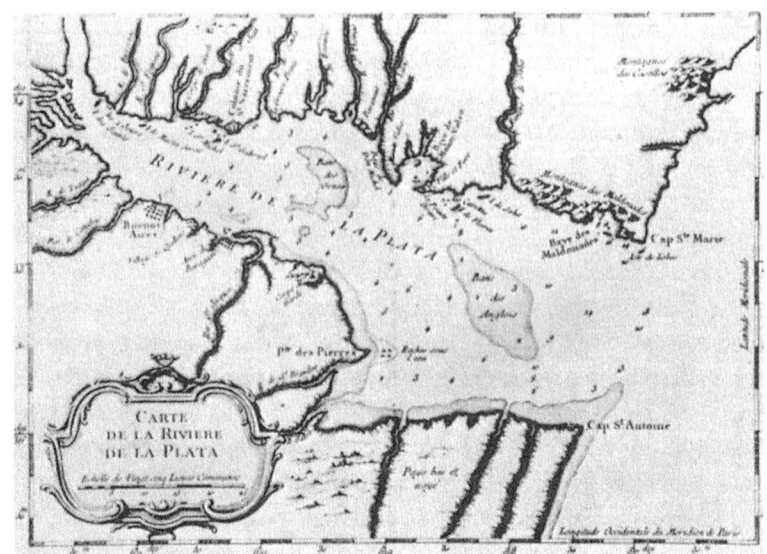

1781년 벨랑의 지도에 표시된 라플라타 강

설상의 해협 입구인 것으로 믿었기 때문이라고 썼다. 마젤란도 그렇게 믿고, 4년 전 후안 디아스 데 솔리스가 죽은 그곳에 발보아의 남해로 이어지는 입구가 있을 것이고, 거기서 서쪽으로 600리그(약 2,880킬로미터)를 더 가면 그렇게 애타게 찾던 몰루카 제도가 있을 것이라고 확신했다.

⁂

마젤란은 자신이 결정적인 실수를 저질렀다는 것을 깨달았다. 그것은 마치 가장 소중한 물건을 잃고 두 번 다시 그것을 찾지 못하리라는 것을 깨달을 때처럼 서서히 찾아왔다. 그럴 때 당사자는 그것은 여기 있어야 하고 여기 없으면 다른 곳에 두었을 테니 어딘가에 반드시 있을 것이라는 착각에 자꾸 빠져 들게 된다. 처음에는 그것이 영영 사라졌다는 것을 받아들이지 못한다. 그 재앙은 참을 수 없는 공허함과 함께 서서히 찾아오게 마련이다. 마젤란도 참담한 진실을 그렇게 받아들였을 것이다. 팔레이로의 계산, 쇠너의 지구의, 베하임의 지도, 리스본 보고 깊숙이 14년간 묻혀 있던 포르투갈 항해사의 항해 일지에도 불구하고 제독이 발견한 것은 해협이 아닌 거대한 만이었다. 마젤란은 집요한 인물이었다. 그는 한 달여 동안 남해로 이어지는 통로를 찾기 위해 라플라타 강을 이잡듯이 뒤지고 다녔다. 그러나 찾지 못했다. 1520년 2월 2일 목요일, 마젤란은 마침내 희망을 접었다. 일이 그렇게 어그러지고 난 뒤 그 실패가 의미하는 것을 깨닫고 나서 그가 느꼈을 비통함의 깊이가 어느 정도였을지는 오직 상상으로만 알 수 있을 따름이다. 그것은 그가 카를로스 국왕과 추밀원에 심어준 모든 확신이 거짓이 되는 것을 의미했다. 마젤란은 절망을 호소할 사람이 없었다. 에스파냐 선장들이 이 사실을 알면 당장 그에게 수갑을 채워 기함 내의 영창에 집어넣고 에스파냐로 송환하려고 했을 것이다. 사기, 협잡, 공금 착취 죄로 기소되어 산티아고 기사단에서 받은 기사 작위도 박탈당했을 것이다. 따라서 탐험을 중도에 그만둘 수는 없었다. 마젤란은 멕시코 베라크루스의 코르테스처럼 배수의 진을 쳤다. 반역 죄인으로 수배를 받는 몸이었으니 포르투갈로 돌아갈 수도 없었다. 마젤란 앞에는 영광 아니면 치욕(과 처형)의 두 갈래 길밖에 없었다.

만일 해협이 존재한다면 그것은 남서쪽에 있을 것이 분명했다. 따라서 마젤란에게 미래가 있다면 그곳에 있을 터였다. 1520년 2월의 첫째 주 마젤란은 한마디 말도 없이 당혹해하는 선장과 선원들을 이끌고 험한 물살과 조류를 조심스레 헤치며 갈수록 모질어지는 황량한 파타고니아 해안을 따라 남극지방을 향해 서서히 항해를 시작했다. 그는 항해를 하면서 곶을 하나씩 돌 때마다 자신의 꿈이 실현되기를 마음속으로 간절히 빌었다. 그는 항해 중에 마주치는 모든 항구, 모든 만의 후미를 샅샅이 조사하고 수심을 측정했다. 그런 식으로 모래톱에 걸려 또 다른 후미를 찾아 나서는 일이 매번 반복되었다. 1520년 2월 24일 산 마티아스 만에서 마젤란은 돌연 희망의 조짐을 보았다. 그는 소수의 선원들을 배에 태워 그곳을 철저히 조사하도록 했다. 그러나 선원들은 지치고 낙담한 모습으로 소득 없이 되돌아왔다. 파토스 만, 트라바호스 만, 산 호르헤 만에서도 똑같은 일이 벌어졌다. 가는 곳마다 실망으로 끝을 맺었다.

날이 갈수록 날씨는 더욱 사나워졌다. 유럽인들 중에 남극에 이토록 바짝 다가선 이들은 마젤란 탐험대가 처음이었다.* 낮의 길이는 짧아지고 밤의 길이가 길어졌으며, 바람은 더욱 세차게 몰아쳤고, 바다 색깔도 음산하게 변했으며, 파도도 거칠어졌다. 남극의 겨울이 다가오고 있었다. 날씨가 얼마나 끔찍하게 변했는지는 적도를 기준으로 남, 북위 거리만 비교해보아도 알 수 있었다. 마젤란 탐험대가 처음 상륙한 리우데자네이루와 적도 사이의 거리는 적도에서 현재의 미국 플로리다 주 키웨스트까지의 거리와 같은 것으로 보면 된다. 같은 계산으로 라플라타 강은 북부 플로리다, 산 마티아스 만은 보스턴, 지독한 악천후를 뚫고 37일 만에 도착한 푸에르토 산 홀리안은 캐나다의 노바스코샤와 같은 거리였다. 이들이 탄 배의 돛들은 진눈깨비와 우박으로 하얗게 변해 있었다. 일주일에 두세 번씩 폭풍이 몰아치는 바람에 배의 앞뒤 갑판이 모두 속수무책으로 날아가 목수들이 계속 갈아주어야 했다. 얼어붙은 삭구에서 떼어내 바다로 떨어뜨리는 송장 수가 늘어남에 따라 선원 수도 크게 줄

---

* 베스푸치가 1502년 남위 50도 지점까지 항해했다고 주장했으나 그것은 정설로 인정되지 않았다.

어들었다. 그런데도 해협은 오리무중이었다.

　함대는 라플라타 강을 떠나 남쪽으로 1,330마일(2,100킬로미터)을 내려와 황량하기 그지없는 푸에르토 산 훌리안에 닿았다. 마젤란은 그곳에서 겨울을 나기로 작정했다. 그들은 남위 49도선에 있었다. 1520년 3월 31일 토요일, 마젤란은 선장들에게 자신은 해협을 발견할 때까지 남쪽으로 항해를 계속할 것이고, 따라서 남위 70도 아래까지 내려가는 것도 불사하겠다고 말했다. 일부 선장들은 이때 마젤란이 남위 75도 지점에 이르러서도 소득이 없으면 되돌아오겠다는 약속을 한 것으로 믿었다. 마젤란이 그런 뜻으로 말했다면 그것은 뭘 모르고 한 소리였다. 함대가 위선의 그 지점에 있으면 현 남극대륙 웨들 해에서 빠르게 얼어붙을 것이기 때문이다. 아무튼 마젤란의 마음은 요지부동이었다. 이튿날인 일요일—종려 주일—에 마젤란은 선원들의 빵과 포도주 할당량을 줄였다. 그것은 폭동을 야기하기 위한 거의 의도적인 행위였다. 그는 일부 선원들이 폭발 직전에 있다는 것을 알고 있었다. 그들은 에스파냐 선장들에게 충성을 다하는 에스파냐 선원들이었다. 선장들의 분위기도 험악했다. 월요일 저녁 마젤란은 저녁 식사에 선장들을 소집했다. 선장들은 일언지하에 거절했다. 그것은 항명이었다. 실제로 그들은 마젤란에게 도전을 했다. 1520년 4월 2일 선원들이 폭동을 일으켰다.

※

　폭동은 밤에 시작되었다. 후안 데 카르타헤나, 안토니오 데 코카, 가스파르 데 케사다가 주동이 된 30명의 무장한 에스파냐 선원들이 대형 선박을 타고 소리가 나지 않도록 천을 덮어씌운 노를 살금살금 저어 함대에서 가장 큰 선박인 산 안토니오 호 쪽으로 다가갔다. 만약 카를로스 국왕의 추밀원이 카르타헤나가 더는 산 안토니오 호를 지휘하고 있지 않다는 사실을 알았다면 크게 놀랐을 것이다. 바야돌리드에서 이번 탐험을 기획한 사람들은 기함 트리니다드 호는 마젤란이 지휘하고 나머지 네 척의 배는 당연히 에스파냐 선장들이 지휘하고 있을 것으로 철석같이 믿고 있었을 것이다. 그러나 마젤란은 항해가 시작되자 제독의 권한을 행사하며 선장들을 갈아치우기 시작했다. 그렇게 해서 출항한 지 6개월 반 만에 산 안토니오 호의 선장은 마젤란의 사촌이며 포르투갈 인인 알바로 데 메스키타로 교체되었다. 다섯 척의 배 중 에스파냐 선장의 지휘를 받는 배는 두 척뿐이었다. 만일 카르타헤나가 산 안토니오 호의 지휘권을 되찾고 폭도들이 세 척의 배를 통제하며 바다로 나아가는 길을 가로막는다면 마젤란은 궁지에 몰릴 수도 있었다. 게다가 폭도들이 산 안토니오 호에 올랐을 때 선원들은 모두 잠들어 있었다. 마젤란이 왜 메스키타에게 위급함을 알려 사전에 경비를 세우도록 조치를 취하지 않았는지는 알 수 없다. 마젤란은 지휘관들 중에서도 조심성이 가장 많았고 또 말썽이 일어나리라는 조짐도 알고 있었는데 말이다. 어쩌면 그는 폭동이 실제로 일어나리라고는 생각하지 못했을지도 모른다. 어찌 됐든 그들은 세비야에서 복종의 서약을 한 명문가의 귀족들이었기 때문이다. 게다가 반역은 중죄일 뿐 아니라 치욕스러운 일이기도 했다. 마젤란은 그들의 결단력도 믿지 않았을 것이다. 실제로 그들은 폭동을 일으키고 난 뒤 며칠 동안 지리멸렬한 모습을 보여주었다. 그러나 초기에는 과단성 있게 움직이며 줄사다리를 타고 우르르 배에 올라 그 큰 선박을 단번에 장악했다. 자다가 깬 메스키타는 자신이 칼을 든 선원들에게 포위되어 있다는 것을 알게 되었다. 잠시 후 그는 손을 결박당한 채 선실에 감금되었다. 그때까지는 아직 유혈 사태가 일어나지 않았다. 그러나 떠들

썩한 소리에 잠이 깬 메스키타의 부하 선원들이 사태의 진상을 따지고 들고, 그들 중 한 명인 배의 사무장 주앙 데 엘로리아가가 폭도들에게 거칠게 항의하자 케사다와 그의 부하는 그를 여섯 번이나 칼로 찔렀다. 엘로리아가는 치명상을 입고 갑판에 쓰러졌다. 그것으로 저항은 끝났다. 폭도들은 마젤란에게 충성하는 선원들에게 수갑을 채우고 창고로 몰려가 나머지 선원들에게 포도주를 나눠주었다. 케사다는 세바스티안 엘카노를 사무장으로 임명하고 산 안토니오 호에 남아 있었다. 다른 폭도들은 자신들의 선박으로 조용히 돌아갔다.

  화요일 아침 마젤란은 간밤에 일어난 소동에 대해서는 아무것도 모른 채 평소와 다름없이 잠자리에서 일어났다. 그러나 그도 곧 폭동이 일어난 것을 알게 되었다. 겨울에 마젤란 함대의 하루는 배 한 척을 물가로 보내 다섯 척의 배가 쓸 식수와 땔감을 가져오게 하는 것으로 시작되었다. 이때 선장들은 자기 배의 선원들을 보내 일손을 돕도록 하는 것이 관례였다. 그래서 이날도 배 한 척이 산 안토니오 호로 갔다. 가보니 줄사다리도 내려와 있지 않고 선원들도 누구 하나 갑판장을 따라나서려는 기색이 없었다. 짜증이 난 갑판장은 분통을 터뜨리며 설명을 요구했다. 그러자 그 배의 선원들은 산 안토니오 호는 이제 가스파르 데 케사다의 지휘를 받고 있기 때문에 이른바 제독의 명령을 더는 따르지 않는다고 말했다. 갑판장은 서둘러 *트리니다드* 호로 돌아왔다. 마젤란은 그에게 조용히 다른 배들의 동향을 알아보고 충성 서약을 받아오라는 지시를 내렸다. *빅토리아* 호와 *콘셉시온* 호는 충성 서약을 하는 것을 거부했다. 세 척의 배 중 *산티아고* 호만이 마젤란에 대한 계속적인 충성을 다짐했다. 이 배의 선장 세라노는 에스파냐 인이었지만 마젤란에게 줄곧 충성을 다하고 있었다.

전선은 그렇게 형성되었다. 싸움이 일어나면 *산티아고* 호―75톤 급으로 다섯 척의 배 중 가장 작았다―는 쉽게 침몰될 것이 분명했다. 그렇다고 기함만으로 세계 일주 항해를 할 수도 없었다. 제독은 이러지도 저러지도 못할 궁지에 몰린 듯했다. 마젤란은 성격상 물러설 수 없었고 해협 문제 때문에라도 항복은 생각할 수 없었다. 마젤란은 이번에도 끈기라는 비장의 카드를 들고 나왔다. 그는 조용히 반란자들의 소식을 기다렸다. 그리하여 마침내 그들로부터 전언―케사다가 폭도들의 대표로 보낸 편지였다―이 도착하여 읽어보니 반란자들은 한심할 정도로 나약했다. 그들은 귀족의 본색을 숨기지 못했다. 편지에는 분노의 기색, 불굴의 도전 의식은 물론 최후통첩도 없었고 심지어 요구 사항도 없었다. 그들은 탄원을 하고 있었다. 선장들은 고민 끝에 국왕이 승인한 마젤란의 최고 권위를 인정하기로 했다. 그러다 보니 편지의 내용도 상급자로서 하급자에게 좀 더 나은 대우를 해줄 것, 귀족 신분에 맞는 예우를 해줄 것, 항해 계획, 특히 몰루카 제도로 가는 항해 계획에 대한 정보만이라도 귀띔해줄 것을 바라는 선에서 그쳤다. 게다가 이 말들 모두 미사여구로 도배가 된 유려한 에스파냐 어로 쓰여 있었다.

폭도는 당당한 모습을 보여야지 절대 굽실거리는 모습을 보여서는 안 된다. 폭도의 힘은 강력함에서만 나올 수 있다. 그것이 없으면 벌거벗은 몸이나 마찬가지이다. 마젤란은 그들의 나약한 실체를 알게 되었다. 그는 당당하게 함대의 지배권을 되찾았다. 폭동을 일으킨 선장들은 마젤란이 산 안토니오 호를 먼저 칠 것이라 예상하고 있었고, 마젤란은 그런 예상을 이미 짐작하고 있었다. 선박의 크기로 보나 마젤란의 사촌이 감금되어 있는 점으로 보나 폭동의 주동자라고 볼 수 있는 케사다의 존재로 보나 그것이 타당한 추론이었다. 그러나 마젤란은 예상 밖의 행동이 가져다주는 가치가 크다는 것도 잘 알고 있었다. 그래서 그는 변변치 못한 루이스 데 멘도사 선장이 지휘하는 *빅토리아* 호를 먼저 치기로 했다. 공격은 순풍이 불 때 두 척의 배를 이용할 계획이었다. 큰 배에는 두아르테 바르보사를 지휘관으로 한 중무장한 선원 15명을 태우고 작은 배에는 함대 위병 곤잘로 고메스 데 에스피노사를 지휘관으로 한 선원 다섯 명을 태운다는 계획도 세웠다. 에스피노사의 공격조는 규모는 작아도 선제공격을 하여 주의를 분산시키는 중요한 임무를 맡고 있었다.

에스피노사는 *빅토리아* 호에서 대화하는 소리가 들릴 만큼 배 가까이 접근하여 제독의 서신을 가지고 왔다고 고함을 질렀다. 멘도사는 배가 작은 것에 안심을 하고 —그에게는 60명의 에스파냐 인 선원이 있었다— 에스피노사의 승선을 쉽게 허락했다. 그것이 함정이었다. 선원들의 신경이 에스피노사에게만 쏠려 있는 동안 바르보사와 그의 부하들은 안개가 자욱한 틈을 타 바람을 타고 *빅토리아* 호 주위로 슬그머니 다가갔다.

마젤란의 편지는 멘도사를 기함으로 즉시 소환한다는 내용이었다. 그것을 본 멘도사는 함정이 뻔하다는 듯 실소를 터뜨리며 말했다. "나를 그곳으로 끌어들이지는 못할 거요!" 그 순간 웃음소리가 딱 그쳤다. 에스피노사가 단칼에 그의 목을 벤 것이다. 그것을 신호로 바르보사는 *빅토리아* 호를 순식간에 점령하고 부하들에게 돛을 올리도록 명령했다. 계속해서 *트리니다드* 호, *산티아고* 호, *빅토리아* 호가 폭동에 가담한 다른 두 선박에 상황 파악을 할 틈도 주지 않고 유일한 탈주선을 끊은 다음 만 입구를 가로질러 느슨하게 전선을 형성했다. 두 선박은 별수 없이 항복했다. 수갑에서 풀려난 메스키타는 이들의 군법회의를 주재했다. 토요일에 마젤란은 이들에게 형을 언도했다.

마젤란은 항해가 재개되면 일손이 많이 필요하리라는 생각에서 케사다, 카르타헤나, 폭동을 주사한 에스파냐 성직자 한 명을 제외한 모든 사람의 죄를 면해주었다. 사형은 살인을 한 케사다에게만 언도했다. 그러나 귀족 신분임을 감안하여 교수형은 면해주었다. 손에 피를 묻힌 사람은 케사다뿐이 아니었다. 그의 하인 루이스 데 몰리노도 살인을 저질렀다. 몰리노는 자신은 주인의 명령을 따랐을 뿐이라고 항변했다. 마젤란도 그 점을 참작하여 그럼 주인의 목을 베면 목숨은 살려주겠다고 말했다. 그처럼 섬뜩한 제안이었음에도 몰리노가 그 일을 하는 데에는 오랜 시간이 걸리지 않았다. 관례대로 형 집행관은 두 반역자, 멘도사와 케사다의 시신에서 내장을 들어내고 사지를 절단하여 피가 뚝뚝 흐르는 채로 나무 기둥에 매달았다. 폭동을 일으킨 자들의 말로를 보여주어 경각심을 갖게 하려는 의도였다.

다음 차례는 카르타헤나와 성직자였다. 카르타헤나는 국왕을 보필하는 고위 관리였고 성직자는 신의 기름 부음을 받은 자였다. 따라서 그들을 피 흘리게 할 수는 없었다. 그렇다고 그들 손에 수갑을 채우고 세계일주 항해를 한다는 것도 무리였다. 생각 끝에 마젤란은 두 사람을 감금해두었다가 함대가 푸에르토 산 훌리안을 출발하는 날 그곳에 버려두고 가기로 했다. 1520년 8월 24일 마젤란은 푸에르토 산 훌리안을 출발했다. 두 사람은 포도주, 약간의 식량과 함께 얼어붙은 해안가에 남겨졌다. 마젤란은 두 사람의 운명을 자비로운 신께 맡긴다고 말했다. 그러나 16세기에 신의 자비는 믿을 게 못 되었다. 두 사람은 혹독한 그곳 날씨를 견디다 못해 차라리 다른 반역자들처럼 내장이 꺼내지고 사지가 찢어져 죽지 못한 것을 한탄했을 것이다.

그러나 마젤란의 전망도 밝지는 못했다. 어떤 면에서 폭동의 진압은

III. 고독한 영웅

그의 성공 가능성을 더욱 떨어뜨린 것으로도 볼 수 있었다. 만약 그가 탐험에 실패하여 수치스러운 몰골로 세비야에 돌아가면 에스파냐 당국이 산 훌리안에서 그가 행사한 폭력의 방식을 받아줄지도 미지수였다. 에스파냐 정부는 에스파냐 귀족 세 명과 성직자 한 명이 죽은 끔찍한 사건의 진상을 파헤치려 들 것이고 온건하게 청원하는 귀족들을 처형한 행위는 정당화되기 힘들었다. 마젤란은 살인죄로 재판에 회부될 가능성도 있었다. 그가 사면받을 수 있는 길은 오직 하나 정복자로 귀환하는 것밖에 없었다. 하지만 정복에의 가능성은 갈수록 희박해졌다. 게다가 탐사 나간 *산티아고* 호까지 폭풍에 난파되어 탐험대는 선박 네 척으로 규모가 줄어들었다. 날씨도 험악해져 날마다 배를 집어삼킬 듯 강풍이 휘몰아쳤다. 서쪽에서는 설산이 모습을 드러냈다. 선원들은 난생 처음 바다표범과 펭귄을 구경하고 펭귄에게 '날개 없는 오리patos sin alas'라는 이름을 붙여주었다. 마젤란은 남위 50도 지점 밑에서 닻을 내리고 그곳에서 8주 동안 겨울을 나기로 했다. 이 무렵 그는 완전히 절망 상태에 있었다. 모든 희망이 가물가물 꺼져 들어갔다. 구원의 가능성은 끝없이 멀게만 느껴졌다. 지난 1여 년간 그는 9천 마일(14,000킬로미터)을 항해했고, 유혈 폭동을 진압했으며, 바위와 모래만 끝없이 펼쳐진 만의 입구란 입구는 모조리 탐험했다. 하지만 찾은 것은 아무것도 없었다.

마젤란의 이 같은 비감은 참으로 얄궂은 바가 있었다. 8월 26일에서 10월 18일까지의 그 두렵고 불안한 8주를 보내는 동안 그는 불후의 명성을 얻을 수 있는 지점으로부터 고작 150마일(240킬로미터)―이틀간의 항해―밖에 떨어져 있지 않았기 때문이다.

1520년 10월 21일 일요일, 이날도 어김없이 세찬 광풍이 휘몰아쳤다. 그때 중간 돛대에 매달려 있던 망꾼의 눈에 돌연 가파른 언덕이 보이기 시작했다. 가까이 접근해보니 벌거숭이 흰 절벽이었다. 좀 더 바짝 다가가보니 절벽은 곶을 이루고 있었고 절벽 너머에는 검푸른 물결이 넘실대는 거대한 만이 펼쳐져 있었다. 그날은 마침 성 우르술라의 날이어서 마젤란은 그곳을 비르헤네스 곶으로 명명했다. 하지만 자나 깨나 남해만을 애타게 찾고 있던 간부 선원들은 그것에 별 인상을 받지 못했다. 네 명의 조타수들은 만의 어귀가 노르웨이에서 본 피오르드와 같다고 입을 모아 말했다. "우리는 그것을 막다른 골목으로 생각했다."라고 훗날 피가페타는 기록했다. 오직 마젤란 제독만이 그것에 의문을 나타냈다. 그러나 아홉 달 전 라플라타 강을 조사하느라 3주를 허탕쳐본 경험이 있는 그는 이것을 탐사한다고 또다시 시간을 낭비할 여유가 없었다. 그는 산 안토니오 호와 콘셉시온 호의 선장에게 만을 끼고 서쪽으로 항해할 수 있는 거리를 조사해보라고 한 뒤 닷새는 넘기지 말라고 단단히 일렀다.

그러나 닷새가 다 되도록 그들의 모습은 보이지 않았다. 마젤란은 안절부절 초조함을 감추지 못했다. 그때 기함의 돛대 꼭대기에 매달려 있던 망꾼이 저 멀리 연기 기둥이 피어오르고 난파된 선원들이 보내는 신호가 보인다는 말을 했다. 정신이 번쩍 든 마젤란이 바다에 배를 띄우라고 말하는 순간 실종됐던 배들의 돛이 좌현 전방에 나타났다. 배에는 기들이 펄럭이고 있었고 선원들은 소리 지르고 손을 흔들며 대포를 우렁차게 세 번 발사했다. 뭔가 굉장한 일이 벌어진 것이 분명했다.

콘셉시온 호에 타고 있던 세라노가 기함에 올라와 말해준 상황의 전

말은 이랬다. 만의 서쪽 끝에 다다르자 돌풍이 그들을 덮쳤다. 돌풍이 잦아들기를 기다린 후 보니 그것은 만의 끝이 아니라 해협—그들 말을 빌리면 "첫 번째 해협"—이었다. 해협을 통과하자 드넓은 바다—"두 번째 해협"—가 나타났고 이어 또 다른 바다가 나타났다. 사흘째 되는 날 그들은 방향을 돌렸다. 정해진 닷새 안에 귀환하기 위해서였다. 그러나 통로가 막혀 있지 않은 것은 분명했고 모든 통로는 또 다른 통로로 연결되어 있었다. 미로와도 같은 통로들의 너비는 2마일(약 3킬로미터)로부터 20마일(32킬로미터)까지 다양했다. 측심연을 던져 수심을 재보니 바닥을 알수 없을 정도로 깊었다. 그것은 강이 아니었다. 처음부터 끝까지 바다였고 양쪽에는 조수 간만의 차가 있었다.

감정의 절제가 몸에 밴 마젤란은 그 말을 듣고도 흥분한 모습을 보이지 않았다. 그는 그저 카를로스 국왕—그는 마젤란이 떠나 있는 동안 대관식을 치르고 신성로마제국의 카를 5세 황제가 되어 있었다—에 대한 경의로 마지막 예포를 발사하도록 하고 선원들에게 감사의 기도를 올리게 했다. 이튿날인 10월 25일 아침 마젤란 탐험대는 *트리니다드* 호를 필두로 황량한 곳을 지나 낯선 수로로 미끄러지듯 들어갔다. 마젤란은 이곳을 토도스 로스 산토스 해협으로 명명했는데 역사에는 마젤란 해협으로 알려진 바로 그곳이다. 배의 우현 쪽에는 당시의 마젤란은 몰랐겠지만 현재의 남아메리카 대륙 최남단이 놓여 있었고, 좌현 쪽에는 커다란 섬 하나와 다닥다닥 붙은 조그만 섬들이 놓여 있었으며, 그 아래 남극 반도 위 560킬로미터 지점에는 케이프 혼(남아메리카 최남단의 곳—역주)이 놓여 있었다. 섬은 날씨가 지독하게 추워 그곳 인디언들은 사시사철 불을 피우고 살았다. 그 불길을 보고 마젤란은 남쪽 해안을 티에라 델 푸에고라 불렀다. 불의 땅이라는 뜻이었다.

그 굴곡진 해협은 후대의 선원들도 뚫고 나가는 데 애를 먹었다. 그런데다 마젤란 함대 조타수들은 방향 제어 장치와 부푼 돛에만 의존해야 했으니 그 고생은 이루 말할 수 없었다. 그것은 마치 얽힌 실타래를 푸는 과정과 같았다. 서쪽, 북쪽, 남쪽, 사방으로 수로가 뚫려 있었고, 수로가 계속 갈라지면서 두 개의 해협을 이루는 바람에 어느 순간 마젤란은 직로를 찾기 위해 함대를 양쪽으로 분리해야 했다. 만들의 모습도 기기묘묘했다. 해협 양편에서는 모래톱 아래 불쑥 바위가 드러나 선체 바닥을 북북 긁어놓기도 했고, 항해 첫날에는 거센 돌풍이 일어 기함 *트리니다드* 호가 전복될 뻔한 상황을 맞기도 했다. 이후로는 기상 조건이 호전되었다. 그 점에 있어 마젤란 탐험대는 운이 좋았다. 후대의 탐험가들은 날씨 때문에 그 해협에서 늘 고전을 면치 못했다. 실제로 날씨는 그들이 해협을 통과하지 못한 주요인이 되었다.

그 해로에서 한 달을 보낸 뒤 마젤란 함대의 선원들은 자신들이 전설상의 수로를 발견한 것으로 확신했다. 3백 마일(482킬로미터)의 수로를 뚫고 나온 데다 머리 위로는 이상한 새들까지 날아다니고 있었으니 그것은 또 다른 바다가 앞에 놓여 있으리라는 확실한 징표였다. 마젤란은 *산 안토니오* 호와 *콘셉시온* 호—*트리니다드* 호와 *빅토리아* 호는 거기서 기다리기로 했다—에 닷새간 남동부 수로를 탐사하라는 지시를 내려놓고 간부 회의를 소집했다. 이제 결단을 내릴 시점이 되었다고 보고 —그때까지 발견한 것만을 가지고 귀환할 것인지 몰루카 제도를 찾아 항해를 계속할 것인지— 남아 있는 비축품에 대한 보고를 받기 위해서였다. 그들은 이구동성으로 비축품이 곧 동날 것이라고 이야기했다. 창고에는 고작 3개월 분량밖에 남아 있지 않았다. *산 안토니오* 호의 조타수 에스테방 고메스는 에스파냐로 귀항할 것을 강력히 주장했다. 비단 식량 때문만이 아니라 선박도 많이 망가져서 수선이 필요하기 때문이라고 했다. 게다가 몰루카 제도까지의 정확한 거리를 아는 사람도 없었다. 만일 몰루카 제도가 까마득히 먼 곳에 있다면 선원 모두가 갈증과 기아에 허덕이다 험한 바다에서 쥐도 새도 모르게 죽게 될 거라는 말이었다.

그것은 일리 있는 말이었다. 그러나 마젤란은 그 말을 무시하기로 했다. 그는 탐험을 계속할 것임을 밝혔다. 물론 많은 난관이 가로놓여 있겠지만 돛 활대의 가죽으로 연명하는 한이 있어도 자신은 하나님을 믿고 (*"de pasar adelante y descubrir lo que había prometido"*), 카를로스 국왕에게 한 약속을 반드시 지킬 것이라고 말했다. 마젤란은 선장들에게 식량이 부족한 사실을 선원들에게는 알리지 말라고 하면서 그것을 위반할 시에는 사형에 처하겠다고 경고했다. 그러나 고메스는 자신이 없었다. 그는 항해를 계속하는 것이 마젤란의 사형 경고나 폭도의 사지를 찢는 행위보다 더 두렵게 느껴졌다. 그는 함대를 이탈하기로 결심했다. *산 안토니오* 호와 *콘셉시온* 호는 예정대로 남동부 해협으로 수로 탐사를 나갔다. 그런데 탐사를 하던 콘셉시온 호의 선장 세라노의 눈에 *산 안토니오* 호가 줄행랑을 치고 있는 것이 보였다. 세라노는 무슨 일인지 어리둥절해 했다. 그는 제독의 사촌인 메스키타가 선장으로 있는 배가 설마 탈주하리라고는 꿈에도 생각하지 못하고 선장에게 대항해 반란을 일으키는 것이라고 생각했다. 마젤란은 막대한 양의 식량과 함께 함대에서 가장 큰 배를 잃게 되었다. 함대는 이제 배 세 척으로 규모가 줄어들었다. 식량 사정도 악화되었다. 그런데도 마젤란은 항로를 바꿀 생각을 하지 않았다. 1502년 11월 21일, 적도 남위 53도 지점 리오 델 이슬레오 어귀 토도스 로스 산토스 해협(마젤란 해협)에서 '함대 제독' 마젤란은 선원들에게 '항해를 계속하겠다는 중대한 결심'을 발표했다.

그의 결심은 수로 탐사를 떠난 또 한 척의 배가 사흘째 되는 날 발보아의 남해를 발견했다는 놀라운 소식을 가지고 돌아오자 더욱 탄력을 받았다. 마젤란은 그곳으로 급히 달려가 콜럼버스, 캐벗, 베스푸치, 핀손 형제(콜럼버스의 1차 탐험에 동행했던 에스파냐의 항해가 형제—역주)가 찾으려다 헛물만 켜고 만 광대한 바다를 바라보았다. 그의 앞에는 수평선 저 멀리 짙푸른 대양이 드넓게 펼쳐져 있었다. 그 평온한 모습에 바다의 명칭이 머리에 금방 떠올랐으나 그 말을 한 것은 나중이었다. 마젤란은 그 경이로운 순간 할 말을 잃었다. 아니 어쩌면 어른이 된 뒤 처음으로 그는 복받치는 감정을 주체하지 못했는지도 모른다. 피가페타는, "*마젤란이 와락 울음을 터뜨렸다(il capitano-generale lacrimó per allegrezza).*"라고 썼다.

※

마젤란의 작은 함대가 12,600마일(약 20,278킬로미터) 태평양Pacific을 항해한 일은 역사에 길이 남을 위업이었다. 그리고 그런 일이 으레 그렇듯 마젤란의 항해도 극심한 고통, 인내의 극한까지 가본 사람만이 알 수 있는 처절한 사투가 빚어낸 결과였다. 마젤란 함대는 제대로 된 지도 한 장, 변변한 항해 도구 하나 없는 것은 물론 자신들이 서 있는 위치조차 모른 채 닳아빠진 삭구에 너덜너덜해진 돛을 달고 사정없이 내리쬐는 햇빛을 받으며 11월부터 3월까지 3개월 넘게 북서쪽으로 쉼 없이 항해를 했다.

때가 아무리 항해의 시대였다고 해도 마젤란의 위치는 특별했다. 예전 탐험가들은 모든 계획이 수포로 돌아갔을 때 최소한 유럽으로 돌아갈 수 있는 여지가 있었다. 마젤란에게는 그런 선택의 여지가 없었다. 그

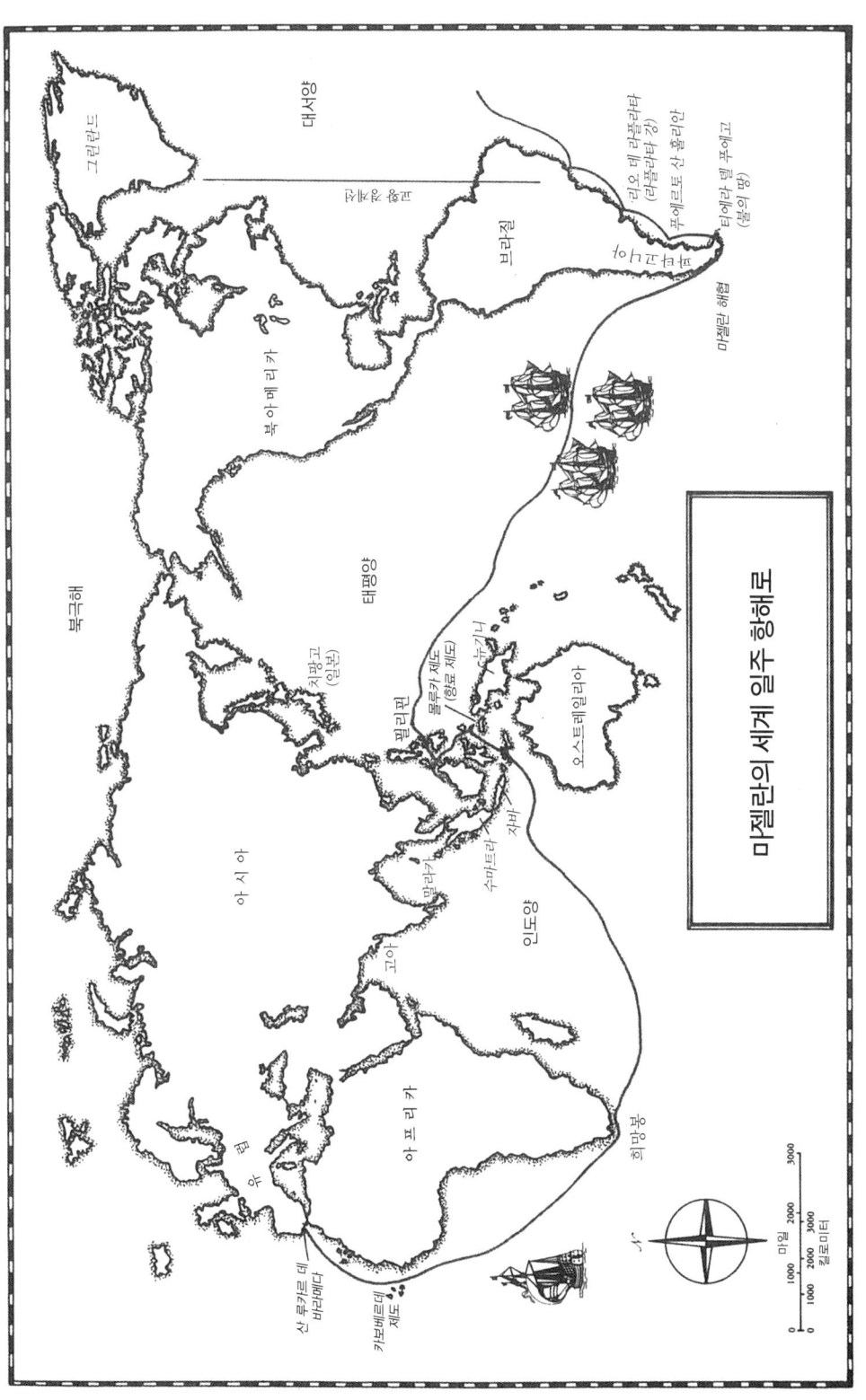

는 남아메리카 대륙에 대해 전혀 아는 것이 없었다. 그만이 알고 있는 해협 어귀에서 출발했기 때문이다. 따라서 그에게는 의지할 수 있는 발판이 없었다. 그는 동쪽 수평선을 뒤로한 다음에는 앞으로 계속 나아가는 수밖에 도리가 없었다.

마젤란은 태평양의 실제 너비도 알지 못했다. 알려진 정보는 모두 태평양의 너비를 실제보다 훨씬 좁게 추정했다. 유럽인들은 프톨레마이오스의 미지의 남반구 대륙에 모든 것이 달려 있다고 추측했다. 그들은 구형 세계를 안전하게 떠받쳐주는 지구의 평형추로 북반구 대륙과 반대되는 남반구 대륙이 반드시 필요하고, 그것이 없으면 지구는 균형을 잃고 넘어질 것이라고 믿었다. 그에 따라 일부 가설이 만들어졌고 마젤란은 그것을 실천에 옮겼다. 그것은 모두 엉터리였다. 그러나 설사 마젤란이 태평양의 실제 거리를 알았다 해도 그는 그것을 믿지 못했을 것이다. 그토록 광대한 바다가 존재하리라고 생각한 유럽인은 아무도 없었다. 마젤란의 정보원들—당대의 지도 제작자, 점성가, 우주지宇宙誌 학자—은 작당해서 그를 골탕 먹이려고 한 것 같았다. 당시에는 믿을 만하다고 알려진 쇠너의 지구의만 해도 일본과 멕시코 사이의 거리가 불과 수백 리 그밖에 안 되는 것으로 표시해놓았다. 마젤란은 그가 듣고 본 이 모든 정보를 사실로 믿었다. 따라서 조금만 항해를 하면 대일본Dai Nippon이 보이는 곳에 이를 수 있을 것으로 믿었다. 그러나 그것은 허망한 기대였다. 마젤란은 지구의 모든 흙을 다 쏟아 부어도 수천 마일의 물이 남아돌 만큼 광막한 지구 최대의 망망대해에서 길을 잃고 말았다.

함대의 식량이 바닥을 드러내기 시작했다. 에스파냐의 산 루카르 항을 떠날 때 탐험대가 가지고 온 포도주 420통은 모두 동났다. 치즈, 말린 생선, 소금에 절인 돼지고기, 콩, 완두콩, 앤초비, 곡류, 양파, 건포도, 렌

즈콩 등 다른 식료품들도 하나 둘씩 거덜 났다. 이제 그들 수중에는 썩은 비스킷과 냄새나는 물통밖에 남은 것이 없었다. 비스킷은 처음에는 가루로 부스러지다가 나중에는 쥐똥과 구더기가 들끓어 끈적끈적하게 변했다. 선원들은 그것을 톱밥과 섞어 코를 틀어막고 목으로 삼켰다. 구워 먹을 수 있는 쥐는 금값이 되어 마리당 반 두카트에 팔려나갔다. 마젤란의 말이 씨가 되었는지 그들은 정말 돛 활대의 가죽까지 뜯어먹는 지경이 되었다. 피가페타는 훗날 그를 비롯한 "선원들은" 허기를 견디다 못해 "닳아 마모되는 것을 방지하기 위해 씌워놓은 활대의 가죽을 뜯어먹는 상황에 이르렀다."라고 기록했다. 활대의 가죽은 "태양과 비바람에 질겨져 있어 며칠 동안 물에 넣어 불린 다음 불에 익혀 먹었다."는 말도 덧붙였다.

　태평양의 고요함도 선원들을 미치게 했다. 그러나 피가페타도 말했듯이 바다가 그토록 잔잔했기에 그들은 살아남을 수 있었다. "하나님과 성모마리아의 은총으로 날씨라도 화창했기에 망정이지 그렇지 않았으면 우리는 모두 망망대해에서 죽음을 면치 못했을 것이다." 그러나 몇몇 선원들은 끝내 목숨을 부지하지 못했다. 선원 19명이 굶주림에 쓰러져 바다로 내던져졌다. 살아남은 선원들도 수종으로 배가 부풀어 오르고 궤양으로 살이 짓무르고 양 볼이 움푹 꺼져 해골 같은 형상을 하고 있었다. 입 안도 다 헐어 터져 말이 아니었다. 괴혈병으로 잇몸이 부어 이가 다 빠지고 염증 때문에 입 안이 쓰려 물 한 모금 마시지 못했다. 선원들은 일어날 기력조차 없었다. 선원들은 그늘을 찾아 갑판을 엉금엉금 기어 다녔고 일어설 기력이 있는 사람도 지팡이에 몸을 의지하고 혼잣말을 중얼거리는 것이 이십 대 초반이라고는 도저히 상상할 수 없는 망령 든 노인의 모습이었다.

망망대해에는 그들의 배밖에 없었다. 산 훌리안을 떠난 뒤 6개월 동안 그들은 사람이라고는 그림자도 구경하지 못했다. 도중에 두어 번 정도 헛된 기대를 갖게 하는 일은 있었다. 섬을 발견하고 다가가보면 사람이 거주하지 않는 무인도인 데다 수심이 깊어 배의 정박조차 불가능했다. 1521년 3월 6일, 이제는 건강한 선원들마저 오늘내일하는 상황이 되었다. 그때 거짓말처럼 육지가 나타났다. 마리아나 제도의 괌이었다. 당시에는 이름 없는 섬이었던 그곳에는 미크로네시아 원주민들이 살고 있었다. 그들은 선원들 곁에 가까이 오려고 하지 않았다. 아마도 초라한 세 척의 배가 내뿜는 배설물 냄새 때문이었을 것이다. 그럼에도 괌은 그들에게 생명줄이 되어 주었다. 무장한 원주민들이 함대로 배를 저어와 배 한 척을 빼앗아갔다. 그러자 마젤란은 무장 선원 40명을 육지로 보내 그것을 되찾아오게 했다. 선원들은 배를 되찾아왔을 뿐 아니라 그보다 더욱 중요한 식수, 물고기, 과일, 가금, 고기까지 얻어가지고 왔다.

선원들은 사흘간 괌에서 지친 몸을 추슬렀다. 그런 다음 다시 항해를 계속했다. 함대는 3월 16일 필리핀의 사마르 섬을 발견하고 계속해서 사마르 섬 남쪽의 술루안 섬, 술루안 섬 근처 현재의 레이테 만 입구에 위치한 호몬혼 섬을 차례로 발견했다. 피가페타에 따르면 이때 마젤란은 몰루카 제도를 발견한 것으로 믿었다고 한다. 그러나 마젤란이 그랬을 가능성은 희박하다. 마젤란은 노련한 항해사였다. 따라서 오세아니아 상황에 정통한 그가 남위와 북위를 혼동했을 리 없다. 몰루카 제도는 그곳에서 1,600마일(약 2,575킬로미터) 떨어진 곳에 있었다. 마젤란은 어쩌면 포르투갈로부터 몰루카 제도를 빼앗기는 힘들다고 보고 에스파냐 국왕에게 다른 영토를 진상하여 그것을 상쇄하려 했을 가능성이 있다. 피가페타도 그래서 착각했을 것이다. 실제로 마젤란은 그렇게 행동했다. 그곳에 사는 인간 및 짐승과 함께 필리핀 군도를 카스티야와 아라곤의 군주, 기독교인 황제의 영토로 선언한 것이다.*

마젤란은 호몬혼 섬에 사람이 없는 듯해서 그곳에 정박하기로 결정했다. 선원들의 몸이 극도로 쇠약해져서 적대적인 원주민을 감당할 여력도 없었다. 주변 섬에 사는 일부 원주민들은 무척 친절했다. 술루안 섬의 원주민들은 오렌지, 야자 술, 가금, 채소는 물론 유럽인들은 생전 처음 보는 영양가 많은 열매, 바나나와 코코넛까지 가져다주었다. 마젤란은 그들에게 밝은 색깔의 머릿수건, 종, 구리 팔찌, 촌스러운 빨간 모자, 오색 유리구슬을 선물로 주었다. 그들은 그것을 받고 몹시 기뻐했다.

원주민들이 즐거워하는 모습을 보니 마젤란은 과거의 앙금이 싹 가시는 듯했다. 탐험대가 에스파냐를 출발할 때 산 루카르 항의 관리들은 그런 허섭스레기 같은 물건을 싣고 가려는 마젤란을 한심하다는 듯 비웃었다. 바야돌리드 궁정의 추밀원도 거울 1천 개, 가위 50벌, 딸랑이 2만 개 등 온갖 잡동사니가 적힌 마젤란의 청구서를 보고 처음에는 난색을 표했다. 마젤란은 낯선 원주민들과 관계를 트는 데는 많은 어려움이 따르고, 과거 동방에서 일해 보니 그들과 우호 관계를 유지하는 데는 촌스러운 장신구들이 상당히 유용하더라는 말로 그들을 설득했다. 그런 다음 말레이시아 노예 엔리케까지 데리고 나와 몰루카 제도에 대한 해박한 지식을 다시 한 번 과시하자 추밀원도 그의 판단을 존중하게 되었다. 그런데 산 루카르 항의 주제넘은 관리들이 그를 모욕하여 가슴에 응어리를 지게 한 것이다.

---

* 그는 그 군도를 산 라사로로 명명했다. 20년 뒤 그곳은 '가톨릭의 수호자' 펠리페 2세의 이름을 따 필리핀으로 개칭되었다.

엔리케는 아직도 마젤란의 곁에 있었다. 그리고 그는 천금같이 귀중한 선물을 주인에게 안겨주었다. 주인이 국왕을 알현하는 것을 지켜보는 특권을 누린 지 꼭 3년 만의 일이었다. 마젤란 함대는 필리핀 체류 2주째로 접어들고 있던 1521년 3월 25일 인근의 리마사와 섬으로 근거지를 옮겼다. 리마사와 섬은 비사얀 제도(현 루손 섬과 민다나오 섬 사이에 위치해 있다―역주)에 속해 있었고, 비사얀 제도는 문화, 언어적으로 수마트라 및 말레이시아와 밀접한 관계에 있는 필리핀 군도의 일부를 이루고 있었다. 그 리마사와 섬에 함대가 도착한 지 얼마 되지 않았을 때였다. 마젤란은 어디선가 환호작약하는 소리가 들려 그 방향으로 가보았다. 가보니 원주민들이 엔리케를 빙 둘러싸고 흥겨워하고 있었다. 마젤란은 한참이 지나서야 그 사정을 알게 되었다. 알고 보니 엔리케는 비사얀 제도 태생이었다. 그런데 어찌어찌 수마트라에서 노예로 팔려 말라카로 보내졌고 그곳에서 마젤란을 만난 것이었다. 1512년 그는 마젤란과 함께 말레이 반도를 떠났다. 그때 이후 엔리케는 주인을 따라 인도, 아프리카, 포르투갈, 에스파냐 등지를 돌아다녔다. 그는 이번 탐험에도 마젤란과 동행하여 지난 18개월 동안 주인 곁에 머물러 있었다. 엔리케는 언어에 남다른 재주가 있었다. 그래서 포르투갈 어와 에스파냐 어를 유창하게 구사하게 되어 고향 말은 잊고 지냈다. 그런데 이곳에 와서 어린 시절 이후 처음으로 고향 말을 다시 듣게 되어 이들과 어울리게 된 것이다. 원주민들은 그를 동족으로 열렬히 환영해주었다.

이것은 대단히 중요한 사건이었다. 엔리케는 말레이 어로 떠들며 기뻐하는 것으로 그쳤지만 마젤란은 머리가 어지러울 정도로 희열에 빠졌다. 그곳은 두 사람 모두에게 익숙한 곳이었다. 요컨대 그들은 서진하여 그들이 처음 만난 장소로 되돌아온 것이다. 엔리케는 세계 최초의 세계 일주 항해가인 것이 분명했다. 마젤란 함대는 지구를 일주하여 지구가 둥글다는 것을 최초로 입증한 것이었다.

❧

때는 기독교계의 *세마나 산타*Semana Santa, 즉 성주간이었다. 산 훌리안 폭동이 일어난 지 만 1년이 지난 것이었다. 그동안 함대는 해협도 발견하여 통과했고, 거대한 대양도 건넜으며, 세계 일주 항해도 했다. 마젤란과 선원들은 구름 위를 둥둥 떠다니는 듯 도취감에 빠졌다. 그것은 이해할 만한 일이면서 또 불길한 징조이기도 했다. 불길한 징조인 까닭은 마젤란과 선원들이 서로 다른 방식으로 성공을 축하했고 두 방식은 양립하기 힘든 것이었기 때문이다. 양측의 충돌은 마젤란 함대가 사흘간의 항해 끝에 레이테 만과 네그로스 섬 사이, 리마사와 섬보다 한층 큰 세부 섬으로 들어간 4월 7일 이후부터 본격화되었다. 그곳에서 마젤란과 선원들은 격한 대립을 벌이다 급기야 비극적 종말을 맞고 말았다.

선원들은 옛날부터 죽음의 고비를 한 번 넘겨본 사람들이 으레 하는 방식으로 자신들의 기쁨을 표현했다. 그들은 대부분 혈기 왕성한 청년들이다 보니 2주 동안 잘 먹고 휴식을 취하자 성욕이 끓어올랐다. 1519년 말에 브라질을 떠난 이후 그들은 여자 구경을 하지 못했다. 그런 상황에서는 원주민 여자들이 천으로 온몸을 칭칭 감고 있었다 해도 욕망을 억누르지 못했을 것이다. 게다가 그곳은 관습적으로 기혼 여성만 옷을 입도록 되어 있었다. 젊은 선원들 주위로 벌거벗은 과년한 처녀들이 돌아다녔다. 나신을 외설 행위로 간주하는 사회에서 자란 청년들은 욕망을 주체할 길이 없었다. 바로 곁에 있으니 유혹을 피할 길이 없었고 우거진 밀림이 최적의 기회를 제공해주었다. 그렇다면 다음에 벌어질 일은 뻔했다. 젊은 선원들은 흥분하여 날뛰었다. 나중에 그들은 필리핀 여자들이 원주민 남자보다 힘도 좋고 이국적이라며 백인 남자를 더 좋아했다고 말했다. 물론 그들로서는 그렇게 말할 수밖에 없었을 것이다. 그러나 필리핀 여자들도 선원들에게 반항한 기색이 없었다. 그것은 말하자면 상이한 두 문화가 만나 강렬한 성적 긴장감을 촉발한 격이었다. 기독교인 선원들은 자신들의 행위에 죄책감을 느꼈고 또 그것이 그들을 색욕에 더욱 탐닉하게 했다. 반면 때 묻지 않은 원주민 여자들은 아무 죄책감 없이 선원들과 나무 밑에서 즐기다 그들이 나중에 던져주는 거울, 팔찌, 칼 등을 선물로 받는 재미에 빠져 들었다.

그 모든 일은 예기된 것이었다. 마젤란이 정한 선원들의 복무규정에도 그런 일은 금지되어 있었다. 그러나 그 같은 상황하에 복무규정이 지켜질 리 만무했다. 따라서 보다 엄격한 조치가 필요했다. 그러나 마젤란은 평소의 그답지 않게 수동적으로 일관하며 위기에 적절히 대처하지 못했다. 한 가지 조치를 취하기는 했다. 군종신부 페드로 데 발데라마로 하여금 이교도 여성과의 성교를 지옥에 떨어질 대죄로 선언하게 한 것이다. 그러나 그것은 도리어 신성을 모독하는 어릿광대짓을 부추겼다. 선원들은 여자들과 관계를 맺기 전 그들에게 세례를 베풀어 신성한 의식을 모독하고 군종신부의 위협을 웃음거리로 만들었다. 그러나 필리핀 남자들에게 그것은 웃을 일이 아니었다. 그들은 자존심에 심한 상처를 받았다. 선원들의 방탕한 행동이 계속되자 처녀들의 아버지와 형제는 그들을 환대해준 것에 배신감을 느꼈다. 기혼 여성의 남편은 이루 말할 수 없는 굴욕감을 느꼈다. 나무 덤불 밑에서 몸을 비트는 여자들은 비단 누이와 딸들만이 아니었다. 그들 중의 상당수는 기혼 여성이었다. 몇몇 선원들은 여성들과 난교를 하고 팔찌, 거울 등을 선물로 던져주었다. 상황은 이제 폭발 직전의 위험한 상황으로 치닫고 있었다.

선원들이 저지른 가장 중대한 규정 위반은 물론 성적 쾌락의 추구였다. 그러나 그것이 선원들이 범한 규정 위반의 전부는 아니었다. 그들은 함대의 다른 규정들도 무시했다. 그 점은 간부 선원이나 일반 선원이나 다를 바 없었다. 실제로 규정을 가장 심하게 위반한 자는 바로 마젤란의 매부였다. 지난 가을 이후 함대에서 마젤란의 신임을 가장 두텁게 받은 두 인물은 빅토리아 호의 선장 두아르테 바르보사와 콘셉시온 호의 선장 후안 세라노였다. 그런데 원주민과의 사적 거래가 규정상 엄격히 금지되어 있는 것을 무시하고 일부 선원, 특히 빅토리아 호의 선장 바르보사가 원주민과 남몰래 물물교환 행위를 하고 있었다. 그는 원주민들에게 쇠를 주고 그들로부터 금과 진주를 받았다. 쇠는 원주민들이 처음 보는 물건이었지만 쓰임새가 많았을 것이다. 반면 금은은 필리핀 촌부들에게 흔해빠져서 별 소용이 없는 물건이었다. 지구 반대편에서 금은의 가치가 얼마나 높은지 그들이 알 리가 없었다. 바르보사는 그것도 모자라 음주, 무단 외출, 음란 행위도 일삼고 있었다. 그의 음란 행위는 섹스의 향연이 벌어지고 있는 와중에 일어난 것이었음에도 과도한 면이 있었다. 이 중요한 시기에 마젤란은 딴 데에 정신을 팔고 있었다. 그러나 그도 사흘간 진탕 놀다 몸조차 가누지 못하게 된 매부를 다른 선원들이 배로 데려오는 것을 보고는 뭔가 조치를 취하지 않을 수 없었다. 마젤란은 바르보사를 체포하여 수갑을 채우고 선장의 지휘권을 박탈했다.

마젤란이 그 방식을 고수했더라면, 다시 말해 채찍을 휘둘러 질서를 바로잡았더라면 항해를 무사히 마치고 자신이 거둔 위대한 업적의 성과를 만끽했을 것이다. 그러나 그 광란의 나날, 마젤란 역시 환희에 도취되어 무모함에 빠져 들고 있었다. 선원들이 타락을 일삼는 동안 마젤란은 또 다른 극단을 시험하고 있었다. 필리핀에 도착한 이후 그는 줄곧 종교적 열정에 사로잡혀 있었다. 그것은 순수한 신앙심이 아니었다. 마젤란도 그의 전철을 밟아 이후 4세기 동안 먼 곳을 찾아오게 될 유럽 선교사들처럼 복음의 열정과 식민지 제국주의를 혼동하고 있었다. 그는 필리핀인들을 기독교로 개종시키는 것에 그치지 않고 그들에게 에스파냐 군주권까지 강요하려고 했다. 마젤란은 그 점에 있어 충성의 차이를 구분하지 못했고 자신의 목적이 무엇인지도 분간하지 못했다. 그는 그 행위를 국기와 십자가를 나란히 앞세우고 가는 단일한 십자군으로 보았다.

1521년 3월 31일 마젤란 함대는 리마사와 섬에서 처음으로 부활절 일요일을 맞았다. 독실한 신자 마젤란은 이날을 하나님이 주신 절호의 기회로 보았다. 그는 팔찌와 구슬이라는 기독교식 한판 잔치로 섬 주민들의 흥을 돋워 그 기회를 부여잡으려 했다. 요란한 미사를 계획한 것이다. 마젤란은 군종신부 페드로 데 발데라마에게 부활절 의식을 빈틈없이 치르라고 일러두었다. 그런 다음 간부 선원들로 하여금 갖은 정성을 다해 자신을 보필하도록 했다. 그는 쇼를 원했고 원하는 것을 얻었다. 먼저 섬 해안가에 번쩍이는 십자가가 부착된 제단이 설치되었다. 신부복 차림의 발데라마가 부활절 미사를 집전했다. 마젤란과 선원들은 제단 앞에 두 줄로 다가가 십자가에 입 맞추고 성체배령했다. 배 안의 포수들이 대포를 발사하고 선원들이 환호하는 가운데 의식이 진행되었다.

마젤란은 지배권이 술루안 섬까지 미치는 리마사와 섬의 족장 라자 콜람부와 그의 형제 사이우이를 부활절 의식에 초대했다. 힘 있는 족장들을 선택하여 훗날을 기약하려는 것이었다. 마젤란은 두 사람을 기독교로 개종시켜 에스파냐에서 행정관이 도착할 때까지 국왕의 이름으로 섬을 통치하게 할 생각이었다. 그 목적은 현란한 부활절 의식으로 무난히 달성되었다. 두 사람은 발데라마의 미사가 끝나자 제단 앞에 무릎을 꿇고 앞사람들이 하는 행동을 그대로 따라했다. 그런 다음 원주민 목수들에게 대형 십자가를 만들게 했는데 그 크기가 어찌나 컸던지 "동네에서 제일 높은 산 위에 세워놓자 섬 주민 모두가 그것을 바라보고 절을 할" 정도였다고 한 기록은 전하고 있다. 마젤란은 섬을 떠나기 전 다른 이교도나 원주민과 전쟁이 벌어지면 그의 부하들이 배를 몰고 달려와 두 형제를 도와줄 것이라고 말했다. 그것으로도 안 되면 에스파냐에서 자신이 직접 병력을 끌고 오겠다고 말했다.

그런 다음 마젤란은 세부 섬으로 갔다. 세부 섬은 리마사와 섬의 두 형제보다 더욱 강력한 다투 후마본 족장이 통치하고 있었다. 마젤란은 그에게도 접근했다. 그때 마침 세부 섬에는 후마본 족장의 측근인 무슬림 상인이 평저선(밑바닥이 평평한 배)을 타고 시암(타이의 옛 명칭—역주)에서 막 도착해 있었다. 그가 마젤란 함대의 돛에 그려진 성 야고보의 십자가를 알아보고 그들이 인도와 말레이시아에서 노략질을 일삼은 해적들이라고 족장에게 귀띔해주었다. 족장은 그 경고를 무시했다. 그는 마젤란을 처음 볼 때부터 호감을 갖고 있었기 때문에 엔리케를 통해 에스파냐와 영구 평화조약을 맺겠다는 의사를 전해왔다. 또 그는 마젤란의 요청을 받아들여 이교도 우상들을 불태우고 예수 그리스도를 구세주로 숭배한다는 약속도 했다. 마젤란은 이번에도 무대감독을 맡아 후마본 족장의 세례식을 거행하기로 했다. 부활절 뒤 두 번째 일요일에 거행된 그 의식은 리마사와 섬의 미사 집전보다 한층 화려하고 장려했다. 시장 광장에는 섬 주민이 빽빽이 운집해 있었고 그 한복판에 야자나무 가지로 장식된 옥외 제단이 높다란 연단 위에 설치되고 제단 뒤 천막 아래에는 진홍색 비단으로 장식된 옥좌 두 개가 놓여 있었다. 옥좌 하나에는 후마본이 앉아 있었고 또 다른 하나는 마젤란의 도착을 기다리고 있었다.

마젤란은 위엄 있게 행차했다. 새하얀 제복을 입은 그는 번쩍이는 갑옷 차림의 선원 40명을 앞세우고 카스티야와 아라곤 왕국의 비단 국기를 펄럭이며 행사장에 들어왔다. 그것은 20개월 전 세비야의 산타마리아 델라 빅토리아 성당에서 수여받은 후 그가 처음 펄럭여보는 국기였다. 악대의 웅장한 군가에 맞춰 함대의 간부 선원들이 열을 지어 제독의 뒤를 따라 행진했다. 그와 동시에 하급 선원들이 고개 숙여 절하자 연단 위에 커다란 십자가가 세워지고 포수는 항구 밖으로 쿵 하고 대포를 발사했다. 그것으로 의식은 거의 끝났다. 원주민들은 생전 처음 들어보는 대포 소리에 놀라 뿔뿔이 흩어졌다가 족장이 미동도 하지 않고 옥좌에 그대로 앉아 있는 모습—그는 마젤란으로부터 사전 통고를 받았다—을 보고는 다시 돌아왔다.

족장은 무릎을 꿇고 세례를 받았다. 마젤란은 그의 대부가 되어 돈 카를로스라는 세례명을 부여했다. 계속해서 족장의 후계자, 그의 형제, 조카, 리마사와 섬의 족장도 세례를 받았다. 시암에서 온 무슬림 상인도 내키지 않는 마음으로 세례를 받았다. 그들은 에르난도, 후안, 미구엘, 크리스토발의 세례명을 받았다. 그것은 필리핀 인들에게는 생소했겠지만 에스파냐 인들은 누구나 다 하는 형식적인 절차였다. 그러나 뒤이어 행해진 의식은 가톨릭, 비가톨릭을 막론하고 유럽인들도 대경실색할 일이었다. 마젤란이 그들에게 그리스도 숭배자는 일부일처제를 따라야 한다고 말한 것이다. 그게 힘들면 건성으로라도 일부일처제를 따르겠다는 말을 하라고 했다. 그러나 후마본은 그 점에 있어서는 태도를 명확히 했다. 영혼은 구원받고 싶지만 여자를 포기할 수는 없다고 말한 것이다. 마젤란은 발데라마와 장시간 토론을 벌인 뒤 헨리 8세의 사절도 클레멘스 교황으로부터 받아내지 못한 승인을 받아냈다. 발데라마를 설득하여 족장의 사소한 습관 정도는 눈감고 넘어가기로 결정한 것이다. 그에 따라 입술과 손톱을 화려하게 칠하고 아름답게 단장을 한 족장의 첩실들(모두 합해 40명이었다)에게 후아나, 카타리나, 후아니타, 이사벨 등의 에스파냐식 세례명이 부여되었다. 후마본의 애첩―세례명은 카를로스의 미친 모후 이름과 같은 도나 후아나였다. 그녀는 물론 카를로스의 모후가 누구인지 알 리 없었다―은 다른 여자들보다 지위가 높은 점을 감안하여 성모자 조각상을 별도로 선물했다. 그 다음에는 구경꾼들을 불러 기독교로 개종시켰다.

그때만 해도 기독교인으로 개종한 원주민은 몇 백 명에 지나지 않았다. 그러나 그 주가 지나고 다음 주 말이 되자 세부 섬의 주민 거의 모두―한 선원에 따르면 모두 합해 2,200명이었다고 한다―가 개종을 했다. 세부 섬 주민의 그 같은 폭발적 개종은 물론 마젤란 개인의 공적이었다. 그러나 한편으로는 종교적 광신자가 어떻게 심령술사로 변모할 수 있는지를 보여준 적나라한 사례이기도 했다. 마젤란이 바로 그런 경우였다. 후마본은 옥외 미사에서 세례를 받고 난 뒤 마젤란을 따로 불러, 세부 섬의 유력 인사 한 사람도 자기처럼 세례를 받고 싶어 했으나 몸이 아파 의식에 참석하지 못하고 병상에서 죽어가는 형편이라고 말했다. 그 사람은 ―피가페타의 말을 빌리면― "말도 못하고 움직이지도 못하는" 중환자였다. 마젤란은 다른 사실도 알게 되었다. 병구완을 하는 여자들이 환자의 쾌유를 비는 기도를 드리고 있는데 그것이 이교도 우상들에게 비는 기도였다는 것이다. 성직자로 변신한 제독은 그 말에 충격과 분노를 금치 못하면서 이교도 여자들을 꾸짖어 내쫓았다. 그런 다음 자신이 신앙 요법으로 직접 환자를 치료하겠다고 나섰다. 그는 후마본을 증인으로 앉혀놓고 그리스도에 대한 믿음으로 병자를 치료하는 시범을 보이겠다고 말했다. 마젤란은 환자, 환자의 아내, 그들이 낳은 열 명의 자식에게 세례를 받게 하고 환자에게 병의 차도가 있는지 물어보았다. 그런데 놀랍게도 그동안 입도 벙긋하지 못했던 환자가 더듬거리며 차도가 있는 것 같다고 말했다. 마젤란은 그에게 우유와 약초 섞은 것을 며칠 동안 먹으라고 했다. 그러자 삶을 포기했던 환자는 닷새 만에 병상에서 몸을 털고 일어나 걸어 다니기 시작했다.

※

필리핀 인과 에스파냐 선원들은 마젤란이 보여준 신기에 경악을 금치 못했다. 그러나 양측이 보인 반응은 달랐다. 원주민들은 앞 다투어 개종을 한 반면 선원들은 걱정이 앞섰다. 그들은 제독의 종교열이 슬슬 걱정되기 시작했다. 독실한 기독교인인 그들은 하나님이 기적을 바라는 사람들에게 늘 미소만을 보내지 않는다는 사실을 알고 있었다. 기대를 충족시키지 못해 망신당한 수도사의 이야기도 많이 알고 있었다. 그들은 마젤란의 환자가 그의 눈앞에서 쓰러져 죽기라도 하면 벌어질 사태를 생각하고 두려움에 몸을 떨었다. 원주민을 사심 없이 관대하게 대하는 마젤란의 태도 또한 이전 탐험가들이 닦아놓은 이베리아 반도의 식민지 경영 방식에 위배되는 어리석은 행위로 보였다. 만일 이 탐험을 에르난 코르테스나 잔혹하기 이를 데 없는 바스코 다 가마가 수행했다면 필리핀 인들은 지금쯤 아마 개종되지 않은 미개한 노예로 남아 있었을 것이다. 물론 모든 선원이 같은 생각을 하고 있었던 것은 아니다. 마젤란

면전에서 그를 대놓고 비난할 사람도 없었다. 그러나 세부 섬에서 3주를 보내고 난 뒤 항해를 재개할 때가 되었다는 데는 모든 선원의 의견이 일치했다.

마젤란이 소집한 간부 선원 회의에서 그들은 이구동성으로 즉시 출항하자고 말했다. 선원들이 저지른 난잡한 행위 때문에 원주민들의 적대감이 높아지는 것에 대해서는 입을 다물었다. 그들은 그 말은 쏙 빼고 자신들의 주장만 앞세우며 힘 있는 사람을 대변자로 뽑아 그 의견을 관철시키려고 했다. 그 무렵에는 세라노가 함대의 수석 선장이 되어 있었다. 그는 이번 탐험의 목적은 식민주의자나 사제가 되는 것이 아니라 몰루카 제도로 가는 서쪽 항로를 찾는 것이라고 말했다. 그것이 그들의 유일한 임무라는 것이었다. 실제로 국왕의 명령도 그것에서 벗어나는 행위를 엄격히 금하고 있었다. 다른 간부 선원들도 목소리를 높였다. 그들은 지난번 회의에서 마젤란이 필리핀 군도가 지닌 잠재력을 국왕에게 극대화시켜 말할 수 있을 것이라는 기대로 이곳에 정박하는 것을 정당화시켰다는 점을 상기시키며, 이제 세부 섬에 대해 알 것은 다 알았으니 더 이상 머물 이유가 없다고 말했다. 이제 떠날 때가 되었다는 것이었다.

마젤란은 그들의 건의를 묵살했다. 그는 새로 발견한 필리핀 원주민들을 에스파냐 신민으로 만드는 것이 자신의 의무라고 생각했다. 그는 다투 후마본을 더는 원주민 족장으로 보지 않았다. 그는 기독교인 왕 돈 카를로스였다. 그것도 모자라 마젤란은 후마본에게 모종의 언질을 해주어 간부들을 아연실색하게 만들었다. 그것은 사실상 콜럼부와 사이우이 형제에게 해준 것과 같은 원조 약속이었다. 이제부터 족장─왕 후마본─카를로스의 적은 에스파냐의 적이기도 했다. 후마본의 군주권─또는 그리스도의 신성─을 부정하는 사람은 누구든 죽음을 면치 못할 것이고 재산도 몰수될 것이었다.

마젤란은 아연해하는 간부 선원들에게 그런 적이 실제로 존재한다고 말했다. 세부 섬 옆에 붙은 막탄 섬의 조무래기 족장 라푸라푸가 그 주인공이었다. 막탄 섬은 전통적으로 세부 섬의 지배 영역에 속하는 지역인데 성질 고약한 족장이 그것에 반기를 들었다는 것이다. 또 라푸라푸는 에스파냐 함대에 대해서도 유난히 적대적이었다. 그는 마젤란이 최근에 요청한 식량 징발도 거부했다. 마젤란은 그것을 무력을 쓸 수 있는 좋은 구실로 생각했다. 그는 무장 선원들로 징벌대를 조직하여 이 건방진 이교도에게 본때를 보여주기로 작정하고 자신이 직접 징벌대를 이끌기로 했다.

간부 선원들은 이에 질겁했다. 에스파냐 왕도 상륙한 선원들과는 일정 거리를 유지하고 함대에 머물러 있으라는 지시를 제독에게 내린 바 있었다. 실제로 목숨이 위태로울 수 있는 그런 무모한 일에 함장은 나서지 말아야 한다는 것이 에스파냐와 포르투갈 정부의 기본 방침이었다. 마젤란의 매부인 두아르테 바르보사도, 그 원칙을 무시했다가 라플라타 강에서 인디언에게 살해된 후안 디아스 데 솔리스의 예를 상기시키며 마젤란을 말리려고 했다. 마젤란은 매부의 건의도 일축했다. 그는 신앙 요법 치료사로 화려하게 등장한 이래 자신의 힘을 절대적으로 믿고 있었다. 마젤란은 간부 선원들에게 라푸라푸와의 싸움에서는 그리스도 십자가와 승리의 여신이 자신을 지켜줄 것이라고 말했다. 그 두 가지로 무장하는 한 패배는 없을 것이라는 것이었다.

이 아무짝에도 쓸모없는 전쟁을 앞둔 1521년 4월 말 마젤란은 예전과는 전혀 다른 사람이 되어 있었다. 동아프리카, 인도, 모로코, 말레이시아에서 군사 작전을 수행하며 보여주었던 주도면밀함은 온데간데없이 사라지고 한없이 무모하고 경솔하기만 했다. 그나마 그때는 그리스도의 열렬한 전도사는 아니었다. 그런데 지금은 하나님의 개입만을 믿고 군사 행동을 앞둔 인간이 취해야 할 모든 신중한 태도를 다 무시했다. 계략, 비밀, 기습은 전투의 중요한 요소이다. 그런데 마젤란은 4월 27일 토요일—이날을 행운의 날로 믿고 있었다—에 막탄 섬을 치겠다고 에스파냐 인과 필리핀 인 모두에게 공언한 것은 물론 세부 섬의 주민들에게 그곳에 와서 전투를 구경하라고까지 떠벌렸다. 또한 군사 행동을 하려면 사전에 지형 조사를 하고, 수륙양용 작전일 때는 조류 조사를 하는 것이 필수인데도 마젤란은 그동안 터득한 모든 지혜를 헌신짝 버리듯 버린 사람답게 그것도 무시했다. 때문에 그가 공격 시점으로 잡은 간조 때는 막탄 섬 주변의 암초에 배들이 막혀 엄호사격을 할 수 없다는 사실을 알지 못했다. 그는 동맹군의 중요성도 간과했다. 노련한 전사 1천 명을 제공해주겠다는 후마본의 제의, 후위로 치고 들어와 적군의 주의를 교란시켜주겠다는 왕세자 루마이의 제의, 에스파냐 선원들이 육지에 상륙할 때 적군의 측면을 공격해주겠다는 라푸라푸의 경쟁자인 막탄 섬의 카시키 술라의 제의를 모두 거절했다. 마젤란은 그들에게 기독교로 개종한 족장들과 함께 바랑가이—원주민이 타는 배—를 타고 멀리서 전투 구경이나 하라고 했다. 그들의 도움 없이 그와 부하들만으로도 얼마든지 싸울 수 있다는 것이었다.

 마젤란의 이 전략은 전례가 없지 않았다. 미국 역사학자 새뮤얼 엘리엇 모리슨(1887년~1976년—역주)도 "아프리카와 아메리카 대륙의 침입자들은 거의 대부분 자신들과 친밀한 종족과 동맹을 맺는 행위를 이웃 종족에게 총부리를 겨누는 행위로 여겼다."라는 점을 지적했다. 캐나다를 탐험한 프랑스 인 사뮈엘 드 샹플랭, 멕시코의 에르난 코르테스, 아메리카 대륙 대서양 연안의 노스캐롤라이나 주와 사우스캐롤라이나 주를 탐험한 잉글랜드 인, 인도와 아프리카를 탐험한 포르투갈 인들도 분리하여 정복하는 정책을 썼다. 그러나 "현지 상황에 밝은 마젤란이 그런 행동을 한 것은 지극히 어리석었다."라고 모리슨은 꼬집었다.

만일 마젤란이 전투력을 확보하여 그들을 제대로 활용하기만 했어도 성공을 거둘 가능성이 있었다. 1,500명에서 2,000명 정도로 추산된 적군은 지극히 원시적인 무기만을 소지하고 있었으므로 조금만 겁을 주어도 쉽게 혼비백산시킬 수 있는 오합지졸이었다. 그런 수준이면 함대 위병 에스피노사와 훈련된 선원들, 그리고 활과 화승총을 다룰 줄 아는 에스파냐 인 150명 정도로도 간단히 물리칠 수 있었다. 코르테스와 프란시스코 피사로(1475년경~1541년. 페루의 잉카제국을 정복하고 리마 시를 건설한 에스파냐 정복자―역주)도 멕시코와 페루에서 그와 비슷하게 수적으로 열세인 상황에서 원주민들을 물리쳤다. 그러나 마젤란은 그런 관례를 무시하고 달랑 선원 60명만 육지에 상륙시켰다. 그러면서 그 이유를 승산 없는 싸움에서 기독교 군이 승리하는 모습을 필리핀 인들에게 보여주고 싶었기 때문이라고 밝혔다. 또 그는 지원병만으로 전투를 하겠다며 배 세 척에서 각각 지원자 20명을 선발했다. 그러다 보니 힘센 선원들은 전투에 나가고 싶어도 나가지 못해 성이 잔뜩 나서 배에 남아 있고 약골 선원들이 선발되는 어처구니없는 결과가 초래되었다. 피가페타는 그렇게 해서 마젤란이 조리사, 식사 당번, 객실 급사 등으로 이루어진 얼치기 잡종 부대를 갖게 되었다고 썼다. 그들은 기질적으로도 전투에 맞지 않았고 무기도 다룰 줄 몰랐다. 또한 원주민을 상대하는 데 있어 가장 유리하게 작용할 수 있는 갑옷의 보호도 제대로 받지 못한 것으로 드러났다. 이들에게는 흉갑과 투구만 지급되었을 뿐 정작 중요한 정강이받이와 다리 방어구는 지급되지 않았다. 끝으로 지휘관이 마젤란뿐이었다는 사실도 패인으로 작용했다. 그 역시 마젤란이 자초한 일이었다. 그는 회의에 참석한 간부선원들이 자신의 계획을 반대하자 그들을 전투에서 제외시켰다.

마젤란은 라푸라푸를 패배시키는 것 못지않게 굴욕을 안겨주는 것도 괜찮겠다고 보고 마지막 기회를 주기로 했다. 금요일 야심한 시각, 미숙한 지원병들―훈련과 연습이 안 된 것은 물론 간부 선원들조차 동행하지 않은―이 배 세 척에 나눠 타고 육지로 노를 저어갈 준비를 하는 동안, 마젤란은 노예 엔리케와 이제는 크리스토발로 이름을 바꾼 무슬림 상인을 밀사로 뽑아 라푸라푸에게 최후통첩을 보냈다. 세부 섬의 '기독교인 왕'을 그 지역의 종주로 인정하고, 에스파냐 국왕을 지배자로 받아들이며, 마젤란을 함대 사령관으로 예우해주면 목숨은 살려주겠지만 반항을 계속하면 에스파냐 창의 매서운 맛을 보여주겠다는 내용이었다. 라푸라푸는 그 말에 코웃음을 치며 그의 군대도 날카로운 대나무 창과 불로 지진 막대기로 무장하고 있으니 어디 한번 해볼 테면 해보자는 식으로 답장을 보내왔다. 에스파냐 인들은 그 답장을 보고 웃다가 거기에 덧붙인 말을 보고는 더욱 실소를 금치 못했다. 기왕이면 그의 군대가 더욱 강력해지는 아침에 공격해주면 좋겠다는 말을 써놓은 것이다. 이 부분에서 마젤란은 이미 라푸라푸에게 지고 들어간 것이었다. 그는 라푸라푸의 술수를 과대평가하여 그가 야밤 공격을 하게 하려고 일부러 그런 답장을 보낸 것으로 생각했다. 그는 심야 작전을 중지했다. 그러나 그것은 중요하지 않았다. 선원 60명으로 이루어진 상륙조는 어차피 캄캄한 시각에 도착했기 때문이다. 세 척의 배는 짧은 시간 노를 저어 날이 밝기 세 시간 전에 해안가에 좌초했다.

❈

마젤란의 선원들은 육지에 도착하지 못했다. 토요일에 해가 떠서 썰물이 되는 바람에 그들의 배는 육지에서 한참 떨어진 곳에서 암초에 걸려 오지도 가지도 못하고 좌초해 있었다. 마젤란은 암초를 헤쳐 나가지 못하리라는 것을 깨닫고 선원 11명에게 배에 남아 소형 대포로 나머지 선원들의 상륙을 엄호하라고 일러놓은 다음, 허벅지까지 물이 차오르는 바다로 첨벙 뛰어내려 선원들을 이끌고 육지를 향해 돌진해 들어갔다. 선원 몇 명이 그에게 앞장서서 가지 말 것을 몇 차례나 간곡히 권하는 것도 뿌리치고 "마치 선한 목자처럼 양 떼를 버리기를 거부했다."라고 피가페타는 기록했다.

그들은 무거운 갑옷 차림으로 허리춤까지 오는 물살을 헤치며 간신히 앞으로 나아갔다. 그때 노련한 선원들은 문득 엄호사격은 불가능하리라는 생각이 들었다. 육지와 암초와의 거리가 너무 멀어 배의 작은 대포로 쏘아봤자 적군에 미치지 못하리라는 것을 깨달은 것이다. 함대의 뱃전에 설치된 커다란 대포로 쏘면 적군에게 닿을 수도 있었다. 그러나 바르보사와 세라노는 이번 임무에서 제외된 것에 불만을 품고 갑판 아래 선실에 처박혀 있었기 때문에 그들을 불러낼 방법이 없었다.

마젤란의 군대는 무거운 장비와 무기를 들고 물살을 헤치고 나오느라 육지에 닿기도 전에 기진맥진해 있었다. 그리고 나서 앞을 보니 황당한 장면이 펼쳐져 있었다. 벌거숭이 전사들로 구성된 세 개 부대가 앞에 늘어서 있었던 것이다. 그런데 물가에 있을 것으로 예상한 것과는 달리 그들은 내륙 깊숙이 정렬해 있었다. 피가페타에 따르면 라푸라푸는 통찰력 있는 전술력을 발휘하여 다가오는 침입자를 포위할 수 있도록 삼중의 참호선 뒤에 병력을 초승달 모양으로 배치해놓았다고 한다. 그래 놓고 자신은 호위대와 함께 에스파냐 군의 사정권 밖 초승달 안쪽에 깊숙이 자리 잡고 있었다는 것이다. 그를 잡으려면 그의 뒤를 쫓는 수밖에 없었다. 마젤란은 이때 망신만 당하게 될 호언장담을 실행하는 것을 그만두고 그동안의 경험을 살려 군대를 철수하는 것이 마땅했다. 그러나 그는 공격을 명령했다. 화승총과 석궁 훈련을 받은 선원들은 있는 힘을 다해 공격을 개시했다. 그러나 그들의 지리멸렬한 공격은 아무 성과도 내지 못했다. 포탄, 돌, 화살, 어느 것 하나 족장을 맞추지 못했고, 다른 곳을 향해 쏜 무기도 그의 부하들의 방패에 맞고 튕겨 나오기 일쑤였다. 끝까지 마젤란의 곁을 지킨 피가페타에 따르면, 적군은 처음에는 머스킷 총 소리에 놀라 주춤하며 뒤로 물러났다고 한다. 그러나 그것도 잠시, 마젤란은 나중의 공격을 위해 탄환을 아껴두려고 "공격 중지!" 명령을 내렸다. "그러나 혼전의 와중이어서 명령은 잘 수행되지 않았다." 적군은 아군의 공격이 별 게 아니라는 것을 깨닫고 후퇴를 멈추었다. 그들은 아군의 혼을 빼놓기 위해 아귀 같은 소리를 지르고 사방팔방으로 정신없이 뛰어다니며 우르르 몰려들어 화살, 창 … 돌로 공격하는 것은 물론 오물까지 던졌다. 선원들은 그러한 공격을 도저히 감당할 수 없었다. 원주민 전사들 중 몇몇은 끝이 놋쇠로 된 창을 제독에게 던지기 시작했다.

    선원들은 앞으로 계속 전진했다. 그러다 어느 순간 마젤란은 아군이 적군의 술수에 말려들어 독 안에 든 쥐가 되었다는 것을 깨달았다. 그는 적군을 허둥대게 하려고 소부대를 인근 부락으로 보내 공격하게 했다. "그것이 적을 더욱 사납게 만들었다."라고 피가페타는 기록했다. 아니 상황은 그보다도 나빴다. 부락에 갇힌 소부대는 두터운 갑옷을 입었음에도 불구하고 세라노의 사위를 포함하여 한 명도 남김없이 적군의 창에 찔려 몰살당했다. 이렇게 되자 마젤란도 위급함을 느껴 선원들에게 배로 철수할 것을 명령했다. 그는 능숙하게 상황을 통제하며 수적으로 크게 열세인 부대를 둘로 나눈 다음 한 부대가 창을 든 적군의 접근을 가로막고 있는 사이 다른 부대가 참호를 건너가게 했다. 그렇게 모든 것이 잘 진행되던 중 마지막 참호를 건너다 그들은 그만 장애에 부딪쳐서 움직일 수 없게 되었다. 라푸라푸는 이에 쾌재를 부르며, 선원들이 배에 닿기 전에 그들의 퇴로를 차단하기 위해 병력을 분산시켜 그들의 측면을 과감하게 에워쌌다.

마젤란이 선원 대부분을 뒤에 남겨두고 온 뼈아픈 대가를 치른 곳이 바로 이 지점이었다. 공격에 가담했던 40명가량의 선원들은 순식간에 전열을 무너뜨리고 바다로 떼를 지어 몰려갔다. 그리고는 고군분투하는 지휘관을 홀로 남겨둔 채 자기들만 어기적어기적 암초를 건너 배로 돌아가 몸을 웅크려 숨어버렸다. 그 사이 제독은 자신의 충실한 부하 피가페타와 몇 안 되는 선원들과 함께 적군에 둘러싸여 끔찍한 최후의 일전을 치르고 있었다. 그 일방적인 싸움은 주변 사람들이 충격에 넋을 잃고 얼어붙은 듯 꼼짝 않고 지켜보는 가운데 한 시간 넘게 계속되었다. 바랑가이를 타고 있는 세부의 기독교인 왕, 왕세자 루마이, 카시키 술라, 세례를 받은 다른 족장들, 배 안에 숨은 소심한 선원들 모두 그 광경을 지켜보고 있었다. 최근 기독교로 개종한 필리핀 인들은 성모마리아, 성인, 승리의 여신, 그것도 아니면 예수 그리스도라도 나서서 신성한 개입을 해주기를 이제나저제나 손꼽아 기다렸다. 그러나 누구도 신성한 개입을 해주지 않았다. 산티아고 기사단의 기사, 에스파냐 기독교 황제의 사절 페르디난드 마젤란에게 기적은 일어나지 않았다. 전투는 이제 종반으로 치닫고 있었다. 그때 섬뜩한 광경을 지켜보다 못한 세부 섬의 개종한 일부 전사들이 대부를 구하기 위해 배를 타고 막탄 섬에 상륙했다. 그들이 육지에 발을 내딛는 순간 그때까지 잠잠히 있던 함대의 포수가 별안간 컬버린(중세의 대포)을 해안가로 발사했다. 그 토요일 에스파냐 인들의 운명을 결정지은 컬버린 포는 목표물을 빗나가 구조원들에게 명중했다. 네 명이 그 자리에서 즉사하고 다른 구조원들은 뿔뿔이 흩어졌다.

마젤란은 쉽게 죽지 않았다. 그는 독화살이 갑옷의 보호를 받지 못한 오른발에 가 꽂히자 그것을 잡아 뺀 다음 싸움을 계속했다. 그와 그의 용감한 부하들은 무릎까지 차오르는 거센 물살 속에 소나기처럼 퍼붓는 적군의 돌, 뗏장, 창 세례를 고스란히 받았다. 피가페타에 따르면 원주민들은 던진 창을 회수하여 다시 던지기를 무려 대여섯 차례나 반복했다고 한다. 그 난타를 견디다 못해 마젤란의 투구도 두 차례나 벗겨져나갔는데 그것을 부하들이 주워 다시 씌워주었다. 그러자 이번에는 창이 그의 얼굴을 관통했다. 마젤란은 피가 줄줄 흘러 반半장님이 된 상태에서 창으로 적을 찔렀다. 마젤란은 쓰러지는 적병의 체중에 눌려 손에 들고 있던 창을 놓쳤다. 빈손이 된 마젤란은 칼을 뽑으려다가 그럴 수 없다는 것을 알았다. 바로 전에 입은 부상으로 오른팔이 잘려 나갔던 것이다. 라푸라푸 전사들이 무방비 상태가 된 그를 포위하기 시작했다. 마젤란의 부하는 다 죽고 네 명만 살아 있었다. 그 네 명의 부하들이 둥근 방패로 그를 엄호하려고 하자 원주민 한 명이 방패 밑으로 언월도를 휘둘러 마젤란의 다리를 휘청거리게 했다. 그는 물속으로 얼굴을 처박으며 고꾸라졌다. 그러자 십여 명의 원주민들이 "쇠창, 죽창, 단검을 들고 벌 떼처럼 달려들어 우리의 귀감, 우리의 빛이며 위안, 우리의 진정한 지도자가 죽을 때까지 찌르고 또 찔렀다." 피가페타는 화살을 맞아 피를 흘리며 그 광경을 지켜보았다. 그와 엔리케, 다른 두 명의 생존자는 되는대로 정신없이 싸웠다. "제독이 죽는 모습을 바라보며 우리는 부상당한 몸을 이끌고 이미 줄행랑을 놓고 있던 배를 향해 죽어라고 도망쳤다."라고 피가페타는 기록했다.

마젤란은 아무것도 남기지 않았다. 그날 오후 슬픔에 잠긴 세부 섬의 족장이 승리한 족장에게 거액의 몸값을 제시하며 제독의 시신이나마 수습하려고 했다. 라푸라푸는 기분이 우쭐해졌다. 그것은 그가 평생 가져보지 못한 거금이었다. 그러나 마젤란의 시신을 수습할 수는 없었다. 어디에 있는지 찾지 못한 것이다. 세부 섬에서 파견한 대표, 라푸라푸, 그리고 라푸라푸의 전사들이 마젤란이 마지막으로 싸운 얕은 물가를 샅샅이 수색해보았으나 시신을 찾을 수 없었다. 다른 선원들의 시신은 화살, 버려진 창, 갑옷 조각 등 전장의 다른 파편들에 섞여 그들이 쓰러진 곳에 그대로 있었다. 그러나 마젤란의 시신은 없었다. 그의 뼛조각 하나, 살점 하나 눈에 띄지 않았다. 그렇다면 섬뜩하기는 해도 가능성은 하나밖에

마젤란의 죽음

없었다. 막탄 섬의 원주민들이 극도로 흥분한 상태에서 그의 몸을 갈기갈기 찢어놓자, 이 먼 곳까지 그를 실어다준 바다가 그의 시신을 도로 먼 곳으로 실어간 것이었다. 마젤란의 처자식은 몰루카 함대에서 살아남은 선박이 에스파냐로 귀환하기 전에 사망했다. 그와 함께 마젤란이 이 세상에 존재했다는 증거도 모두 사라진 듯했다.

※

 아니 그렇지 않았다. 마젤란의 생애는 끝났으나 그의 항해는 끝나지 않았다. 물론 그 일이 있고 나서 며칠 동안은 동요가 심했다. 에스파냐 선원들을 둘러싸고 있던 신비한 아우라는 사라진 제독과 마찬가지로 깨끗하게 사라졌다. 필리핀 인들은 지휘관을 버려두고 배로 도망친 선원들의 파렴치한 행위에 큰 실망감을 느꼈다. 그것 말고도 에스파냐 인들에게 환멸을 느낀 이유는 또 있었다. 군종신부가 마젤란의 추모 미사를 끝내자마자 방탕한 일부 선원들이 상중임에도 지각없이 다시 필리핀 여성들에게 손을 댔던 것이다. 그 모습에 필리핀 인들은 완전히 질려버렸다. 오랜 세월이 흐른 뒤 마젤란 탐험대의 일원이었던 제노바 인에게 비사얀 제도 사람들이 에스파냐 선원들에게 등을 돌린 이유가 무엇이었냐고 묻자, 그는 "여자들에게 성폭력을 가한 것이 주원인"이었다고 말했다.
 에스파냐 선원들에 대한 반감은 원주민의 모든 계층에서 감지되었다. 특히 세부 섬의 족장은 태도가 돌변하여 기독교를 버리고 다시 이교도가 되더니 속임수까지 썼다. 무의미하고 비극적인 전투가 끝나고 다시 후마본으로 돌아온 족장이 한 주를 보낸 뒤 목요일에 함대로 전갈을 보내왔다. 에스파냐 인 29명—최고의 간부 선원과 노련한 조타수들만 골라—을 저녁 식사에 초대하겠다는 것이었다. 피가페타는 그 초대에

응하지 않았다. 그에 따르면 저녁 식사에 간 선원들 중 두 명은 낌새가 이상한 것을 눈치 채고 그곳을 살그머니 빠져나와 배로 돌아왔다고 한다. 그렇게 해서 두 사람은 목숨을 건졌다. 그러나 두아르테 바르보사와 세라노를 비롯하여 다른 선원들은 잔인하게 살해되었다. 그것을 본 함대의 선원들은 혼비백산하여 *트리니다드* 호, *빅토리아* 호, *콘셉시온* 호를 타고 필리핀 군도의 섬들을 이리저리 헤치며 정신없이 도망을 쳤다. 그렇게 미친 듯이 도망을 치다 세부 섬과 민다나오 섬 사이 보홀 섬 앞바다에서 배 세 척 중 한 척을 잃게 되었다. 물이 자꾸 스며들고 있던 *콘셉시온* 호를 손볼 선원이 없어 ―산 루카르 항을 떠난 이래 잃은 선원이 자그마치 150명이었다― 배에 불을 질러 침몰시킨 것이다.

1521년 11월 6일, *빅토리아* 호는 인도네시아 섬들을 4개월가량 헤매고 다닌 끝에 마침내 몰루카 제도에 도착했다. 마젤란의 기함 *트리니다드* 호도 도착했다. 그러나 *트리니다드* 호는 이후 두 번 다시 유럽의 바다를 보지 못한다. 배가 만신창이가 되어 있었던 것이다. 그것은 항해술 부족 때문이 아니었다. 이 배의 선장은 19개월 전 산 훌리안 폭동 때 마젤란의 오른팔이 되어 폭동을 진압했던 고메스 데 에스피노사였다. 그런 에스피노사도 이제는 운이 다한 것 같았다. *트리니다드* 호는 파나마에 가기 위해 홋카이도 앞바다의 한 지점을 향해 북진하다 돌풍에 휘말려 남쪽으로 떠밀려갔다. 그 다음에는 포르투갈 함대의 추격을 받았다. 포르투갈 함대의 사령관 안토니오 데 브리토는 마젤란의 항해 소식만 알고 있을 뿐 그가 죽었다는 사실은 모르고 있었다. 그래서 마젤란을 체포하려고 *트리니다드* 호를 맹추격하는 중이었다. 그는 몰루카 제도 북쪽 테르나테 섬에서 *트리니다드* 호를 궁지에 몰아넣었다. 그런 다음 배의 서류를 몰수하고 돛과 삭구를 빼앗았다. *트리니다드* 호는 돌풍을 만났을 때 이미 "부서져 전파全破된 상태였다."라고 새뮤얼 엘리엇 모리슨은 기록했다. 리스본에 보낸 브리토의 보고서에는 그 시대의 잔혹성이 그대로 드러나 있다. 브리토는 *트리니다트* 호의 선원들 중 한 명(브리토는 그가 포르투갈 인이브로 도망자라고 선언했다)만 참수하고 나머지 선원들을 전원 학살하려고 했다. 그러다 생각을 바꿔 "그들을 말루코 제도(몰루카 제도의 다른 표현-역주)에 억류했다. 유해한 환경에서 죽게 하려는 의도였다." *트리니다트* 호의 선원들 중 네 명만 살아 유럽에 돌아왔으니 그의 의도는 대충 맞아떨어진 셈이었다.

상태가 괜찮았던 *빅토리아* 호는 향료 26톤을 싣고 본국을 향해 항해에 나섰다. 배의 선장은 1년 반 전 산 훌리안 폭동의 주동자들 중 한 명이었던 후안 세바스티안 엘 카노였다. 이 또한 얄궂은 운명이 아닐 수 없었다. 그와 조타수 프란시스코 알보는 마젤란 함대의 세계 일주를 완결 지었다. 그들은 그 일을 훌륭하게 해냈다. 마젤란의 항해 때와는 달리 미지의 바다를 맞닥뜨릴 일도 없이 해도에 기록된 대로 익숙한 바다를 항해하면 그만이었으니 그것은 당연한 일이었다. 그러나 그들 앞에는 그와는 다른 종류의 위험이 도사리고 있었다. 앞서도 언급했듯이 이 배의 돛에는 카스티야와 아라곤의 국기가 그려져 있었다. 그러다 보니 포르투갈 인들의 포획 대상이 되었고, 포르투갈 제국의 힘은 그동안 많이 강성해져 있었기 때문에 제국의 힘이 미치지 않는 항구들을 골라 다니느라 이만저만 고생이 아니었던 것이다. 엘 카노와 알보는 지구를 반 바퀴 도는 항해를 하면서 말라카, 인도 제국, 아프리카, 모잠비크의 항구들을 모두 피해 다녀야 했다. 카보베르데 제도Cape Verde Islands—1495년 이후 포르투갈 왕령의 일부가 되었기 때문에 Ilhas do Cabo Verde(카보베르데 제도의 포르투갈 어 표현-역주)라고 불렸다—도 어떻게든 피해가려고 했다.

피가페타에 따르면 선원들은 포르투갈 인들에게 붙잡히느니 차라리 죽어버리겠다며 각오를 단단히 다졌다고 한다.

이 모든 일이 조타수를 고달프게 했다. 조타수는 벌레 먹고 썩어서 악취가 나는 배를 몰고 기나긴 우회로를 매번 찾아다니는 번거로움을 감수해야 했다. 널빤지 붙인 곳의 균열이 간 곳마다 물이 스며들어 삐거덕거리는 배로 살얼음을 밟듯 조심스레 인도양을 건너고, 아프리카 남단을 돌다 지쳐 초죽음이 된 상태에서 다시 아프리카 서해안을 도는 항해를 하느라 선원들도 병이 들어 몸이 말이 아니었다. *빅토리아* 호가 이런 식으로 우회한 구간은 탐험대의 총 항해 거리인 39,300마일(약 63,247킬로미터) 중 가장 긴 17,800마일(약 28,646킬로미터)이었다*. 이렇게 여덟 달 동안 고난에 찬 항해를 하는 동안 선원 19명이 쓰러져 목숨을 잃었다. 남아 있는 선원은 18명뿐이었다. 이 피골이 상접한 18명이 3년 전 에스파냐를 떠난 265명 중 가까스로 살아남아 세계 일주를 마치고 돌아온 선원들이었다. *빅토리아* 호는 카보베르데 제도에 속한 산티아고 섬(일명 상티아구 섬―역주)에 사는 포르투갈 인들의 눈을 간신히 피해 1522년 9월 4일 세인트 빈센트 섬의 곶(역시 카보베르데 제도에 속해 있으며 일명 상 비센테 섬의 곶―역주)에 닿았다. 그리고 나흘 뒤 산 루카르 항에 도착한 다음, 다시 과달키비르 강을 항해하여 세비야에 도착함으로써 마침내 기나긴 항해를 성공적으로 마무리 지었다.

에스파냐 인들은 마젤란 함대가 오래전에 실종된 것으로 생각했다. 그런데 이미 세상에 없을 것이라고 생각했던 함대가 살아 돌아온 것이

---

* 참고로 콜럼버스의 첫 항해 거리는 3,900마일(약 6,276킬로미터)이었고, 리버풀에서 뉴욕까지의 항해 거리는 3,576마일(약 5,755킬로미터), 샌프란시스코에서 요코하마까지의 항해 거리는 5,221마일(약 8,402킬로미터)이다.

다. 함대의 생존자들은 "천지창조 이래 이 세상에서 벌어진 일 중 가장 위대하고 훌륭한 공적"을 이룬 영웅으로 세비야 주민들의 열렬한 환영을 받았다고 한 에스파냐 인은 전하고 있다. 해골처럼 변한 *빅토리아* 호의 선원들은 세비야의 상징인 백색의 히랄다 종탑에 예포를 쏘면서, 그 대포들은 마젤란 해협, 태평양, 필리핀을 발견했을 때도 쏜 것이라고 자랑스럽게 이야기했다. 부둣가에 모여든 군중은 그 말이 무슨 뜻인지 몰라 눈만 멀뚱거리고 있었다. 함대가 귀환했다는 소식은 세비야, 에스파냐 전역, 유럽으로 빠르게 전파되었다. 그와 더불어 이번 항해의 마지막 얄궂은 운명이 찾아들었다. 보름스 의회에서 루터와 갈등을 빚은 뒤 바야돌리드로 돌아와 있던 카를로스 1세가 항해에서 살아남은 *빅토리아* 호의 선장 후안 세바스티안 엘 카노를 뜨겁게 환영해준 것이다. 만일 그가 1520년 4월 2일 푸에르토 산 훌리안에서 독자적인 행동을 취했다면 마젤란은 타도되었을 것이고, 마젤란이 타도되었다면 마젤란 해협도 발견되지 못했을 테니 그것은 진정 얄궂은 운명이었다.

후안 세바스티안 엘 카노는 성자의 반열에 오른 듯했다. 거기에는 오해의 여지가 있을 수 없었다. 1년 전 에스테방 고메스와 그의 일당이 함대를 이탈하여 *산 안토니오* 호를 몰고 세비야로 돌아오자 에스파냐 당국은 왕실 조사 위원회를 구성하여 그들을 심문했다. 그들은 함대의 다른 배들이 선원들과 함께 침몰했을 것으로 믿고 이야기의 각본을 미리 짜놓았다. 마젤란이 변절하여 함대를 포르투갈에 넘기려 하는 것을 알고 함대를 이탈했다는 것이 그 내용이었다. 또 그들은 그런 행위에 저항하는 것이 자신들의 의무라 믿었기에 산 안토니오 호의 선장—마젤란의 사촌 알바로 데 메스키타—을 제압하고 배를 구해 귀환한 것이라고 말했다. 마젤란이 발견한 해협에 대해서는 언급하지 않았고 어떤 만에 진입했다는 말로 얼버무렸다. 그러면서 마젤란이 찾은 그 통로는 맹세코 아무 쓸모도 없는 것이었다고 힘주어 말했다.

조사 위원들은 그들의 말에 설득력이 없다고 판단하여 함대로부터 다른 소식이 들려올 때까지 최종 판결을 유보하기로 했다. 그동안 선장 메스키타를 비롯하여 변절자들은 감옥에 갇혀 있었다. 그런데 이제 진실이 밝혀진 것이다. 메스키타는 감옥에서 풀려나 보상금을 두둑이 받았다. 변절자들의 운명은 보나마나 뻔할 것 같았다. 논리적으로 보면 엘 카노도 공범으로 참여했던 폭동의 진상을 파헤치는 것이 순서였다. 그러나 일은 그렇게 진행되지 않았다. 엘 카노가 그들을 변호하고 나선 것이다. 그것으로 충분했다. 그의 새로운 이미지에 먹칠을 하는 일은 있을 수 없었다. 카스티야의 권세 있는 귀족들은 함대의 제독을 영웅으로 추대해야 할지, 함대의 마지막 배를 끌고 귀환한 선장을 영웅으로 추대해야 할지 고민에 빠져 들었다. 그러나 생각해보면 함대의 제독은 이미 죽어 저세상 사람이 된 포르투갈 인이었고, 엘 카노는 에스파냐 인이었고 살아 있었다. 또 그는 에스파냐의 명문 귀족 바스크 가 사람이기도 했다. 그렇게 해서 에스파냐 방방곡곡에는 마젤란의 이름이 아닌 엘 카노의 이름이 울려 퍼지게 되었다.

카를로스 국왕은 보름스 의회에서처럼 이번에도 자신의 무능함을 여지없이 드러내며 촌극을 연출했다. 그는 엘 카노를 궁정으로 불러 기사 작위를 수여했다. 그와 함께 연 5백 두카트 금화의 연금을 하사해주고 '*최초의 세계 일주 항해가Primus circumdedisti me*'라는 문구가 새겨진 조잡한 문장紋章의 띠를 지구의에 둘러 선물로 주었다. 그로써 마젤란이 이룩한 모든 업적의 공은 엘 카노에게 돌아갔다. 그 행위가 더욱 파렴치했던 것은, 카를로스가 이번 항해의 진실을 항해 일지에 빠짐없이 기록

하고 *빅토리아* 호가 안전한 항구를 찾는 데 없어서는 안 될 중요한 역할을 했던 프란시스코 알보도 바야돌리드 궁정으로 함께 불렀다는 사실이다. 카를로스는 나중에 안토니오 피가페타도 접견했다. 베네치아 귀족인 그를 무시할 수 없었던 것이다. 피가페타는 그 자리에서 자필로 쓴 선상 일기 원본을 국왕에게 주는 실수를 범했다. 사본을 하나 만들어둔 것이 그나마 다행이었다.

마젤란의 이름은 회자되지 않았으나 혹시라도 항간에 언급되면 경멸적으로 말해지기 일쑤였다. 또 그는 유서를 써놓고 항해를 떠났으나 유서 수혜자—가난한 자, 죄수, 수도원과 병원 관리자— 중 어느 누구도 에스파냐 정부로부터 땡전 한 푼 받지 못했다. 세비야에는 장인 디에고 바르보사가 마젤란의 유일한 친족으로 남아 있었다. 그러나 사위를 만난 뒤 자식 둘과 손자 하나를 잃은 그는 울분을 참지 못해 마젤란을 만난 것을 저주하며 살고 있었다. 엘 카노의 홍보업자들은 그와는 달리 기세등등했다. 그들은 안토니오 피가페타를 비롯한 생존자들의 입을 통해서나 현재까지 남아 있는 항해 일지와 선상 일기를 통해서나 때가 되면 진실은 밝혀질 것이므로 역사는 그렇게 간단히 왜곡되지 못한다는 사실을 결코 깨닫지 못하는 듯했다. 그러나 영향력과 편견이 거짓으로 기득권을 얻고 있을 때 몰염치한 거짓말은 쉽게 사라지지 않는 법이다. 마젤란의 탐험이 바로 그런 경우였다. 3년간의 항해에 대한 진실이 밝혀져 그것이 사실로 입증된 뒤에도 거짓은 여전히 판을 쳤다. 에스파냐 인들은 세계 최고 탐험가의 공적을 계속해서 왜곡시켰다. 그들은 마젤란의 업적을 과소평가하여 다른 사람들의 공으로 돌리거나 아니면 그의 말년 삶의 특징이 되어버린 종교적 광신을 예로 들어 놀림감으로 만들었다. 필리핀에 관해서도 마젤란을 험담했다. 그는 그곳을 이교도 지역으로 보았고 그런데도 이교도 지역으로 남겨두었으며 그 실책 때문에 필리핀은 영영 이교도 지역이 될 것이라고 이야기했다. 마젤란을 비웃던 사람들은 16세기가 지나기도 전에 자신들이 한 말을 까맣게 잊어버렸다. 그러나 필리핀은 잊지 않았다. 필리핀 사제들은 지금도 그것을 얄궂은 마젤란 운명의 최고 걸작으로 여기고 있다. 마젤란이 후마본의 아내에게 선물로 준 투박한 성모자 조각상이 지금까지도 귀하게 보존되고 있고, 6천만 필리핀 인―필리핀 인구의 85퍼센트―이 로마 가톨릭을 믿고 있으니 그것은 당연한 일이다.

※

밤하늘을 보면 천구 남극 약 25도 지점에 두 개의 은하가 걸쳐 있는 것을 육안으로도 쉽게 판별할 수 있다. 그것이 마젤란 성운이다. 경외감마저 느껴지는 이 찬란한 두 개의 은하로 하늘의 장려함과 우주의 광막함은 한층 더 실감이 난다. 하늘 저 멀리 까마득히 떨어진 두 은하의 거리가 어느 정도인지는 오직 상상으로만 알 수 있을 따름이다. 초속 18만 6,291마일 속도―연속年速 3조兆 마일(약 29만 9806킬로미터)―로 쏘는 한 줄기 별빛이 지구에 와 닿는 데는 16만 년이 걸린다. 그렇다면 마젤란이, 자신이 발견한 해협을 통과하여 태평양을 건널 때 두 은하에서 뿜어낸 빛은 1595세기 후에나 지구에 닿게 되는 것이다. 마젤란이 알았다면 무척이나 흐뭇해했을 우주의 법칙이다. 미국항공우주국(NASA) 제트 추진 실험실의 마젤란 프로젝트는 물론 그를 실망시켰을 테지만 말이다. 마젤란은 하나님의 신비를 믿었다. 따라서 과학이 신의 영역에 주제넘게 끼어드는 것을 결코 용납하지 않았을 것이다.

마젤란은 당대 최고의 지식인이 아니었다. 당대 최고의 지식인은 에라스무스였다. 그는 천재도 아니었다. 레오나르도 다 빈치가 천재였다. 그러나 마젤란은 어려서부터 당대 최고의 영웅이 되기를 꿈꾸었고 그 꿈을 이루었다. 그 이유가 무엇이었는지 아는 것은 무척 난해하지만 알아두는 것은 중요하다. 영웅성은 흔히 물리적 용기와 혼동되고는 한다. 그러나 양자는 전혀 다르다. 마젤란의 죽음에 영웅성은 없었다. 그는 노련한 전사로 부하들을 이끌고 최후의 어둠 속으로 들어갔을 뿐이었고 마지막 숨을 몰아쉴 때에도 천국이 지척에 있다고 믿고 또 그렇게 믿었기에 한 점 두려움이 없었다. 그의 행위는 안전핀이 뽑힌 수류탄에 몸을 날려 동료들의 목숨을 구한 병사의 행위와 같았다. 그것은 상을 받아 마땅한 행위이지만 그 충동적 행위에 영웅성 같은 것은 없다. 요컨대 뜨거운 난로에 무심코 손을 댔다가 반사적으로 손을 뗄 때처럼 무의식적으로 나오는 동작인 것이다. 영웅성은 그것과 다르다. 영웅적 행위를 하는 사람은 언제나 심사숙고하고 또 영웅성에 대해 의식을 한다.

또 영웅성은 그것이 진정한 용기일 때는 무리에 휩쓸리지 않으려는 특징이 있다. 군대를 비롯한 모든 운동 집단은 참가자들에게 엄청난 힘을 부여해주기 때문에 커다란 위험을 감수하고라도 열렬히 동참하여 공동의 목적을 추구한다. 이때 공동의 목적에 이의를 제기하고 다른 구성원들에게 반기를 들 수 있다면 그는 진정 용기 있는 인물이다. 그러나 마젤란의 원탁회의에서는 그런 불협화음이 일어나지 않았다. 아서 왕, 랜슬롯 뒤 락, 가웨인의 세계에 흠뻑 빠져 있던 젊은 마젤란은 그 열광적인 분위기에 속은 것이었다. 훗날의 대통령과 장성, 다시 말해 눈먼 대중의 지지를 받고 있는 지도자들에게서도 일부 흥미로운 예외를 제외하면 용기를 찾아볼 수 없다. 정치인이라면 그 자리에서 떨려날 줄 알면서도 원칙의 문제에 있어서는 유권자에게 양보하지 않을 용기가 있어야 한다.

그런 사람만이 영웅이 될 자격이 있다. 더글러스 맥아더 장군이 그런 드문 경우에 속했다. 그는 정전의 희망 없이 사상자만 늘어나는 것에 항의하다 해임되는 불명예를 감수했다.*

　영웅은 타인의 격려 여부에 상관없이 확신과 자신의 내적 역량에 의존하여 홀로 행동한다. 수치심도 그를 위축시키지 못한다. 비방도 그의 기를 꺾지 못한다. 타자의 승인, 평판, 부, 사랑에 연연하지 않고 스스로의 명예를 최고의 덕목으로 여기며 그 어떤 다른 사람의 판단도 허용하지 않는다. 늘 냉소적이지만은 않았던 라 로슈푸코(1613년~1680년. 잠언의 대표적인 작가가 된 프랑스의 고전 작가—역주)는 영웅을 "보는 사람 없이도 모든 사람 앞에서 자신이 할 수 있는 일을 행하는 사람"이라고 정의했다. 영웅은 내적 자이로스코프를 척도 삼아 거부, 패배, 심지어 임박한 죽음마저 두려워하지 않고 전심전력으로 자신의 이상만을 추구한다. 속인들은 그런 강인한 의지를 이해조차 하지 못한다. 사람들은 외적 보상을 갈망한다. 동료들로부터 진가를 인정받고 싶어 하고, 면죄받기를 원하고, 보상적 애정을 찾고, 자신이 한 일에 대한 응분의 대가와 박수를 받고 싶어 하고, 모종의 감동적 겉치레를 원한다.

　지금까지의 기나긴 역사에서 마젤란의 영웅성에 비견될 만한 인물은 흔치 않았다. 16세기 유럽의 상황에서 그가 행한 세계 일주는 상상하기도 힘든 일이었다. 그런 시대적 상황 속에 마젤란이 자신의 꿈을 실현시킬 수 있는 방법은 조국에 등을 돌리고 반역을 하는 것뿐이었다. 그렇게 해서 그는 꿈을 이루게 되었다. 그러나 꿈을 이루라고 그에게 준 배들은

---

* 이 부분은 저자의 임의적 해석으로 보인다. 당시 맥아더 장군은 중국군의 참전으로 전쟁의 양상이 복잡해지고 작전이 실패하자 만주에 원자폭탄 투하를 건의하는 등 트루먼 대통령과 여러 가지 갈등을 빚다 해임된 것이다.—역주

항해에 부적합했다. 포르투갈 정부도 출항하기 전까지 그의 항해를 집요하게 방해하여 때로는 그 방해가 일부 성공을 거두기도 했다. 그런 우여곡절 끝에 마젤란은 대망의 항해를 하게 되었다. 그러나 뽑아놓은 선원들은 같은 언어로 의사소통도 못하는 어중이떠중이들이었다. 에스파냐 정부가 임명한 선장들 또한 골칫거리였다. 그들의 출신을 볼 때 변절을 하여 폭동을 일으키고도 남을 위인들이었다. 과연 그들은 폭동을 일으켰다. 그 다음에는 압도적인 저 라플라타 강의 재앙이 닥쳐왔다. 그 고독한 순간 마젤란에게는 자신의 속내를 털어놓을 사람이 한 명도 없었다. 그럼에도 그는 그것에 굴하지 않고 혼자만 존재를 믿고 있던 해협을 탐험하여 마침내 그것을 찾아냈다. 또 해협을 찾은 다음에는 변절자들이 함대에서 제일 큰 배에 식량의 절반 이상을 싣고 도주해버렸다. 나머지 배 네 척 중 세 척은 항해를 완결 짓지 못했다. 마젤란 함대의 태평양 항해는 불요불굴의 의지가 빚어낸 일대 서사시였다. 그러나 그 역시 제독이 강인한 의지로 선원들의 사기와 힘을 진작시키지 못했다면 불가능한 일이었다. 필리핀 발견은 마젤란의 본래 목적지인 몰루카 제도 탐험을 어렵게 만든 주요인이 되었다. 마젤란은 필리핀에 근대를 심어주려다 그곳에서 사망했다.

　마젤란의 어처구니없는 죽음은 분명 그의 행동 규칙을 벗어난 일탈 행위로 빚어진 일이었다. 그 일탈은 어느 정도는 세계 일주를 하고 난 뒤의 흥분이 가져온 결과로도 볼 수 있을 것이고, 신이 지배하는 시대를 살며 시대적 요청에 의해 그가 왜곡되었다는 사실로도 설명할 수 있을 것이다. 그러나 마젤란의 왜곡된 상황은 당대의 다른 거물들이 저지른 범죄행위와는 비교도 안 될 만큼 미미했다. 당대의 교황, 국왕, 종교개혁자들의 손은 죄 없는 사람들의 피로 흥건히 젖어 있었다. 마젤란의 손은 깨끗했다. 백번 양보하여 그가 막탄 섬을 오판한 것은 바보 같은 행위였다고 치더라도 그는 자신의 그 과오에 말할 수 없이 값비싼 대가를 치렀다. 그런 혹독한 대가를 치른 예는 흔치 않다. 그는 목숨만 잃은 것이 아니었다. 그보다 더 중요한, 자신의 항해를 명예롭게 마감하고 시대에 정당성을 부여할 수 있는 기회마저 상실했다.

마젤란의 성격은 완벽하지 못했다. 그러나 영웅이라고 반드시 훌륭한 인간이라는 법은 없으며 실제로 많은 경우 훌륭한 인간이 아니었다. 그것은 그들의 공적 뒤에 숨은 복잡한 기질로도 잘 알 수 있다. 영웅적인 행위와 같이 뛰어난 일을 행하는 사람들은 인간관계에 서툴다. 이 찜찜한 현실은 위대한 인물의 이미지를 윤색하는 것으로 적당히 얼버무려지고는 한다. 세상에 이름을 떨친 수많은 정치가, 작가, 화가, 작곡가 들이 개인적으로는 매우 불완전한 인간, 요컨대 편협한 아들, 남편, 아버지, 친구들이었다. 링컨의 결혼은 실패작이었다. 프랭클린 루스벨트도 아무리 좋게 말한다 해도 위선자였다.

그러나 그들은 공적을 이루었다. 진정한 영웅일수록 결점투성이일 가능성이 많다. 하지만 그들의 결점은 유감스럽기는 해도 큰 문제가 되지 않는다. 마지막에는 그들의 영웅성이 찬연히 빛날 것이기 때문이다. 갈릴리 인 예수 그리스도가 페르디난드 마젤란을 만났다면 크게 실망했을 것이다. 마젤란도 마찬가지였을 것이다. 그러나 두 사람은 똑같이 영웅이다. 현재도 영웅이고 미래에도 영웅일 것이다. 그렇게 보면 마젤란 성운은 그에게 주어진 그 많은 찬사 중 가장 적절한 것이라고 볼 수 있다. 그의 명성도 마젤란 성운처럼 영원에서 지상으로 빛을 쏘아 그의 항해가 열어준 세계를 훤히 밝혀주고 있다.

그 별들은 언제나 드넓은 하늘, 찬란한 창공의 풀을 뜯으며 이승의 삶이 불행할지라도 신비한 하늘 너머 어딘가에는 신의 선택을 받은 자들을 기다리는 천국이 있으므로 내세에서는 행복할 수 있으리라는 구원의 희망을 신자들에게 심어주었다. 천국, 이승, 지옥으로 삼등분 된 우주에 사는 인간들은 모든 영혼이 지옥이나 천국의 어느 한 곳에 살도록, 다시 말해 지옥에 떨어져 영원한 저주의 불길 속에 살든지 아니면 성서에는 나와 있지 않은 임시 주거, 즉 연옥의 기간을 거쳐 천국의 영원한 아름다움 속에 살든지, 둘 중의 한 곳에 살 운명이라고 믿고 있었다.

중세에는 이 모든 것이 곧이곧대로 진실로 받아들여졌다. 여론은 개념으로조차 존재하지 않았다. 사람들은 들은 것만 이해했고, 대개의 경우 그들이 가진 유일한 유산이었을 종교를 신봉했다. 옳고 그름의 판단은 황제, 국왕, 제후들에게 맡겨졌다. 약자들은 죄 많은 미물을 구원하러 이 세상에 온 그리스도의 온후함에 머리를 조아리며 피할 수 없는 운명을 묵묵히 참고 견뎠다. 물 위를 걷고, 죽은 자를 소생시키고, 병자를 고치고, 악마를 내치고, 빵과 물고기를 기하급수적으로 늘어나게 하고, 가나에서 물을 포도주로 변하게 한 그리스도, 그들의 구세주, 전능한 신의 독생자로 하나님과 성령 곁에 머물러 계신 그리스도는 아무리 비천한 영혼일지라도 천사처럼 따뜻하게 그들을 맞아줄 것으로 예상되었다. 자비는 그리스도만 베푸는 것이 아니었다. 성모마리아도 원하면 언제든 대중에게 모습을 드러낼 수 있었고 실제로 간혹 모습을 드러낸 것으로 알려져 있었다. 성모의 동정, 육체의 부활, 그리스도의 온후함에 이의를 제기하는 사람은 종부성사도 못하고 이튿날 동이 트면 바로 화형에 처해졌다.

　야만을 방지하는 데는 구원의 희망보다 악마의 두려움이 더 효과적일 수 있었다. 그것은 어릴 때부터 신들린 사람은 분명히 존재하고 그런 사람은 자각기에 접어들어 거룩한 단련으로 위장하고 있다는 불확실한 논점에 근거하고 있었다. 세상에 이따금씩 악이 횡행하는 것은 바로 귀신이 이 세상에 존재하고 있음을 보여주는 증거였다. 타락한 천사 사탄, 마왕, 하나님과 인간 공통의 영원한 적은 언제나 그렇게 사람들 곁에 존재해 있었다. 왕이나 성직자가 저지르는 사악한 행위는 그들과 조물주 사이의 일로 해석되었다. 하나님은 종종 불가사의한 방법으로 오묘한 일을 행하셨다.

　그러므로 그 시대의 전능자는 온화하고 거리감을 유지하고 거의 입헌적이라 할 만한 군주가 아니었다. 그 전능자는 언제나 대중 가까이 있으면서 쉽게 격분하여 곧장 응징할 태세를 갖추고 있는 절대자였다. 그는 농사가 잘 되면 농부들에게 결백하다며 상을 내리고 농사가 신통치 않으면 아무 죄 없는 농부들을 타락한 자의 자손이라 하여 벌을 주었다. 전능자의 신비한 보석인 별들 또한 그의 감시망이 밤낮없이 가동되고 있다는 것을 보여주는 징표였다. 별은 아기 예수가 누워 있는 구유로 동방박사들을 이끌었고, 인간의 운명을 예언했으며, 하늘의 변화를 읽고 해독할 능력을 지닌 자들에게는 심오한 의미를 부여해주었다.

　요한네스 케플러(1571년~1630년. 독일의 천문학자―역주)는 위대한 르네상스 천문학자들 중 한 사람이었다. 그는 행성 운동의 세 가지 원리를 발견하여 고대 천문학을 근대의 역학 천문학으로 전환시킨 것으로도 유명하다. 케플러는 1601년에 신성로마제국의 수학자로 임명되고 난 뒤 프라하에서 처음으로 『더욱 믿을 만한 점성학의 기초 De Fundamentis Astrologiae Certioribus』를 발간했다. 이 작품에서 그는 별이 인간의 운명을 결정한다는 기존 관점을 거부했다. 그럼에도 케플러의 점성술적 예언은 많은 주목을 받았다. 그는 루돌프 2세 황제의 개인 별점을 쳐주기도 했다. 그러나 미신이 지배하는 세계에서 과학자는 요주의 인물이었다. 케플러가 지력의 정점에 도달해 있던 사십 대 말 그의 어머니가 마녀로 몰려 기소되는 사건이 일어났다. 그것을 알게 된 케플러는 전속력으로 말을 달려 어머니 곁으로 달려갔다. 그것은 자식 된 도리에서 나온 행동이기도 했고 다른 한편으로는 자신을 위한 행동이기도 했다. 그런 재판은 보통 고문과 화형으로 끝이 났다. 따라서 그의 어머니가 죽는다면 그 역시 오명을 뒤집어쓰고 관직을 잃었을 것이고 어쩌면 종교재판을 받을 가능성도 있었다. 때문에 그는 어머니를 살려내야 했고 결국 능란한 변론으로 어머니를 구했다.

바빌론 사람들은 수도사 코스마스처럼 세계가 평평하다고 믿었다. 호메로스(기원전 8, 9세기 사람으로만 알려져 있을 뿐 정확한 활동 시기는 알 수 없다)는 지구를 대양의 신 오케아노스가 둘러싸고 있는 볼록한 접시 모양이라고 생각했다. 피타고라스(기원전 580년경~500년)는 지구를 구형으로 인식한 최초의 인물로 인식되고 있다. 아리스토텔레스와 후대의 히파르코스도 같은 생각을 갖고 있었다. 두 사람 모두 지구가 태양 주위를 도는 태양 중심 체계의 가능성을 염두에 두고 있었다. 그러나 생각으로만 그치고 이론으로 발전시키지는 못했다. 그들은 항성이 행성이 아니라 태양이라는 사실을 모르고 있었다. 프톨레마이오스는 히파르코스의 관점을 더욱 확장시켜 우주의 중심인 움직이지 않는 지구 주위를 태양, 항성, 행성들이 공전한다는 혁명적 지구 중심 체계 이론을 정립했다. 그는 크고 작은 여러 원圓으로 구성된 정교한 지구 중심의 우주 모형을 만들었다. 그에 따르면 각 행성들은 주전원周轉圓의 주위를 따라 돌고 주전원들의 중심은 주원을 돌도록 되어 있었다. 지구를 우주의 중심으로 보는 이 천동설이 지구가 정지해 있다는 아리스토텔레스의 부동성 가설과 함께 기독교 교리의 아성을 이루게 되었다. 프톨레마이오스의 이론은 그릇된 것이었다. 그런데도 그는 1300년 이상이나 천문학적 사고를 지배했고 지리학에서는 그보다 더 오랫동안 영향을 미쳤다.

코페르니쿠스는 프톨레마이오스의 우주 모형을 정확히 간파하고 있었다. 그럼에도 그는 당대에는 자신의 천재성을 거의 인정받지 못했다. 아마 그는 지나치게 몸을 사리는 인물이었던 것 같다. 그는 스물네 살에 첫 논문을 발간했고, 사십 대 초반 무렵에는 교황청도 그가 동료 과학자들의 존경을 한 몸에 받고 있다는 사실을 인지했을 정도였다. 그러나 그는 1514년 라테란 공의회에 출석하여 달력 개혁에 관한 의견을 개진하라고 하자 준비 부족을 이유로 공의회의 초청을 거부했다. 이후 그는 몇 년간 수학적 계산을 한 끝에 태양 중심 체계에 대한 자신의 견해가 옳다는 확신을 갖게 되었다. 그런데도 그것을 책으로 발간할 엄두는 내지 못했다. 교황이 그가 도달한 결론을 정식으로 요청하는데도 여전히 머뭇거렸다. 훗날 코페르니쿠스 혁명으로 부르게 될 책자를 발간한 것도 그의 친구들이었다. 1543년 5월 24일, 친구들은 플라우엔부르크에서 임종을 앞두고 있는 코페르니쿠스에게 그의 위대한 저작『천구의 회전에 관하여』의 첫 복사본을 가져다주었다.

지식인인 역사가들은 지나간 시대 학자들의 생각과 결론에 많은 관심을 기울인다. 그러나 혁신적인 생각은 어느 시대건 간에 사람들의 관심을 끌지 못한다. 아니 오히려 불신을 받는 편이다. 그러다 시간이 흘러 그 생각이 행동으로 옮겨지면 폭발적인 영향력을 발휘한다. 아인슈타인의 상대성이론도 그것을 이해하지 못하는 사람에게는 웃음거리밖에 되지 않았다. 그러나 그들도 원자폭탄은 이해했고 히로시마에 원자폭탄이 투하되자 그들의 비웃음은 사라졌다. 코페르니쿠스도 그가 살아 있는 당대에는 인정을 받지 못했다. 그러나 마젤란의 항해는 그와 비슷한 항해를 할 때 거쳐야 할 중간 단계로 20년 넘게 사람들의 일반 상식이 되었다. 그것은 생각이 아닌 사건으로 즉각적인 관심을 불러일으켰다. 사절은 급행으로 말을 몰아 황제와 교황에게 그 사실을 알렸다.

놀라움은 나중에 찾아왔다. 마젤란 함대의 기나긴 탐험이 이어지는 동안 피가페타는 '1519년 9월 20일 화요일'부터 꼼꼼히 선상 일기를 기록했다. 그의 일기에 함대가 에스파냐로 귀환한 날은 '9월 6일 토요일'로 기록되어 있었다. 그러나 육지의 에스파냐 인들은 함대의 귀환 일자를 9월 7일 일요일이라고 주장했다. 피가페타는 마젤란의 지시를 받고 역시 항해 일지를 기록한 프란시스코 알보와 날짜를 대조해보았다. 알보의 날짜도 9월 6일 토요일이었다. 그러나 날짜와 같은 단순한 일을 에스파냐 인들이 착각하고 있을 리는 만무했다. 그들은 딜레마에 빠졌다. 어쩌면 함대가 달력에서 24시간을 빠뜨렸을지도 모르는 일이었다. 두 사람은 지구가 둥글다는 사실을 항해를 통해 알았으면서도 둥글게 생각하지는 못했다.

막상 둥글게 생각을 전환하자 ―과거 유럽이 그랬듯이― 의문이 제기되었다. 생각이 사실로 바뀐 것이다. 생각은 설명할 수 있고 다른 생각으로 대체할 수도 있다. 그러나 사실은 융통성의 여지가 좁다. 답변은 또 다른 질문으로 이어졌다. 세계 일주 항해자들은 지구 반대편 지역을 발견하고 그곳 사람들을 개종시켜 구원의 희망을 심어주었다. 그렇다면 그들의 천국은 어디 있고 유럽의 천국은 어디 있는 것인가? 또 지옥은 어디 있는 것인가? 이 같은 질문이 이어지는 동안 또 다른 탐험가들이 낯선 곳의 이야기를 가지고 속속 돌아왔다. 그들은 머나먼 지역 사람들이 성서에 대해서는 아무것도 모르고 그들만의 다른 천국을 믿고 있다는 이야기를 해주었다. 무슬림은 이교도였다. 그러나 코란 구절에서는 어딘지 모르게 성서와 비슷한 데가 있었다. 사후에 모든 영혼은 연옥과 다름없는 비참한 상황을 거친 뒤 복락을 누리게 된다는 것이 그 내용이었다. 중국인에게도 천당이 있었다. 불교도는 열반을 믿었고 힌두 교도는 여러 종류의 다소 헷갈리는 사후 에덴동산을 믿었다. 이들 모두 두려움, 고통, 암흑이 없는 세계를 믿었다. 기독교는 이질적인 다른 종교와도 공통점이 많은 것 같았다. 처녀 잉태도 기독교만의 독특한 현상이 아니었다.

기독교계의 지도자들은 자신들에게 미치고 있는 이 같은 위협을 잘 알아차리지 못했다. 가톨릭과 프로테스탄트 양쪽 모두 변화에 둔감했다. 한편 16세기가 끝나고 17세기로 접어들자 과학이 기독교계의 재앙으로 다가왔다. 수학적 재능이 뛰어난 과학자들이 지복천년설(그리스도가 재림하고 죽은 의인이 부활하여 지상에 평화의 왕국이 천 년 동안 계속된다는 신앙설)에 대한 믿음을 거부하고 나선 것이다. 튀빙겐 대학의 미하엘 매스트린 교수는 코페르니쿠스의 제자였다. 이 매스트린 교수의 제자 케플러가 지구가 서쪽에서 동쪽으로 하루 한 바퀴 자전하면서 1년에 한번 태양 주위를 공전한다는 사실을 수학적으로 입증해 보였다. 또 케플러는 초신성超新星을 발견, 17개월 동안 폭발이 이어지는 것을 관측하여 고대로부터 항성의 세계는 고정불변이라고 본 기존 관념을 불식시켰다. 뿐만 아니라 그는 화성의 궤도가 타원이라는 것도 논증했다. 그것은 천문학자들도 이단으로 생각할 만큼 위험한 발상이었다. 천문학자들은 하늘의 일부인 행성들은 완전하고 따라서 원이나 원의 조합(원은 완전하고 타원은 불완전하다는 의미-역주)으로 된 궤도만을 그리며 움직인다고 믿었다.

케플러의 이런 성과에도 불구하고 태양 중심설과 지구 중심설은 한동안 나란히 공존했다. 과학자들마저 지구 중심설을 포기하지 못했다. 그 현상은 갈릴레오가 자신이 개량한 망원경으로 지구 중심 체계는 죽었다는 것을 입증할 때까지 계속되었다. 갈릴레오는 이어 부동설은 더는 의미가 없고, 지구도 우주의 중심이 아니며, 우주는 중심 없이 무한하게 팽창하는 존재이고, 은하수는 수많은 별로 이루어졌다는 점도 함께 지적했다. 1576년 무렵 이 소동이 벌어지고 있는 와중에 또 누군가는 태양이 항성이라는 사실을 밝혀냈다. 조르다노 브루노와 영국의 천문학자 토머스 디게스(1546년~1595년-역주)도 그런 암시를 했다. 그러나 그것을 실제로 발견한 것은 미지의 다른 인물이었고 그가 누구인지는 끝내 밝혀지지 않았다. 현대의 미국 천문학자 아서 업그린은 "태양이 항성이라는 사실을 알아낸 것은 모든 과학에 엄청난 패러다임의 변화를 초래한 위대한 발견이었음에도 그 진가를 제대로 인정받지 못했다."라고 말했다.

그러나 프톨레마이오스의 우주에 사망 선고가 내려진 이상 태양이 항성이라는 것은 피할 수 없는 사실이 되었다. 영국 왕립 천문학회 회장을 지낸 콜린 A. 로난은 이렇게 썼다. "지구가 우주의 중심에서 밀려난 충격은 대단했다. 이것은 지구가 행성들 중 하나가 되어 더는 창조의 축소판이 아니라는 의미였다. … 우주의 거울로서의 인간, 즉 소우주와 대우주 간의 조화에 대한 믿음이 설득력을 잃게 된 것이다(지구는 고정된 우주에 둘러싸인 창조와 소멸의 중심이 아니라는 말-역주). 고대의 권위 있는 체계에 대한 도전이 성공함으로써 인간은 우주에 대한 철학적 개념을 완전히 바꾸어야 했다."

그것은 실제로 과거를 겨냥한 최후의 결정타였고, 그 시대의 완벽한 승리였다. 그로 인해 가장 심하게 타격을 받은 측은 지구상의 발견과 사상적인 발견 모두를 부정하고, 그것들을 이설로 인정한 사람들을 탄핵했다. 교황도 반동을 이끌었다. 그렇지 않았으면 그는 전임 교황 256명을 배반한 아주 특별한 교황이 되었을 것이다. 로마교회는 관측된 경험이 성서와 충돌할 때는 관측된 경험이 복종해야 된다는 일관된 관점을 고수했다. 역사적으로 해석된 성서의 권위도 태양 중심 체계의 가능성을 일축했다.

그에 따라 로마 종교재판소는 "성서 교리의 엄밀한 의미로 보나 교황성하와 해박한 신학자들의 공통 주해와 해석으로 보나" 태양 주위를 공전하는 움직이는 지구에 대한 관점은 "성서 교리의 많은 내용과 명백히 위배되므로 철학적으로는 어리석고 부조리하며 공식적으로는 이단"이라고 선포했다. 후임 교황 29명도 같은 관점을 고수했다. 교회는 3백 년이 지나서야 기존 관점을 바꾸었다. 코페르니쿠스의 『천구의 회전에 관하여』는 1758년까지 가톨릭 금서 목록에 올라 있었고 그것을 해제하는 데는 70년의 세월이 걸렸다. 갈릴레오의 『2개의 주된 우주 체계―프톨레마이오스와 코페르니쿠스―에 관한 대화』는 교황청이 프란시스코 알보의 항해 일지와 피가페타의 선상 일기를 입수하고 정확히 3세기가 지난 1822년에야 금서 목록에서 해제됐다.

그러나 불신을 받게 된 신화는 교부들의 고집에도 불구하고 부활하지 못했다. 중세 정신의 힘은 돌이킬 수 없을 정도로 파괴되었다. 중세 정신은 독단성, 무오류성, 명징성을 상실했다. 그것은 이미 심각한 혼란에 빠져 들고 있었다. 르네상스, 민족주의, 인문주의, 문자 해득률의 증가, 새롭게 열린 상업의 지평, 이 모든 요소가 1천 년 중세 사상에 대한 맹목적, 의례적 맹종에 반기를 들었다. 유럽은 이제 더는 그런 세계가 아니었고 그 세계는 우주의 중심이 아니었다. 지구가 매일 자전하는 이상 천국과 지옥은 그들이 생각하는 곳에 존재할 수 없었다. 이성적 인간들은 천국과 지옥의 존재에 깊은 회의감을 나타냈다. 지옥이 없는 사탄도 생각할 수 없는 일이었다. 천국이 없는 하나님도 상상하기 어려웠다. 최소한 중세의 하나님은 상상할 수 없었다. 그러나 이성은 거기서 멈췄다. 기독교계는 하나님 없는 세계를 용납하려 하지 않았다. 어찌 됐든 종교는 필요했으므로 하나님이 없으면 창조자, 만왕의 왕, 만주의 주(요한계시록 19장 16절에 나오는 표현—역주)를 새로 만들어내기라도 해야 했다. 1770년 볼테르는 말했다. "신이 없으면 만들어내기라도 해야 될 것이다(Si Dieu n' existait pas, il faudrait l' inventer)."

볼테르는 신을 만드는 것은 불필요하다고 주장했다. 그는 이른바 수치스러운 것을 경멸했다. 그가 말하는 수치는 신의 존재가 아닌 교회였다. 그는 "모든 본성이 신의 존재를 부르짖는다."라고 말했다. 그러나 볼테르는 자신의 주장을 지나치게 극단으로 밀어붙였다. 볼테르는 의혹에 시달렸다. 독실한 기독교인들은 굳은 의지와 열정으로 5세기 동안이나 의혹의 도전과 싸워 크고 작은 성공을 여러 차례 거두었다. 현재 전 세계 기독교인의 수는 10억 명을 헤아리고 있다. 내세에 대한 믿음은 그것과는 다른 문제이다. 성소와 제단에서는 지금도 회의주의의 유령이 출몰하고 있다. 기독교인들은 믿고 싶어 하고 대부분의 경우 믿고 있다고 스스로를 납득시킨다. 그러나 솟구치는 의혹을 억누르기는 힘든 일이다. 세속 사회가 그것을 더욱 어렵게 만든다. 그러나 이 모든 것 중 기독교인들을 가장 힘들게 하는 것은 중세 신앙의 평온, 영원한 아름다움에 대한 확신이 영영 사라지고 없다는 상실감이다.

참고 문헌과 감사의 말

이 분야를 공부하고자 하는 독자들에게 참고 문헌은 유용한 길잡이가 된다. 그러나 그것은 자칫 형식에 치우치기 쉽다. 참고 문헌을 소개하는 종래의 방법은 다소 혼란스러운 면이 있었다. 저자 성姓의 알파벳 순서로 작품을 소개하고 있는 것이 그런 경우이다. 사료로 이용된 저작물을 모두 동일하게 취급하는 것도 문제이다. 문장 하나만 인용되는 사료와 작품 전체의 토대를 이루는 사료의 가치가 같을 수는 없는 것이다.

나는 그런 방법을 지양하고 중요도에 따라 참고 문헌을 정리하려고 한다. 내가 이 책을 쓰면서 가장 중요하게 이용한 문헌은 윌 듀랜트의 11권짜리 대작 『문명 이야기 Story of Civilization』이다. 그중 제4권 『신앙의 시대 The Age of Faith』, 제5권 『르네상스 The Renaissance』, 제6권 『종교개혁 The Reformation』은 주제의 광범위함과 내용의 풍부함에서 단연 뛰어났다. 410년 로마 약탈로부터 1536년 앤 불린의 처형에 이르기까지 중세 유럽의 12세기가 듀랜트의 이 작품들 속에 생생히 되살아나고 있다.

두 번째로 중요한 문헌은 여덟 권짜리 작품 『케임브리지 새로운 중세사 The New Cambridge Medieval History』이다. 그중 이 책과 밀접한 관련이 있는 것은 제1권 『기독교 로마제국과 튜턴 족 왕국들의 건설 The Christian Roman Empire and the Foundation of the Teutonic Kingdoms』, 제5권 『제국과 교황권의 투쟁 Contest of Empire and Papacy』, 제6권 『교황권의

승리 Victory of the Papacy』, 제7권 『황제와 교황권의 쇠퇴 Decline of Empire and Papacy』, 제8권 『중세의 종결 The Close of the Middle Ages』이다. 14권짜리 『케임브리지 새로운 근대사 The New Cambridge Modern History』도 『케임브리지 새로운 중세사』 못지않게 내용이 광범위하고 포괄적이다. 그중 제1권 『르네상스 The Renaissance: 1493년~1520년』와 제2권 『종교개혁 The Reformation, 1520년~1559년』이 특히 유용하다. 그 밖에 시드니 페인터의 세 권짜리 『중세사 A History of the Middle Ages, 284년~1500년』, 제임스 웨스트폴 톰슨의 두 권짜리 『중세 The Middle Ages, 300년~1500년』, R.H.C. 데이비스의 20권짜리 대작 중 『중세 유럽사 A History of Medieval Europe, from Constantine to Saint Louis』와 『영국 인명사전 The Dictionary of National Biography, From the Earliest Times to 1900』도 포괄적 중세사로 매우 긴요한 문헌들이다.

역사의 해석에 있어 학자들의 견해가 일치하는 경우는 드물다. 그러나 관점이 다르다 해서 사실이 변하는 것은 아니다. 나는 역사적 사실의 확인에 백과사전의 으뜸인 『신新브리태니커 대사전』 최신판을 주로 애용했다. 이 사전의 탁월함은 "글을 쓴 학자들의 권위에 있다."라고 편집자들도 서문에서 밝혀놓았듯이 브리태니커 사社는 과연 최고의 필진을 보유하고 있다. 수록된 내용들 중에는 3만 단어를 훌쩍 넘는 것도 있고 글을 쓴 학자들 또한 명성이 자자한 분들이다. 그중 이 책을 집필하며 내가 빚을 가장 많이 진 학자들은 다음과 같다. 스트라스부르 대학의 인문주의 전공 학자 조르주 폴 귀스도르프, 예일 대학의 종교개혁 전공 학자 롤란드 H. 베인튼, 오클랜드 대학의 중세 전공 학자 마틴 브래트, 케임브리지 대학의 마르틴 루터와 데시데리우스 에라스무스 전공 학자 어니스트 고든 럽, 역시 케임브리지 대학의 헨리 8세 전공 학자 제프리 R. 엘튼,

영국 왕립 천문학회의 코페르니쿠스 전공 학자 콜린 앨리스테어 로난, 위스콘신 대학의 장 칼뱅 전공 학자 로버트 M. 킹던, 푸에르토리코 대학의 카를로스 1세 전공 학자 미구엘 데 페르난디, 로마의 알렉산데르 6세 교황 전문가 프란시스 자비에르 머피, 뮌헨 대학의 레오나르도 다 빈치 전공 학자 루드비크 하인리히 하이든라이크.

『중세 장원의 생활 Life on a Medieval Barony』(1924년)은 13세기를 주제로 한 윌리엄 스턴스 데이비스(당시 위스콘신 대학의 역사학 교수)의 작품이다. 그러나 이 책에 묘사된 중세 사회의 모습은 15, 16세기를 설명하는데도 아무 문제가 없다. 이 책이 없었다면 나는 중세 유럽을 온전히 그려내지 못했을 것이다. 이것은 내가 50년간이나 애지중지해온 책이다.

그 밖에 버나드 그룬의 『역사 연표 The Timetables of History』와 제임스 트래거의 『인명 색인 The People's Chronology』도 편리한 참고 문헌이 될 수 있다. 단 이용에 신중을 기해야 한다.

이제 이 책의 집필에 여러 모로 협력을 아끼지 않은 분들께 고마움을 표할 차례이다. 내 조수 글로리아 콘은 이번에도 부지런하고 성실하게 나를 거들어주었다. 웨슬리언 대학교 올린 도서관의 칼리브 T. 윈체스터 대학 도서관장 이하 직원 여러분께도 이 자리를 빌어 다시 한 번 깊이 감사드린다. 특히 참고 문헌 사서 부장 조앤 주랄은 이 분야의 일인자답게 탁월한 능력으로 내 일을 도와주었다. 역시 참고 문헌 사서인 에드먼드 A. 루바차, 예술 문헌 사서 수잔 자보스키, 기록 문헌 사서 에르하르드 F. 코너딩, 도서관 상호 대출 책임자 스티븐 레버고트도 전문 사서로서 전혀 손색이 없었다. 목록 편찬자 앨런 네이선슨과 앤 프랜시스 웨이크필드의 협력도 내게는 무척 요긴했다.

끝으로 40년간 변함없는 우정을 지켜준 내 저작권 대리인이자 소중한 친구 돈 콩던, 17년간 내 책의 편집을 맡아준 매력 만점의 참을성 많은 편집자 로저 도널드, 한 해 두 해 겪을수록 최고의 실력자임이 새록새록 드러나는 교열 편집자 페기 리스 앤더슨에게 진심으로 감사의 말을 전한다.

윌리엄 맨체스터

Abram A. *English Life and Manners in the Later Middle Ages*. London, 1913.

Allen, J. W. *History of Political Thought in the Sixteenth Century*. London, 1951.

Ammianus Marcellinus. *Works*. 2 vols. Trans. John C. Rolfe. Cambridge, Mass., 1935-36.

Armstrong, Edward. *The Emperor Charles V*. 2 vols. London, 1910.

Atkinson, J. *Martin Luther and the Birth of Protestantism*. Baltimore, 1968.

Bainton, R. H. *Erasmus of Christendom*. New York, 1969.

―――. *Here I Stand: A Life of Martin Luther*. New York, 1950.

―――. *Hunted Heretic: The Life of Michael Servetus*. Boston, 1953.

―――. *The Reformation of the Sixteenth Century*. Boston, 1953.

―――. *The Travail of Religious Liberty*. Philadelphia, 1951.

Bax, Belfort. *German Society at the Close of the Middle Ages*. London, 1894.

Beard, Charles. *Martin Luther and the Reformation*. London, 1896.

―――. *The Reformation of the Sixteenth Century in Relation to Modern Thought and Knowledge*. London, 1885.

Beazley, C. Raymond. *Prince Henry the Navigator: The Hero of Portugal and of Modern Discovery, 1394-1460 A.D.* London, 1901.

Bedoyére, Michel de la. *The Meddlesome Friar and the Wayward Pope: The*

Story of the Conflict Between Savonarola and Alexander VI. London, 1958.

Beer, Max. *Social Struggles in the Middle Ages.* London, 1924.

Belloc, Hilaire. *How the Reformation Happened.* London, 1950.

Benesch, Otto. *The Art of the Renaissance in Northern Europe.* Rev. ed. London, 1965.

Benzing, Josef, and Helmut Claus. *Lutherbibliographie. Verzeichnis der gedruckten Schriften Martin Luthers bis zu dessen Tod.* Baden-Baden, 1989.

Berence, Fred. *Lucrèce Borgia.* Paris, 1951.

Beuf, Carlo. *Cesare Borgia, the Machiavellian Prince.* Toronto, 1942.

Boissonnade, Prosper. *Life and Work in Medieval Europe.* New York, 1927.

Bornkamm, Heinrich. *Luthers geistige Welt.* Gütersloh, Germany, 1953.

Brandi, Karl. *The Emperor Charles V: The Growth and Destiny of a Man and a World Empire.* New York, 1939.

Brion, Marcel. *The Medici: A Great Florentine Family.* New York, 1969.

Brown, Norman O. *Life Against Death: The Psychoanalytical Meaning of History.* Middletown, Conn., 1959.

Bruce, Marie Louise. *Anne Boleyn.* New York, 1972.

Bryce, James. *The Holy Roman Empire.* New York, 1921.

Burchard, John. *"Pope Alexander VI and His Court." Extracts from the Latin Diary of the Papal Master of Ceremonies, 1484-1506.* Ed. F. L. Glaser. New York, 1921.

Burckhardt, Jacob. *The Civilization of the Renaissance in Italy.* New York, 1952.

Burnet, Gilbert. *History of the Reformation of the Church of England.* 2 vols. London, 1841.

Burtt, E. A. *A Critical and Comparative Analysis of Copernicus, Kepler, and Descartes.* London, 1924, 1987.

Bury, J. B. *History of the Later Roman Empire.* 2 vols. London, 1923.

Calvesi, Maurizio. *Treasures of the Vatican.* Trans. J. Emmons. Geneva, 1962.

Cambridge Medieval History. 8 vols. New York, 1924-36.

Carlyle, Thomas. *Heroes and Hero Worship.* New York, 1901.

Catholic Encyclopedia, 1907-12, and *New Catholic Encyclopedia,* 1967. New

참고 문헌과 감사의 말

York.

Cellini, Benvenuto. *Autobiography*. New York, 1948.

Chadwick, Owen. *The Reformation*. London, 1964.

Chamberlin, E. R. *The Bad Popes*. New York, 1969.

Chambers, David Sanderson. "The Economic Predicament of Renaissance Cardinals." In W. M. Bowsky, ed., *Studies in Medieval and Renaissance History*, vol. 3. Lincoln, Nebr., 1966.

Clément, H. *Les Borgia. Histoire du pape Alexandre VI, de César et de Lucrèce Borgia*. Paris, 1882.

Cloulas, Ivan. *The Borgias*. Trans. Gilda Roberts. New York, 1989.

Comines, Philippe de. *Memoirs*. 2 vols. London, 1900.

Coughlan, Robert. *The World of Michelangelo: 1475-1564*. New York, 1966.

Coulton, G. G. *The Black Death*. New York, 1930.

_____. *Chaucer and His England*. London, 1921.

_____. *Inquisition and Liberty*. London, 1938.

_____. *Life in the Middle Ages*. 4 vols. Cambridge, England, 1930.

_____. *The Medieval Scene*. Cambridge, England, 1930.

_____. *The Medieval Village*. Cambridge, England, 1925.

_____. *Social Life in Britain from the Conquest to the Reformation*. Cambridge, England, 1938.

Creighton, Mandell. *Cardinal Wolsey*. London, 1888.

_____. *History of the Papacy During the Reformation*. 5 vols. London, 1882-94.

Crump, C. G., and Jacob, E. F. *The Legacy of the Middle Ages*. Oxford, 1926.

David, Maurice. *Who Was Columbus?* New York, 1933.

Davis, William Stearns. *Life on a Medieval Barony: A Picture of a Typical Feudal Community in the Thirteenth Century*. New York, 1923.

DeRoo, Peter. *Material for a History of Pope Alexander VI*. 5 vols. Bruges, Belgium, 1924.

DeWulf, Maurice. *History of Medieval Philosophy*. 2 vols. London, 1925.

Dickens, A. G. *The English Reformation*. New York, 1964.

_____. *Reformation and Society in Sixteenth-Century Europe*. New York,

1966.

The Dictionary of National Biography, From the Earliest Times to 1900. 22 vols. London, 1967-68.

Dictionnaire de Biographie Française. Paris, 1967.

Dill, John. *Roman Society in the Last Century of the Western Empire.* London, 1905.

Dillenberger, John. *Martin Luther: Selections from His Writings.* New York, 1961.

Dillenberger, John, and Claude Welch. *Protestant Christianity Interpreted Through Its Development.* New York, 1954.

Dizionario Biografico degli Italiani. Rome, 1962.

Dodge, Bertha S. *Quests for Spices and New Worlds.* Hamden, Conn., 1988.

D'Orliac, Jehanne. *The Moon Mistress: Diane de Poitiers.* Philadelphia, 1930.

Duby, Georges. *L'Économie rurale et la vie des campagnes dans l'occident médiéval.* 2 vols. Paris, 1962.

Duhem, Pierre. *Études sur Leonardo de Vinci.* 3 vols. Paris, 1906 f.

Durant, Will. *The Age of Faith.* New York, 1950.

_____. *The Reformation.* New York, 1957.

_____. *The Renaissance.* New York, 1953.

Ebeling, G. *Luther: An Introduction to His Thought.* Philadelphia, 1970.

Ehrenberg, Richard. *Das Zeitalter der Fugger.* 2 vols. Jena, Germany, 1896.

Enciclopedia Italiana. Rome, 1962.

Erasmus, Desiderius. *Colloquies.* 2 vols. London, 1878.

_____. *Education of a Christian Prince.* New York, 1936.

_____. *Epistles.* 3 vols. London, 1901.

_____. *The Praise of Folly.* Trans. with an introduction and commentary by Clarence H. Miller. New Haven, 1979.

Erikson, E. H. *Young Man Luther: A Study in Psychoanalysis and History.* New York, 1958.

Erlanger, Rachel. *Lucrezia Borgia: A Biography.* New York, 1978.

Farner, O. *Zwingli the Reformer: His Life and Work.* Hamden, Conn., 1964.

Febvre, Lucien, and Henri-Jean Martin. *The Coming of the Book: The Impact* of Printing, 1450-1800. London, 1976.

 Ferguson, Wallace. *The Renaissance in Historical Thought.* Boston, 1948.

 Ferrara, Oreste. *The Borgia Pope.* Trans. from Spanish. London, 1942.

 Flick, A. C. *The Decline of the Medieval Church.* New York, 1930.

 Fosdick, H. E. *Great Voices of the Reformation.* New York, 1952.

 France, Anatole. *Rabelais.* New York, 1928.

 Freeman-Grenville, G.S.P. *Chronology of World History: A Calendar of Principal Events from 3000 B.C. to A.D. 1973.* London, 1975.

 Froissart, Sir John. *Chronicles.* 2 vols. London, 1848.

 Froude, J. A. *The Divorce of Catherine of Aragon.* New York, 1891.

 _____. *Life and Letters of Erasmus.* New York, 1894.

 _____. *Reign of Mary Tudor.* New York, 1910.

 Funck-Brentano, Frantz. *Lucrèce Borgia.* Paris, 1932.

 _____. *The Renaissance.* Trans. New York, 1936.

 Fusero, Clemente. *The Borgias.* Trans. Peter Green. New York, 1972.

 Gallier, Anatole de. "César Borgia. Documents sur son séjour en France." *Bulletin de la Société d'Archéologie de la Drôme* (Valence, France), vol. 29 (1895).

 Gasquet, Francis Cardinal. *Eve of the Reformation.* London, 1927.

 _____. *Henry VIII and the English Monasteries.* 2 vols. London, 1888.

 Gastine, Louis. *César Borgia.* Paris, 1911.

 Gibbon, Edward. *Decline and Fall of the Roman Empire.* 6 vols. London, 1900.

 Gilbert, W. *Lucrezia Borgia, Duchess of Ferrara.* London, 1869.

 Gilmore, Myron P. *The World of Humanism, 1453-1517.* New York, 1958.

 Gilson, Étienne. *History of Christian Philosophy in the Middle Ages.* New York, 1955.

 _____. *Reason and Revelations in the Middle Ages.* New York, 1938.

 Glück, Gustav. *Die Kunst der Renaissance in Deutschland.* Berlin, 1928.

 Gordon, A. *The Lives of Pope Alexander VI and His Son Cesare Borgia.* Philadelphia, 1844.

 Graff, Harvey J., ed. *Literacy and Social Development in the West: A Reader.* Cambridge, England, 1981.

Graves, F. P. *Peter Ramus*. New York, 1912.

Green, Mrs. J. R. *Town Life in the Fifteenth Century*. 2 vols. New York, 1907.

Grun, Bernhard. *The Timetables of History*. New York, 1975.

Guicciardini, Francesco. *The History of Italy*. Trans. S. Alexander. New York, 1969.

Guillemard, Francis Henry Hill. *The Life of Ferdinand Magellan and the First Circumnavigation of the Globe*. London, 1890.

Hackett, Francis. *Francis I*. New York, 1935.

Hale, J. R. *Machiavelli and Renaissance Italy*. New York, 1960.

_____. *Renaissance Europe: 1480-1520*. Berkeley, 1971.

Haller, Johannes. *Die Epochen der deutschen Geschichte*. Stuttgart, 1928.

Hanson, Earl P., ed. *South from the Spanish Main: South America Seen Through the Eyes of Its Discoverers*. New York, 1967.

Hearnshaw, F. J., ed. *Medieval Contributions to Modern Civilization*. New York, 1922.

Henderson, E. F. *History of Germany in the Middle Ages*. London, 1894.

Heydenreich, L. H. *Leonardo da Vinci*. 2 vols. New York, 1954.

Hildebrand, Arthur Sturges. *Magellan*. New York, 1924.

Hillerbrand, Hans J. *The World of the Reformation*. New York, 1973.

Hughes, Philip. *A History of the Church*. Vol 3. New York, 1947.

_____. *The Reformation in England*. 2 vols. London, 1950-54.

Huizinga, Johan. *Erasmus*. Trans., 3rd ed. New York, 1952.

_____. *Erasmus and the Age of the Reformation*. Trans. New York, 1957.

_____. *Men and Ideas*. New York, 1959.

_____. *The Waning of the Middle Ages*. New York, 1954.

James, William. *Varieties of Religious Experience*. New York, 1935.

Janelle, Pierre. *La crise religieuse du XVIe siècle*. Paris, 1950.

Janssen, Johannes. *History of the German People at the Close of the Middle Ages*. 16 vols. St. Louis, n.d.

Jordanes. *Gothic History of Jordanes in English Version [De origine actibus Getarum*, sixth century]. Princeton, 1915.

Joyner, Timothy. *Magellan*. Camden, Maine, 1992.

Jusserand, J. J. *English Wayfaring Life in the Middle Ages.* London, 1891.

Kamen, H. *The Spanish Inquisition.* London, 1965.

Kern, Fritz. *Kingship and Law in the Middle Ages.* Oxford, 1939.

Kesten, Hermann. *Copernicus and His World.* New York, 1945.

Knowles, David. *The Christian Centuries.* Vol. 2 in *The Middle Ages.* New York, 1968.

_____. *The Monastic Order in England.* 2nd ed. Cambridge, England, 1963.

Lacroix, Paul. *Histoire de la prostitution* ··· 4 vols. Brussels, 1861.

_____. *Manners, Customs, and Dress During the Middle Ages.* New York, 1876.

Landes, David. *Revolution in Time.* Cambridge, Mass., 1983.

La Sizeranne, R. de. *César Borgia et le duc d'Urbino.* Paris, 1924.

Lea, Henry C. *History of the Inquisition of the Middle Ages.* 3 vols. New York, 1888.

_____. *Studies in Church History.* Philadelphia, 1883.

Ledderhose, C. F. *Life of Philip Melanchthon.* Philadelphia, 1855.

Lehmann-Haupt, Hellmut. *Gutenberg und der Meister der Spielkarten.* New Haven, Conn., 1962.

Lester, Charles Edwards. *The Life and Voyages of Americus Vespucius.* New York, 1846.

Levy, R. *César Borgia.* Paris, 1930.

Lortz, J. *Die Reformation in Deutschland* 2 vols. im Frieburg lm Breisgau, 1965.

_____. *How the Reformation Came.* Trans. New York, 1964.

Louis, Paul. *Ancient Rome at Work.* New York, 1927.

Luther, Martin. *An den christlichen Adel deutscher Nation von des christlichen standes besserung.* Halle, Germany, 1847.

_____. *Works of Martin Luther.* The Philadelphia Edition, with an introduction and notes. Philadelphia, 1930.

McCabe, Joseph. *Crises in the Histoty of the Papacy.* New York, 1916.

McCurdy, Edward, ed. *The Notebooks of Leonardo da Vinci.* 2 vols. New York, 1938.

Machiavelli, Niccolò. *Il Principe*. Trans. with an introduction by Harvey C. Mansfield, Jr. Chicago, 1985.

McNally, Robert E., S. J. *Reform of the Church*. New York, 1963.

Madariaga, Salvador de. *Christopher Columbus*. London, 1949.

Maitland, S. R. *Essays on the Reformation*. London, 1849.

Mallett, Michael. *The Borgias: The Rise and Fall of a Renaissance Dynasty*. New York, 1969.

Malory, Sir Thomas. *Le morte d'Arthur*. London, 1927.

Manschreck, C. L. *Melanchthon: The Quiet Reformer*. New York, 1958.

Mattingly, Garret. *Catherine of Aragon*. London, 1942.

Maulde La Clavière, R. De. *The Women of the Renaissance*. New York, 1905.

Meyer, Conrad F. *Huttens letzte Tage*. Vol. 8. Bern, Switzerland, 1871.

Michelet, Jules. *History of France*. 2 vols. New York, 1880.

Monter, E. William. *Calvin's Geneva*. New York, 1967.

Morison, Samuel Eliot. *Admiral of the Ocean Sea: A Life of Christopher Columbus*. 2 vols. Boston, 1942.

_____. *The European Discovery of America: The Northern Voyages*. New York, 1971.

_____. *The European Discovery of America: The Southern Voyages*. New York, 1974.

Müntz, Eugène. *Leonardo da Vinci*. 2 vols. London, 1898.

Murray, Robert H. *Erasmus and Luther*. London, 1920.

The New Cambridge Medieval History. 8 vols. Cambridge, England, 1924-36.

The New Cambridge Modern History. 14 vols. Cambridge, England, 1957-79.

Nichols, J. H. *Primer for Protestants*. New York, 1947.

Oberman, Heiko Augustinus. *The Harvest of Medieval Theology: Gabriel Biel and Late Medieval Nominalism*. Cambridge, Mass., 1967.

Olin, John C. *The Catholic Reformation: Savonarola to Ignatius Loyola, 1495-1540*. New York, 1969.

Ollivier, M.I.H. *Le Pape Alexander VI et les Borgia*. Paris, 1870.

O'Malley, John. *Praise and Blame in Rome: Renaissance Rhetoric, Doctrine and Reform in the Sacred Orators of the Papal Court, 1450-1521*. Durham, N.C.,

1972.

    Painter, Sidney. *A History of the Middle Ages, 284-1500.* New York, 1953.

    Panofsky, Erwin. *Albrecht Dürer.* 2 vols. Princeton, 1948.

    Parr, Charles McKew. *So Noble a Captain: The Life and Times of Ferdinand Magellan.* New York, 1953.

    Parry, J. H. *The Age of Reconnaissance.* London, 1963.

    Partner, Peter. "The Budget of the Roman Church in the Renaissance Period." In E. F. Jacob, ed., *Italian Renaissance Studies.* London, 1960.

    Pastor, Ludwig von. *The History of the Popes, from the Close of the Middle Ages.* 2nd ed., vols. 5-9. Ed. by F. I. Antrobus and R. F. Kerr Trans. from German. St. Louis, 1902-10.

    Penrose Boies. *Travel and Discovery in the Renaissance, 1420-1620.* Cambridge, Mass., 1963.

    Philips, J.R.S. *The Medieval Expansion of Europe.* New York, 1988.

    Pigafetta, Antonio. *Le voyage et navigation faict par les Espaignols.* Trans. Paula Spurlin Paige. Ann Arbor, Mich., 1969.

    Pirenne, Henri. *Medieval Cities.* Princeton, 1925.

    Pollard, A. F. *Henry VIII.* London, 1925.

    Polnitz, Gotz von. *Die Fugger.* 3d ed. Frankfurt am Main, Germany, 1970.

    Poole, R. L. *Illustrations of the History of Medieval Thought and Learning.* New York, 1920.

    Portigliatti, Giuseppe. *The Borgias. Alexander VI, Cesare and Lucrezia.* Trans. from Italian. London, 1928.

    Post, Regnerus Richardus. *The Modern Devotion: Confrontation with Reformation and Humanism.* Leiden, Holland, 1968.

    Prescott, W. H. *History of the Reign of Ferdinand and Isabella, the Catholic.* 2 vols. Philadelphia, 1890.

    Prezzolini, Giuseppe. *Machiavelli.* New York, 1967.

    Rabelais, François. *Gargantua; Pantagruel.* Paris, 1939.

    Ranke, Leopold von. *History of the Popes … in the Sixteenth and Seventeenth Centuries.* 3 vols. Trans. London, 1847.

    _____. *History of the Reformation in Germany.* London, 1905.

Rashdall, Hastings. *Universities of Europe in the Middle Ages.* 3 vols. Oxford, 1936.

Reynolds, E. E. *The Field Is Won: The Life and Death of Saint Thomas More.* London and New York, 1968.

Richard, Ernst. *History of German Civilization.* New York, 1911.

Richepin, Jean. *Les debuts de César Borgia.* Paris, 1891.

Richter, Jean P. *The Literary Works of Leonardo da Vinci.* 2 vols. London, 1970.

Robertson, Sir Charles G. *Cesar Borgia.* Oxford, 1891.

Robertson, J. M. *Short History of Freethought.* 2 vols. London, 1914.

Robertson, William. *History of the Reign of Charles V.* 2 vols. London, 1878.

Roper, William. *Life of Sir Thomas More.* In More, *Utopia.* New York, n.d.

Roscoe, William. *The Life and Pontificate of Leo X.* 2 vols. London, 1853.

Rosen, Edward, ed. *Three Copernican Treatises.* New York, 1939.

Rostovtzeff, M. *History of the Ancient World.* Vol. 2 in *Social and Economic History of the Roman Empire.* Oxford, 1926.

Routh, C.R.N., ed. *They Saw It Happen in Europe, 1450-1600.* Oxford, 1965.

Rupp, E. G., and B. Drewery, eds. *Martin Luther.* London, 1970.

Rupp, E. G., and P. S. Watson, eds. *Luther and Erasmus.* Philadelphia, 1969.

Ruppel, Aloys Leonhard. *Johannes Gutenberg: Sein Leben und sein Werk.* Nieuwkoop, Netherlands, 1967.

Russell, Josiah Cox. *The Control of Late Ancient and Medieval Population.* Philadelphia, 1985.

Sabatini, Rafael. *The Life of Cesare Borgia.* London, 1912.

Scarisbrick, J. J. *Henry VIII.* London, 1968.

Schaff, David S. *History of the Christian Church.* Vol. 6. Grand Rapids, Mich., 1910.

Schoenhof, Jacob. *History of Money and Prices.* New York, 1896.

Scholderer, Victor. *Johann Gutenberg.* London, 1963.

Scott, William B. *Albert Dürer.* London, 1869.

Smith, Preserved. *The Age of the Reformation.* New York, 1920.

_____. *Erasmus: A Study of His Life, Ideals and Place in History.* New York,

1923.

_____. *The Life and Letters of Martin Luther*. Boston and New York, 1911.

Southern, Richard W. *The Making of the Middle Ages*. London and New York, 1953.

_____. *Western Society and the Church in the Middle Ages*. England, 1970.

Spinka, Matthew. *John Hus: A Biography*. Princeton, 1968.

Stanley, Henry Edway John of Alderley, Lord, ed. *The First Voyage Around the World by Magellan*. London, 1874.

_____. *The Three Voyages of the Vasco da Gama*. New York, 1963.

Stephen, Sir Leslie, and Sir Sidney Lee. *The Dictionary of National Biography*. Oxford, 1917-.

Strauss, D. F. *Ulrich von Hutten*. London, 1874.

Symonds, J. A. *The Catholic Reaction*. 2 vols. London, 1914.

Taylor, Henry Osborne. *The Mediaeval Mind: A History of the Development of Thought and Emotion in the Middle Ages*. 2 vols. 4th ed. Cambridge, Mass., 1959.

Todd, John M. *The Reformation*. New York, 1971.

Trager, James, ed. *The People's Chronology*. New York, 1979.

Trevelyan, George M. *English Social History*. London, 1947.

Truc, G. *Rome et les Borgias*. Paris, 1939.

Tuchman, Barbara W. *The March of Folly: From Troy to Vietnam*. New York, 1984.

Turner, E. S. *History of Courting*. New York, 1955.

Tyler, Royall. *The Emperor Charles V*. Princeton, 1956.

Ullman, Walter. *The Growth of Papal Government in the Middle Ages*. London, 1965.

_____. *A Short History of the Papacy in the Middle Ages*. London, 1972.

Usher, Abbot P. *History of Mechanical Inventions*. New York, 1929.

Vacandard, Elphège. *The Inquisition*. New York, 1908.

Vanderlinden, H. "Alexander VI and the Demarcation of the Maritime and Colonial Domains of Spain and Portugal." *American Historical Review*, vol. 22 (1917).

Villari, Pasquale. *Life and Times of Niccolò Machiavelli*. 2 vols. New York, n.d.

Waas Glenn E. *The Legendary Character of Kaiser Maximilian*. New York, 1941.

Waliszewski, Kazimierz. *Ivan the Terrible*. Philadelphia, 1904.

Walker, Williston. *John Calvin*. New York, 1906.

_____. *John Calvin: The Organizer of the Reformed Protestantism, 1509-1564*. New York, 1969.

Weber, Max *The Protestant Ethic and the Spirit of Capitalism*. London, 1948.

Wendel. François. *Calvin: The Origin and Development of His Religious Thought*. London and New York, 1963.

Williams, G. H. *The Radical Reformation*. Philadelphia, 1962.

Winchester. Simon. "The Strait—and Dire Straits—of Magellan." *Smithsonian*, vol. 22, no. I (April 1991).

Woltmann, Alfred. *Holbein and His Times*. London, 1872.

Woodward, W. H. *Cesare Borgia*. London, 1913.

Wright, Thomas. *History of Domestic Manners and Sentiments in England During the Middle Ages*. London, 1862.

Yriarte, Charles. *César Borgia*. Paris, 1889.

Zeeden E. W. *Luther und die Reformation*. 2 vols. Freiburg, Germany, 1950-52.

Zweig Stefan *Conqueror of the Seas: The Story of Magellan*. Trans. Eden and Cedar Paul. New York, 1938.

색인

ㆍㄱㆍ

가경자 비드 343

『가르강튀아』(라블레의) 119, 190

가마, 바스코 다 60, 357, 406

가워, 존 251

『가웨인 경과 녹색 기사』 336

『가톨릭 백과사전』 223

가톨릭(→기독교)

간스포르트, 베셀 230

갈릴레이, 갈릴레오 149, 183, 435~436

개스코인, 토머스 204

『게르마니아』(타키투스의) 26, 174

게오르게(작센 공작) 231, 240, 276

『격언집』(에라스무스의) 161

『고대의 유쾌하고 익살맞은 4편의 대화』(데 페리에르의) 285

고메스 데 에스피노사, 곤잘로 385, 410, 418

고메스, 에스테방 373, 390~391, 421

『고백록』(아우구스티누스의) 34

고트 족 26~28, 30, 34, 43~44, 59, 199, 297

고트프리트 폰, 슈트라스부르크 336

곤차가(추기경) 141

골든힌드 호 66

『교황사』(루드비히 파스토어의) 202

『교회의 바빌론 유수에 관한 서곡』(루터의) 260

95개조 반박문(마르틴 루터의) 216, 219, 224, 235, 246, 253, 306, 340

『95개조 반박문에 대한 해설』(루터의) 224

구이차르디니, 프란체스코 73, 160, 204

구텐베르크, 요한네스 60, 152~153, 252

군데리크 28

『군주론』(마키아벨리의) 134, 159, 340

『궁정인 II』(카스틸리오네의) 119, 160

귀족 정치

    간통(불륜) 117~123

    귀족 세습 47~48

    약혼을 정함 113~116

    의복 97~98

    호칭 44~45

그레고리우스(투르의 주교) 30

그레고리우스 1세(교황) 33

그레고리우스 2세(교황) 52

그레고리우스 7세(교황) 36, 244

그레고리우스 11세(교황) 48

그레고리우스 12세(교황) 52

『그리스도교 강요』(에라스무스의) 161

『그리스도교 회복』(세르베투스의) 286

「그리스도 교도의 자유에 대하여」(루터의) 253

『그리스도교의 지지학』(코스마스의) 343

『그리스도를 본받아』(토머스 아 켐피스의) 161

『그리스도 인의 의무』(장 밥티스테 라 살의) 50

『그리스도 인의 편지』(에오반 헤세의) 174

그린란드 349

글라피옹, 장 260

금서 목록 283, 286, 436

기독교(→가톨릭)

    개종 30~32, 39

    대관식 47

    대분열 49, 54, 123, 232

    성 유골 숭배 39~40, 210, 216

    아우구스티누스 이론 36

    예술 139~143

    이교도 30~42

    이교도의 휴일을 수용 38~39

    전쟁을 유발 31, 270, 298

기를란다요, 도미니코 141

『기사, 존 맨더빌 경의 여행기』 346

기사도 46, 55, 159, 335

기욤, 드 로리스 336

• ㄴ

나이트, 윌리엄 317

『노예 의지론』(루터의) 268

노퍽 공작(앤의 삼촌) 326

녹스, 존 269

뉘른베르크 의회 205

뉴삼, 바르톨로뮤 98

뉴턴, 아이작(경) 149, 301

니케아 공의회(1, 2차) 39, 41, 170

니케아 신조 32

· ㄷ ·

다누비아 학회 168

다이, 피에르 345

다투 후마본 403, 407

단식 100, 176, 197

단테, 알리기에리 57, 150, 251, 339

대분열 49, 54, 123, 232

대학살 163

『대화집』(에라스무스의) 114, 184, 196, 198~199, 340

『대화집』(후텐의) 248

『더욱 믿을 만한 점성학의 기초』(케플러의) 430

데 페리에르, 보나방튀르 285~286

데모스테네스 166

데스테 추기경(페라라의) 141

데스테, 이사벨라 141

데이비스, W. S. 97

『데카메론』(보카치오의) 158

델라 로베레 가 124~125, 193

델라 로비아, 루카 57

도나투스 157

도미니쿠스 수도회 68, 70, 80, 164, 186, 207, 222~224, 228, 344

도제 156~157

「독일 민족의 그리스도 교도 귀족들에게 보내는 연설」(루터의) 253, 271, 340

독일

    기독교의 이름으로 학살 270~273

    루터의 면죄부 비판 216~217

    무역과 상업 89~90

    인문주의로 인해 믿음이 깨짐 173~176

    중앙집권화가 지연됨 55~56

    테첼의 면죄부 판매 207~211

돌레, 에티엔 200, 285~286

『2개의 주된 우주 체계-프톨레마이오스와 코페르니쿠스-에 관한 대화』(갈릴레오의) 183, 436

뒤랑, 윌리엄(망드의 주교) 202, 206

뒤러, 알브레히트 57, 140, 248, 276, 339

듀랜트, 윌 144, 146~147, 151, 174~175,

201, 243, 277

드레이크, 프란시스(경) 66

디게스, 토머스 435

디아스, 바르톨로뮤 356~358

디안 드 푸아티에 122, 305

디에스트, 피테르 도를란트 반 160~161, 340

· ㄹ ·

라 로슈푸코, 프랑수아 426

라 살, 장 밥티스테 49

라블레, 프랑수아 60, 114, 117, 119, 124, 160, 167, 190

라슬로 2세(헝가리 국왕) 55

라테란 공의회 49, 54, 56, 78, 89, 158, 432

라파엘로 57, 141~142, 151, 225, 339

라푸라푸 408~409, 411~412, 414~416

래티머, 휴 327

랜슬롯 뒤 락 113, 425

랭런드, 윌리엄 251

레오 10세

    독일의 교권 개입 245~250

    루터의 면죄부 비판 216~217

    면죄부 판매 207~211

    신성로마제국 황제 선출 235~236

    죽음 294

    헨리 8세에게 호칭을 부여함 311

    호화로운 생활 293~294

레오 3세(비잔틴제국 황제) 41

레오나르도 다 빈치 58, 146, 150, 265, 339, 425, 440

레이브 에릭손(에리크의 아들) 349

로난, 콜린 A. 435

로마교황청(→기독교, 종교개혁)

    루터를 파문 263~264

    면죄부 판매 207~211

    에라스무스를 파문함 283

    지구 공전 183~184

    프로테스탄트의 반란 270~273

『로마사론』(마키아벨리의) 161

로물루스 아우구스툴루스(서로마제국 최후의 황제) 28

로버트슨, J. M. 176

로베레, 줄리아노 델라(→율리우스 2세 교황)

로빈 후드 111~112

로이힐린, 요한네스 186~187, 276

로치퍼드 경 323, 325

로토, 로렌초 140, 225

로하스, 페르난도 데 160

롤, 리처드 96

루마이 409, 414

루벤스, 피터 폴 57

루이 12세(프랑스 국왕) 55, 316

루키아노스 177

루터, 마르틴

    교황사절을 만남 228~229

    교황의 교서를 불태움 242~243

    독일어로 된 성서를 씀 266

    라이프치히 논쟁 231~234

    레오 10세에게 편지를 씀 254~255

    면죄부 판매를 비판함 216~217

    사탄을 만남 215~216

    어린 시절 212~214

    에라스무스와 273~275

    은둔 생활 264~266

    젊은 시절 239

    제국 의회 258~263

    헨리 8세와 306

루터, 한스(마르틴 루터의 아버지) 212

르네 왕녀(루이 12세의 딸) 316

르세지, 자크 99

르페브르, 자크(에타플의) 284~285

리들리, 니콜라스 327

리마사와 섬 398~399, 402~404

리비우스 287

리아리오, 라파엘로(추기경) 74

리아리오, 피에트로(추기경) 74~75

리처드 1세 사자심왕(잉글랜드 국왕) 105

리처드 3세(잉글랜드 국왕) 71

리피, 프라 필리포 57

・ㅁ・

마그누스, 알베르투스 344

마네티, 지안노초 166

마누엘 1세(포르투갈 국왕) 55, 65, 337, 357

마누치오 168~169, 171

마르쿠스 아우렐리우스(로마 황제) 158

『마르틴 루터에 반대하여 7성사를 주장함』(헨리 8세의) 306

마법과 요술 18

마운트조이 경 307, 312

마젤란 해협 65~66, 389, 391, 421

마젤란, 페르디난드

개종을 시킴 402~406
　　리우데자네이루 만으로 진입 377
　　마젤란 성운 424, 428
　　마젤란 해협을 발견함 388~390
　　몰루카 함대 333, 368, 417
　　전투 408~417
　　죽음 417
　　탐험 준비 333~339
　　탐험 지원을 허락받음 367~370
　　태평양을 지남 392~396
　　평가 424
　　포르투갈 왕을 만남 337~338
　　폭동 381~386
　　필리핀에서 396~417
마크로비우스 345
마키아벨리, 니콜로 60, 134, 159, 161, 188, 204, 251, 340
막시밀리안 1세(신성로마제국 황제) 89, 168, 170, 186~187, 226~227, 234~236, 245, 258, 267, 282, 339
막탄 섬 408~409, 415, 417, 428
『만드라골라』(마키아벨리의) 161
『말레우스 말레피카룸』(요하네스 슈프렝거와 하인리히 크레머의) 70

매스트린, 미하엘 434
맬러리, 토머스 30, 112~113, 159, 335
메디치 가 79, 88, 234, 293~294, 297, 299, 359
메디치, 로렌초 데 68, 73, 82, 122, 142, 170
메디치, 알레산드로 데 141
메디치, 줄리아노 데(→클레멘스 7세 교황)
메디치, 코시모 데 141
메러디스, 조지 336
메르카토르, 게라르두스 60
메리 1세(잉글랜드 여왕) 326~329
메메드 2세(오스만제국의 술탄) 341
메사할라 353
메스키타, 알바로 데 382~383, 385, 391, 421~422
멘도사, 루이스 데 375, 385~386
멜란히톤, 필립 171, 215, 248
면죄부 72, 77, 192, 198, 204~205, 207~211, 216~217, 223, 225, 230, 233, 239, 241, 253, 259, 296, 339
『면죄부와 은총』(루터의) 223
『명예극』(질 비센테의) 340, 359

모노모타파 왕국 347

모로네, 조반니 추기경 304

모르, 게오르게 276

모리슨, 새뮤얼 엘리엇 409~410, 419

모어 토머스(경) 60, 106, 160, 169~173, 189~190, 194, 307, 309, 320~325, 328, 339

모턴, 존(캔터베리 대주교, 추기경) 201

몬테수마 2세(아스텍 황제) 361

몰루카 제도(향료 제도) 65~67, 337, 351, 359, 364, 367~371, 378, 384, 390~391, 396~397, 407, 418~419, 427

몰루카 함대(→페르디난드 마젤란)

    출항 준비 333~339

    항해에서 돌아옴 420

몰리노, 루이스 데 386

무스쿨루스, 안드레아스 123

무티아누스 루퍼스, 콘라두스 175

문자 해득률 20, 154, 342, 436

뮌처, 토마스 272~273, 275~276

미지의 남반구 대륙 394

미카엘 8세 팔라이올로구스(비잔틴제국 황제) 351

미켈란젤로 57, 141~142, 151, 181~182, 192, 277, 339

민족국가 20, 55, 243, 342

밀티츠, 카를 폰 224, 236, 238, 246, 255

· ㅂ ·

바르보사, 두라테 373, 385, 401, 408, 412, 418

바르보사, 디에고 367~368, 373~374, 423

바르보사, 베아트리스(마젤란의 처) 113, 367

「바보들의 배」(제바스티안 브란트의) 339

바스티다스, 로드리고 데 362

바예지드 2세(술탄) 71

바오로 4세 교황 283

바이킹 족 349

바클리, 알렉산더 339

반노차 데이 카타네이, 로자 127~128, 131

반달 족 28, 42, 44

반지성주의 56, 170, 221

발데라마, 페드로 데 400, 402~403, 405

발렌스(로마의 동방 황제) 27

발보아, 바스코 누네스 데 60, 362~363,

365, 369, 378, 392

발트제뮐러, 마르틴 60, 361

밤 줍기 연회 130

백 가지 불만 205

「106가지 반명제」(테첼의) 223

베네딕투스 13세(교황) 52

베네딕투스 수도회 201

베렌헤체 270

베르길리우스 164

베르나르두스(클레르보의) 33, 56

베르밀리, 피에트로 마르티레 342

베르질리오, 폴리도로 171

베르톨트(마인츠 대주교 선제후) 246

베스푸치, 아메리고 359, 361, 392

베이컨, 로저 344

베젤, 요한 폰 230

베키오, 팔마 225

베토 디 비아고, 베르나디노 디(→핀투리키오)

베토리, 프란체스코 295

베하임, 마르틴 370, 379

벤체슬라스 4세(보헤미아 왕) 232

보니파키우스 9세(교황) 52

보덴스타인, 안드레아스 231

보르자 가 73, 75, 80, 124~125, 130, 134, 136~138, 141, 147, 167, 193, 234, 244, 298, 340

보르자, 로드리고(→알렉산데르 6세 교황)

보르자, 루크레치아 60, 131~139, 339

보르자, 조반니 137

보르자, 체사레 60, 71, 79, 134, 136~138, 147

보르자, 후안(간디아 공작) 134, 136

보름스 제국 의회 258~263, 265, 270, 284, 287, 293, 307

보카치오, 조반니 57, 158, 251

『보통 사람』(피테르 도를란트 반 디에스트의) 160

보티첼리, 산드로 57, 141~142, 147

보퍼트, 마거릿(리치먼드와 더비의 백작 부인) 173

볼타, 가브리엘 델라 222

볼테르 437

볼프, 예롬 342

볼프람 폰 에셴바흐 335

뵈이엔스 아드리안(→하드리아누스 6세 교황)

부르크하르트, 야코프 132

부르크하르트, 요한 73, 75, 130

불린, 메리 315

불린, 앤 314~315, 318, 324, 328

뷔데, 기욤 170

브라만테, 도나토 141

브라질 록 348

브라헤, 티코 342

브란덴부르크의 알브레히트(마인츠 주교) 207

브란트, 제바스티안 160~161, 251~252, 339

브랑톰, 피에르 드 118

브뢰헬 삼부자 57

브루노, 조르다노 60, 146, 435

브루니, 레오나르도 166

브리토, 안토니오 데 418~419

『비망록』(레랭의 빈켄티우스) 50

비발도, 구이도 352

비발도, 우글리노 352

비베스, 후안 루이스 170~171, 314, 327

비센테, 질 340

비용, 프랑스와 109, 251

비잔틴제국 41, 165

비테르보의 에지디오 203

빅토리아 호 333, 375, 383, 385, 390, 402, 418~421, 423

빈켄티우스(레랭의) 50

빔펠링, 야코프 245

빔피나, 콘라트 223

• ㅅ •

사도 바울 35, 205, 284

사도 요한 33

사도 토마 346

「사랑의 기술」(오비디우스의) 43, 164, 336

사보나롤라, 지롤라모 60, 81~82, 148~149, 178

사이우이 402, 407

산 안토니오 호 333~334, 374~375, 381~384, 388, 390~391, 421

산나차로, 야코포 139

산타렘, 주앙 데 356

산타마리아 마조레 대성당 42

산탄헬, 루이스 데 356~357

산티아고 호 333, 375, 383~385, 387

샤르트르 대성당 51

샤를(부르고뉴 공) 89
샤를마뉴(신성로마제국 황제) 25, 31, 47
샹플랭, 사뮈엘 드 410
『선행에 대한 설교』(루터의) 252
성 베드로 대성당(로마) 42, 75, 78, 143, 177, 181~182, 206~207, 225
성 베드로 성당(몬토리오) 108
성 브렌던 348
성 비투스 성당 108
성 아우구스티누스 34, 203
성 요한 라테란 성당(예루살렘) 108
성 키릴루스 49
성 키프리아누스 49
성 토마스 아퀴나스 54, 228, 293, 344
성 프란체스코(아시시의) 57
성(성곽) 86~88
『성난 오를란도』(아리오스토의) 160, 251
성모마리아 탄생 축일 38
성서
    자국어로 번역 266, 306~309
성실청 68, 172
성직 매매 72, 79, 81, 195, 201, 296
『세계의 형상』(피에르 다이의) 345

세라노, 후안 375, 383, 388, 391, 401, 407, 412~413, 418
세랑, 프란시스쿠 369
세르베투스, 미카엘 286
세바스티아노 델 피옴보 339
「세상의 우매한 자들의 배」(알렉산더 바클리의) 337
『셀레스티나』(페르난도 데 로하스의) 161
『손거울』(요한네스 페퍼코른의) 186
솔로몬 47, 80, 164, 347
솔리누스, 가이우스 율리우스 346
솔리스, 후안 디아스 데 370~371, 377~378, 408
쇠너, 요한네스 370, 377, 379, 394
쇠퍼, 페터 153, 309
쇼어, 제인 120
숄리아크, 기 드 106
수에토니우스 158
수장령(1534년) 321, 329
『숙녀들의 생활』(피에르 드 브랑톰의) 118
쉐델, 하르트만 161
슈타우피츠, 요한 폰 222~223

슈팔라틴, 게오르그 240, 250, 261, 266

슈펭글러, 라자라스 248

슈프렝거, 요하네스 70

스칼리게르 율리우스 카이사르 170

스켈턴, 존 161, 171, 340

스콜라철학 163~164, 166, 169, 221, 341

스콧, 월터(경) 30

스테파누스 2세(교황) 47

스텐 스투레(스웨덴의 섭정) 82~83

스포르차, 루도비코(밀라노 공작) 147, 160

스포르차, 아스카니오(추기경) 72

스포르차, 조반니 132, 135~136, 138

스포르차, 카테리나 132

시뇨렐리, 루카 140~141

시모어, 제인 324, 326, 328~329

시볼라의 일곱 황금 도시 347~348

시스네로스, 히메네스 데 70

시스티나 대성당 140~142, 339

시프, 데이비드 S. 207

식스투스 4세(교황) 78, 82, 124~125, 141, 207

식탁 예절 99

『신곡』(단테의) 150

『신국』(아우구스티누스의) 34~36

신성로마제국 황제

    로마교황청과의 투쟁 36~37

    선거 234~237

신세계

    에스파냐와 포르투갈 간에 신세계를 배분 364

    탐험 356~364

『신학 대전』(토마스 아퀴나스의) 228

『실험』(카테리나 스포르차의) 132

십자군 20, 32, 37, 42, 77, 95, 109, 162, 227, 347, 350~351, 402

· ㅇ ·

아라곤의 카탈리나(캐서린) 60, 311~315, 317~320, 324, 326~329

아라비아티(당파) 149

아란다, 후안 데 367~368

아레티노, 피에트로 116~117

아르멜리니, 프란체스코(메디치 가 추기경) 294

아리스토텔레스 56, 157, 163, 168, 211, 284, 344~345, 431~432

아리오스토, 루도비코 160

아리우스(파) 32, 34

아문센, 로알 366

아비뇽 대립 교황 49

아서 공(헨리 8세의 형) 312

『아서의 죽음』(맬러리의) 112, 159, 335

아스트롤라베 338, 345, 353

『아스트롤라베 소고』(메사할라의) 353

『아스트롤라베 소고』(제프리 초서의) 353

아우구스티누스 수도회 203, 211, 220~222, 226, 231, 271, 293

아토비티, 빈도 141

아틀란티스 347

아틸라 28, 46

아프리카

    항해 351

『안경』(로이힐린의) 186

안드라데, 페르낭 페레스 데 359

알디네 출판사 168

알라리크 27, 34, 46, 59, 244

알레산드리, 알렌산드로 169~170

알레안드로, 지롤라모 60, 171, 247, 249, 254, 256~261, 264~265, 274, 278, 280

알렉산데르 6세 교황(로드리고 보르자) 70, 73, 75, 79~80, 82, 112, 129, 148~149, 244, 339, 346, 363, 440

알렉산드로스 대왕(마케도니아의) 346

알렉산드리아의 아리우스 32

알렉산드리아의 클레멘스 40

알바레스, 세바스티안 372

알보, 프란시스코 419, 423, 433, 436

알부케르케, 아폰수 데 358

알폰소(아라곤의) 70~71

암미아누스 마르켈리누스 27

앙굴렘의 마르가리타(나바라 왕국의 왕비) 118, 199~200, 285~286, 314

앙리 2세(프랑스 국왕) 122, 304~305

애니미즘 163

애스컴, 로저 114

야만인(족)

    귀족 정치 43~46

    로마 유린 27~28

얀 1세 올브라흐트 55

얀센, 요한네스 219

업그린, 아서 435

에드워드 6세(잉글랜드 국왕) 120, 326

에라스무스, 데시데리우스

    가톨릭 고위층을 풍자 194~196

    고발, 파문 282~283

루터와 273~275

로마에서 187

울리히와 287~288

인기 198

잉글랜드에 정착 187~188

「에라스무스의 공리」(에라스무스의) 274

에르마나리크 26, 46

에리크(노르웨이 탐험가) 349

에스파냐

마젤란 탐험을 지원 367~370

종교재판소 68~69

탐험 356~358

프랑스와의 전쟁 258, 298

향료 무역 67, 350, 359, 377

에켄, 요한 폰 더 261~263

에크, 요한 224, 231~232, 241, 247, 249, 254, 274

『에피토메』(루터의) 240

엔리케(마젤란의 노예) 366, 397~398, 403, 411, 415

엔리케(포르투갈 항해왕) 348, 353, 355~356

엘 시드(로드리고 디아스 데 비바르) 335

엘로리아가, 주앙 데 383

엘리자베스 1세(잉글랜드 여왕) 66, 329

『역사』(교황 피우스 2세의) 346

영국 국교회 321

『오벨리스크』(요한 에크의) 224, 231

오비디우스 43, 164, 174, 336

오지안더, 안드레아스(뉘른베르크의) 146

오키노, 베르나르디노 291

옥스퍼드 대학 163~164, 171, 173, 204

와이어트, 토머스 315

왕위 계승법(1534년) 319

요한네스 22세(교황) 293

요한네스 23세(교황) 233

우르바노 6세(교황) 48, 52

『우신 예찬』(에라스무스의) 190~192, 198, 273

울지, 토머스(추기경) 71, 171, 173, 202, 308, 316~318, 321, 323, 339

워릭(백작) 92

위령의 날 38

『위인전』(페트라르카의) 158

위클리프, 존 165

월렌쉐르나, 데임 크리스티나 82

윌리엄(세인트올번스 수도원장) 201

『유대인의 거울』(요하네스 페퍼코른의)

186

유일한 권위(교황의 칙령) 54

『유토피아』(토머스 모어의) 160, 172, 339

율리우스 2세(교황) 73, 124~125, 141~144, 185, 192~194, 206

『음란한 소네트』(피에트로 아레티노의) 116~117

『이단에 관하여』(토머스 모어의) 309

이드리시, 알 354

이반 3세(러시아 대공) 55, 70

이사벨 1세(카스티야 여왕) 55, 311

『이탈리아 사』(구이차르디니의) 73, 160

『인간의 존엄성에 관하여』(마네티의) 166

『인간의 존엄성에 대한 연설』(조반니 피코 델라 미란돌라의) 166

인노켄티우스 3세(교황) 36, 56

인노켄티우스 7세(교황) 52

인노켄티우스 8세(교황) 72~73, 78

『일기』(요한 부르하르트의) 73, 75, 130

잉글랜드

    유럽에서 잉글랜드 인을 경멸함 110

    인문주의 307~310

    종교개혁 321, 329

탐험 361

• ㅈ •

자국어

    성서 번역 266, 306~309

    언어 엘리트주의 250

『작은 대화집』(후텐의) 287

『작은 정경』(카를슈타트의) 248

잔 다르크 110, 328

『장미 이야기』(기욤 드 로리스의) 336

장미전쟁 109, 312

『장엄』(존 스켈턴의) 340

『전집』(루터의) 215

『제5서』(라블레의) 114

제노, 바티스타(추기경) 133

제수이트 교단 169

제임스 3세(스코틀랜드 국왕) 309

조르조네 141

조스캥 데 프레 143

조토 디 본도네 57

종교개혁(→마르틴 루터, 프로테스탄트)

    독일의 민족주의 243~244

    로마 약탈 299~301

    루터의 면죄부 비판 216~217

면죄부 판매 207~211

성직자들의 방종 202~204

폭동이 일어남 272~273

종교재판소 68, 183, 186~187, 245, 283, 286, 303~304, 436

『죄 있는 영혼의 거울』(앙굴렘의 마르가리타의) 200

《주여 내쫓으소서》(레오 10세의 교서) 242~243, 247, 250, 253, 257, 274

주앙 2세(포르투갈 국왕) 356

주에노, 기 201

지기스문트(신성로마제국 황제) 25, 233

『지리학 안내』(프톨레마이오스의) 345

지브롤터 해협 352, 371

지킹겐, 프란츠 폰 248, 259, 262, 270, 287

· ㅊ ·

차푸이스, 유스타스 201

「천체의 운동을 그 배열로 설명하는 이론에 관한 주해서(일명「작은 주석」)」(코페르니쿠스의) 144

첼리니, 벤베누토 140~141, 147

초서, 제프리 97~98, 110, 158, 251, 336, 352~353

『추방된 율리우스』(에라스무스의) 196

츠비카우 도그마 275~276

츠빙글리, 울리히 170, 269, 287

치보, 프란체스케토 78~79

『7 대죄의 춤』(윌리엄 던바의) 160

칭기즈 칸 142, 347

· ㅋ ·

카노, 후안 세바스티안 엘 383, 419, 421~423

카노사 36, 244

카르네세키, 피에트로 304

『카르스탄스』 220

카르타헤나, 후안 데 374~376, 381~382, 386

카르피니, 조반니 다 피안 델 336

카를 5세(신성로마제국 황제→카를로스 1세) 60, 64, 201, 236, 241, 256~257, 260, 262, 267, 295~296, 298, 301, 303, 306, 313, 317, 319, 326, 338, 389

카를로, 크리벨리, 140

카를로스 1세 에스파냐 국왕(→카를 5세 신성로마제국 황제)

카를슈타트(안드레아스 보덴스타인) 231~232, 248, 271~273, 276

카브랄, 페드로 359

카스틸리오네, 발다사레 119, 160~161, 251

카예탄(토마소 데 비오, 추기경) 228~229, 236, 301

카이사르, 율리우스 27, 33, 83, 85, 174, 287

카테리나(시에나의 성녀) 48

카트린 드 메디시스(앙리 2세의 부인, 왕비) 122, 305

카페 왕조 47

카피툴라시온 338

칼라일, 토머스 263

칼레피노, 암브로조 162

칼릭스투스 3세(교황) 73, 127

칼뱅, 장 60, 145, 200, 269, 285~286, 288~291

칼뱅주의 123, 290~293

캄페기오, 로렌초(추기경) 274, 317~319

캉, 디오고 356

캐벗, 새버스천 367, 371

캐벗, 존 351, 361, 364, 367, 392

캑스턴, 윌리엄 60, 113, 158

캔터베리 대성당 51, 143

캔터베리 대주교 48, 201, 309, 320~321, 328

『캔터베리 이야기』(제프리 초서의) 97, 158

캠피스, 토마스 아 56, 161

케사다, 가스파르 데 375, 381, 383~384, 386

케이프 혼 389

케임브리지 대학 167, 171, 173, 198, 201~203, 320

케플러, 요한네스 430~431, 434~435

켈레스티누스 1세(교황) 36

켈티스, 콘라두스 168, 174~175

코르누코피아이(칼레피노의) 162

코르테-레알, 가스파르 359, 367

코르테스, 에르난 361, 379, 406, 410

코미네, 필리프 드 160

코스마스 343, 431

코스타, 알바로 다 372

코엘료, 두아르테 359

코카, 안토니오 데 376, 381

코클라이우스, 요한네스 276~277

코터, 아우구스트 71

코페르니쿠스, 니콜라우스 60, 144~147,

150, 158, 163, 183, 290, 340, 342, 432~434, 436

콘셉시온 호 333, 375, 383, 388, 390~391, 401, 418

콘스탄츠 공의회 232~233

콘스탄티누스 대제 31, 33

콘티, 니콜로 디 351

콜람부, 라자 402, 407

콜럼버스, 크리스토퍼 60, 69, 333, 336, 339, 344~345, 356~359, 361~363, 367, 392

콜로나, 폼페오(추기경) 297~298

콜릿, 존 170~171, 204, 222

크랜머, 토머스(캔터베리 대주교) 320, 327

크레머, 하인리히 70

크레이턴, 멘델 176

크레티앵 드 트루아 335~336

크리스마스 38, 110, 362

크리스천 형제회 306~307

크리스토발(무슬림 상인) 404, 411

크리스티안 2세(덴마크 왕) 82

크테시아스 346

클러크, 로저 106

클레멘스 5세(교황) 48

클레멘스 7세(교황, 줄리오 데 메디치가) 48~49, 52, 80, 117, 141, 280, 296, 304, 313

클로비스 28, 30~31, 46

키지, 시그몬도 141

키케로 166, 286~287

· E ·

타키투스 26~27, 46, 83, 158, 174, 287

탐험(→페르디난드 마젤란)

    신화, 민간전승 346~347

    역사 348~364

    원주민 개종 402~406

    지리상의 발견 18, 336, 342, 343

태평양

    발견 389

    마젤란이 지나감 391~396

테첼, 요한 60, 207~211, 216~217, 222~224, 239, 339

토르데시야스 조약 364

토르케마다, 토마스 데 60, 68

토스카넬리, 파울로 356

트리니다드 호 333, 373, 375, 377, 382~383,

385, 389, 390, 418~419
트리니티 칼리지(더블린 대학) 167
『트리스탄과 이졸데』(고트프리트 폰 슈트라스부르크의) 336
트리엔트 공의회 305
트리테미우스, 요한네스(수도원장) 201
트릴링구알 대학 162, 273
티에라 델 푸에고 389
티치아노 57, 142, 225, 339
틴데일, 윌리엄 306~309

· ㅍ ·

파나마 지협 362, 365
파레, 앙브로아즈 155
파르네세, 줄리아 128, 132
파르미자니노 225
『파르치발』(볼프람 폰 에셴바흐의) 335~336
《파문 교서》 242, 249, 256, 321
파스토어, 루드비히 202~203, 221, 257
파치 가 82
팔레이루, 루이 367~370, 372~373, 379
『팡타그뤼엘』(라블레의) 160
퍼시, 헨리(노섬벌랜드 백작) 315, 325, 328
페루지노 141, 225
페르난도 2세(아라곤 왕) 55, 311
페르디난도 2세(나폴리 왕) 141
『페르스발: 성배 이야기』(크레티앵 드 트루아의) 335
페이스, 리처드 306
페트루치, 알폰소(추기경) 73~74
페퍼코른, 요한네스 186
펠라요, 알바로 206
『평화를 위한 권면』(루터의) 273
포르투갈
　마젤란의 항해를 방해함 371~372, 419
　몰루카에서의 권리 367~370
　탐험 353~356
포르티졸리오티, 주세페 137
포티스큐 존(경) 178
폰세 데 레온, 후안 361
폴, 레지날드(추기경) 327
폴로, 마르코 336, 347
푸거 가 89, 207, 237, 254, 282
푸거, 야코프 60, 89, 237, 339
풀크 3세 블랙(앙주 백작) 103~104

프랑수아 1세(프랑스 국왕) 118, 120~122, 141, 151, 170~171, 199~200, 235, 278, 294, 296, 298, 304

프로벤 요한 282

프로벤, 예롬 282

프로테스탄트
    로마 약탈 298~301
    루터주의(자) 221, 241, 275~277, 281, 305, 310
    반지성주의 170, 221
    제네바의 칼뱅주의 123, 290~293
    확산됨 268~270

프루드, 제임스 120

프리냐노, 바르톨로메오(→우르바노 6세)

프리드리히 1세('붉은 수염왕' 바르바로사, 신성로마제국 황제) 48

프리드리히 3세(현명공, 작센 선제후) 210~211, 216, 226~227, 229, 231, 235~237, 240, 256~258, 260, 264, 272, 274, 278, 284

프리크하이머, 빌리발트 248, 276~277

프톨레마이오스 58, 144, 183, 345~346, 394, 431~432, 435~436

플라톤 168, 177, 185, 347

플루타르코스 287

플리니우스 287, 344, 346

피가페타, 안토니오 377, 388, 392, 395~396, 405, 412~416, 418, 420, 423, 433, 436

피리 부는 사나이(하멜른의) 112, 119

피사 공의회 245

피사로, 프란시스코 410

피셀루, 안느 드(에탕프 공작부인) 120

피셔, 존(로체스터 주교) 306

피에로 델라 프란체스카 57

피에르 드 뤽상부르 108

피우스 2세(교황) 125~126, 346

피치노, 마르실리오 170

피코 델라 미란돌라, 조반니 166, 169~170, 185~186

피타고라스 33, 68, 431

피핀(단신 왕) 47

핀손, 비센테 이아네스 359, 392

핀투리키오(→베르나디노 디 베토 디 비아고) 132, 141

필리파(항해왕 엔리케의 어머니) 352~353

필리핀
    기독교 개종 402~406
    마젤란이 적과 싸움 407~417
    선원들의 성적 방종 399~400

함대가 도착함 396

함대가 출발함 418

· ㅎ ·

하드리아누스 6세 교황(→아드리안 뵈이엔스) 261, 280, 295~296, 313

하워드, 헨리(서리 백작) 161

하인리히 4세(신성로마제국 황제) 36, 244

『학교 교사론』(로저 애스컴의) 114

한스(덴마크와 노르웨이 왕) 55

한자동맹 88~89

향료 무역 67, 350, 359, 377

헉슬리, 토머스 헨리 183

험프리(글로스터 공작) 152

〈해부도〉(다 빈치의) 150

헤세, 에오반 174~175

헨라인, 페터 98

헨리 2세(잉글랜드 국왕) 48

헨리 7세(잉글랜드 국왕) 55, 60, 95, 172~173, 351, 361, 364

헨리 8세(잉글랜드 국왕)

    모어 처형 322~323

    신앙의 수호자 311

영국 국교회 설립 321

파문 321

호메로스 168, 287, 321, 346, 431

호흐스트라텐, 야코프 반 224

홀린즈헤드, 라파엘 67, 120

홀바인, 한스 57, 278

홉스, 토머스 142

『화승총이나 기타 총으로 인한 상처 치료법』(앙브로아즈 파레의) 155

화체설 54, 253, 264

화형 146, 197, 224~225, 230, 233, 235, 270, 274, 276, 286~287, 292~293, 302, 304~305, 327, 429, 431

『회고록』(필리프 드 코미네의) 160

후스, 얀 232~233, 261

후텐, 울리히 폰 60, 170, 187, 248, 252, 259, 262, 271, 287~288

『훈계』(울리히 폰 후텐의) 288

휴스, 필립 202

흑사병 28, 39, 67~68

희망봉 352, 356~359

히브리 카발라(유대교 신비주의) 185

『히브리 어의 기초』(로이힐린의) 187

히파르코스 345, 431